新产品开发与后发国家创新发展

仲伟俊　梅姝娥　浦正宁　高　星　著

科 学 出 版 社

北 京

内 容 简 介

本书首先回顾创新发展理论的形成与演化过程，明确技术创新本质上是开发新产品尤其是世界级产品，辨识后发国家创新发展可以开发的新产品类型与开发途径，诠释新产品开发与基础研究和技术开发之间的关系。然后基于新产品开发与产业高质量发展和关键核心技术攻关之间的关系，诠释新产品开发对后发国家创新发展和高质量发展的重要影响，构建后发国家的创新发展模型，揭示其从能大量生产产品，到能普遍生产优质高档产品、再到能出产众多世界级优质高档产品和持续开发生产世界级新产品的创新发展历程。接着解读运用新型举国体制、"揭榜挂帅"制度和企业创新联合体开发新产品的特点和方式。最后阐释增强企业新产品开发内生动力，需要的普惠性企业创新友好环境的特点、形成标志和营造举措。

本书可供高等院校高年级本科生与研究生、科技管理与政策等领域相关研究人员、企业家与企业科技创新人员、科研院所的科研及相关管理人员阅读，也可供政府相关管理部门领导与政策制定者参考。

图书在版编目(CIP)数据

新产品开发与后发国家创新发展 / 仲伟俊等著. -- 北京：科学出版社，2025.3. -- ISBN 978-7-03-081516-3

Ⅰ. F273.2；F204；G322.0

中国国家版本馆 CIP 数据核字第 2025ML3627 号

责任编辑：王　倩 / 责任校对：樊雅琼
责任印制：徐晓晨 / 封面设计：无极书装

科学出版社 出版
北京东黄城根北街 16 号
邮政编码：100717
http://www.sciencep.com
北京建宏印刷有限公司印刷
科学出版社发行　各地新华书店经销

*

2025 年 3 月第 一 版　开本：720×1000　1/16
2025 年 3 月第一次印刷　印张：20 1/2
字数：400 000
定价：**238.00 元**
（如有印装质量问题，我社负责调换）

前　言

当前，我国大力实施创新驱动发展战略和科技强国战略，需要加快实现高水平科技自立自强，突破关键核心技术"卡脖子"难题，推进产业尤其是制造业创新发展，构建自主可控安全高效的产业链供应链，发展新质生产力，突破"中等收入陷阱"，加速高质量发展。面对这一系列的重大使命任务，必然需要深入探究它们之间是否具有内在一致性？能否用统一的概念和框架与模型分析？能否形成统一的推进方案和实施路径？能否明确其需要经历的过程和跨越的台阶？这是我长期以来一直努力思考和试图回答的问题。

基于创新发展规律不难发现，技术创新的本质是开发新产品（含新工艺），产业创新发展和高质量发展的基础也是开发新产品。分析目前我国"卡脖子"的高端 AI 芯片、极紫外线（EUV）光刻机等关键核心技术不难发现，它们的共性核心特征是具有高度垄断性的优质高档产品，关键核心技术攻关实质上也是开发新产品。诺贝尔经济学奖得主西蒙·约翰逊等总结美国科技创新助推经济增长的历程和经验认为，长期以来推动经济发展的引擎单纯而明确，通过创新把新思想转化成新的市场产品。可见，后发国家实施创新驱动发展战略和科技强国战略，应把新产品开发生产摆在核心位置，它是科技创新与科技成果转化的落脚点，是传统产业升级、新兴产业壮大、未来产业培育的出发点，是科技创新与产业创新的深度融合点，是创新驱动发展和关键核心技术突破的主要着力点。历史与现实也表明，正是由于新产品的持续开发生产，使人类社会的消费产品种类越来越多、性能越来越优、成本越来越低，直接带动经济持续发展、财富不断增加和民众生活水平加速提升。更是由于新产品尤其是蒸汽机、发电机、电动机、内燃机、计算机和互联网等突破性带动性强的重大新产品持续开发生产，引发历次产业革命，使人类社会由农业社会、工业社会向数字化智能化社会阔步迈进。

近十多年来，我与梅姝娥、浦正宁、高星一道，在学术界率先从新产品这一全新视角对后发国家创新发展问题进行了持续系统研究。通过分析众多企业与产业创新案例以及多个国家的创新发展历程，提出了世界级产品等新概念，明确后发国家创新发展的核心是要通过科技创新不断增强新产品开发生产能力，揭示后发国家创新发展需要经历能大量生产产品、能普遍生产优质高档产品、能出产众多世界级优质高档产品和能持续开发生产世界级新产品四个不同阶段，确定后发国家创新发展的目标是在国家层面上形成较强的世界级优质高档产品和世界级新产品即世界级产品的持续开发生产能力。由此，发现了后发国家创新发展的新途径和新规律，构建了既可以解释现象又能预见未来的后发国家创新发展的新模型。

运用模型分析发现，我国这样的已经建立齐全工业体系的后发国家，之所以产业发展质量仍然不高，还处于中等收入国家行列，是因为广大企业普遍实施低成本低价格产品发展战略，主要生产的是众多国家企业能够生产、市场竞争高度激烈的中低档产品，产业发展还处于能大量生产产品阶段，明显缺乏优质高档新产品尤其是世界级产品的开发生产能力，导致全要素生产率和劳动生产率以及企业利润率明显不高。

运用模型分析还发现，我国这样的处于中等收入阶段的后发国家在能大量生产产品的基础上加速创新发展已经具备良好条件，未来的核心任务是着力营造普惠性企业创新友好环境，促进广大企业由主要采用低成本低价格产品发展战略向普遍实施差异化高档化产品发展战略转变，着力开发生产自主品牌高档新产品、替代性新产品、颠覆性新产品和全新产品，尽快实现从能大量生产产品、到能普遍生产优质高档产品、再到能出产众多世界级优质高档产品和能持续开发生产世界级新产品转变，着力形成世界级产品的持续开发生产能力。这样，既可以突破关键核心技术"卡脖子"难题，实现产业创新发展，还能有效发展新质生产力，突破"中等收入陷阱"，实现高质量发展，进入高收入国家行列。

本书基于大量案例分析从新产品视角对后发国家创新发展与关键核心技术攻关问题进行了系统阐释。本书共9章，第6章是核心，系统阐释后发国家创新发展模型。阅读本书既可以按章顺序进行，也可以先看第6章，再根据需要阅读其他章节。

第1章系统阐释创新、技术创新、公共产品技术创新、科技创新和国家创新体系等概念，分析创新发展理论的演进变化，明确技术创新本质上就是开发新产品，科技创新的核心任务之一是运用基础研究产生的新知识和技术开发形成的新技术开发新产品，支撑引领经济发展和社会进步。

第 2 章和第 3 章剖析新产品与世界级产品的含义及特点，诠释后发国家创新发展与高质量发展可以开发的自主品牌高档新产品、替代性新产品、颠覆性新产品和全新产品等重要新产品的特征及其开发途径与方式，构建知识、技术与产品之间的关系，诠释基础研究支持新技术和新产品开发的途径。

第 4 章至第 6 章深入分析新产品开发与后发国家创新发展的关系，阐释后发国家通过积极开发自主品牌高档新产品、替代性新产品、颠覆性新产品和全新产品加快形成较强的世界级产品持续开发生产能力，既能实现产业高质量发展又能从根本上解决关键核心技术"卡脖子"问题的机理与原图，构建新产品视角的后发国家创新发展模型。

第 7 章和第 8 章讨论后发国家新产品开发生产可以运用的新型举国体制、"揭榜挂帅"制度和企业创新联合体等组织实施方式的特点，阐释其高效运用的有效领域和具体方法，揭示其科学运用的体制机制要求。

考虑到后发国家创新发展的核心任务是营造普惠性企业创新友好环境，促进广大企业由主要实施低成本低价格产品发展战略向普遍采用差异化高档化产品发展战略转变，第 9 章揭示普惠性企业创新友好环境的特征，阐释营造企业友好环境的主要障碍和对策举措。

本书的研究以新产品为核心，将新产品这一企业层面上的技术性概念上升为国家层面上诠释其创新发展路径和目标的整体性概念，以全新视角揭示了后发国家的创新发展规律，得出了诸多新的结论，形成了鲜明的特色：第一，基于新产品视角的研究，更深刻揭示了技术创新的本质是开发生产新产品，科技创新尤其重要的任务是运用新知识和新技术开发新产品，显著加深了对科技创新本质特点的认知。第二，基于新产品视角的研究，率先揭示了后发国家创新发展需要跨越的四个台阶，即首先是能大量生产产品，其次是能普遍生产优质高档产品，再次是能出产众多世界级优质高档产品，最后是能持续开发生产世界级新产品，显著强化了对后发国家创新发展历程的理解。第三，基于新产品视角的研究，明确了后发国家创新发展和突破关键核心技术"卡脖子"难题，最为核心的是要形成世界级产品的持续开发生产能力，显著深化了对后发国家创新发展本质的认识。第四，由于新产品和世界级产品等概念直观易界定，很少甚至几乎不会出现理解上明显的歧义，从新产品视角揭示后发国家的创新发展规律，便于社会各方理解和接受，提升了研究成果的可推广运用性。第五，新产品及其开发与企业日常工作紧密联系，易感易知，可及可感，具有很强的实践性和操作性，能帮助企业尤其是中小企业破解科技创新的神秘性和畏惧感，引导他们更积极推进科技创新和开发新产品。第六，从新产品视角阐释后发国家创新发展规律，有利于政府部门制定更精准有效的企业科技创新政策，更深刻揭示营造公平有效的市场竞争环境对强化企业科技创新主体地位的极端重要性。

本书及其相关研究得到国家科技评估中心原主任迟计的悉心和高屋建瓴的指导，东南大学经济管理学院吴利华教授提供了众多支持和帮助，博士研究生刘锐恒、王之昱、张淑敏等同学参与了部分具体工作。本书相关研究还得到科技部、中国科学技术发展战略研究院、国家科技评估中心、中国工程科技发展战略江苏研究院、江苏省习近平新时代中国特色社会主义思想研究中心、江苏省科技厅、江苏省哲学社会科学界联合会、江苏省产业技术研究院、南京市科技局和张家港市科技局等多个部门和单位的相关科技计划项目资助，对各方面的大力支持和帮助表示衷心感谢！

后发国家创新发展是一个极其复杂的问题，在开展研究和写作本书的过程中，我们一直既注重其理论性，努力提升概念界定的严谨性和分析框架搭建的科学性，又特别强调与解决现实问题紧密结合，使其能为后发国家创新发展提供有力的理论支持。本书提出的基于新产品视角的后发国家创新发展模型，主要基于众多案例分析构建了相关概念和分析框架，还可以通过模型化和定量化更深入研究主要影响因素之间的关系，加深对研究问题的理解和认识。基于新产品视角的后发国家创新发展问题研究，本书只是起步，还需要长期探索，我们将持续推进。

由于作者水平有限，不足之处在所难免，恳请指正！

仲伟俊于东南大学

2024 年 9 月

目　录

第1章 创新与科技创新

大力实施创新驱动发展战略和科技强国战略，推进科技创新与产业创新深度融合，突破关键核心技术，发展新质生产力，加速高质量发展，涉及创新、技术创新、绿色创新、公共产品技术创新、科技创新和国家创新体系等众多概念和创新发展理论。本章对创新发展相关概念的形成及发展与相互关系进行梳理，对其内涵进行界定，既为后续讨论后发国家创新发展问题奠定统一的概念基础，又反映创新发展理论的演进变化，即由认为创新总是有利于经济发展到认为创新是"双刃剑"，在驱动经济发展的同时也可能引发环境污染、不公平、浪费等社会问题的转变，由强调创新是经济发展的核心驱动力到明确创新也是社会进步的关键支撑的转变，由认为一国的创新能力只受到科技发展影响到认为还与各类社会创新主体的建设与互动合作以及政策、制度和文化等密切相关的转变。

1.1 创新与技术创新

1. 创新

人类社会 18 世纪末起步的经济持续高速增长无疑是经济发展史上的重要标志性事件。历史表明，人类经济发展长期停滞，从 1000 年到 1820 年全球人均 GDP 平均增长速度很低，每年只有不到 0.05%（图 1-1）。然而，1820 年之后经济开始快速增长，1820～1870 年全球人均 GDP 年均增速提升到 0.5%，1950～1973 年更是达到 3%～4%（菲利普·阿吉翁等，2021）。为什么 1820 年之前全球经济发展长期停滞，但 1820 年之后长期持续高速增长？这是一个需要从理论上回答的重大现实问题。

不同学者从不同的视角对经济高速增长问题进行了研究。有学者认为，劳动分工和专业化所带来的劳动生产率的提高以及市场的扩展是经济增长的主要原

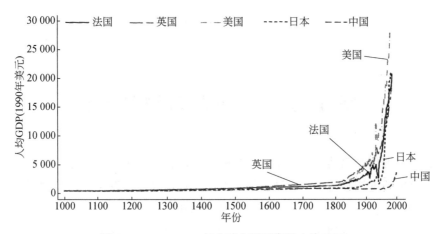

图 1-1　1000～2000 年全球主要国家的人均 GDP

资料来源：菲利普·阿吉翁，赛利那·安托南，西蒙·比内尔，2021

因。也有学者强调经济增长是由于人口、资源等要素投入的增加，以及经济结构从农业生产占主导地位向制造业和服务业占主导地位转变驱动的。

经济学家熊彼特（J. A. Schumpeter）于 1912 年出版的《经济发展理论》一书从全新的视角对经济增长问题进行了深入剖析，首次提出了"创新"这一新的概念（熊彼特，1997）。熊彼特提出的创新概念以及以此为核心经过长期发展形成的创新发展理论，强调创新是经济发展的动力源泉。这不仅得到学术界的高度重视，而且成为众多国家政府和国际组织制定相关政策的重要理论依据。

熊彼特认为，创新是把生产要素的新组合引入到经济中。他把创新分为五类：一是开发一种新的产品；二是采用一种新的生产方法；三是开辟一个新的市场；四是形成原材料或半制成品供应的新来源；五是实现工业的新组织。经济合作与发展组织（The Organization for Economic Co-operation and Development，OECD）也给出了创新的定义（OECD，1996），认为创新是一种新的或作出显著改进的产品（商品或服务）或工艺，一种新的市场经营模式，或在商业实践、工作组织或外部关系中的一种新组织方式的实施过程。分析熊彼特和 OECD 对创新的定义，总体上是一致的。基于这些定义和相关研究，对创新概念与创新发展理论有以下几个方面的解读。

第一，创新是知识积累引发的革命性变化。熊彼特强调，创新不是凭空产生的，是知识积累基础上引发的，每个创新都在利用之前创新产生的知识，都是站在"巨人的肩膀上"。同时，创新往往意味着发生革命性的变化。熊彼特曾作过这样一个形象的比喻：你不管把多大数量的驿路马车或邮车连续相加，也绝不能得到一条铁路。这表明创新具有突发性、间断性、风险性、动态性和革命性等特点，它不是经济发展外部强加的，而是其内部自行发生的。经济发展往往与这些革命性的创新紧密相连。因此，对经济发展要进行动态分析研究。

第二，创新类型较为多样。从创新对象看，涵盖产品和生产方法（工艺）创新、市场创新、管理创新等多个不同的对象。从创新程度看，既可以是突破性创新，如计算机的发明和广泛运用；也可以是渐进性创新，如在现有技术和架构基础上对已有产品和生产方法进行改进。从创新的新颖性看，既可以是全球范围的新的创新，也可以是国家层面上新的创新，还可以是对某个组织和个人而言的新的创新。

第三，创新是经济发展的核心动力。熊彼特引入创新概念，是要解释经济发展的原因，揭示经济发展的客观规律，强调长期经济增长是持续不断创新的结果，创新是经济发展的源泉，是工业革命的主要驱动力。为此，他将经济区分为"增长"与"发展"两种情况。所谓经济增长，是指由人口和资本等的增长所导致的经济规模扩大，没有产生质的变化和本质上的新现象。经济发展是自发和间断性的变化，是对均衡的干扰和打破，它永远在改变和代替以前存在的均衡状态。可见，经济增长和经济发展有诸多不同点。首先，经济增长是指更多的产出；经济发展既包括更多的产出，也包括产品生产和分配所依赖的技术和制度变革。其次，经济增长既包括由于扩大投资而获得的增产，也包括由于更高的生产效率带来的产品生产的增加；经济发展除此之外，还包含产出结构的改变和形成新型的产品产出。

第四，创新是创造性破坏的过程。大量案例表明，新的创新如新产品会让以往的创新如老产品过时和失去价值，如数码相机就让胶片相机失去价值和退出市场。这样，创新与创造性破坏带来的发展是新的创新与老的创新在相互竞争中胜出，并淘汰落后产品和产能，实现生产要素的新组合和资源更高效利用带来的结果。同时，创新总是面临新、老创新者之间的竞争，往往会遭遇在位和既得利益者的阻挠，是在竞争和优胜劣汰过程中产生的。

第五，创新需要良好的制度保障。首先，创新需要良好的激励和财产权利保护制度。创新者能够积极投入开展创新活动，根本上是因为他们预期能通过创新获得良好收益，任何让创新者能获得更好回报的制度安排如强化知识产权保护都能激发更多的创新，反之，如果对模仿抄袭与侵犯知识产权等行为不加限制，或对创新收益实施很高的税收，都会严重制约创新者的创新动力。现实表明，专利制度对创新具有双重促进作用。一方面专利让创新者在一段时间内获得创新应用的垄断权，保护了创新收益，提供了创新动力；另一方面专利又迫使创新者分享其创新依赖的知识，让其他人能利用专利中包含的知识开展后续创新。其次，创新需要有效的金融制度。金融市场如商业银行与投资银行的创建、股权融资和股票交易所的兴起、有限责任公司的出现等让人们可以动员和利用广泛的社会资源和资本支持与推进创新，集聚更多创新资源，分担创新风险，带来经济繁荣。再次，创新需要营造良好的市场竞争环境。创新是在竞争中产生的，需要保护竞争和维持良好的竞争态势，防止在位和既得利益者设置壁垒阻碍新的创新，妨碍创新的持续发生。

第六，创新与发明有本质区别。熊彼特在分析创新驱动经济发展机制时很重视知识及其积累的作用，强调通过知识的积累和学习可以实现经济持续发展。但同时他也认为，发明是新工具或新方法的发现，创新是新工具或新方法的应用。两者有很大的不同。只要发明没有得到实际应用，在经济上就不能发挥作用和创造价值，不属于创新的范畴。把发明与创新区别开来，强调创新是新工具或新方法的应用，是一种经济活动，其主要目标是产生新的经济价值，对深刻理解创新驱动经济发展的规律具有重要意义。

第七，创新主体是企业和企业家。熊彼特把实现生产要素"新组合"的主体称之为"企业"，以实现这种"新组合"为职业的人是"企业家"。可见，熊彼特界定的创新是企业这一微观层面上的活动，强调企业是创新主体。同时，企业家的核心职能不是经营或管理，也不是发明新技术和成为发明家，而是能够实施这种"新组合"。企业家具有鲜明的特质，是能够不断学习新知识和新技能、勇于承担风险和尝试新事物、对未知领域充满好奇心的人，是善于发现并积极利用潜在市场机会的人。

2. 技术创新

创新有多种类型，技术创新是其中很重要的一类。但熊彼特本人没有直接运用技术创新这一名词，更没有对其概念进行界定。对技术创新的专门研究，开始于 20 世纪 50 年代，众多学者细致分析技术创新的概念和类型，形成了较为丰富的研究成果。

胡哲一（1992）梳理相关文献发现，索罗（Solo）较早对技术创新进行了较全面的研究，1951 年他在《在资本化过程中的创新：对熊彼特理论的评论》一文中首次提出技术创新成立的两个条件，即新思想来源和后阶段实现发展。这一"两步论"被认为是技术创新概念界定研究上的一个里程碑。1962 年伊诺思（Enos）在其《石油加工业中的发明与创新》一文中明确对技术创新进行了定义，并由此促进了对技术创新定义的研究。他认为："技术创新是几种行为综合的结果。这些行为包括发明的选择、资本投入保障、组织建立、制定计划、招用工人和开辟市场等"。显然他是从行为集合角度定义技术创新。林恩（Lynn）首次按过程定义创新，他认为技术创新就是始于对技术的商业潜力的认识而终于将其完全转化为商业化产品的整个行为过程。曼斯费尔德（Mansfield）侧重于产品创新，他认为产品创新是从企业对新产品的构思开始，以新产品的销售和交货为完成标志的探索性活动。美国国家科学基金会（National Science Foundation, NSF）从 20 世纪 60 年代开始组织力量研究技术创新，其在《1976 年科学指示器》报告中将技术创新定义为："技术创新就是将新的或改进的产品、过程或服务引入市场"。明确将模仿和改进作为最低层次上的两类创新划入技术创新的范畴。

弗里曼（Freeman, 1982）于 1982 年出版的《工业创新经济学》一书再次给出技术创新的定义，认为技术创新是指新产品、新过程、新系统和新服务的首次商业性转化。缪塞尔（Mueser, 1985）于 20 世纪 80 年代中期对技术创新的定义作了较为系统的整理分析。在其搜集的 300 余篇相关论文中，约有四分之三的论文在技术创新界定上接近于以下表述，即当一种新思想和非连续的技术活动经过一段时间后，发展到实际和成功应用的过程，就是技术创新。在此基础上，他重新定义技术创新是"以其构思新颖性和成功实现为特征的有意义的非连续性活动"。这一定义突出了技术创新活动有两方面的显著特征：一是活动的非常规性，包括新颖性和非连续性；二是活动必须获得最终的成功实现。应当说，这一定义比较简练地反映了技术创新的本质特征。

我国不少学者也对技术创新概念进行了界定。傅家骥（2000）定义技术创新是企业家抓住市场的潜在盈利机会，以获取商业利益为目标，重新组织生产条件和要素，建立起效能更强、效率更高和费用更低的生产经营系统，从而推出新的产品、新的生产（工艺）方法，开辟新的市场，获得新的原材料或半成品供给来源或建立企业的新组织，它是包括科技、组织、商业和金融等一系列活动的综合过程。吴贵生（2000）定义技术创新是指由技术的新构想，经过研究开发或技术组合，到获得实际运用，并产生经济、社会效益的商业化全过程的活动。

不同学者审视技术创新的视角不同，形成的定义也有所不同，大致可以分为两种类型：一类侧重于过程视角，强调技术创新始于新构想的产生，经过研究开发或技术组合，到获得实际运用和产生效益的全过程活动；另一类关注的是技术创新的相关影响因素，强调技术创新是发明的选择、资金投入、组织建立、计划制定、市场开辟等多种行为综合作用的结果。

综合上述讨论，简单而言，技术创新是指新产品、新工艺和新系统的首次商业性转化。具体而言，技术创新源于新的构思，再通过研发新技术和/或组合运用已有技术，开发新产品、新工艺或新系统，或改进已有产品、工艺或系统，并实际运用，产生经济社会效益的所有活动构成的过程。关于技术创新概念，有如下几方面的解读。

一是技术创新实质上就是开发新产品。一般而言，技术创新涉及开发新产品、新工艺和新系统，对开发者而言开发新工艺也是开发新产品，新系统可以看作为复杂产品，广义上的新产品包含新工艺和新系统。这样，简而言之，技术创新就是开发和推广运用新产品。之后如无特别说明，本书提及的（新）产品均是广义上的概念，涵盖（新）产品、（新）工艺和（新）系统。

二是技术创新有多种技术来源和成果表现形式。技术创新过程中运用的技术，既可以来源于配套该技术创新通过研发产生的全新技术，也可以是已有技术的新运用，还可以是两者相结合的结果，技术来源具有多样性。同时，技术创新成果也具有多样性，既可以是突破性创新开发的全新产品，也可以是渐进性创新改进已有产品形成的新产品；既可以是全球而言的新产品，也可以是国家层的新产品，还可以是企业层的新产品。这样，技术创新的"新"主要体现为产品是新的，运用的技术不一定是新的。

三是技术创新是一种基于技术的非连续性活动。按照熊彼特的理论，创新包含技术创新、市场创新、管理创新等多种类型。技术创新与其他创新的核心区别在于手段不同，技术创新需要以技术为基础。同时，技术创新具有新颖性、间断性和非连续性、风险性等显著特征。

四是技术创新与技术发明有本质区别。技术发明是创造对世界而言新的事物，高校、科研院所和企业等各类社会创新主体发明的新技术可能会也可能不会在世界上得到运用。技术创新是提供对人类而言有经济社会价值的新产品。可见，技术发明更强调新颖性，技术创新更关注成功运用和产生经济社会价值，只有将技术发明实际运用才能称之为技术创新。

五是技术创新的核心是产生经济效益。技术创新是技术与经济相结合的活动，是以技术为手段、以产生经济效益和实现经济发展为目的的经济活动。众多案例表明，技术发明者不一定是技术应用收益的最大获得者。技术创新是创新中的一种类型，企业是技术创新的主体，企业家是技术创新的灵魂，技术创新成功体现为产生良好的经济效益。

六是技术创新能通过多种不同途径带动经济发展。一条途径是通过技术创新开发全新产品满足全新需求带动形成新的消费品和市场，改变经济发展结构，促进经济增长；另一条途径是通过技术创新改进已有产品性能和质量，降低产品生产成本，更多更好满足消费者需求，实现更广泛的产品消费，扩大产品市场，带动经济增长。

3. 技术创新的分类

技术创新高度复杂，类型多样，不同学者从不同视角进行了众多分类，现介绍几种比较典型的技术创新分类方法。

1）按创新程度分类

不同技术创新带来的新颖程度明显不同，如通过技术创新由传统的燃油汽车转变为电动汽车，其新颖程度明显高于只是改变汽车外形。按新颖程度可以将技术创新分为突破性创新与渐进性创新。

突破性创新是指研发或运用全新技术开发全新产品。如集成电路、计算机、互联网、浮法玻璃生产技术、液晶显示器等的开发都属于突破性创新范畴。

渐进性创新是对已有产品持续局部改进，不断提升产品性能、质量和用户体验，降低生产成本。例如，液晶显示器发明之后不断改进其屏幕尺寸和收视效果，计算机发明之后不断提高其计算速度等都属于渐进性创新的范畴。

大量研究表明，突破性技术创新只占极少数，为6%～10%（Ettlie，1999）。同时，突破性创新离不开渐进性创新的支持。每项突破性创新之后，通过渐进性创新持续改进产品性能和质量，降低成本，切实满足广大用户需求，才能有效获得突破性创新的效益。还有研究认为，一定范围内渐进性创新的累积效益甚至大于偶尔一次的突破性创新（Lundval，1992）。日本企业是这方面成功的典范，它们广泛推进的全面质量管理和精益生产都是渐进性创新，极大地提升了产品质量、生产效率与国际竞争力。推进技术创新不仅要重视突破性创新，也应该高度重视渐进性创新。

2）按创新对象分类

按对象不同可以将技术创新分为产品创新与工艺创新。

产品创新是指为用户提供新的或改进的产品。它既包括提供全新产品，如美国得克萨斯仪器公司率先推出的集成电路，把人类推向了微电子时代；也包括改进现有产品，如洗衣机从波轮洗衣机到滚筒洗衣机、从手动操作的洗衣机到智能控制的洗衣机，每一代新产品都是对上一代产品的改进。

工艺创新是指对产品的生产与交付过程进行创新，用更少的投入得到更多更优质更低成本的产出。工艺创新既包括全新工艺创新，如炼钢用的氧气顶吹转炉、钢铁生产中的连铸系统等；也包括对现有工艺的改进创新。

3）按对产业现有技术与创新能力的影响分类

按技术创新的影响可以将其分为延续性创新和颠覆性创新两类（Bower and Christensen，1995）。

延续性创新是沿着主流市场中主要顾客的需求，不断提升已定型产品的性能、质量和用户体验，降低生产成本，更好满足用户需求。例如，微软的个人计算机操作系统软件，经历了 Win32、Win95、Win98、Win2000、WinXP 等多型改进产品，每一代产品的改进都是围绕主流客户的需求进行，不仅保持了现有技术的价值，而且不断增值。

颠覆性创新是针对已有需求，运用对企业和产业而言全新的知识与技术，改变原有技术路径，形成新的技术标准和规范，创造出更优性能、更高质量、更加简洁、更为便利、更低成本的新产品，使原有技术和产品失去价值。数码相机取代胶片相机、液晶电视取代 CRT 电视、晶体管取代电子管、浮法玻璃生产技术取代传统生产技术等都是这类创新的典型代表。颠覆性创新的技术有两种来源，一种是研发形成的全新技术破坏现有的技术能力，如液晶显示器取代 CRT 显示器；另一种是来源于其他产业领域已经运用的技术，如数码相机取代胶片相机。

4）按满足的需求分类

从创新与其满足的需求关系看也有两类创新：一类是通过创新更好地满足已有需求；另一类是通过创新满足全新需求。因此，可以将技术创新分为连续性创新与非连续性创新（司春林，2005）。

连续性创新是指更好满足已有需求的创新。它又存在两种情况：一种是通过更好地运用已有技术以更好满足已有需求，也即进行延续性创新；另一种是通过运用对企业和产业而言全新的技术更好满足已有需求，也即实现颠覆性创新。例如，液晶电视取代 CRT 电视满足的是同类需求，但产品性能质量提升更好地满足了已有需求，也属于连续性创新。

非连续性创新是指开发出新的过去不存在的产品，创造出新的需求。这意味着产品是全新的，满足的需求也是全新的。这方面的案例也较多，如计算机和互联网、卡拉 OK 等的发明是其典型代表。非连续性创新形成的产品和满足的需求都是新的，但使用的技术并不一定是新的，可以是已有技术的新运用。

5）按技术来源分类

詹森（Jensen）等（2007）的开创性研究认为，企业学习和创新存在两种典型模式：一种是基于研发的创新（science, technology and innovation, STI）；另一种是基于工程经验的创新（doing, using and interacting, DUI）。

基于研发的创新，是指企业的新产品和新工艺开发主要基于由科学知识运用开发的新技术。推进这类技术创新的关键是大量投入开展研发活动，培养高素质的科学家和技术开发人才，加强企业与高校和科研院所等新知识和新技术密集产生机构的合作。这类技术创新更多出现在建有研发部门和大量开展研发活动的大企业，技术创新目标是产生新颖程度很高的新产品，追求突破性创新。这种创新模式强调科学和显性知识的重要性，但并不意味着其不需要隐性知识，并不意味着隐性知识不重要。这种模式下，通过正式过程创造知识处于主导地位，该过程中创造的知识需要被显性表达出来，并将其转变为文章、文档和资料。由于这种创新模式产生的主要是显性知识，易于被转移和学习，需要进行专利申请和知识产权保护。

基于工程经验的创新，是指企业解决各种产品和工艺问题主要基于解决问题过程中积累的经验和诀窍等隐性知识。这类创新是干中学、用中学、互动中学相结合的产物。这种创新模式下，创新能力主要来源于企业管理者和员工发现问题和形成高质量的解决方案以有效应对客户、供应商和竞争者挑战过程中持续积累形成的经验和诀窍。推进这类创新，很重要的是要加强创新者与用户之间、企业内部员工与员工之间、部门与部门之间的相互联系和交流，通过持续大量的交流，并运用试错法解决问题产生隐性知识，使企业能更好地响应用户的需求。该类创新模式下，企业研发活动相对不太重要，创新动力更多地来自与客户或供应商的联系。这种创新模式不追求和达到很高的创新新颖性，主要是对已有产品和生产工艺的渐进性改进，如针对客户需求改进产品的可靠性、实用性和用户友好性等。这类创新过程中隐性知识处于很重要的位置，它被更多独立运用于非研发密集产业和中小企业。

显然，基于研发的创新与基于工程经验的创新有很显著的差别（表1-1）。众多研究发现，德国企业具有很强的国际竞争力和竞争优势，主要来源于其高水平的基于工程经验的创新能力（Thomä，2017）。同时，企业将基于研发的创新与基于工程经验的创新两种模式相结合，比单独运用基于研发的创新模式有更好的绩效（Fitjar and Rodríguez-Pose，2013）。再有，基于工程经验的创新模式可以单独运用，但是企业运用基于研发的创新模式时往往需要结合运用基于工程经验的创新模式。可见，基于工程经验的创新在技术创新中具有很重要的作用，不可或缺。

表1-1 基于研发的创新（STI）与基于工程经验的创新（DUI）对比

比较内容	基于研发的创新（STI）	基于工程经验的创新（DUI）
知识类型及其获取路径	知道是什么的（know-what）知识和知道为什么（know-why）的知识；通过阅读、听课等渠道学习获得	知道如何做的（know-how）知识和知道是谁的（know-who）的知识；通过实践获得
知识类型	显性知识，普适性知识	隐性知识，区域性知识；由于大多数领域的实践只能被部分理解，许多工程解决方案和设计很难回答"为什么"
知识扩散与保护	知识能被广泛运用，易于扩散，需要通过申请专利等方式予以保护	知识难以模仿和学习，较难扩散，掌握相应知识的人的流动是知识扩散的有效途径
典型运用产业	生物医药、纳米材料	机械、汽车

比较内容	基于研发的创新（STI）	基于工程经验的创新（DUI）
组织方式	建立研发部门，开展正规的研发活动	创新活动的正式化、规范化程度不高，通过建立学习型组织、加强与用户和供应商联系、与竞争对手竞争等途径推进创新
创新程度	能获得新颖程度高的新产品和新工艺，甚至能实现突破性创新	服务于产品和生产工艺的渐进性改进
竞争优势	提供新颖程度很高的新产品和新工艺	针对用户需求改进产品性能、可靠性、用户体验等；灵活快速为客户提供个性化、专业化、定制化产品与服务
主要合作与联系对象及关系类型	加强与高校、科研院所和科技创新服务机构的联系及合作，多为正式的合作关系	加强与客户、供应商和竞争者的联系和互动；加强企业内部各部门（设计、生产、销售）之间的联系和互动；供应链内正式关系为主，其他以非正式关系为主
知识共享	更易跨地区和跨文化共享	更多与区域内的伙伴和同行共享
优势	显示度高，容易得到政府支持	形成的新知识和新技术具有独占性，很难被模仿，能支持企业形成独特竞争优势
劣势与挑战	显性知识为主，容易被模仿，需要通过申请专利等加强知识产权保护	依赖于少数员工，相关员工流动会导致核心竞争力削弱甚至丧失；企业吸收外部新知识和新技术的能力会比较弱；内部创新管理的非结构化和非系统化特征明显；容易阻碍其知识在企业内部不同部门与人员以及与合作伙伴间的共享，影响相互合作关系
运用方式	一般要与基于工程经验的创新模式综合运用，联合运用两种模式的成效比运用单一模式更好	可以被企业单独运用

6）按技术变动方式分类

技术创新过程中的技术变动方式有两类：一类是结构性变动；另一类是模式性变动。结构性变动是指产品或工艺技术要素结构或联接方式的变动，如通信技术中从有线电话到无线电话就属于结构性变动。模式性变动是指技术原理的变动，如从模拟通信技术到数字通信技术的变动。按技术变动方式不同可以将技术创新分为局部性创新、结构性创新、模式性创新和全面性创新四种类型（Henderson and Clarkk，1990）。

局部性创新是针对现有产品的元件作细微的改变，强化并补充现有产品的功能，而产品架构及元件的连接方式不作改变。例如，电话铃声中增加音乐的种类就是如此。

结构性创新是重新设计产品的结构与元件之间的连接方式，但对产品元件以及核心设计不作改变。这种技术创新是对现存系统重新配置，把现有成分以新的方式连接起来。如无绳电话的开发，一定程度上改变了通信联结方式，但原理并未发生变化。又如电风扇从大吊扇到便携式风扇，也是如此。

模式性创新是针对现有产品的几种元件或核心设计作根本性的改变，但对产品结构和元件之间的连接方式不作改变，新的元件相容于原有产品结构。例如，数字电话的发明改变了拨号盘的核心设计，但整个电话的结构并未改变。

全面性创新是创造出新的核心设计概念，同时对所需的元件、结构及其中的连接方式都进行变革，此类技术创新力求产生全新产品。

7）按创新产生的经济社会影响分类

按技术创新对经济社会发展的影响分类，将其分为一般创新、重大创新、技术体系变革、技术–经济范式变更四类。

一般创新是指在现有技术基础上对产品和生产工艺进行的小改进。某个一般创新不一定会带来很大影响，容易被忽视。但由于其广泛存在、可以持续大量开展，众多一般创新叠加可以对经济社会发展带来很大影响，值得高度重视。例如，集装箱的发明和推广运用即是如此。

重大创新是指在技术原理上有重大突破的技术创新。这类创新通常会同时带动产品与生产工艺创新，引发市场和组织等的创新，并使得产业结构发生变化。例如，尼龙的发明就是如此。

技术体系变革是指某种技术创新导致一系列关联技术创新，出现创新群。技术创新群的出现会影响和带动多个产业发展，并可能催生新兴产业。例如，石化合成材料群的出现就属于该范畴。

技术–经济范式变更是指既包含众多重大创新，又涉及许多技术体系变更，影响到整个经济部门，甚至引发人类生产与生活方式的重大变革。例如，蒸汽机技术等引发的第一次工业革命、电力技术和内燃机技术等引发的第二次工业革命以及信息技术催生的第三次工业革命是技术-经济范式变更的典型代表。

4. 绿色创新

自创新概念诞生一直到 20 世纪 90 年代，社会各方越来越深刻认识到创新的重要性，普遍将创新作为加速企业和区域与国家发展、提升国际竞争力的重要手段，极少有人意识到创新存在负外部性，很少有学者关注创新与人类社会面临的贫困、不公平、环境污染和气候变化等重大挑战之间的关系，很少有学者研究科技创新的"双刃剑"特征。然而，20 世纪 60 年代的环境公害、90 年代的生态危机等重要事件引发了人们对创新伦理的深入思考，促进了创新概念从传统创新向绿色创新转变。

回顾历史不难发现，工业经济时代创新的主要目的是消除贫困和解决大多数人的温饱问题。为满足这些需求产生的传统创新，自然以实现大规模生产和提高劳动生产率为目标，传统创新实现了社会生产力的巨大进步、物质的极大丰富和生活条件的巨大改善，但开发利用自然资源的步伐越来越快，人类赖以生存的生态系统乃至整个地球开始超负荷运转。如果继续如此不加限制地发展，不注重经济发展与环境改善、社会进步与生态保护、生活质量改善与生产条件改进之间的相互协调，人类很可能丧失发展的基础。在此背景下，创新需要向生态化和绿色化方向转变，充分协调人与自然的关系，兼顾效率与公平，既促进经济发展也支持社会进步和生态环境保护，成为人们普遍的认知。绿色创新概念在此背景下诞生，进入 21 世纪之后成为创新领域受到高度重视的新问题，越来越强调创新不仅要促进经济发展，更需要支撑引领绿色发展与可持续发展（黄晶等，2020）。

绿色创新概念形成与发展过程中，众多学者从不同的视角研究了创新的负外部性。一些学者认为，正是创新带来了大批量生产和大规模消费模式，引发了过量的资源消耗（Bardi，2011）、严重的环境污染和浪费（Steffen et al.，2015）。也有研究强调，创新带来的大量高技术产品更好地满足了富人的需求和高端需求，既增加了人类社会消费的不公平，也造成了财富分配的不合理，还形成了"赢者通吃"的局面，使得财富分配呈现出更强的"马太效应"，扩大了贫富差距。典型的如谷歌、亚马逊等科技巨头利用信息技术和智能技术在减少雇佣员工的同时，攫取了更丰厚的利润（Kaplinsky，2011）。还有学者注意到，科技创新使得生产生活节奏日益加快，人们不得不在快速变化的环境中不断寻求适应，进而使身心承受过多压力。为追求成功，人们对信息过分渴求，期冀即时反馈，精神持续紧张，心理焦灼和情绪波动越来越明显，使得越来越多的现代人暴露在心理与精神疾患的风险之中，使身心疲惫焦虑（李万，2018）。更直接的是，科技创新带来的化肥、农药等在促进农业生产、造福于人类的同时，也给人类赖以生存的环境带来危害。有研究认为，农药利用率一般为10%，约90%残留在环境中，对环境造成污染。大量散失的农药挥发到空气中，流入水体中，沉降聚集在土壤中，污染农畜渔果产品，并通过食物链的富集作用转移到人体，对人体产生危害。高效剧毒的农药毒性大，且在环境中残留的时间长，当人畜食用了含有残留农药的食物时，就会造成积累性中毒。

总体上看，目前不少学者认为，创新不仅能通过"创造性破坏"增加更多的新产品以促进经济持续增长，也能引发更严重的环境污染、不公平、浪费等社会问题，带来"破坏性创造"（Soete，2013）。因此，绿色创新是有利于、乃至于直接服务于可持续发展的创新，是既促进经济发展又能有效应对人类社会面临的贫困、不公平、环境恶化、气候变化等共同问题和挑战的创新，是既要实现经济社会效益也要保障生态环境效益的创新，是将技术创新与模式创新、行为改变等相结合的创新，是要改变社会-技术范式的创新（Martin，2016）。

绿色创新相比传统创新，其目标和要求不同，途径也自然不同，特别需要协同多方力量综合施策协同推进。例如，当前普遍采用的小汽车出行方式带来了大量的资源消耗和环境污染问题，是一种不可持续的交通出行方式。为此，不少国家积极支持开发新能源汽车替代传统能源汽车，以解决资源过度消耗和环境污染问题。显然，这种创新不能从根本上解决问题。从改变社会-技术范式的角度推进交通出行方式变革，应该协同推进多方面的创新，既要积极运用新能源汽车代替传统能源汽车；也要改变汽车的拥有方式，发展更多的低能耗低排放出租车，并积极运用信息技术提升出租车的利用效率；更要大力发展公共交通系统，鼓励更多的人在合适的条件下采用步行和骑自行车等出行方式，实现高效出行、减量出行、优化出行。可见，绿色创新是要集成技术-行为-模式等多种要素的创新，是要改变技能、基础设施、产业结构、产品、规则、用户偏好、文化等因素的创新，是既要开发新技术又要积极运用传统技术的创新，是需要企业、政府、社会、民众等广泛参与和通力合作的创新。

绿色创新没有单一和统一的路径，而是一个多方参与通过谈判协商协同推进技术、组织、模式等多方面变革的系统创新过程，是一个需要通过试点试验积累经验逐渐发现其可行和有效的创新路径的过程，是一个有可能颠覆传统的价值观与解决问题方法的过程。绿色创新有几个鲜明的特点（Schot and Steinmueller，2018）。

第一，绿色创新是把应对社会和环境挑战纳入其过程的创新。科技创新主要关注的是促进研发、新知识的发现和新技术的创造及其转移和推广运用，强调要通过建立高校和科研院所、企业、科技创新服务机构等各类社会创新主体之间的知识网络，促进其相互交流合作，提升吸收能力和学习能力，带动技术变革，激发全社会的企业家精神，服务于经济发展、增加就业和增强国际竞争力。传统的对科技创新的关注是要依靠创新促进经济发展，认为社会和环境问题可以通过高水平的技术创新实现更好的经济发展和社会福利再分配以及调节其负外部性得以解决。绿色创新把应对社会和环境挑战直接纳入社会-技术范式转变即绿色创新过程，使得创新要直接承担应对社会和环境挑战的责任和义务，有利于创新与可持续发展的更好结合。

第二，绿色创新是需要克服巨大阻力的创新。绿色创新往往是改变现有社会-技术范式的创新，需要改变现有的价值观、认知、规范和规则。在现有社会-技术范式下处于主导地位和获得巨大利益的个体和群体，包括企业、政府、用户、公民等都可能阻碍绿色创新的推进，他们有可能不理解应对可持续发展面临的诸多挑战必须改变其行为的必要性，认为在现有的社会-技术范式下就能解决问题，再加上人们容易被现有的价值观和认知锁定，推广运用新的理念、技术、规范、政策等面临巨大的阻力和困难。

第三，绿色创新是一种系统层的开放式创新。与科技创新和国家创新体系更多关注科学和技术层面上的问题不同，绿色创新是综合考虑经济、社会和环境发展目标，通过持续的试点试验和学习积累经验推进整个社会-技术系统变化的创新，是改变社会-技术系统发展方向的创新。由于改变现有社会-技术系统中的企业、政府、用户、公民等各方的世界观和价值观会面临巨大的阻力，因此绿色创新必须是一个开放的、试验性的、学习式的、多方参与争论和谈判的过程。

第四，绿色创新是需要建立新的知识库的创新。绿色创新涉及社会-技术范式改变，推进绿色创新不仅需要经济学、创新管理等领域的知识，而且需要公共管理和政府治理、技术史等其他许多领域的知识，特别需要将不同领域的知识集成运用。目前的相关政策和举措很少能支撑这样的知识库的构建。

第五，绿色创新是要兼顾不同地区发展要求和合理分担其成本的创新。从全球乃至一个国家看，不同地区发展水平差距较大，需要的绿色创新方法和路径可能明显不同。绿色创新应该运用多种方法形成多样化的解决方案，以适应不同地区、不同领域可持续发展的需要。同时，绿色创新还要根据可持续发展的要求分担创新责任和成本，以利于建立更加公平和公正的社会（Leach et al.，2012）。

1.2 公共产品技术创新

创新概念与创新发展理论深刻揭示了第一次工业革命以来人类经济持续快速发展的原因，充分论证了创新是经济发展的核心驱动力。现实表明，近代以来人类各项社会事业也快速发展，取得伟大进步。这自然引发新的需要回答的问题：人类社会进步的核心驱动力是什么？科技创新在人类社会进步[①]中的作用如何？这是目前很少研究、还没有得到必要诠释、但应该回答的问题。

1. 公共产品技术创新的概念

简单观察不难发现，近代以来人类经济持续快速发展的同时，基础设施建设、公共安全、环境保护、防灾减灾、公共卫生等社会事业发展水平也大幅提升，取得了非常伟大的成就。从我国的人均期望寿命看（表1-2），2022年相比1949年延长了32.9岁，相比1982年也增加了12.4岁，实现大幅延长。

表1-2 1949年以来典型年份我国的人均期望寿命

年份	人均预期寿命	年份	人均预期寿命
1949	45.0	1982	65.5
1992	68.7	2002	71.4
2012	74.8	2022	77.9

为什么新中国成立以来我国的人均预期寿命能大幅增加？公共卫生领域的众多研究认为（王涛和张勘，2012），一方面是因为经济快速发展使得广大民众的物质生活条件改善；另一方面是由于科学技术快速发展开发出了大量的医疗卫生

---

① 说明：本书中的社会进步是广义的概念，包含了公共安全、生态环境保护等需要政府发挥直接干预作用、提供公共产品的所有领域。

新技术和新产品，使得政府部门能够提供的公共卫生产品数量与质量大幅改善，公共卫生服务能力大幅提升。例如，众多新型疫苗的成功开发，使得民众可以免费接种，极大减缓甚至消除了长期以来影响人们身体健康和寿命的霍乱、鼠疫、天花等众多烈性传染病的危害，显著增强了人类社会的传染病防治能力，婴儿死亡率显著下降，人均预期寿命显著延长。可见，公共卫生这一公共产品供给水平的大幅提升，是人均预期寿命大幅延长的关键性因素。

进一步分析会发现，除公共卫生外，近代以来基础设施建设、公共安全、环境保护、国防安全、防灾减灾等社会发展各个领域水平的提升，无一不是经济发展和政府公共产品供给能力增强带来的。大量案例还表明，政府公共产品供给水平提高，无一离得开科技创新的有力支撑。具体而言，科技创新通过两条途径促进公共产品供给和加速社会进步：一方面支持开发更多新的更高质量的公共产品；另一方面通过驱动经济更快速发展，支持政府部门获得更多的财政收入，提升公共产品供给能力。因此，科技创新不仅是经济发展也是社会进步的核心驱动力。

我国人均预期寿命大幅延长的过程还表明，与科技创新促进经济发展的核心途径是增加新的市场产品和改进已有市场产品供给类似，科技创新促进社会进步也是通过支持开发新的公共产品和改进已有公共产品，使得政府部门能够提供更多更好的公共产品实现的。因此，科技创新一方面带来新的市场产品，另一方面催生新的公共产品。如此，技术创新不仅有服务于市场需求和经济发展的市场产品技术创新，还有支持政府服务于公共需求提供更好的公共产品的公共产品技术创新（仲伟俊等，2013）。也就是说，技术创新应该分为市场产品技术创新和公共产品技术创新两种类型（仲伟俊，2008）。

根据上述讨论，借鉴之前关于技术创新的定义，界定公共产品技术创新为：研发新技术和/或充分运用已有技术开发新的公共产品，或改进已有公共产品，并首次推广运用的过程。关于公共产品技术创新，有如下几个方面的解读。

一是技术创新既能增加市场产品，也能丰富公共产品。通过公共产品技术创新丰富公共产品供给，既可以是增加新的公共产品，也可以是改进已有的公共产品，途径多样。

二是公共产品技术创新中的技术可以有多种来源，既可以来源于通过研发产生的全新技术，也可以是已有技术的新运用，还可以是两种来源组合运用的结果。同时，新的公共产品的范围相当广泛，既可以是全球而言新的公共产品，也可以是对某国家乃至某地区而言新的公共产品。

三是公共产品技术创新既可以由公共部门组织推进，也可以由企业开发出新产品之后政府部门采购并推广运用，还可以在政府财政资金支持下由企业开发并直接提供给民众作为公共产品使用。公共产品技术创新的组织实施方式较为多样。因此，与公共产品供给密切相关的技术创新活动都属于公共产品技术创新范畴，不在于具体由谁组织实施。

四是公共产品技术创新不仅要开发出新的公共产品，还要实现新公共产品的首次推广运用。公共产品技术创新不是单纯的技术活动，而是技术开发与社会进步相结合的活动，或者说是以技术手段促进社会进步的活动。检验公共产品技术创新成功与否的核心标准是产生的社会效益。

2. 公共产品技术创新与市场产品技术创新的区别

公共产品技术创新概念的提出，不仅开辟了技术创新新的研究对象和领域，深化了对其特点、规律和作用的认识，还能更科学、准确、深刻认识政府依靠科技创新提供公共产品、促进社会进步的客观规律，为加速各项社会事业进步提供了重要的理论支撑。当然，要真正达成这样的理论和实践目标，需要剖析公共产品技术创新与市场产品技术创新的特点，明确它们之间存在的本质区别。如果两类技术创新之间没有显著不同的特点和发展规律，构建新概念就缺乏必要性及理论与现实意义。

为辨析公共产品技术创新与市场产品技术创新的区别，首先分别介绍公共产品技术创新和市场产品技术创新的两个典型案例。

案例1-1 公共产品技术创新典型案例——天宫空间站的建设运行

空间站是载人航天的基础和前提，是人类未来在太空长期驻留、开展大规模空间活动的重要平台，发展空间站是建设航天强国、促进人类和平利用太空、开发和利用太空资源、造福人类的重要手段。

我国于1992年决定启动实施载人航天工程，确定了三步走的发展战略。第一步，发射载人飞船，即神舟号飞船，建成初步配套的试验性载人飞船工

程，开展空间应用实验。第二步，在第一艘载人飞船发射成功后，突破载人飞船和空间飞行器的交会对接技术，并利用载人飞船技术改装、发射一个空间实验室，解决有一定规模的、短期有人照料的空间应用问题。第三步，建造载人空间站，解决有较大规模、长期有人照料的空间应用问题。

2010年9月，中国载人空间站即天宫空间站工程正式立项实施。经过全体参研参试人员十多年的不懈努力，2022年天宫空间站完成了在轨组装建造。天宫空间站包括天和核心舱、梦天实验舱、问天实验舱、载人飞船（即神舟号飞船）和货运飞船（天舟飞船）五个模块组成。

天宫空间站的建成，标志着我国独立掌握了近地轨道大型航天器在轨组装建造技术，具备了开展空间长期有人参与科学技术实（试）验的能力，为不断推动我国空间科学、空间技术的创新发展，为建设航天强国、提升我国在国际载人航天领域的影响力提供了重要支撑。

案例1-2　市场产品技术创新典型案例——空客A380的开发

空客A380是欧洲空中客车公司制造的全球最大的宽体客机。该公司于1988年开始相关研究工作，1990年宣布该项目要向波音747在远程航空客运市场的主导地位发起挑战，2000年12月19日投入107亿美元正式启动A380计划。该机型第一架原型机于2005年1月18日在法国图卢兹首次公开，2005年4月27日完成首飞，2006年12月获得EASA和FAA的型号许可证。电气布线上的问题导致该项目延期2年，研发费用激增到203亿美元。

2007年10月15日，该机型首次交付新加坡航空公司，并于当年10月25日投入运营。空客A380在2012年和2014年达到了年产量峰值，每年生产30架。但是，2021年空中客车飞机制造公司停产全球客机史上载客量最多的飞机A380。空中客车公司承认该项目是亏损的，收益并不能补偿该项目250亿美元的研发费用。

空中客车公司启动A380计划时认为他们可以在整个产品生命周期内至

少斩获 1200 架订单。然而，截至停产日一共只生产 251 架。这样一架怎么看都不该"夭折"的明星客机，刚刚在市场上存活了 12 年就早早被宣判"死刑"。之所以如此，一是这种高载客客机的市场定位过于高端，适合航线很少；二是客机跑道要求太高，只有级别最高的 4F 级机场和部分 4E 级机场才能起降；三是 A380 的烧油大户属性导致载客成本高企。空客对于航空市场发展走势预判失误，市场风险导致 A380 销量不佳，创新失败，很早退出市场。

剖析公共产品技术创新与市场产品技术创新的两个典型案例，比较各自的特点可以发现它们之间有诸多本质差别（表 1-3）。

表 1-3　公共产品技术创新与市场产品技术创新的区别

比较内容	公共产品技术创新	市场产品技术创新
需求对象	社会公共需求	私人个别需求
投入主体	政府	市场和企业
创新风险	技术风险	技术风险和市场风险
风险承担主体	国家和全社会	私人投资者
创新动力来源	公共需求、政治家抱负等	市场竞争和获取利润
主要效益	社会效益	经济效益
效益核算	成本中心	利润中心

首先是需求对象和投入主体不同。公共产品技术创新是为政府更好提供公共产品、满足公共需求服务的，投入主体应该是政府；市场产品技术创新是为企业更好提供市场（私人）产品赢得市场竞争服务的，主要满足的是私人需求，最有效供给主体应该是企业，投入主体也应该是企业。

其次是技术创新风险及其承担主体和创新动力来源不同。典型案例还表明，公共产品技术创新的投入主体是政府，有明确的公共需求和使用对象，一般不会出现没有用户的情况，这意味着公共产品技术创新主要面临技术风险，一般不存在市场风险，即使创新失败，其成本也会由政府和全社会承担，参与的个人和组织损失很小，创新动力主要来源于公共需求和政治家的抱负等；市场产品技术创新直接面向市场需求，不仅存在技术风险，还需要面对更难把控的很高市场风险，具有高度的不确定性，一旦创新失败，所有损失都要由私人投资者承担。如果损失较大，有可能直接导致相关投资人破产倒闭。相比公共产品技术创新，市场产品技术创新风险更高，难度更大，创新动力主要来源于赢得市场竞争和获取利润。

最后是产生的主要效益及其核算方式不同。公共产品技术创新服务于公共需求和公共产品供给，产生的主要是社会效益，要客观和准确地评价其社会效益非常困难，通常被设计为成本中心，财务目标是将成本控制在预算范围之内，提供数量尽可能多、质量尽可能优的公共产品；市场产品技术创新本质上属于经济活动，产生的主要是经济效益，效益评价相对直接、简单和客观，主要评价其利润大小。

综上，不管是从满足的需求与投入主体看，还是从面临的风险、创新动力来源与产生效益审视，公共产品技术创新与市场产品技术创新都有本质区别，它们的创新规律有很大的不同，需要将两者区别对待，分别深入研究。同时这也再次表明，需要从概念上将技术创新分为公共产品技术创新与市场产品技术创新两种不同类型。

3. 公共产品技术创新与市场产品技术创新的相互融合发展方式及作用

公共产品技术创新与市场产品技术创新之间存在本质区别，并不意味着其应该相互独立和分割发展。现实表明，航空、船舶、微电子、通信、计算机、新材料等领域的众多高技术既可以运用于开发国防军工等公共产品领域的新产品，也可以大量运用于开发市场领域的新产品（仲伟俊和梅姝娥，2019）。可见，公共产品技术创新与市场产品技术创新之间存在紧密联系，可以相互融合发展，这样既能使两类创新共享利用双方的资源，也使得合作开发的新技术能在公共产品与市场产品两个领域同时运用，扩大创新成果的运用范围，提升创新投入产出成效。

从过程角度看，公共产品技术创新与市场产品技术创新都要经历创新资源集聚、新技术研发、新市场产品开发和运用等多个阶段，公共产品技术创新过程中的各个阶段都可以支持企业的参与，公共产品技术创新相关的资源和成果也可以通过多种途径向市场领域转移扩散，支持市场产品技术创新（图1-2）。因此，可以通过多种途径促进公共产品技术创新与市场产品技术创新相互协同和融合发展。

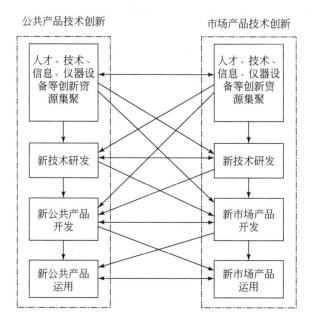

图1-2　公共产品技术创新与市场产品技术创新的相互融合方式

一是创新资源共享共用。推进公共产品技术创新与市场产品技术创新相互融合，首先可以实现两类创新共同需要的人才、技术、信息、仪器设备等创新资源的共享共用，扩大各类科技创新资源的运用领域和范围，提升资源利用率。推进创新资源共享共用有多种可能的实现方式，例如，支持公共产品技术创新和市场产品技术创新两个不同领域的人才流动和相互兼职、信息共享；允许公共产品技术创新领域的人才离岗或离职创新创业，实现大型科研仪器设备双向开放等。

二是新技术研发的高效合作和相互利用。公共产品技术创新与市场产品技术创新过程中经常需要开发新技术，以增强持续创新能力。显然，两类创新之间可以采用多种方式相互合作开发新技术，例如，合作实施重大科研项目研发两用新技术，供两类创新共同运用；通过专利许可、技术转让、技术入股等方式积极寻求运用对方已有的新技术；积极运用对方的人才、技术、信息和仪器设备等各种创新资源开发新技术，弥补自身创新资源的不足，提升新技术研发能力等。

三是新产品开发的相互融合。开发新的公共产品和市场产品过程中也有多种公共产品技术创新和市场产品技术创新的相互融合方式。例如，新产品开发过程中积极运用对方的创新资源和新技术；采购对方已有的新产品配套运用于自身新产品的开发等。在我国新型战机研发过程中大量采购民营企业生产的碳纤维等新型材料，是其典型案例。

四是新产品运用的相互支持。开发出新的公共产品和市场产品之后，需要让其有尽可能多的愿意率先使用的用户，这对技术创新至关重要。再好的新产品如果得不到一定的运用，必将导致创新的失败。公共产品技术创新与市场产品技术创新相互融合的一种重要方式是实现两类新产品的相互运用，这也有多种可能的方式：一种是公共产品技术创新中积极采购使用新开发的市场产品。美国贝尔公司于 20 世纪 50 年代开发出晶体管和集成电路之后，初期需求的形成和产业的培育完全靠军方采购，带动美国芯片产业的成长和壮大。另一种是公共产品技术创新开发出新产品之后，或者在公共领域和市场领域同时推广运用，或者在公共领域运用到一定程度之后积极向市场领域转移，支持新兴产业培育和发展。计算机、雷达等新产品开发和新产业培育就是如此。

综上，公共产品技术创新与市场产品技术创新融合发展的途径和方式多样。通过融合发展，可以显著提升不同领域科技创新资源的协同利用水平，持续增强新技术和新产品的协同开发能力，不断开辟新技术和新产品更广泛的运用领域，具有极其重要的作用。

公共产品技术创新概念表明，创新和技术创新不仅可以促进经济发展，还可以通过支撑更多更好的公共产品开发带动社会进步，这实际上意味着创新发展理论已经从经济发展拓展到了社会进步领域，揭示创新和技术创新不仅是国家经济发展的核心驱动力，也是社会进步的主要动力源泉。加速国家发展，必须强化创新和技术创新。

1.3　科　技　创　新

第二次世界大战以后全球经济进一步快速增长，各国对创新尤其是技术创新在经济发展中的重要作用的认识越来越深刻，普遍认为技术创新是经济增长的核心驱动力，提升一个国家的经济发展水平，必须增强技术创新能力。这自然而然会提出新的问题，即技术创新的主要驱动力是什么？技术创新的关键影响因素有哪些？如何才能有效提升一个国家的技术创新能力？在此背景下科技创新概念应运而生。

1. 科技创新概念的缘起

熊彼特关于创新的定义和分类中既没有谈及科学研究，也没有提及科技创新。科技创新概念的诞生，与范瓦内·布什和拉什·D. 霍尔特（2021）于1945年向美国总统提交报告《科学：无尽的前沿》有很密切的关系。可见，科技创新概念比创新概念的出现延后三十多年，是第二次世界大战之后的事。

第二次世界大战期间，从实验室开始的一系列科学研究和技术开发活动，催生了原子弹、雷达、青霉素等直接改变战争进程的重大科技创新成果，展示了科学技术的巨大威力，从根本上改变了人们对科学技术的认识。1944年11月，美国总统罗斯福给时任战时科研活动的科学研究发展局（OSRD）局长布什写信，要求他就如何把战时的科学技术发展经验用于即将到来的和平时期提出意见。1945年，布什在由杰出的科学家和其他学者组成的四个专业委员会协助下完成了报告，并赋予它一个富有想象力的题目——《科学：无尽的前沿》。该报告强调，科学已成为国家经济发展、社会进步和民众生活水平提升的新动力。要提升一个国家的创新能力，必须大力发展科学和技术，科学和技术是创新尤其是技术创新的主要影响因素和核心驱动力。布什报告不仅强调了科学研究对人类文明进步和国家发展的重大战略意义，还把人类关于科学研究、技术开发和技术创新之间关系的认识提升到一个全新的战略高度，使得科学研究、技术开发和技术创新成为一个相互联系的有机整体。在此背景下，科技创新这一名词得以出现。

布什报告以及之后一些学者如 Arrow（1962）和 Nelson（1959）等的研究还发现，科学研究产生的新知识具有典型的公共产品特征，依靠市场机制很难大力推进，存在市场失灵，政府必须在科学研究和创造具有丰厚利润、无尽和可持续利用的知识资源方面发挥主导作用，在新的科学知识创造和传播、培养青年科学家上承担主体责任。美国联邦政府接受了布什等专家学者的建议，将科学研究能引领未来作为信条，大力支持超前和长期的基础研究，使得美国联邦政府成为第二次世界大战以后科学的慷慨赞助者，政府对科学研究的资助成为其基本职能和常规活动。可见，布什报告开启了科学与技术发展的新时代，催生了科学和技术与国家发展关系的新时代。从此，世界主要国家都把促进科学研究和技术开发摆到国家发展特别重要的位置，努力以科学研究和技术开发支持技术创新，以技术创新支撑引领经济发展和社会进步。科技创新成为国家竞争优势的核心来源。

2. 科技创新的概念以及各类活动的区别

自从科技创新这一名词出现以来，不少学者对其进行了概念界定。目前不同的学者对其理解和界定往往很不相同，有些甚至存在本质上的差别。例如，有人简单地将科技创新理解为"科技的创新"，即认为科技是一类事情，科技创新的核心是创造新的科技。再如，百度百科定义：科技创新是原创性科学研究和技术创新的总称，是指创造和应用新知识和新技术、新工艺，采用新的生产方式和经营管理模式，开发新产品，提高产品质量，提供新服务的过程。科技创新可以被分成三种类型：知识创新、技术创新和现代科技引领科技创新的管理创新。显然，这些理解和定义都是很不准确的，其中存在的核心问题是科学、技术和创新不分，把科技作为一类事物对待。

基于从创新到科技创新概念的发展过程，定义：科技创新是科学研究、技术开发和技术创新等几类既有紧密联系又有本质区别的活动的总称（图 1-3）。其中，基础研究与应用研究构成科学研究活动，科学研究与技术开发构成研发活动，市场产品技术创新和公共产品技术创新构成技术创新活动。图 1-3 表明，从科技创新支撑引领经济发展和社会进步的角度看，技术创新在各类科技创新活动中处于核心位置。具体而言，技术创新需要科学研究和技术开发活动的强力支持，技术创新既可以促进经济发展，也可以加速社会进步，是高质量发展的源泉。

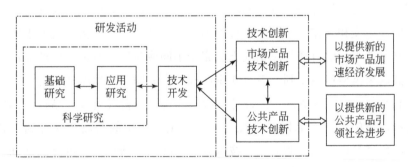

图 1-3 科技创新活动类型

科技创新由多类活动组成，它们之间存在本质区别。基础研究是为获得关于现象和可观察事实的基本原理及新知识而进行的实验性和理论性工作。应用研究是为了确定基础研究成果可能的用途，或者是为达到预定的目标探索应采取的新方法、新原理或新途径。技术开发是利用从基础研究、应用研究和实际经验所获得的知识，为产生新的产品、材料和装置，建立新的工艺、系统和服务，以及对已产生和建立的上述各项作实质性的改进而进行的系统性工作。可见，基础研究、应用研究、技术开发、市场产品技术创新和公共产品技术创新各自的性质和特点明显不同（表1-4）。

表1-4　各类科技创新活动的特点

活动类型	科学研究		技术开发	技术创新	
	基础研究	应用研究		市场产品 技术创新	公共产品 技术创新
主要驱动力	兴趣与好奇心	好奇心与应用	市场需求与竞争或/和公共需求	市场需求和竞争	公共需求
投资主体	政府	政府	政府或/和企业	企业	政府
主要风险	科学风险	科学风险	技术风险	技术与市场风险	技术风险
主要目标	新的发现	新用途和新途径	新的发明	经济效益	社会效益
成果形式	论文和著作	论文、著作、原理性模型和发明专利	发明专利、专有知识、产品原型或原始样机	新产品、新工艺	新产品、新服务

　　首先是主要驱动力与成果形式不同。基础研究是在好奇心驱动下，努力发现世界上客观存在却未知的东西，揭示客观事物的本质和运动规律，其成果形式是论文和著作。应用研究是探索基础研究成果的新用途及其可能的实现途径。其成果既可能是论文和著作，也可能是模型和专利。技术开发是指在技术上实现较大突破，并创造出与已有产品原型或方法完全不同或有很大改进的新产品原型或新方法，其成果类型包括专利、专有知识产权、产品原型和原始样机等。市场产品技术创新是将新的或改进的产品商业化以产生经济效益。公共产品技术创新是提供新的或改进的公共产品以产生社会效益，主要产生的是新产品和新工艺。显然，科学研究是认识世界的活动，技术开发与技术创新是改造世界的活动，它们各自的性质有本质上的不同。

　　其次是目的不同。基础研究的目的是发现已经事实存在的但不为人所知的客观规律，获得新发现和新知识，不应该称其为发明、创造或创新。应用研究是发现知识的新用途及其可能的实现途径。技术开发是解决技术问题以发明世界上没有的东西。市场产品技术创新是以技术为手段产生经济效益。公共产品技术创新是以技术为手段加速社会进步。各类科技创新活动的目的也很不相同。

再次是投资主体不同。基础研究、应用研究、公共产品技术创新的投资主体是政府。市场产品技术创新投资的主体是企业。技术开发投资的主体根据其开发技术的公共性不同既可能是政府也可能是企业，甚至是两者的结合。

最后是面临的主要风险不同。基础研究和应用研究主要面临研究失败的风险，即科学风险。技术开发、公共产品技术创新面临的主要是技术风险。市场产品技术创新不仅要面临技术风险，还要面临很难把握和很大的市场风险。相比较而言，市场产品技术创新面临的风险更多更大。

总之，各类科技创新活动之间存在本质差别，基础研究和应用研究是把钱等要素投入转化为新知识、认识世界的活动，技术开发是将钱等要素投入转化为新技术、改造世界的活动，市场产品技术创新是把知识和技术转变为新的市场产品产生经济效益的活动，公共产品技术创新是把知识和技术转变为新的公共产品产生社会效益的活动。

3. 科技创新活动之间的联系

科技创新各类活动之间存在本质区别，但是又存在紧密而复杂的联系，具体体现为如下几种典型方式。

第一，科学研究产生的新知识直接促进新技术和新产品开发，加速经济社会发展。例如，放射性元素与原子核结构的发现很快引发了当代最主要的尖端技术之一的核技术的快速发展，催生了原子弹这一改变第二次世界大战进程的重大新产品。这是科学研究直接引发新技术和新产品的典型案例。

第二，经济社会发展和新产品开发需求直接牵引带动新的科学研究和技术开发，产生新知识和新技术，新知识和新技术又支撑技术创新和开发更优质新产品。例如，人类发明了飞机等飞行器之后，需要研究如何更有效获得飞行器所需要的升力、减小飞行器的阻力和提高它的飞行速度，这直接牵引带动从理论和实践上研究飞行器与空气相对运动时作用力的产生及其规律，催生了空气动力学这一重要学科的诞生。空气动力学的发展又强有力地支持了更优质更高效的飞机等飞行器的开发，改变了运输业等行业的格局。

第三，已有知识和技术的扩散运用催生新产品，促进经济社会发展。现实中，许多新产品开发只是利用已有成熟的知识和技术，并没有引发新的研发活动以利用新知识和新技术。例如，核技术发明之后不只运用于开发原子弹，之后还广泛扩散运用于农业、医疗等众多领域，服务于辐射诱变培育农作物优良品种，开发医学 CT（MCT）、X 射线断层扫描（XCT）、核磁共振 CT（NMR-CT）等核医学成像设备。可见，已有知识和技术的扩散和新运用，能够开发改变人类生产和生活方式的重大新产品，加速人类经济发展和社会进步。

第四，经验积累直接催生新产品，带动经济社会发展。现实表明，许多重要新产品开发既没有运用复杂的知识和技术，也没有依靠研发活动，只是运用人们在长期实践中积累形成的经验。例如，美国一家运输公司的老板马尔科姆·麦克莱恩（1915~2001）发明了集装箱运输方式，他被尊为"集装箱运输之父"。集装箱运输方式的问世，使全球运输业发生了革命性的变革，实现了海陆联运，大大提高了运输效率，目前全世界90%的货物通过集装箱运输。集装箱运输方式是伟大的技术创新，但是既没有运用新技术，也没有运用高技术，主要依靠其积累的经验开发。

第五，公共产品技术创新和市场产品技术创新之间可以相互促进和支持。一般而言，市场产品技术创新可以强有力支持公共产品技术创新，如我国深海载人潜水器、天宫空间站等重大公共产品技术创新过程中广泛采购民营企业开发的市场产品。同时，公共产品技术创新产生的新技术和新产品向市场领域扩散，可以带动新的市场产品开发。例如，北斗导航卫星不仅军用，还广泛运用于民间交通运输等领域，带动新的市场产品开发。

总体上看，科技创新各类活动之间存在紧密的联系，尤其是科学研究和技术开发即研发越来越成为技术创新与重要新产品开发的核心支撑，越来越是经济发展和社会进步的动力源泉。然而，需要强调的是，许多重要技术创新与新产品开发只是现有知识和技术扩散与推广运用的结果，有些甚至只是经验知识运用的结果，不是每项技术创新与新产品开发都与研发活动直接紧密相连，都需要新的研发活动的支持。这也表明，研发水平与技术创新水平不一定具有完全的一致性，一定时期内某些创新水平很高的国家和地区不一定研发水平也特别高，有可能存在错位。例如，20 世纪70~90 年代的日本即是如此，当时日本企业开发新技术的能力不是很强，但是利用他国新技术开发新产品的能力已经较强，在全球率先开发出了随身听、卡拉 OK 机等有重要影响的全新产品。因此，依靠创新加速经济发展和社会进步，核心是要提升创新尤其是技术创新和新产品开发能力，这既要重视新知识发现和新技术发明，即加强研发，为技术创新和新产品开发提供更强有力的支撑，也要特别重视已有知识和技术的扩散和推广运用，着力运用已有知识和技术开展技术创新和新产品开发活动。

1.4 国家创新体系

随着对创新和科技创新特点与规律等方面研究的不断深化，多位学者逐渐发现，不同国家的创新能力存在巨大的差距，这种差距的产生不仅与不同国家的科学研究和技术开发即研发能力不同相关，还与各国的政策、制度、文化等因素紧密相连。这样，需要运用系统工程的理论和方法从系统的角度综合分析科技、制度、政策和文化等众多因素对国家创新能力的影响。在此背景下，20 世纪 80 年代前后逐步发展形成了国家创新体系（National Innovation System，NIS）概念。

1. 国家创新体系概念的形成和发展

英国、美国和丹麦等国家的创新研究者几乎同时开始了国家创新体系问题的研究。英国学者克里斯托夫·弗里曼教授（Freeman，1987）在 1987 年出版的《技术政策和经济运行：来自日本的经验》一书中明确使用了国家创新体系概念。他在 1987 年考察日本时，发现日本通产省在实现日本的技术追赶和跨越中发挥了很重要的作用。日本通产省从长远、战略和动态的视角出发，通过资源的优化配置，推动产业和企业技术创新，辅以组织创新和制度创新，使日本在短短几十年内迅速发展成为工业大国。弗里曼认为，这是国家创新体系发挥作用的结果。

美国学者里查德·纳尔逊也在 20 世纪 80 年代开始研究美国的国家创新体系。他认为，以盈利为目的的企业是国家创新体系的核心，它们之间既竞争又合作。纳尔逊强调了科技发展中的不确定性，认为新技术的多元化是对付技术创新内在不确定性的唯一有效方法，事后的市场选择决定了技术创新的成败。纳尔逊在 1993 年出版的《国家创新体系：比较分析》一书中对几个国家和地区的国家创新体系进行了比较分析，认为由于各个国家的具体情况千差万别，国家创新体系具有复杂性和多样性，没有统一的模式可言（Nelson，1993）。

丹麦奥尔伯格大学的技术创新经济学家本特–雅克·郎德威尔教授早在 20 世

纪 70 年代末期就开始从国家视角研究创新问题。他于 1992 年出版的《国家创新体系》一书从微观角度分析了国家创新体系的构成，探讨了国家创新体系存在的原因，认为生产者-用户的相互作用是一国经济发展的核心，创新就是一种生产者和用户相互作用、相互学习的过程（Lundvall, 1992）。因此，国家创新体系的核心是学习活动，是以正反馈和再生产为特征的动态系统。

虽然弗里曼、纳尔逊和郎德威尔等学者共同创立了国家创新体系概念，但是当初他们对国家创新体系的理解并不相同，有不同的学术视角。弗里曼的国家创新体系概念侧重于分析技术创新与国家经济发展之间的关系，他认为，国家创新体系既包括各种制度因素以及技术行为因素，也包括致力于产生公共技术和知识的大学以及相关的政府部门，其中以盈利为目的的企业处于国家创新体系的核心位置，它们相互竞争也彼此合作。

纳尔逊则将技术变革及其演进特点作为研究的起点，将重点放在知识的生产对于国家创新体系的影响上，还把国家创新体系与高技术产业发展联系起来，并将企业、大学与国家技术政策之间的相互作用置于国家创新体系分析的核心位置。在他看来，每个国家都有自己的国家创新体系结构，国家创新体系中不同组织所发挥的作用、需要解决的问题、资助国内企业的程度以及所提供的资助是公共性的还是私人性的等各不相同。因此，国家创新体系就是一种将制度安排与一国的技术经济绩效相联系的分析框架。

郎德威尔的研究强调国家创新体系植根于其生产体系之中，并认为规范和规则即制度发挥着非常重要的作用。从方法论的角度来看，他的国家创新体系概念侧重于分析国家创新体系的微观基础，即国家是如何对生产者-消费者之间的相互关系发挥作用以及这种作用如何影响一国的经济发展。在他看来，创新过程中，用户-生产者之间相互作用是技术创新过程中的核心内容。国家之所以重要，一个根本原因就在于地理和文化等方面的差异是阻碍用户与生产者之间相互作用的重要因素，国家又是作为这种相互作用的框架而存在并发挥作用的。郎德威尔总结形成了三种典型的创新体系，分别是植根于研究开发体系的创新体系、植根于生产体系的创新体系以及植根于人力资源开发体系的创新体系。

虽然不同的学者对国家创新体系的研究各有侧重，形成了不同的观点，但是也有显著共识。首先，国家创新体系建设过程中企业、高校和科研院所、科技创新服务机构和政府部门等各类参与者之间的联系对于促进技术创新至关重要，他们之间典型的联系方式包括合作研究、人员交流、专利共享、仪器设备共有等。其次，创新体系的分析应以一国为疆界，分析重点在于学习和创新。学习和创新是长期经济增长的推动力量，而学习和创新是在一定的制度框架内进行的，完整的制度框架分析应该以国家为疆界，国家应该成为创新体系分析的基本单元。

国家创新体系概念形成之后，引起 OECD 以及相关学者的高度重视，引发了一系列的研究。OECD 组织专门力量研究，于 1999 年形成了有关国家创新体系的研究报告（OECD，1999）。该报告指出，国家创新体系是由科研机构、大学、企业及政府等组成的网络，创新并不以一个完美的线性方式出现，而是不同组织间复杂的互相作用和反馈的结果。这一系统的核心是企业，是企业获取外部知识组织生产和创新。外部知识的主要来源则可以是别的企业、研究机构、大学和中介组织。OECD 还在其研究报告中建立了国家创新体系的分析模型，开展了一系列的国家间创新体系的比较分析，剖析了不同国家创新体系建设的特点，为相关国家的科技创新政策制定提供了有力支持。

还有不少学者认为，国家创新体系作为一个系统，也应具有明确的功能，国家创新体系中各参与方之间的相互作用和制度安排一定是服务于一定的功能和目标实现。这样，后来关于国家创新体系的研究，向着越来越关注国家创新体系的目的和功能演变。Bergek 等（2008）认为，国家创新体系的核心功能是新技术的开发、扩散和应用。Edquist 和 Hommen（2008）研究认为国家创新体系中包含10 种"活动"：一是研究与开发活动，创造新知识；二是劳动者的能力培养，包括教育和培训、人力资本开发等；三是培育新产品市场；四是了解和掌握需求方对新产品的质量要求；五是创造并改变组织，使之符合创新发展新领域的需要，例如，培育企业家精神促进新企业的创建，创建新的研究组织等；六是通过市场机制和其他机制建立网络，支持创新过程中不同组织间的互动学习及知识的整合运用；七是改革已有制度和建设新的制度；八是孵化活动，例如为新企业的创建提供基础设施、设备、服务等；九是资助有利于知识商业化及应用的创新过程和其他活动；十是提供与创新过程相关的咨询服务，如技术转移、商业信息、法律服务等。

国家创新体系理论形成之后，还带动了区域创新体系、产业创新体系等多种新的理论的形成和发展，为支持相关政策的制定发挥了很大的作用。

2. 国家创新体系的概念和组成结构模型

经过多年的研究和发展，关于国家创新体系的研究成果越来越丰富，已经成为世界主要国家制订科技创新政策、设计鼓励创新制度、推进科技体制改革的主要理论依据和分析框架。根据国际上有关国家创新体系研究的新进展，结合我国建设中国特色国家创新体系的新要求，运用系统的观点和方法，从各参与方之间的相互作用和制度设计与科技活动开展和功能实现相结合的视角，定义：国家创新体系是由一个国家的企业、高校和科研院所、科技服务机构与政府部门等组成的网络，通过良好的政策制定、制度设计和文化营造，促进各参与方之间的紧密联系和协调互动，各类科技创新活动高效开展，各项新知识和新技术高效创造、扩散和使用，各类新产品加速开发，自主创新能力不断提升，支撑引领经济社会又好又快发展，增强国家的核心竞争力。按照国家创新体系的概念，运用系统的观点，构建国家创新体系组成结构模型（图1-4）。该模型分为三个层次。

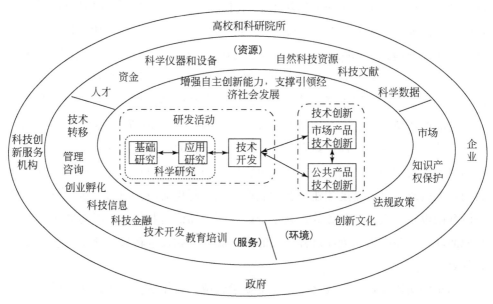

图 1-4　国家创新体系的组成结构模型

资料来源：仲伟俊等，2013

第一层次即模型中心描述的是国家创新体系建设的目的、功能和活动，它是要通过广泛和深入地开展基础研究、应用研究和技术开发活动支持市场产品技术创新和公共产品技术创新，开发新的市场产品和公共产品，支撑引领经济社会又好又快发展。

第二层次描述的是开展科技创新活动的主要影响因素。第一类影响因素是科技创新资源，包括人才、资金、科学仪器设备、科技文献、自然科技资源和科学数据等；第二类是科技创新环境，涉及创新文化环境、市场环境、知识产权保护环境和鼓励创新的法规政策环境等；第三类是科技创新服务，如教育和培训服务、科技金融服务、科技信息服务、技术开发服务、技术转移服务、创新创业服务和管理咨询服务等。

国家创新体系组成结构模型的第三层次描述的是其主要参与者及其相互联系。国家创新体系的参与者众多，主要有政府、高校和科研院所、企业以及科技创新服务机构，他们均是不可或缺的重要角色，各自承担不同的重要职责。一般而言，高校既要承担人才培养的重任，又是科学研究和技术开发等的重要力量；国家支持建立的科研院所，包含从事公共产品技术创新的国有企业，需要承担科学研究、技术开发和公共产品技术创新等一系列任务；从事私人产品研发和生产的企业是市场产品技术创新的主体；科技创新服务机构必须承担技术推广、中介、信息、咨询等一系列的专业服务职能；政府部门更是在国家创新体系建设中担负着重要使命，需要支持开展多方面的科技创新活动，需要为科技创新营造良好的环境，直接或间接支持市场提供各种科技创新服务和资源。

需要强调的是，在国家创新体系建设过程中，不仅各参与方的积极参与非常重要，而且其相互联系和合作水平也直接影响国家创新体系建设。因此，国家创新体系结构模型中的各方不是孤立存在的，而是相互之间密切联系。各参与方之间的相互关系是国家创新体系结构模型中非常重要的组成部分。

3. 国家创新体系建设的关键点

运用系统的观点，基于国家创新体系组成结构模型推进国家创新体系建设，特别强调如下几个方面（Edquist，2004）。

第一，国家创新体系建设把学习和创新摆在核心位置。也就是说，国家创新体系建设的主要任务是要高效开展各类科技创新活动，基本目的是创造、扩散和使用新知识与新技术，开发新产品，提升自主创新能力，支撑引领经济社会又好又快发展。

第二，国家创新体系建设强调采用"整体"和"演化"的观点。所谓整体的观点，强调对国家创新能力的分析试图包含广泛的甚至与创新有关的政策、制度和文化等所有重要影响因素。关于"演化"的观点，强调创新过程随着时间的演进而发展，受到多种因素和反馈过程的影响，常常形成双向反馈机制，是一个非线性的过程，无法达成一种最优的或者理想的国家创新体系，最优化的概念不适合对国家创新体系的分析。因此，不同的国家创新体系之间可以比较，但无法在现实创新体系与最优创新体系之间进行比较。不同国家需要根据其国情采取相应的举措加强国家创新体系建设，推进创新体系的演进和发展。

第三，国家创新体系建设重视组织因素。组织是有意识建立、具有明确目的和正式结构的行为参与者或主体。国家创新体系中的重要组织包括企业、高校和科研院所、科技创新服务机构与政府部门等，保障各类组织机构健全，职责明确，分工合理，高效运转，是建设高水平国家创新体系的基本条件。

第四，国家创新体系建设强调合作和制度的重要作用。从系统的观点看，企业是创新主体，但企业创新不是孤立进行的，需要与其他组织紧密联系和相互作用。由此，加强国家创新体系建设，需要大力促进企业、高校和科研院所、科技创新服务机构与政府部门之间紧密联系、良性互动和高效合作，提升产学研用合作创新体系建设水平。制度是社会各方之间的游戏规则，是调节和规范组织之间关系的一整套习惯和文化、政策等的总称。制度规范国家创新体系中各方之间的关系，制度也是国家创新体系建设的关键影响因素。

第五，国家创新体系建设高度关注创新系统的开放性。在当今全球化背景下，一国的创新体系建设还受到全球经济社会和科技发展态势的直接影响，受到其他国家创新体系建设状况的影响，国家创新体系建设必须考虑国际环境的影响。

总体而言，国家创新体系理论表明，国家创新能力不仅与科学研究与技术开发即科技发展水平密切相关，而且与该国的企业、高校和科研院所、科技创新服务机构和政府等各类创新主体建设及相互合作水平紧密相连，还与制度、政策和文化密不可分。增强国家创新能力，既要加速科技发展，也要支持各类创新主体建设及其相互合作，促进产学研用紧密合作，还要着力营造鼓励创新的良好政策、制度和文化环境。

1.5 本章小结

熊彼特认为，创新是把生产要素的新组合引入到经济中。创新分为五类，包括开发一种新产品，采用一种新的生产方法，开辟一个新的市场，形成原材料或半制成品供应的新来源和实现工业的新组织。创新是知识积累和创新友好制度形成引发的革命性变化，是"创造性破坏"的过程，是经济发展的核心驱动力。企业是创新主体，企业家是创新灵魂。

技术创新是新产品、新工艺和新系统的首次商业性转化。由于对开发者而言开发新工艺也是开发新产品，技术创新本质上就是开发和推广运用新产品。技术创新既能通过开发全新产品满足全新需求，带动形成新的消费品和市场，促进经济发展；也可以通过改进已有产品的性能和质量，降低产品生产成本，实现更广泛的产品消费带动经济增长。

创新不仅能通过"创造性破坏"驱动经济增长，也能引发严重的环境污染、不公平、贫困化、浪费等社会问题，带来"破坏性创造"。绿色创新是有利于、乃至直接服务于可持续发展的创新，是既促进经济发展又能有效应对人类社会面临的贫困、不公平、环境恶化、气候变化等共同问题和挑战的创新，是既要实现经济社会效益也要保障生态环境效益的创新。

公共产品技术创新是研发新技术和/或充分运用已有技术开发新的公共产品，或改进已有公共产品，并首次推广运用的过程。创新和技术创新不仅是经济发展的核心驱动力，也是基础设施建设、公共安全、环境保护、防灾减灾、公共卫生等社会事业发展水平提升的关键支撑。

技术创新有公共产品技术创新和市场产品技术创新之分，两者之间存在紧密的联系，但是在满足的需求、投入的主体、创新的风险、产生的效益等诸多方面又有本质区别，有不同的创新规律。

科技创新是科学研究、技术开发和技术创新等几类既有紧密联系又有本质区别的活动总称。国家经济发展和社会进步依靠创新尤其是技术创新，创新能力尤其是技术创新能力提升需要加强科学研究和技术开发，加速科技发展。

国家创新体系是由一个国家的企业、高校和科研院所、科技服务机构与政府部门等组成的网络，通过良好的政策制定、制度设计和文化营造，促进各参与方之间的紧密联系和协调互动，各类科技创新活动高效开展，各项新知识和新技术高效创造、扩散和使用，各类新产品加速开发，自主创新能力不断提升，支撑引领经济社会又好又快发展，增强国家的核心竞争力。

国家创新能力不仅与科技发展密切相关，而且与该国的企业、高校、科研院所、科技创新服务机构和政府等各类创新主体建设及相互合作水平紧密相关，还与制度、政策和文化密不可分。增强国家创新能力，既要加速科技发展，也要促进各类创新主体建设及产学研用紧密合作，还要着力营造鼓励创新的良好政策、制度和文化环境。

| 第 2 章 | 新产品类型与开发路径

技术创新本质上是开发新产品，科技创新尤其重要的任务是运用科学研究产生的新知识和技术开发催生的新技术开发新产品，加速产业创新发展和高质量发展。新产品及其开发在后发国家创新发展中处于核心地位。本章首先讨论产品的定义，剖析新产品及其开发的含义及特点，界定世界级产品的概念；其次分析我国企业新产品开发状况和阶段特征，从后发国家企业创新发展与高质量发展的要求出发明确新产品开发类型，诠释自主品牌高档新产品、替代性新产品、颠覆性新产品和全新产品等重要新产品的特征；最后通过典型案例剖析，揭示通过技术创新开发各类新产品的可能途径，阐释新产品开发的过程与方式和特点，通过介绍国际著名创新型企业美国康宁公司创新发展与新产品开发经验，从新产品开发视角揭示后发国家创新发展规律。

2.1 新产品与世界级产品

了解新产品，首先需要了解什么是产品。它们之间有紧密的联系，但是又有明显差别。

1. 产品

产品的定义较为多样，有学者定义产品是提供给市场，供关注、购置、使用或者消费，可能满足某种需求或需要的任何事物（加里·阿姆斯特朗和菲利普·科特勒，2017）。还有学者认为产品可以是任何一种能够被提供给市场以满足需要欲望的东西，包括有形商品、服务、体验事件、场所、财产权、组织、信息和创意等（菲利普·科特勒等，2020）。综合已有讨论，定义产品为能提供给用户，并被用户关注、购置、使用或消费，给他们带来有形与无形利益，以满足其需求和欲望的物质和非物质形态的事物，包括有形商品、服务、体验事件、场所、财产权、组织、信息和创意等①。

菲利普·科特勒（2003）提出了有重要影响的整体产品概念，他认为无论何种产品，都是由核心产品、形式产品、期望产品、延伸产品、潜在产品五个层次组合而成：第一，从根本上讲，每个产品都是为解决问题而提供的服务，核心产品是指向顾客提供产品的基本效用和利益。例如，消费者购买口红不是为了得到某种颜色某种形状的实体，而是为了通过使用口红提升自身的形象和气质。第二，形式产品是指核心产品借以实现的形式或对目标市场特点需求的满足形式，一般由品质、样式、特征、商标和包装等5个特征构成，核心产品必须通过形式产品才能实现。第三，期望产品是指购买者在购买产品时期望得到的与产品密切相关的一整套属性和条件。例如，旅馆的客人期望得到清洁的床铺、观看电视等服务。第四，延伸产品是指顾客购买形式产品和期望产品时，附带获得的各种利益的总和，包括说明书、安装、维修等。第五，潜在产品是指包括所有附件产品在内的现有产品未来可能发展成为的产品，它指出了现有产品可能的演变趋势和前景。显然，产品五个层次的描述能更加深刻而准确地反映产品的整体含义。

产品不仅含义丰富，而且类型多样，从不同视角可以分为不同类型。首先，从其消耗性可以分为易耗品和耐用品。易耗品是指那些在短时间内被"消耗"掉，用一次就几乎完全用完，需要不断购买的产品。最为典型的易耗品是食品，一块面包或一袋薯片吃完就消失，还想吃就需要再次购买。耐用品是指可以重复多次使用，不会很快磨损或损坏，有较长使用寿命的产品。电视机、洗衣机和电冰箱等家电产品是比较典型的耐用品，一次性购买后可以在数年内持续使用。其次，从使用者的不同将产品分为消费品和工业品。消费品是指面向最终消费者的产品，是人们在日常生活中使用的物品，包括食品、饮料、衣服、鞋帽、化妆品、日用品、家具、家电、汽车等。消费品的特点是需求量大，消费者群体广泛，价格相对较低，生命周期较短，市场竞争激烈。工业品是指面向生产和加工领域的产品，是生产过程中使用的物品，包括机床、电机、仪器仪表、电子元器件等。该类产品的特点是需求量较大，生命周期较长，价格相对较高，市场竞争相对较小。

现实表明，不同企业生产的同类产品一般都是有差异的，产品的差异或者区

---

① 概念表明，产品类型非常多样，考虑本研究的需要，本书之后的讨论如无特别说明，其产品均指有形产品，不包括无形产品。

分包括众多方面。

一是样式。让一项产品与其他同类产品形成差异最基本的方法是改变其形状、颜色和其他物理要素。许多功能类似的产品可以通过包装或产品交付等的变化形成差异。

二是性能。性能是指任意的产品属性或特性，通常被附加于产品，产品性能是一个企业的产品与竞争对手的产品形成差异的主要因素。

三是质量。企业是否应该一直制造质量最高的产品，一般认为这是当然的。其实从本质上讲，企业应该制造达到他们的目标用户愿意花钱购买的性能和质量水准的产品。或者说，企业应制造多个性能层次的产品满足不同价格区间的需求。

四是一致性。一致性是消费者关注的一个重要指标，它指产品达成在营销中承诺的性能与质量的能力。企业面临的挑战在于要求每种产品都必须能够实现企业的这种承诺。当制造的产品中有相当高的比例能够实现企业宣称的性能和质量时，才能说具有较高的一致性品质。

五是耐用性。耐用性是产品实际使用中的预计使用寿命，这是一项重要的产品差异化指标，一般认为用户更喜欢耐用性好的产品。

六是可靠性。可靠性是指产品运作中不发生故障或中断的次数占总使用次数的比例。现实中产品也可能过于可靠，有些更新换代速度快的产品，如个人计算机，没有必要具有特别高的可靠性。

七是可修复性。可修复性是当产品出现问题时对其修复的便利程度。企业应对其产品设计尽可能优的诊断方案，帮助顾客对产品使用中出现的问题进行诊断、确定和修复，而不需要昂贵的专业修理服务。

八是风格。最难进行打造和准确评估的区分因素之一是产品的外观和用户对产品的感觉，也就是产品的风格。风格带来的差异化优势会让其他竞争对手难以模仿，如何持续创造时尚的产品是企业面临的主要挑战。

2. 新产品及其开发

与产品紧密关联的概念是新产品。这也是一个很常用且相对宽泛的概念，外延和内涵极其丰富，对其形成严密的定义并不容易，目前相关的定义较少。有营销学者定义新产品是公司通过自己的研发力量所开发的原创产品、升级产品、改进产品和新品牌（加里·阿姆斯特朗和菲利普·科特勒，2017）。还有学者定义新产品是在结构、材质、工艺等某一方面或几个方面比老产品有明显改进，或者是采用新技术原理、新设计构思，从而显著提高了产品的性能或扩大使用功能的产品。综合已有讨论，定义新产品为，服务于用户需求，企业新开发的全新产品，或者对已有产品作出明显改进的产品。

新产品不会自然而然产生，它是企业根据市场需求通过技术创新开发的。新产品开发是企业运用相关技术开发全新产品或改进已有产品，以满足全新需求或更好地满足已有需求的过程。新产品开发与技术创新实际上是一致的。关于新产品及其开发，有如下几点诠释。

第一，新产品类型极其多样，既包括对已有产品改进形成的新产品，也包括新开发的具有全新性能的全新产品；既包含对全球而言是新的产品，也涵盖对企业而言是新的产品。只要对已有产品的样式、性能、质量、一致性、耐用性、可靠性和可修复性等做出明显的改进，即可称之为新产品。

第二，新产品开发是一个复杂的过程，一般包含新产品创意产生和选择、产品设计、工艺制造设计、生产加工、使用和改进等多个不同的阶段。新产品开发不仅与产品设计生产企业紧密相连，还与原材料和零部件、元器件等供应商以及新产品用户等密切相关。

第三，新产品开发本质上是为更好地满足用户需求、增强企业竞争力服务。一般而言，满足用户需求可以分为两种类型：一种是更好地满足已有需求；另一种是满足过去未曾呈现的全新需求。

第四，新产品是高度动态和演化的。今天的新产品明天失去新颖性等特征之后即不再是新产品，转变为老产品。同时，对老产品进行改进如丰富其功能可以使其再次成为新产品，赢得新的用户。

第五，新产品开发往往需要运用新技术。新技术有多种可能的来源：一条是原有技术基础上改进形成的新技术；另一条是该类产品未曾运用过的全新技术。同时，未曾运用过的全新技术也有两条可能的来源：一条来自在其他行业和领域已经运用的技术；另一条是为新产品开发研发的全新技术。开发新产品既可以仅依靠单一技术来源，也可以运用多条来源的技术，不同的新产品开发有较大的不同。值得强调的是，充分运用已有技术可以开发重要全新产品。

3. 新产品的分类

新产品类型极其多样，从不同的视角可以形成多种不同的分类。

首先，按创新程度不同可以将新产品分为四种类型：一是全新产品，指应用新原理、新材料和/或新的零部件等研制出的具有全新功能的产品。全新产品往往意味着新的突破，如电视机、飞机、电脑、复印机等第一次出现时都被公认为重要的突破性全新产品。二是换代新产品，它是在原有产品的基础上为更好地满足用户需求，采用或部分采用新原理、新材料、新工艺等研制出的产品。换代新产品与原有产品相比，功能更先进，质量也显著提高，如黑白电视机换代为彩色电视机、彩色电视机换代为高清纯平彩色电视机，是其典型代表。三是改进性新产品，指对产品的材料、结构、性能、造型、色泽、包装等加以改进的新产品，它是由基本型产品派生出的改良型产品。与换代新产品相比，改进新产品相比原产品的制造原理没有明显变化，只是局部的改进和提升。四是仿制新产品，又称为本企业新产品，它是指企业对自己没有生产过的、国际或国内市场上已经出现的产品进行引进或模仿生产出的产品，如引进汽车生产线，制造、销售各种类型的汽车等。

其次，按新产品在一定范围内的新颖性不同又可以分为三种类型：一是世界级新产品，指在全世界第一次试制成功并投入生产和销售的产品；二是国家级新产品，指其他国家已经试制成功并投入使用，而在本国尚属首次设计、试制、生产并投入使用的新产品；三是企业级新产品，指本国已经生产和销售该类产品，开发新产品的主要目的是改进已有产品，使其性能质量更优，生产成本更低。

最后，从满足的需求不同可以将新产品分为两种类型：一是更好满足已呈现需求的新产品；二是满足过去未曾显现的全新需求的新产品。

4. 世界级产品

新产品类型众多，企业开发生产的（新）产品不同，能获得的附加值和利润也有很大不同。显然，如果企业生产的是众多企业都能够生产的"大路货"产品，市场竞争高度激烈，能获得的附加值和利润较低。反之，如果企业生产的是极少数企业能够生产、具有一定垄断性和受到用户欢迎的新产品，其盈利能力必然较强，利润率会较高。从全球看，企业开发生产两类新产品往往具有较强的盈利能力和较高的利润率：一类是世界级新产品（the first product in class）；一类是世界级优质高档产品（the best product in class）（仲伟俊，2023a）。

之前的讨论表明，世界级新产品是指在全世界范围内第一次试制成功并投入生产和销售的新产品。如苹果公司率先开发的智能手机、英伟达公司的 GPU 芯片、OpenAI 的 ChatGPT 等都是如此。这些企业成功开发这些受到市场和用户欢迎的世界级新产品之后，其他企业需要花费一定的时间才能跟踪模仿生产同类产品，一段时间内这些企业生产这些产品具有高度的市场垄断性，而且由于其是率先开发，具有显著的领先优势，使得其能带来高附加值和赢得高利润。

世界级优质高档产品，是指企业开发生产的虽然是世界上众多企业能够生产的产品，但是它生产的是所处产业世界上最优质、最高档的产品，处于行业引领地位。例如，地处德国巴登-符腾堡州的罗伯特·博世有限公司生产的汽车刹车和发动机控制系统、蔡司集团出产的精密机械及光学仪器等产品，虽然其他一些国家的企业也能生产同类产品，但是这些企业生产的是相关产业国际上最优质、最高档的产品。企业生产这些世界级优质、高档产品，在所处产业全球高端市场形成较强的垄断性，具有很强的竞争力，也能创造较高的附加值和获得丰厚的利润。

基于上述讨论，根据开发生产新产品的获利能力不同，定义一类产品为世界级产品。所谓世界级产品，是重要产业发展普遍需要、具有较广泛的市场需求、国际上只有极少数企业能够开发生产、具有高度独特性与垄断性的高附加值产品。它包含两种类型：一种是世界级新产品；另一种是世界级优质高档产品。

基于世界级产品的概念分析可以发现，企业提升市场竞争力和赢利能力，国家和区域提升产业发展质量，本质上都是要增强世界级产品开发生产能力，要么能不断开发生产世界级新产品，要么能持续开发生产世界级优质高档产品。

2.2 我国企业新产品开发状况和特点与任务

新中国成立尤其是改革开放以来，我国企业科技创新与新产品开发取得很大成就，有力支撑我国建成全球最为齐全的工业体系，为我国在较短的时间内由低收入国家进入中等收入国家行列发挥了重要作用。未来我国这样的后发国家要突破中等收入陷阱，进入高收入国家和发达国家行列，需要遵循新产品开发的特点和规律，进一步大力实施创新驱动发展战略，强化企业科技创新主体地位，切实推进各类新产品开发，尽快实现企业新产品开发从跟踪模仿型向原创引领型转变，早日形成较强的世界级产品持续开发生产能力。

1. 企业科技创新与新产品开发状况及阶段特征

结合各类统计数据和典型案例分析发现，我国企业科技创新与新产品开发状况和特征如下。

一是企业通过模仿创新、渐进性创新、替代性创新、低端市场创新开发新产品取得很大成就，支持我国建成全球最为齐全的工业体系。新中国成立尤其是改革开放以来，我国企业自主创新与引进、消化吸收再创新紧密结合，积极推进模仿创新、渐进性创新、替代性创新和低端市场创新，开发了大量新产品。首先，广大企业在积极引进新技术新产品和模仿创新的同时广泛运用高新技术、基于工程经验的创新等渐进性创新方式改进已有产品和生产工艺，提升产品性能、质量和可靠性，降低产品生产成本，支持企业以产品低价格在国内外赢得了广阔的市场和显著的竞争优势。其次，通过技术攻关打破发达国家的关键核心技术和产品垄断，实现国产替代，构建越来越完整的产业链供应链，显著降低了我国企业购买国外垄断技术和产品的成本，增强了企业以产品低价格参与国际市场竞争的能力。最后，积极推进低端市场创新。例如，美国苹果公司开发的智能手机新产品价格极其昂贵，普通民众缺乏消费能力。我国企业如小米、OPPO、vivo 等能及时跟进，充分利用我国劳动力、土地等要素价格低的优势，快速开发功能相对简单、价格相对便宜的中低档新产品，满足我国和全球中低端用户的巨大需求，不仅更好地满足了普通民众的消费愿望，还极大地带动了新兴产业的快速成长壮大。企业科技创新和新产品开发有力支持我国发展形成了全球门类最为齐全的工业体系。

二是在国防军工、基础设施建设等公共产品技术创新领域成功开发了一批标志性重大新产品，为提升我国综合实力和国际竞争力发挥了重要作用。新中国成立以来，在国防军工、基础设施建设等公共产品技术创新领域（仲伟俊等，2013），我国取得了"两弹一星"、超级杂交水稻、汉字激光照排、高性能计算机、三峡工程、载人航天、探月工程、移动通信、量子通信、北斗导航、载人深潜、高速铁路、航空母舰等一大批标志性重大科技创新成果，开发了众多突破性的重大国家级新产品，不仅大幅提升了我国的自主创新能力，还为增强我国综合实力和国际竞争力发挥了至关重要的作用。

三是我国企业普遍采用低成本而非差异化的发展战略，形成了特别强的新产品快速模仿设计和低成本大规模生产能力，能以低价格迅速占领全球中低端市场。经过多年的发展，我国企业形成了很强的大规模生产组织、质量管理和成本控制能力，可以把引进、模仿和改进的产品设计通过引进国外先进技术和生产设备、关键原材料和零部件等迅速转变为大规模产品生产，其试制、投产、量产速度国际领先。同时，广大企业逐渐形成了薄利多销的商业哲学，通过大规模生产、严格管理，结合低价格要素优势，形成了很强的低成本生产制造能力，能把产品成本降至很低，以低价格赢得较大的国际中低端市场，造就了一批较为优秀的制造企业。

四是我国企业形成了较强的整机和整车产品生产能力，但是关键原材料、零部件、元器件、工业设计软件和生产设备等的自主供给能力严重不足，成为产业发展的主要痛点之一。经过多年发展，我国在船舶、高铁、汽车、工程机械、工业机器人等众多产业领域形成了较强的整车和整机产品生产能力，不仅能满足国内需要，还可以批量出口进入国际市场。然而，这些产业的发展往往是半散件组装（Semi Knocked Down，SKD）、全散件组装（Complete Knocked Down，CKD）生产模式，虽然能够总装整车和整机产品，但是关键原材料、零部件、元器件、工业设计软件和生产设备等高度依赖进口。例如，根据 2022 年的相关测算，我国工程机械产业零部件进口额约占总进口额的 45%，核心零部件约 90% 依赖进口。由于外国企业垄断拥有，我国企业购买关键原材料、零部件、元器件和生产设备的价格极高，相关产业发展质量和效益不高。如在工业机器人领域，我国高度依赖进口的控制器、伺服电机、减速机三大关键零部件的成本约占整机成本的70%，造成在国内组装机器人的成本比直接从国外购买的价格还高（契阔资本，2021），相关产业的劳动生产率和企业利润率明显不高。

五是企业开发新产品需要的诸多创新能力不足，制约新产品开发能力的提升。近年来我国企业科技创新能力显著提升，但仍然有诸多挑战和不足。首先，许多新产品开发实际上就是已有技术的新组合，我国企业经过一段时间积累已经掌握了一批产业技术，但是由于其梳理现有技术、合理构建技术平台、确立技术发展路线、制定合理产品战略的能力仍然不足，无法灵活运用现有技术开发全新的高价值产品，产品正向设计能力缺乏。其次，在产业基础技术不发生革命性突破的前提下，制造业产品性能质量和效益的提升核心是依靠经验和技能积累（吴昊阳和林雪萍，2016）。但是我国企业对经验和技能积累的重视程度明显不够，科学的经验知识管理方法与工具明显不足，尤其是企业研发人员流动较快和知识产权保护环境欠佳，使得其经验知识和技能积累存在较大问题。最后，缺乏将产品与生产工艺和设备相结合的集成化一体化创新能力。我国企业购买设备生产新产品还停留在标准机采购阶段，国际上先进的制造企业为了实现工艺要求，会自制一些辅助工具，再在通用型设备上对新工艺进行测试并改进整个生产工序（吴昊阳，2020）。一旦工艺定型，制造企业就会要求设备供应商或自动化集成商根据自己的工艺要求和工装夹具尺寸设计专用生产设备或生产系统，开发高效而独特的新产品生产工艺和设备，这种策略特别适合于零部件供应商，但是我国绝大多数企业还很缺乏这样的能力。

六是我国企业开发生产的主要是中低档产品，产品品质欠佳、档次不高、效益不好、品牌不靓等问题突出，世界级优质高档产品生产能力显著不够。目前我国绝大多数企业可以用很低成本制造质量过得去、达标的产品，但是很难生产性能优、档次高、品牌靓、附加值大的世界级优质高档产品。例如，在工程机械行业，我国产品与国际上的优质高档产品相比，其可靠性、耐久性等方面存在显著差距，国产工程机械产品平均无故障间隔时间和平均寿命大约是国际领先水平的一半，产品绿色化、宜人化方面也有明显差距，大多数产品的排放和噪声达不到国际高端市场的严格控制标准。再如在纺织业，大部分企业处于价值链低端，以贴牌和来料加工为主，缺少高附加值终端品牌产品，高端面料设计开发、品牌时装设计、品牌营销等与国际先进水平有较大差距，一线奢侈品牌、高级成衣定制品牌几乎空白。

七是我国企业科技创新主体上仍然处于跟踪模仿阶段，世界级新产品开发生产能力明显缺乏。虽然我国企业科技创新取得很大成绩，但是原创性引领性科技创新能力明显不足，极少能开发世界级新产品，绝大多数新产品开发依靠跟踪模仿，引领发展能力明显不足，在全球产业分工中主要处于产业价值链的中低端，企业利润率明显不高。2023 年 10 月，全球知名机构 Counterpoint Research 发布分析报告披露全球主要手机厂商苹果、三星、华为、小米、OPPO 等的市场份额和利润情况。国产手机厂商华为、小米、OPPO、vivo 等以约 60% 的市场份额占据智能手机市场的主导地位，但是只获得行业总利润的 3% 左右。然而，苹果以 18% 的市场份额获得了 85% 的利润，三星以 22% 的市场份额获得 12% 的利润。

苹果手机的平均价格是国产机平均价格的近 4 倍，平均利润是国产手机的近 95 倍。可见，国产手机的赢利能力与苹果、三星相比有较大的差距。

2. 新产品开发任务和类型

当前我国企业的赢利能力还不强，发展质量仍然不高，根本原因是绝大多数企业生产的是国际上众多国家的众多企业能够生产、市场竞争高度激烈、附加值低的中低档产品，在产业国际分工中只能处于产业价值链的中低端，产业劳动生产率和企业利润率不佳。

我国这样的已经建成较为齐全的工业体系的后发国家，加快企业创新发展和高质量发展，核心任务是要激发广大企业强大的科技创新与新产品开发内生动力和积极性，尽快实现企业新产品开发从跟踪模仿型向原创引领型转变，由主要生产附加值低的中低档产品向大量生产具有垄断性的高附加值优质高档新产品转变，形成较强的世界级产品持续开发生产能力。

企业可以开发生产的新产品类型众多。按新颖性可以积极开发世界级新产品、国家级新产品和企业级新产品，按满足的需求可以着力开发满足全新需求的新产品及更好满足已有需求的新产品。将上述两个维度的分类相结合，对一个国家的企业而言，理论上可以开发六类新产品，但由于开发企业级新产品和国家级新产品都只能更好地满足已有需求，不会满足全新需求，如此实际企业能开发的新产品可分为四类（图 2-1）：一是开发世界级新产品更好地满足已有需求，形成颠覆性新产品；二是开发国家级新产品更好地满足已有需求，这实际上会打破他国垄断，形成替代性新产品；三是开发企业级新产品更好地满足已有需求，努力使其成为自主品牌高档新产品，乃至成为世界级优质高档产品；四是开发世界级新产品满足全新需求，形成全新产品。

需求	已有需求	颠覆性新产品	替代性新产品	自主品牌高档新产品
类型	全新需求	全新产品	/	/
		世界级新产品	国家级新产品	企业级新产品

产品类型

图 2-1 后发国家新产品开发类型

综上所述，后发国家企业积极开发生产自主品牌高档新产品、替代性新产品、颠覆性新产品和全新产品，可以加快实现创新发展与高质量发展。

1) 自主品牌高档新产品

波特（Porter）认为，不同行业之间很难说有高档低档之分，但各行业内部有生产高档产品和低档产品之分。如果一个国家的企业主要生产高档产品则其效益好，反之则投入大、产出低、效益差（波特，2002）。波特的观点表明，后发国家企业新产品开发与创新发展的一条基本路径是，针对正在生产的中低档产品，以追求最精致、最优质和最卓越的精神持续改进其性能、质量和用户体验，使其能满足特别挑剔的高端用户需求，成为国际高端市场上具有很强竞争力的自主品牌优质高档新产品，以优质高档产品赢得高附加值。可见，自主品牌高档新产品是指拥有自主品牌与优异质量和性能，具有独特性与难以模仿性和垄断性，在国际高端市场具有很强竞争力的新产品。例如，德国、日本等国家开发生产的高档液压传动系统、数控机床等即是如此。

2) 替代性新产品

从国家视角可以将产品分为三种类型：第一类是本国企业能够生产的产品；第二类是本国不能生产，但国际上有多个国家和地区能够提供、任何一国无法垄断的产品；第三类是由国际上极少数先发国家企业垄断生产、本国依赖进口的产品。第三类即是他国垄断的产品，如目前对我国而言集成电路产业的芯片设计软件就是如此。由于这些产品被他国企业垄断拥有，后发国家发展相关产业必须采购这些产品，而且极其昂贵，尤其是一旦他国企业停止提供，会直接影响相关产业链供应链的安全稳定性。由此，后发国家企业新产品开发与创新发展，可以针对先发国家垄断的产品，在现有产业技术基础上采用技术跟随追赶策略加速追赶，积极开发替代性新产品，打破他国垄断，降低企业与产业发展成本。因此，替代性新产品是指之前由极个别他国企业垄断生产、本国完全依赖进口，之后本国采用技术跟随追赶策略成功开发的打破他国垄断的新产品。我国成功开发"华龙一号"核电站、"复兴号"高铁等产品，是替代性新产品开发的典型成功案例。

3) 颠覆性新产品

众多产业创新发展路径表明，产业基础技术不是一成不变的，新的产业基础技术和产品颠覆原有技术与产品的故事层出不穷（Christensen，1997），典型代表如液晶电视颠覆 CRT 电视、数码相机颠覆胶片相机、计算器颠覆计算尺等。可见，颠覆性新产品是针对已有需求，通过运用全新产业基础技术等方式开发的功能类似，但性能、使用体验和生产成本等诸多方面完全超越，使原有产品失去价值，更好满足已有需求的新产品。后发国家企业新产品开发与创新发展，可以充分利用产业颠覆性技术出现等机会积极开发颠覆性新产品，以换道超车成为行业新的引领者，赢得高附加值，实现高质量发展。

4）全新产品

历史表明，人类社会发展过程也是需求层次不断提升、全新产品不断开发和新兴产业不断培育的过程。全新产品是指具有全新功能、能满足全新需求的新产品，即产品是全新的，满足的需求也是之前未曾出现的。如计算机、电话、卡拉OK 机等的发明就是如此。后发国家企业新产品开发与创新发展，可以积极开发全新产品，成为新产品和新产业的培育者，以抢抓产业发展先机和成为引领者赢得高附加值，加速高质量发展。

2.3　新产品开发途径

众多案例表明，后发国家企业积极开发生产自主品牌高档新产品、替代性新产品、颠覆性新产品和全新产品，尽快形成世界级产品持续开发生产能力，可以通过多种类型的技术创新实现（图2-2）。

1. 自主品牌高档新产品的开发途径

自主品牌高档新产品是拥有自主品牌与优异质量和性能，具有独特性、难以模仿性和垄断性，在国际高端市场具有很强竞争力的新产品。开发自主品牌高档新产品，实际上是通过技术创新将目前已经生产的中低档提升为自主品牌高档新产品。德国、日本等国家的经验表明，企业通过技术创新由生产中低档产品转变为生产自主品牌高档新产品的途径较为多样。

首先是基于工程经验的创新。之前的讨论表明，技术创新存在两种典型模式：一种是基于研发的创新，它是指企业的新产品和新工艺开发主要基于由科学

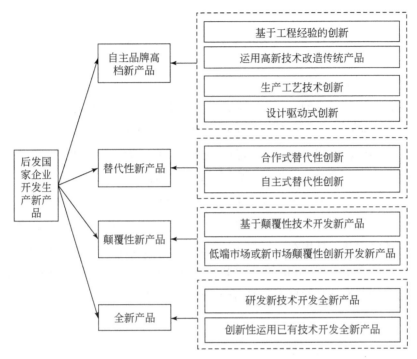

图 2-2　通过技术创新开发新产品的途径

知识运用而开发出的新技术；另一种是基于工程经验的创新，即主要基于企业各类人员在应对客户、供应商和竞争者挑战过程中通过工作实践、试错和试验，通过干中学、用中学、互动中学等持续积累形成的经验和诀窍，解决各种产品和生产工艺技术问题。德国、日本等国家的企业创新发展经验表明，开发性能优、质量好、用户体验佳的优质高档新产品，很重要和有效的途径之一是企业以追求最精致、最优质和最卓越的精神持续推进基于工程经验的创新，不断改进产品性能、质量和用户体验，有效开发自主品牌高档新产品。

其次是运用高新技术改造传统产品。1858 年世界上第一台人力洗衣机诞生之后经历了蒸气动力洗衣机、内燃机洗衣机、电动洗衣机、自动洗衣机、模糊控制洗衣机、智能控制洗衣机等多代产品的演变，每一代新产品都是运用其他产业已有或自主研发的高新技术改造原有产品的结果。可见，积极运用高新技术改造已有产品，也是开发品牌高档新产品的有效途径。

再次是生产工艺技术创新。例如，光学玻璃是生产照相机、望远镜、放大镜、显微镜、潜望镜和测量器镜头等必备的重要材料。光学玻璃生产技术是在

18世纪由法国的一位钟表匠发明，企业由生产普通玻璃转型升级为生产高档的光学玻璃产品，关键是在熬熔玻璃液时不停地搅拌，使原料混合均匀，气泡从玻璃液中不断逐步溢出，使玻璃质地均匀、晶莹透明。可见，通过生产工艺技术创新也能够开发自主品牌高档新产品。

最后是设计驱动式创新。有研究认为（罗伯托·维甘提，2014），产品吸引消费者有两个维度：一是产品的功能和使用价值，即其功能性的一面；二是产品的内在意义，或者说用户购买该产品的心理与文化因素，如购买使用名牌产品会提升其在他人心目中地位（图2-3）。这样，产品创新和新产品开发可以从两个不同的视角进行：一个视角是以优化产品性能为核心进行新产品开发，更好地满足消费者对产品的功能性新需求；另一个视角是对产品的内在意义进行创新。所谓设计驱动式创新，是指在全新理念的引领下对产品的内在意义进行创新，向消费者传达产品全新的理念和愿景，并以此为牵引改变产品设计。众多案例表明，设计驱动式创新也是开发自主品牌高档新产品的有效途径。

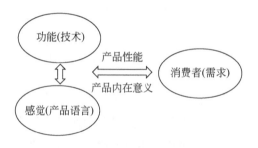

图2-3　新产品开发与消费者需求关系

案例2-1　Swatch手表的开发拯救了瑞士制表业（罗伯托·维甘提，2014）

20世纪70年代中期之前，瑞士制表企业一直是世界制表业的领头羊，占据全球手表市场40％的份额。随着石英机芯与数字显示器技术的发展，日本制表企业充分挖掘石英机芯的潜能，结合廉价劳动力优势，以低廉成本大量生产电子表，迅速抢占全球中低端手表市场，给瑞士制表业带来巨大挑战。

石英机芯最早由瑞士制表企业发明，但他们没有深入挖掘石英机芯的潜能。瑞士制表企业的核心竞争力是传统的精密机械制表技术，石英机芯则与这种传统格格不入。日本企业则不同，他们注重利用新技术带来的机会，1970 年日本精工公司率先将石英机芯与 LED 显示屏引入手表制造，开始大量生产电子表。

为应对日本企业的挑战，瑞士制表企业纷纷提高产品售价，将其产品定位成高端奢侈品。这对日本制表企业而言是再好不过的事情，意味着瑞士将中低端手表市场拱手让给日本制表企业。到 20 世纪 70 年代末，瑞士手表在全球高端市场占据94%的份额，每块手表平均售价在400 美元以上，每年全球销售 800 万块手表，但在定价75 ~ 400 美元的中端产品市场份额降到3%，原本中端产品市场能带来每年4200 万块的销售量。低端市场的情况则更糟，瑞士手表基本上全部被挤出。这种情况下，从 1970 年到1983 年短短的 10来年，瑞士制表业 1600 多家企业关闭了超过1000 家，雇工数量从 9 万多人下降到 3 万人左右，日本最大的制表企业精工公司一家生产的手表数量比所有瑞士制表企业生产的手表数量总和还要多。

20 世纪 80 年代初，海耶克当时还是瑞士银行业的一名顾问，他无意中接触到瑞士钟表总公司及瑞士钟表工业公司两家企业，当时这两家企业正经历发展危机，考虑将旗下主要手表品牌卖给日本企业。海耶克对制表业进行了深入研究，并最终说服了这两家公司进行合并，成立新的 SMH 公司（后改名为 Swatch 集团），生产售价低廉的塑料手表以抗衡亚洲制表企业，进军低端市场，这就是 Swatch 手表的来历。Swatch 手表于 1983 年 3 月被推出，正是这么一块不起眼的塑料手表，颠覆了人们对手表的传统认知，也改变了人们对"瑞士制造"的理解。

Swatch 手表的设计理念与传统手表不同，尽管从功能上看它仍旧具有计时功能，但强调其并不是简单的计时工具，它要传达的理念是"时尚"。这款手表售价在 40 美元左右，色彩鲜艳，风格多样，由一群专业的设计师与艺术家担任产品设计。为了迎合时尚趋势，每年仅推出两个系列，产品风格紧跟流行文化走向。由于售价低廉风格多样，消费者可以一次购买多个款式或反复购买，让 Swatch 手表像男士的领带、女士的手包那样成为时尚配件，搭配不同的穿衣风格。这样，Swatch 手表的出现真正改变了手表这一传统产品的内在意义，即由传统的计时工具转变为时尚人士的时尚配件，消费者可以大量重复采购，每天穿戴不同的衣服配套佩戴不同风格的手表。可见，Swatch 手表不仅提供给消费者一种新的产品，而且传达出一种新的理念，使得该款手表形成强大的市场竞争力。

配套于产品新的定位和内在意义，SMH 公司进行了产品设计与生产销售方面的诸多创新。一是既然将手表变成一种时尚配件，每个消费者要同时拥有多块手表，产品售价就必须较低和稳定，让消费者愿意和能够反复购买。Swatch 手表在其推出的前 10 年，长期保持价格较低和不变，在美国统一售价为 40 美元，在瑞士是 50 瑞士法郎，在德国是 30 欧元，在日本是 7000 日元。对消费者来说，如此的价格完全可以买得起，而且不用担心购买后价格下降等情况的发生，很容易就会做出购买决定。二是为实现产品的低成本大规模优质生产，SMH 公司推进了众多突破性技术创新。Swatch 手表不仅采用最先进的石英机芯与模拟显示屏，还在手表结构上创新，发明了全新的制表工艺。传统技术制作一块手表首先要制作机芯，然后将整个机芯作为一个整体安装进入表壳。Swatch 则反其道而行之，创造出了一体式的表壳，将表壳底部作为安装底板，用超声波焊接技术安装所有零部件，最后再盖上表盘镜面。这项技术能打造超薄手表，手表厚度从原来的 4 毫米削减为 1 毫米，手表零部件也从原来的 150 个（以普通指针式腕表为例）减少到 51 个。这样，生产成本大大降低，在全自动化的瑞士制表工厂里，生产一块 Swatch 手表仅耗时 67 秒，劳动力成本降低到总成本的 10% 以下。同时，还运用先进的计算机技术进行产品的计算机辅助设计，既能快速设计出各种产品的新款式，还减少了设计消耗的时间与精力，降低了设计成本。正是诸多技术创新的配套和支撑，才使得 Swatch 手表由一块单纯的计时工具转变为一件时尚配件。

由于创新幅度很大，几乎彻底改变了手表的内在意义，Swatch 手表投入市场之初销量并不好，可是很快其销售就出现井喷。1983 年，Swatch 手表的销量是 110 万件，到 1984 年达到 400 万件，1985 年达到惊人的 800 万件，此后逐年增长，到 1993 年即 Swatch 手表投入市场 10 周年之际，销量达到 3100 万件。

1983 年，SMH 公司的总销售额为 15 亿瑞士法郎，亏损 1.73 亿瑞士法郎。10 年后，该公司销售额达到 30 亿瑞士法郎，盈利 4 亿瑞士法郎，一举成为世界制表业的领头羊，占有 14% 的市场份额。1994 年，《财富》杂志评选的世界 500 强企业，SMH 公司的总产值排在第 232 位，市场价值排在第 119 位，盈利排在第 70 位，销售利润率排在第 22 位。整个瑞士制表业也从 Swatch 风潮中获益良多。20 世纪 80 年代初，瑞士制表企业几乎面临着全军覆没的危机，到 1994 年瑞士制表企业在世界市场的份额上升到 60%，这个数字甚至比 20 世纪 70 年代初石英机芯出现前瑞士制表一统天下时还要高。

在 Swatch 诞生之前，没有人能想到手表也可以是一种时尚配件，直到 Swatch 手表问世，消费者才开始接受这种新的产品内在意义，这在设计驱动式创新中很常见，消费者只是在等待，等待一种全新的理念与愿景的出现。

2. 替代性新产品的开发途径

替代性新产品是之前由极个别他国垄断生产、本国完全依赖进口，之后本国采用技术跟随追赶策略成功开发的打破他国垄断的新产品。后发国家开发替代性新产品，实际上是要打破他国尤其是先发国家的垄断，必然会引发激烈的国际竞争。我国改革开放以来持续推进众多重大替代性新产品开发的历程表明，替代性新产品开发会面临两种可能的国际环境，形成两种可能的开发途径：一种是在积极的国际合作下推进合作式替代性创新，开发替代性新产品；一种是面对高度的国际技术封锁无法推进必要的国际合作，需要完全依靠自身力量开展自主式替代性创新，开发替代性新产品。

首先，后发国家可以在众多领域开展合作式替代性创新开发替代性新产品。我国成功开发的 C919 大飞机、高铁、华龙一号核电站等重大替代性新产品，都积极推进了国际合作，采用了合作式替代性创新，取得了显著成效。加强合作式替代性创新，是后发国家加速替代性新产品开发的有效途径。

案例 2-2 中国商飞 C919 开发与国际合作

中国商飞 C919 是我国按照国际通行适航标准自行研制、具有自主知识产权的首款喷气式中程干线客机，该款飞机设计定位于 150 座级单通道窄体机市场。C919 于 2007 年立项，2017 年首飞，2022 年 9 月完成全部适航审定工作后获中国民用航空局颁发的型号合格证；2022 年 12 月 9 日首架飞机交付中国东方航空公司，并于 2023 年 5 月 28 日开启首次商业载客飞行；2023 年 9 月中国商飞与文莱骐骥航空公司签订采购意向书，决定购买包括 C919 在内的 30 架中国产飞机，2024 年 2 月 17 日首架 C919 大型客机从上海起飞参加第九届新加坡国际航空航天与防务展，2024 年 2 月 27 日开启东南亚演示飞行。所有这些都标志着我国自主研制的大型客机开始进入大型民用飞机市场，打破了波音和空客在大型民用飞机市场的垄断，是我国民用飞机工业发展史上里程碑式的事件，也是我国推进重要替代性新产品开发的又一次重大突破。

我国在自主研发 C919 的过程中既重视独立自主，又广泛开展国际合作，通过与欧洲、美国、加拿大、日本和以色列等国家的企业合作引进国际先进技术。例如，C919 发动机由 CFM 国际公司和中国航空发动机集团联合开发生产，CFM 国际公司是法国航空公司和美国通用电气公司成立的合资公司。C919 航电子系统和产品通过与美国通用、霍尼韦尔等知名供应商合作，成立昂际航电、鸿翔飞控、中航雷华柯林斯等多家合资、合作企业联合开发。成立于 2012 年的昂际航电是我国航空工业与通用以平股平资方式成立的合资企业，主要业务内容包括 C919 航电系统 3 个大包和 IMA、综合显示、飞行管理等 5 大子系统。通过国际合作，我国在开发 C919 的过程中更快找到了技术发展方向，有效提高了技术水平，还使技术和产品更加成熟，更具竞争力。

C919 的成功突破再次表明，积极推进国际科技合作和合作式替代性创新，既符合产业发展规律，也是后发国家加速替代性新产品开发的有效途径。

其次，以自主式替代性创新积极开发替代性新产品，也是后发国家增强国际竞争力的必然要求。后发国家在国防军工等重要领域推进替代性新产品开发，打破相关国家尤其是竞争国家的垄断，往往会面临竞争国家的技术封锁，无法开展正常的国际合作。我国开发"两弹一星"、航空母舰等重要新产品，都面临如此的环境。后发国家在面临国际技术封锁的情况下推进自主式替代性创新，积极推进重要替代性新产品开发，不仅具有必要性，而且只要各方高度合作大力协同，尤其是充分发挥新型举国体制的优势，也是可以大有作为的。

3. 颠覆性新产品的开发途径

颠覆性新产品实际上是一类世界级新产品，它是针对已有需求开发的功能类似但性能与使用体验和生产成本等诸多方面完全超越，使原有产品失去价值，更好满足已有需求的新产品。众多案例表明，后发国家通过开发颠覆性新产品，实现产业发展由跟随者转变为引领者，由落后者转变为领先者，既可以利用产业颠覆性技术出现的机会窗口开发颠覆性新产品实现，也可以通过颠覆性创新开发颠覆性新产品达成。

产业技术进步规律表明，各个行业的基础技术不是固定不变的，经常会出现运用新的技术原理的颠覆性新技术，使前一代产业基础技术与产品失去价值。复印机颠覆复写纸、液晶电视颠覆 CRT 电视、数码相机颠覆胶片相机是颠覆性新产品颠覆原有产品的典型代表。产业颠覆性技术及其产品出现后，上一代产业基础技术及其产品开发生产的引领者为了保持其已有的技术、产品和发展优势，充分发挥已有技术和生产设备等投资的作用，面临更大的转换阻力和成本，容易陷入"领先者陷阱"（乔·蒂德和约翰·贝赞特，2012）。产业发展的后来者和以往的落后者由于转换障碍较少成本较低，反而具有后发优势，能迅速响应和利用颠覆性技术带来的机会更快开发颠覆性新产品，由产业发展的后来者与落后者转变为引领者和领先者。颠覆性技术的出现往往会颠覆现有的产业竞争结构，产生新的赢家和输家，出现熊彼特描述的典型的创造性破坏过程。例如，计算机硬盘产业发展过程中，1976 年主导硬盘产业发展的 17 家企业，到 1995 年，除 IBM 外，其他 16 家企业的硬盘业务均已失败或被收购（Christensen，2003）。与此同时，又有 129 家企业进入这一领域，其中有 109 家也已破产，除 IBM 公司、富士通公司、日立公司和 NEC 公司外，所有存活到 1996 年的硬盘制造商，都是在 1976 年之后进入该行业的新兴企业。这也表明，后发国家企业可以充分利用产业颠覆性技术出现的机会窗口率先开发颠覆性新产品，实现产业发展换道超车后来居上，成为产业发展新的引领者。韩国在存储芯片（Shin，2017）、巴西在支线飞机（Vértesy，2017）等产业的发展是这方面的典型代表。

案例 2-3 数码相机颠覆胶片相机

传统的胶片相机与新型的数码相机都是服务于人们的照相需求，面对同样的市场和用户，但两种相机的技术原理完全不同。胶片相机使用的是传统的底片技术，底片是一种由感光胶层和基片组成的照相材料，通过曝光、显影和定影等过程生成照片；数码相机则是利用光敏元件将光线转换为数字信号，再经过数字信号处理器处理形成像素矩阵，最终生成照片。

由于数码相机与胶片相机的技术原理不同，使用特点也显著不同。在成像效果方面，胶片相机的底片可以呈现更丰富的真实细节和色彩层次，更能满足专业摄影师的需求；但数码相机可以快速调整色彩饱和度、锐度等参数，在拍摄的同时就能得到较为清晰的图像，这使得数码相机在一些实用性的场合，比如活动现场拍摄、旅游摄影等方面更有优势。在拍摄方式方面，胶片相机拍摄时需要在明亮的光线下进行准确的曝光，然后将胶卷送入暗室进行显影和定影，这个过程时间长，操作繁琐，容易出现误操作；数码相机则直接将图像数据写入存储卡中，稍作处理即可展示和传输，使得数码相机的图像显示速度更快，更容易进行实时拍摄、快速拍摄和随拍等操作。在使用便利性和成本方面，胶片相机需要购买耗材、胶卷和化学药品等，需要进行显影和定影处理才能生成照片，这一过程需要专业的暗室和设备，成本较高；数码相机则只需要购买存储卡等数码设备即可，维护成本也较低。

可见，在成像效果方面，数码相机与胶片相机各有千秋，且对绝大多数普通摄影者而言难言差别；在拍摄方式、使用便利性和成本方面，数码相机明显优于胶片相机。数码相机各个方面的性能都优于胶片相机，或者说至少不劣于胶片相机，使得胶片相机很难再受到用户的青睐，最终被颠覆和退出市场。数码相机颠覆胶片相机，成为颠覆性创新的典型案例。

后发国家企业还可以通过低端市场或新市场颠覆性创新开发颠覆性新产品实现产业发展换道超车后来居上。克里斯坦森（Christensen，2003）认为，颠覆性创新不一定都是颠覆性技术带来的，也可能是技术和市场结构变化综合作用，产

生低端市场或新市场颠覆性创新产生的。低端市场或新市场颠覆性创新往往是在现有的功能强大、使用复杂、价格昂贵的产品基础上，首先开发功能简单、成本和价格低、使用便捷的新产品，满足原有产品低端客户或不具备条件使用产品的新客户需求；新产品一旦在低端市场或新市场取得成功，会继续改进产品性能和质量，向高端市场攀登，抢占原有产品占领的高端客户，打败原有的行业引领者，实现后来居上。

例如，计算机行业经历了多次低端市场或新市场颠覆性创新。大型和小型计算机功能强大，但价格昂贵，使用条件苛刻，广大个人用户无条件使用。苹果公司 20 世纪 70 年代末开发的台式个人计算机相比大型和小型计算机性能大大下降，但是其价格和使用要求大大降低，广大个人用户都能使用计算机，创造了新的市场。之后，随着台式个人计算机性能的不断改善，很快达到了原来使用大型和小型计算机的多数用户的需求，由于台式个人计算机价格更低，使得原来一批大型和小型计算机厂商倒闭，实现颠覆性创新。因此后发国家通过低端市场或新市场颠覆性创新，也能实现产业发展换道超车后来居上。

4. 全新产品的开发途径

全新产品也是一类世界级新产品，它与颠覆性新产品开发是为了更好地满足已有需求不同，它是以全新功能的产品满足过去未曾出现的全新需求，即产品是新的，满足的需求也是新的。后发国家开发全新产品，关键是要形成较强的原始性引领性创新能力。一系列案例表明，这既可以通过开发全新技术实现，也可以通过充分运用已有技术达成。

回顾人类社会经历的多次科学、技术和工业革命可以发现，重大科学发现和重要技术发明可以催生一系列满足人们全新需求的全新产品，培育出众多新兴产业（约翰·德斯蒙德·贝尔纳，2015）。例如，放射性元素与原子核结构的发现很快激发了核技术的突飞猛进，带动发展形成了原子弹、放射治疗肿瘤仪等新的产品和产业。后发国家积极推进基于研发的创新和开发新技术，能够率先开发全新产品满足全新需求，自主培育发展新兴产业（仲伟俊等，2014），形成新的优质经济增长点。

众多案例表明，企业也可以通过创新性地运用已有技术开发全新产品，自主培育发展新兴产业。"卡拉 OK"演唱机是运用已有技术开发全新产品的典型案例，该产品开发运用的技术都是已有的，而且相关技术毫不复杂，甚至相当简单，但是开发出了相当重要的原创性新产品，满足了广大普通民众能在高质量伴奏下唱歌的新需求。"卡拉OK"演唱机的发明同时培育出了"卡拉OK"演唱机制造业和"卡拉OK"歌厅服务业两个重要新兴产业，显著带动了经济发展。可见，后发国家企业即使研发能力还不强，通过创新性地运用已有技术也能开发原创性的全新产品，自主培育发展新兴产业。

案例2-4 "卡拉OK"演唱机的发明

"卡拉OK"问世已超过半个世纪，是现今风靡全球的大众休闲娱乐方式之一。"卡拉OK"演唱机的发明人是日本的井上大佑，1940年出生于大阪市。他发明"卡拉OK"与其早年的工作有关。从高中时代起，他就参加乐队，经常在神户市内的一些娱乐场所演出。1970年开始他在娱乐场所专门为客人伴奏。一次，他应一位出差要去外地的客人要求，把自己的伴奏录在磁带上，客人非常满意。他由此产生灵感，用一台汽车音响，加上扩音器、回声设置、麦克风和一个投币100日元能运转5分钟的计数器，拼凑出了世界上第一台"卡拉OK"演唱机。开发该演唱机仅用了2个月的时间。

井上大佑曾说，我在1969年演唱了第一首"卡拉OK"歌曲。当时我从未想过，除了我之外还会有谁对它感兴趣。"卡拉OK"演唱机于1971年上市，尽管一开始市场反应冷淡，但逐渐受到用户欢迎，最终成为世界各地炙手可热的产品。遗憾的是，井上大佑并没有为"卡拉OK"申请专利，没有因为发明"卡拉OK"而赚大钱。有人问其原因时，井上大佑解释，当时我以为专利只针对能从无到有生产某种东西的惊人发明，第一台"卡拉OK"演唱机只是将既有的一些电子元件组合在一起，所以我没想到它算是一项"创新"。井上大佑也说，尽管申请专利会让他在年轻时就有大笔收入，但这样"卡拉OK"可能不会在全球很快普及，也会使它失去意义。

1999年美国《时代》周刊把井上大佑评为20世纪最具有影响力的20名亚洲人之一，说他的发明改变了亚洲的夜晚。

2.4 新产品开发过程与特点

后发国家企业创新发展可以开发的新产品类型多样，不同领域乃至同一领域不同时期的新产品开发过程与方式也明显不同，需要充分考虑新产品开发特点以选择合适的开发方式。

1. 新产品开发过程与方式

企业新产品开发是一个极其复杂的过程，有多种可能的动力来源与开发方式，美国陶氏化学公司等国际著名创新型企业的创新发展经验表明，不同行业以及同一行业的不同发展阶段需要采用不同的新产品开发方式。

美国陶氏化学公司创立于 1897 年，是一家国际著名的创新型跨国化工企业，其规模位居全球化学工业第二名，仅次于美国杜邦公司。陶氏化学公司主要研制及生产系列化工产品，广泛应用于建筑、水净化、造纸、药品、交通、食品及其包装、家居用品和个人护理等领域，产品销售到全球约 180 个国家和地区。陶氏化学公司作为全球化工行业著名的创新型企业，其 120 多年的创新发展经历了三个阶段，形成了三种典型的新产品即新材料开发过程与方式（姚文斌，2019）。

第一阶段即 20 世纪前 50 年，新分子驱动的新材料开发阶段。该阶段新材料开发过程是：首先创造新分子，其次设计新分子和新材料，最后是产业化和找寻应用场景。例如，陶氏化学公司于 1937 年在美国首次将聚苯乙烯高分子材料产业化，开创了工程塑料的时代。该公司生产的聚苯乙烯在美国一直有很高的市场占有率，目前仍在大量生产和销售。

第二阶段即 20 世纪后 50 年，应用需求驱动的新材料开发阶段。该阶段新材料开发过程是：首先发现应用，了解市场和用户需求，然后回到实验室，进行分子设计和材料设计，得到相应的新材料后再反馈给市场。例如，为了应对全球水资源严重匮乏、需要对污水进行净化提纯再利用的巨大需求，陶氏化学公司于 1984 年在全球最先推出反渗透膜技术和产品。反渗透膜几乎能把水中的所有杂物和离子完全去除，得到最纯净的水，成为深受市场欢迎的新产品。

第三阶段即进入 21 世纪之后，处于需求牵引下的多学科融合绿色新材料开发阶段。当今新材料开发与过去相比需要兼顾考虑的因素显著增加，既要充分考虑用户的需求，又要兼顾环境保护、资源节约等可持续发展的需要，需要在需求牵引下多学科交叉融合推进材料创新。例如，2005 年陶氏化学公司农业部推出 Omega-9 健康油，该食用油的反式脂肪酸含量为 0，饱和脂肪酸含量很低，好的不饱和脂肪酸含量比较高，是一款非常健康的食用油，受到市场的普遍欢迎。陶氏化学公司开发 Omega-9 健康油，集成了化学、农业科学及生命科学等多学科领域的专家，仅靠单一领域的专家很难开发这样的产品。可见，需求牵引下多学科融合创新开发新产品，是以解决重大现实问题和满足用户需求为牵引，充分考虑可持续发展的需要，设计开发生产绿色新产品，牵引带动其需要的基础研究、应用研究和技术开发，既产生良好的经济效益，又充分履行企业社会责任，形成良好的社会效益。

陶氏化学公司的创新发展历程表明，新材料开发过程和方式经历了多次较大的变化，最早是研发成果驱动式，之后是运用需求拉动式，目前是需求牵引下的多学科交叉融合创新式。经验性判断认为，当今很多行业的新产品开发是在需求牵引下通过多学科交叉融合创新实现。企业开发新产品，需要充分考虑行业和时代特点，选择科学高效的新产品开发过程和方式。

2. 新产品开发特点

新产品开发过程和方式多样，但它们有诸多共性特征，需要充分考虑其特点加强新产品开发。

首先，新产品开发是一个持续互动不断迭代改进的过程。引发新产品的开发，既可能是需求拉动，也可能是技术驱动，还可能是两种力量综合作用的结果。然而，一旦新产品开发启动之后，往往体现为一个复杂的网络化互动过程，需要开发者和制造企业、用户、供应商等之间的持续互动，实现不同类别知识的有效结合，通过持续迭代改进才可能成功开发新产品。这也再次表明，新产品开发创意不只是来源于研发，不只有技术驱动，也可能来自于生产过程、供应商和用户，即需求拉动，应该重视生产体系与创新体系的紧密结合、协同演进和共同发展（Holm et al.，2010）。

其次，新产品开发过程中积极吸收利用已有技术与努力开发新技术同样重要。诸多案例表明，新技术的成功开发者与应用者不一定完全一致。例如，数码照相技术诞生于美国柯达公司，但是将其成功运用并赢得全球巨大市场和良好效益的是日本的佳能、尼康和索尼等企业。开发新产品既要注意开发新技术，也要积极吸收利用已有技术。

最后，及时准确反馈用户的新产品使用体验是成功开发新产品的必然要求。新产品开发不可能一蹴而就，需要开发者和制造企业、用户、供应商等之间的持续互动和不断迭代改进。在此过程中，用户的新产品使用体验能够及时准确得以反馈极其重要，它为新产品改进指明方向。因此，干中学、用中学、互动中学即基于工程经验的创新极其重要、不可或缺，提升劳动者和用户的新技术应用能力对开发新产品具有重要意义。

综上，新产品开发不会一蹴而就，从设计到开发再到生产不是简单的线性过程，它是一个持续互动、准确反馈、不断迭代改进的过程。开发者和生产企业与供应商及用户等多方之间深入合作、密切交流、不断改进是新产品开发的核心特征（克里斯蒂娜·查米纳德等，2019）。

3. 增强自主品牌高档新产品开发能力的重要性

企业创新发展可以开发的新产品类型多样，日本等国家企业的创新发展经验表明，企业在能生产中低档产品的基础上尽快形成自主品牌高档新产品的开发生产能力，不仅是企业创新发展与高质量发展的必然要求，也是突破先发国家技术封锁和打压的有效途径，具有极其重要的意义（稻盛和夫，2019）。

20 世纪 50 年代初，日本战后经济开始恢复，对美出口日益扩大，20 世纪 60 年代末期日本成为世界第二大经济体和美国最大的贸易伙伴国，对美出口商品也由以原材料为主转变为以家电等大型产品为主。创办日本京瓷等世界 500 强企业的著名企业家稻盛和夫于 20 世纪 70 年代末分析认为，日本从战后的废墟中奋起直追，快速发展成为世界第二经济大国的原因很多，但最主要的是日本能从美国等西方国家大量引进先进技术，在此基础上企业又能对引进技术进行日本式的咀嚼消化、改良改善，形成了较强的工业生产能力和优良的产品品质。在一些产业，日本的技术能力和水平已经明显高于技术输出国，支撑了日本经济的快速发展。

日本传统的技术创新发展之路是以引进欧美国家的先进技术为基础，去粗取精，形成更高级的技术和产品。随着日本国际竞争力的快速增强，日本与美国等西方国家的贸易摩擦开始产生，美国等西方国家开始加大对日本的先进技术转移限制。其传统的新技术创新发展之路难以为继。在美国等西方国家限制向日本转让先进技术的情况下，日本企业的技术创新发展之路是什么？成为 20 世纪 70 年代末期开始日本企业必须面对的重要问题。

稻盛和夫认为，日本民族属于农耕民族，日本人的习性就是忠实地遵循自然界的四季变迁，周而复始进行相同的农业作业。如果不是这样，违背自然，做出离谱的事，就难以生存。也就是说，忠实依照自然界的规律，扎扎实实工作，反反复复努力，就是最好的生存之道。长此以往，日本人已经失去了超出常规、独创性的飞跃性思考能力，缺乏发起划时代根本性变革的素质。自古以来，日本的一切新鲜事物都是从外国引进的。

但稻盛和夫也认为，日本人也有显著优点，他们心灵手巧，擅长改良改善，善于把从别国引进的东西做得更加精致、更加简洁高雅、更加卓越，这种才能非常突出。同时，日本人擅长协调一致、互相配合、共同劳作，以企业为单位的团队精神强大，在全球竞争中能够以协作制胜，这种素质是日本自古以来就具备的。

基于日本的民族性，稻盛和夫认为，日本企业未来应该走专业化的技术创新发展之路。广大企业应该在各自的专业领域深耕细作，挖深挖透，把专业领域内的技术和产品做到极致，在本专业内做到不亚于世界上任何国家的任何企业。通过专业化技术创新发展之路一步一步持续积累，经过一段时间之后，结果就如同进行了突破性技术创新一样，成果显著。

稻盛和夫的企业技术创新发展理念在日本京瓷等企业实践取得很大成功。京瓷公司于 1959 年由稻盛和夫创建，是一家技术陶瓷生产商。技术陶瓷是具有独特物理、化学和电子性能的先进材料。京瓷公司依靠技术创新起家，首先追求在技术陶瓷领域开发优质和卓越的产品。稻盛和夫要求公司生产的陶瓷绝缘材料不仅性能优异，而且其视觉美感效果应给人以"敬畏，不忍心用手玷污"的感觉。为达到此目的，他本人及科研人员在产品开发时以"抱着产品睡觉""倾听产品哭泣声"的状态全身心投入，生产出了拥有最佳性能与绝佳美感的产品，使得京瓷公司的陶瓷绝缘材料处于行业领先地位，获得来自世界各大电子产品生产企业的大量订单。

在开发优质陶瓷绝缘材料产品的过程中，京瓷公司创造和掌握了技术陶瓷产品及其生产工艺相关的一系列关键核心技术，形成了技术陶瓷产品的体系化创新能力。之后京瓷公司将技术陶瓷生产关键核心技术运用于半导体、钓鱼竿、陶瓷刀、汽车等众多产业领域，开发出了人工宝石等一系列革命性的新产品，拓展了新的发展领域。这不仅使京瓷公司突破了美国等西方国家的技术封锁和限制，还让公司快速发展成为世界 500 强企业。

可见，后发国家企业加快创新发展和高质量发展，需要高度重视增强自主品牌高档新产品的开发生产能力，这是开发替代性新产品、颠覆性新产品和全新产品的重要基础。

2.5 美国康宁公司的创新发展与新产品开发

美国康宁公司是国际著名的创新型跨国企业（格雷厄姆和舒尔丁纳，2014）。自从诞生以来该公司始终坚持走创新发展之路，开发了大量新产品和新工艺，形成了非常鲜明和可借鉴的创新发展经验。

1. 康宁公司的基本情况

康宁公司是特殊玻璃和玻璃陶瓷材料领域全球领先的创新者和生产商之一。公司于 1851 年由 Houghton 家族创建于美国马萨诸塞州，1875 年注册为康宁公司。康宁公司的发展史就是一部创新史，创造出了众多改变人们生活和生产方式的全新产品。如 1879 年最先开发并制造灯泡玻璃，支持爱迪生的发明广泛使用；1947 年开发并大规模制造电视显像管，使电视机进入千家万户；1970 年最先发明并制造世界第一根光纤，使光纤通信得以广泛应用。

目前康宁公司以在玻璃科学、陶瓷科学和光学物理等三大领域的精湛专业知识，结合其拥有的精密成型、气相沉积、熔融生产和挤压四大生产工艺技术，成为显示、光通信、移动消费电子、生命科学器皿和汽车应用等产业领域全球的创新标杆和引领者。

2. 康宁公司的创新发展和新产品开发历程

康宁公司创新发展经历了多个不同的阶段。从 1851 年到 1907 年，公司主要依靠创始人从他德国师父处学到的知识，以及之后自己不断试验积累的经验形成的家族秘诀生产新产品，这些秘诀只传授给大量参与生产业务的儿子。当时的秘诀主要涉及生产玻璃的组分和生产配方，以应对不同来源原料组成上的不同，生产高质量产品。1880 年利用爱迪生研制照明灯泡提供的机会，康宁公司成为通用电气公司和西屋公司的灯泡部件供应商，进入了高成长和技术要求相对苛刻的行业，赢得了源源不断的订单。

进入 20 世纪之后，康宁公司逐渐认识到，作为专业的玻璃产品制造商，对玻璃制造中不断拓展的材料与生产工艺知识的追求，应当是其发展的战略基石。1908 年康宁公司成立企业研究室，进入科学生产阶段。他们从耶鲁大学等高校招聘博士生，从美国国家标准局、地质调查局等政府科研机构聘请多名专业技术人员加盟，推进玻璃相关的基础研究，分析玻璃材料的组成成分，研究其与产品性能之间的关系，掌握了大量的有关玻璃的科学知识，提出了玻璃化学的概念。同时，还积极研究玻璃强度、透明度等性能指标及其检测方法，开发玻璃熔化炉的温度控制方法，破解当时处于领先地位、被德国企业垄断掌握的硼硅酸盐玻璃的秘密。

硼硅酸盐玻璃比一般的玻璃质量更高，当时属于优质高档产品，最早由德国人于 1892 年发明，起初主要用于制造精密光学仪器，如枪械瞄准镜、显微镜镜头等，也用于生产强度要求高和不能破碎的玻璃制品。康宁公司研究室成立之后率先研究硼硅酸盐玻璃的组成和生产工艺，很快取得突破。之后从 1912 年到 1922 年，康宁公司通过改变加入基本硅酸盐与硼酸盐化合物的元素，认识玻璃组分与其各种理想性能之间的关系，相继在铁路信号灯与蓄电池壳、烤箱器皿、实验室器皿与管材、大尺寸望远镜镜片四个领域开发出了 15 种玻璃新产品。

康宁公司的一些偶然发现帮助其开发重要新产品。20 世纪 20 年代，康宁公司的化学家 H. Hood 和物理学家 G. Fulcher 被委派解决玻璃熔化部门遇到的玻璃中残存的小微"石头"问题，通过研究在可熔化硼硅酸盐玻璃的温度下不能熔化的"石头"发现了电熔铝硅酸盐耐火材料。这种新的耐火材料不仅可用于玻璃熔化炉，之后还广泛运用于钢铁行业的高温熔化炉。为此，康宁公司于 1927 年与其他企业合作成立合资企业专门生产耐火材料，发展形成了新的业务。

意外事故也促成康宁公司发现了很重要的新材料玻璃陶瓷。20 世纪 60 年代，康宁公司的研究人员 S. D. Stookey 在实验室对一种玻璃盘子在 600℃下进行加热，研究其结晶行为。由于自动温度控制器失灵，温度上升到 900℃。Stookey 本来以为这会让盘子成为一摊熔化的玻璃，但惊奇的是盘子形态未发生明显变化，他用钳子把盘子从温度很高的玻璃熔化炉中取出，不小心掉到地上，发出了金属盘子般的声音，没有破碎，由此偶然发现了玻璃陶瓷。之后康宁公司对其开展系统的研究，运用其开发出了玻璃陶瓷雷达天线罩和玻璃陶瓷烤箱器皿等重要新产品，取得了很好的效益。

在加强新产品开发的同时，康宁公司企业研究室从成立开始即积极研究先进的玻璃生产工艺和设备，以改变传统的吹制、压制等手工制造方式。伴随着对灯泡玻璃等产品大规模、高质量、低成本生产的需要，他们首先研究的是模仿人的工作方式的半自动化机器，1913 年满负荷试验生产。之后又以"不是模仿传统的生产方式，而是以机器为中心解决生产过程中的问题"为出发点，研发全自动、连续生产玻璃制品的设备"利勃机器"，该设备于 1926 年投产，以空前的每小时数千个的产量生产灯泡和真空管坯体，形成重要突破。在此后的 74 年中，"利勃机器"始终是灯泡坯体生产最先进的设备。

1932 年，康宁公司又发明了气相沉积生产高纯度透明二氧化硅技术，该技术首先于 20 世纪 40 年代到 50 年代运用于生产雷达延迟线，20 世纪 60 年代开始用于生产望远镜和侦察卫星用镜片，20 世纪 70 年代又用于生产光纤。

20 世纪 60 年代，康宁进一步发明了熔融玻璃生产技术，该技术先被运用于生产汽车安全挡风玻璃，然后经过不断改进又被运用于生产市场规模很小的光致变色眼镜片，20 世纪末开始应用于生产具有广阔市场、为康宁带来很大效益的液晶显示器面板玻璃。

回顾历史可以发现，康宁公司的发展史就是一部创新史，该公司在行业内率先开发了众多引领性的新产品、新工艺和新设备，使其能够始终处于行业创新发展引领地位。

3. 康宁公司的典型新产品开发

康宁公司自 1851 年成立以来成功开发了一系列重要新产品，公司创新发展取得很大成功。他们也发现，如果创新需求预测不准确，即便技术很先进，各项研发工作做到极致，新产品最终也难得到市场认可，汽车安全挡风玻璃项目就是如此。下面简单介绍康宁公司的铁路信号灯、汽车安全挡风玻璃和光纤等几个典型产品的开发过程。

1）铁路信号灯

随着 19 世纪美国铁路的快速发展，铁路安全问题日益凸显，19 世纪 70 年代美国每年有数千人在铁路事故中死亡。康宁公司家族成员 C. Houghton 认识到，设计优质的铁路信号灯，帮助解决铁路安全问题，具有无可估量的价值，他开始专注于高级铁路信号灯的开发。

19 世纪铁路使用可视信号系统，通过信号灯把给定路段的状态告知火车司机，不同颜色表达不同信息。但是无论什么颜色和信息，至关重要的是要让列车驾驶员能尽早看到并准确理解信号灯提供的信息，以使他有尽可能多的时间做出反应。同时，还要求信号灯不容易受冰雪、灰尘等的污染而影响显示效果。

早期的铁路信号灯玻璃盖设计为在它的外表面有一系列的同心斜面，这些斜面有聚光功能，但也使得镜头外部容易集聚灰尘、雪和其他污染物，影响信号灯的效果。C. Houghton 考虑首先解决信号灯的这些问题。他解决问题不是完全依靠经验，而是先向康奈尔大学的教授学习基础光学知识，然后改变信号灯设计，把聚光圈由外部改为镜头内部，同时优化聚光圈的尺寸与位置。新知识的运用对改进信号灯的设计发挥了很重要的作用。

1890 年，C. Houghton 的侄子 A. A. Houghton 接管信号灯业务部门之后，接着解决信号灯的颜色问题。这次他们寻求外部化学专家的支持，发明了含稀土元素硒的铅-碱玻璃，这种新玻璃可用于生产固态红信号灯镜头，能发出"樱桃红"的红色，与过去使用的包裹红色镜头相比，它的照明距离更远，均匀性更好。

1899 年，C. Houghton 的另一位侄子 A. B. Houghton，也是当时康宁公司的首席营销官出席一个铁路信号员协会的会议，了解到耶鲁大学有教授在研究色彩学，启发其认识到如果康宁公司能够形成一个系统的铁路信号灯解决方案，应该是一个很好的发展机会。因为当时美国有众多铁路公司，每家铁路公司都有自己的信号灯解决方案和颜色设计，几乎有多少条铁路就有多少种信号灯的颜色组合。当时康宁公司为多家铁路公司提供多种颜色的铁路信号灯镜头，也成为一个"难以承受"的任务。然而，由于当时没有理论和标准方案明确在各种天气中何种颜色与哪种镜头对光的准确传输最有效，人的视觉原理也没有被很好理论化。缺乏相关理论和标准，没有哪家铁路公司会同意采用他人的方案。

为生产能被广大铁路公司普遍接受、标准化的铁路信号灯，康宁公司先于 1902 年与耶鲁大学的博士生 W. Churchill 签订合作研发合同，1904 年又邀请他正式加入康宁公司，建立了康宁首个内部实验室，隶属康宁公司销售部，该实验室比"简单的工作实验室"好一些，但与标准的"企业实验室"相差较远，因为它是为一种特定产品与特定客户群，聚焦于标准、质量和生产管理等开展工作。

在 W. Churchill 带领下，立足于铁路安全的长远和综合需求，康宁公司对铁路信号灯开展了系统研究。首先是从发光与安全角度为信号灯确定最佳颜色组合。W. Churchill 充分利用康宁与很多铁路公司建立的良好合作关系，系统了解和分析各种已有铁路信号灯的颜色设计特点，还去欧洲了解他们的信号标准，在耶鲁大学心理学实验室与肯特化学实验室进行测试，进一步改进铁路信号灯的镜头设计。通过一系列的努力，以康宁公司玻璃圆盘与镜头的技术参数为基础，形成了 6 种基本的信号颜色统一标准，该标准于 1908 年开始被美国的铁路公司广泛采用。

在推进产品研究的同时，康宁公司注意加强生产工艺技术的改进。之前康宁公司生产的所有玻璃，无论是用于灯泡还是铁路信号灯，一直采用传统的方法生产铅–碱配方的玻璃。W. Churchill 认为，要获得完美的信号灯镜头颜色，依赖于对大量因素的严格控制，包括原料纯度、每批次熔化玻璃的组分、着色氧化物与每批次熔化玻璃的反应、玻璃熔化的精确温度、熔化的持续时间和退火温度控制等。为此，W. Churchill 努力把信号灯玻璃生产置于更严格的技术控制之下，取得了成功。这种技术控制方式之后广泛运用于钢铁、铝等金属产品的生产。

康宁公司针对铁路安全需求，第一次大量运用先进的科学知识和技术开发铁路信号灯新产品，使得其产品销售显著增长，从 1905 年到 1910 年市场份额从二分之一略多增长到三分之二，带来了良好的效益。但是康宁公司也认为，虽然 W. Churchill 建立的实验室为铁路信号灯的新产品开发做出了重要贡献，但是该实验室主要依赖于其个人判断，形成的知识和技术不具有一般性，很难被运用于其他产品和市场，有明显不足。

2）汽车安全挡风玻璃

20 世纪 60 年代初期，康宁公司启动了一项系统性的研究工作，开发增强型玻璃，以解决玻璃易碎的问题。康宁公司系统研究发现，提升玻璃强度，既可以采用传统的热增强（即对玻璃加热）技术，也可以运用当时还处于实验室阶段的离子交换后的成型化学处理方法等，康宁公司完善这些方法形成了 4 项基本专利，开发出了新的玻璃，被冠名为"Chemcor"商标。有了这种新型的高强度玻璃之后，康宁公司于1962年开始考虑将其转变为市场需要的新产品，其中之一是开发安全性更好的汽车安全挡风玻璃。但是这是一次不成功的尝试。之后康宁公司坚持认为，按照科学研究的线性模型推进新产品开发不一定有效，需要以需求为导向开发新产品。

20世纪30年代中期开始，层压式挡风玻璃被用于汽车。自1938年起，有关法律规定汽车必须运用玻璃/塑料/玻璃三明治式的汽车挡风玻璃，成为行业标准。该类挡风玻璃中的塑料层起网络作用，在汽车前部碰撞事故中可挡住汽车驾驶员，玻璃层起着保护塑料层的作用。1960~1969年美国通用汽车公司大规模生产的雪佛兰汽车发生的一系列安全事故，增加了公众对汽车安全性的关注。康宁公司认为，Chemcor玻璃用于汽车挡风玻璃应该可以有所作为。

康宁公司20世纪60年代初开始运用Chemcor玻璃开发汽车安全挡风玻璃，在此过程中，他们解决了Chemcor玻璃不能抵御适度的砾石冲击等一系列技术难题，开发出了康宁公司认为的汽车挡风玻璃中的杰作。该产品采用熔融工艺制取极薄的平板玻璃，然后对玻璃板进行化学增强处理，在张力作用下玻璃板不发生屈曲，但如果在玻璃破碎点上屈曲，会碎成相对安全的碎片。同时，化学增强的程度可被调节，以使玻璃破碎图形不会遮挡视线，即使挡风玻璃破碎，汽车也可以安全停车。这款产品看起来如此优异，以至于康宁公司提前投资数百万美元对原来的熔化炉进行翻修，以适应新产品的生产要求。

从1964年开始康宁公司极力推销该款新产品，但是收效甚微，只有很少几家汽车企业作为试验性产品使用。当康宁公司的管理人员询问大型汽车制造商是否考虑使用新型汽车挡风玻璃时，得到的答案普遍是明确的"不"。

康宁公司之后分析认为，汽车销售人员销售汽车时强调挡风玻璃更安全，只会负面影响汽车的销售。人们去购买一辆新款汽车，不会去设想自己在高速公路上撞毁这辆汽车、差点死于非命、最终死里逃生的样子。他们会设想自己在高速公路上呼啸而行，充满乐趣。这种情况下，汽车制造商已经与原有供应商建立了良好的关系，让其冒险更换汽车挡风玻璃供应商是很困难的。康宁公司开发新型汽车挡风玻璃，实际上面对的是一个"对创新产品缺乏响应的市场"。

在汽车安全挡风玻璃研发过程中，康宁公司一直痴迷于自己对汽车驾驶员安全的定义，忽视了其他许多关键的影响因素，特别是未能从汽车制造商的角度考虑问题，成为康宁公司新产品研发的败笔。虽然开发"Chemcor"玻璃形成的一些新技术在其他产品生产领域得到一定应用，但是开发"Chemcor"玻璃本身一直未能为公司带来显著的效益。

3）光纤

光纤是利用光的全内反射原理在玻璃或塑料制成的纤维中通过光传输实现通信。通常，光纤一端的发射装置使用发光二极管或激光将光脉冲传送至光纤，光纤另一端的接收装置使用光敏元件检测脉冲。

19 世纪 40 年代发现光的全内反射作用和全内反射原理之后，许多发明家开始研究将其运用于通信。如 1880 年亚历山大·贝尔（Alexander Graham Bell）发明了"光话机"，但是其仅能传播约 200 米，因为由空气传递光束，光线强度会随距离增加而迅速减弱，不仅损耗大，还受天气的严重影响，不能实现远距离通话。自然，研究者把目光转移至光纤，但是早期开发的各种光纤传输损耗太大，不适合运用于通信。1966 年，年轻的英籍华人工程师高锟（K. C. Kao）得出了光纤通信史上一个突破性的结论：光损耗并不是因为玻璃本身，主要因为其所含的杂质引起。1966 年 7 月高锟就光纤传输信息的前景发表了具有历史意义的论文，该文分析了造成光纤传输损耗的主要原因，从理论上阐述，如能把损耗降低到 20 分贝/千米，这样的光纤将可运用于通信。

1966 年康宁公司在与英国国防部和英国邮电局接触的过程中，了解到他们对光纤的需求和希望康宁公司利用其玻璃生产领域的技术优势推进光纤研发的愿望。经过大量的调研分析之后，康宁公司于 1966 年秋天启动光纤的研发，成立了相应的研究团队，由 R. Maurer 领导。研究团队开展研究，首先面临的问题是选择什么样的材料生产光纤。当时国际上主流的研究都是采用光学玻璃，但是康宁公司独辟蹊径，采用纯二氧化硅作为原料。纯二氧化硅需要极高的温度进行熔化与加工，利用其生产光纤，需要找到合适的玻璃组分和拉制纤维的生产工艺。经过大量的试验和研究，1970 年康宁公司发现了合适的材料组分与纤维拉制工艺，使光传输损耗低于 20 分贝/千米，只有 16 分贝/千米，成为全球光纤发展史上的一个里程碑。

康宁公司开发出符合传输性能指标要求的光纤之后，还需要证明其商业应用可行性。这需要继续大量投入开发更合适的材料组分，生产出成本和损耗足够低、强度与柔软性足以符合实际使用要求，具有足够的延展性、不断裂、可规模化生产的光纤。为此，1972 年康宁公司与英国、德国、法国、意大利和日本的几家企业签署协议进行联合开发。每家公司 5 年内每年至少向康宁公司提供 10

万美元,康宁公司承诺产品开发成功后不但在美国向他们进行专利许可,还就其所在国家申请的相关专利给予独占许可。到 20 世纪 70 年代后期,围绕光纤的商业化开发,康宁公司取得了一系列技术突破。首先,在材料组分上发现了两种新的性能更好的材料,一种是由熔融二氧化硅掺入二氧化钛,另一种是由熔融二氧化硅掺入氧化锗,这些新材料的性能比不掺杂的纯二氧化硅高出 10 倍以上。其次,发明了两种制造光纤的工艺,分别为内部工艺与外部工艺,两种生产工艺比较,成本上外部工艺更低,技术上外部工艺要求更高。

虽然康宁公司在光纤领域以拥有充满希望的技术能力进入 20 世纪 80 年代,但是由于受到美国电话电报公司等大企业的打压和竞争,被排除在他们的主要供应商之外,直到此时它的光纤订单仍寥寥无几。但幸运的是,康宁公司被美国电话电报公司排斥也使得其避免被捆绑大量生产第二代(多模态)光纤,之后可以快速投资生产有更广阔市场的第三代(单模态)光纤。

1984 年,按照美国联邦法院的要求,美国电话电报公司按地区拆分成为众多小的独立公司(称为小贝尔公司),其垄断地位被打破,加上通信领域的后起之秀美国微波通信公司快速崛起和对单模态光纤未来发展的看好,康宁公司迎来了巨大的机会。美国微波通信公司给予康宁公司价值 9000 万美元的订单,采购 15 万千米的单模态光纤。康宁公司不仅从未有过这样大规模生产光纤的经历,甚至未在实验室之外任何地方生产过单模态光纤。为此,康宁与西门子生产电缆的子公司成立合资企业"西康公司"联合生产,并继续改进其生产工艺,又花费一年的时间把纤维的牵拉速度从 2~3 米/秒提高到 10 米/秒,很好满足了美国微波通信公司的订单需求。

紧随着为美国微波通信公司生产单模态光纤之后,被拆分后的多个小贝尔公司也纷纷转向使用单模态光纤,主动向康宁公司提供订单,带来的巨大机会完全出乎康宁公司的预料,带来良好效益。2000 年前后,康宁公司在全球光纤市场的占有率达到 40%,市场占有率第二的朗讯只有 15%。

4. 康宁公司创新发展特点

回顾和总结康宁公司的创新发展历程,可以发现其有众多特点和很值得借鉴的经验。

一是康宁公司高度专注于玻璃和玻璃陶瓷产品领域,保障其能持续创新发展和高质量发展。康宁公司成立至今 170 多年，不是什么时髦干什么，不是什么更容易赚钱干什么，而是一直高度专注于玻璃和玻璃陶瓷产品领域，持续开发了众多新产品、新工艺和新设备。坚持企业发展的核心领域长期不变，这应该是康宁公司长期保持市场竞争优势地位的制胜法宝。

二是康宁公司的创新发展实现了产品、生产工艺和设备、用户需求分析等多种技术的有机集成，形成了强大的体系化创新和世界级新产品开发能力。康宁公司创新发展既重视开发新产品，也积极开发生产工艺和设备，还关注产品性能检验检测技术，特别重视掌握用户需求分析技术，实现产品相关的各种主要技术的有机集成，形成了强大的体系化创新能力，保障其能持续开发各种新产品，尤其是具备了强大的世界级新产品持续开发生产能力，在国际高端市场具有很强的持续竞争力。

三是康宁公司的新产品都是通过激烈市场竞争逐步成为行业主流技术和主导设计。创新理论表明，产业发展初期围绕具有同类性能的新产品一般会形成多种相互竞争的技术方案和产品设计，企业通过对产品各种特性和结构参数的市场反应进行评估检验，最后与用户对期望的产品性能在某种程度上达成一致，形成主导设计。主导设计一经形成，相关技术往往会成为产业关键核心技术，占据很大市场份额，为企业带来显著竞争优势。康宁公司开发的新产品也都是通过激烈市场竞争逐步成为行业主导设计，铁路安全信号灯、光纤等均是如此，反映康宁公司具有很强的行业发展趋势预判能力和市场竞争能力。

四是康宁公司开发的新产品能在相当长时间内具有行业垄断性，带来持续竞争优势。例如，1926 年成功开发的全自动生产灯泡坯体的"利勃机器"，之后长达 74 年始终是全球生产灯泡坯体的最先进设备；1932 年发明的气相沉积生产高纯度透明二氧化硅技术，首先于 20 世纪 40 年代到 50 年代运用于生产雷达延迟线，20 世纪 60 年代开始用于生产望远镜和侦察卫星用镜片，20 世纪 70 年代开始至今一直用于生产光纤，在行业内长期处于关键核心地位。

五是康宁公司的创新发展实现了产业技术领域的稳定性与产品的时代性和多样性有机紧密结合。康宁公司从诞生至今 170 多年，主体技术和主导产品一直是玻璃和玻璃陶瓷，长期高度稳定。但是它又能紧随各类新兴产业发展不断推出能显著改变人们生活的新产品，如灯泡玻璃、铁路信号灯、光纤、液晶和 OLED 电视面板玻璃等，为相关新兴产业形成和发展提供强有力支撑。可见，康宁公司实现了产业技术领域的稳定性与产品的时代性和多样性紧密结合，使得其能不断找寻到新的优质增长点, 保障其持续创新发展和高质量发展。

六是康宁公司长期坚持技术和产品领域的稳定性, 形成了雄厚的多层次技术和知识积累, 使其能不断快速开发世界级新产品。康宁公司围绕玻璃和玻璃陶瓷不断推进基础研究和新产品开发, 形成了多层次的技术和知识积累。例如, 在产品层, 康宁公司拥有光纤、智能手机面板玻璃、高清显示器面板玻璃等相关的关键核心技术; 在生产工艺与设备层, 拥有"利勃机器"、精密成型技术、气相沉积技术、熔融生产技术等关键核心技术; 在知识层, 康宁公司拥有有关玻璃材料组分、加热过程、熔融温度和退火控制与产品性能之间的关系等方面的科学与经验知识。多层次的技术与知识储备支持康宁公司能快速开发世界级新产品, 形成了很强的行业引领性创新发展能力。

5. 康宁公司的同轴递进多元化创新发展战略及其启示

归纳康宁公司长期以来创新发展的特点, 可以发现其创新发展战略有很显著的特点, 形成了同轴递进多元化创新发展战略。所谓同轴, 是指康宁公司自从公司成立以来170多年始终专注于特殊玻璃和玻璃陶瓷产业, 产业"轴心"始终未变化。关于递进, 是指康宁公司围绕特殊玻璃和玻璃陶瓷产品长期开展体系化的研发和技术创新, 持续改进产品、生产工艺与设备等的技术性能, 不断丰富知识和技术积累, 对特殊玻璃和玻璃陶瓷行业的理解持续递进深化。所谓多元化, 即康宁公司能够顺应时代要求与时俱进, 不断推出全新特殊玻璃和玻璃陶瓷产品, 及时满足众多行业独特而高端的全新需求, 以此带动不断形成新的增长点, 保障自己强大的持续创新发展能力, 不断形成发展新优势。

将康宁公司的同轴递进多元化创新发展战略与稻盛和夫在日本京瓷公司、索尼公司采用的创新发展战略对比可以发现, 两者具有高度的一致性。可见, 这种创新发展战略具有普适性和可推广性, 很值得后发国家的企业学习借鉴。

案例2-5 日本索尼公司的创新发展与新产品开发 (克里斯·弥勒, 2023)

日本索尼公司成立于1946年, 由井深大和盛田昭夫共同创立, 总部位于日本东京都港区。公司致力于以创新技术推出娱乐产品, 产品业务涉及家用视听产品、数码摄像机、数码照相机、个人音频产品、专业广播电视器材以及电子零部件等。索尼公司多次上榜世界 500 强、全球企业 2000 强、世界品牌 500 强等重要企业榜单，从 2019 到 2024 年连续被智库机构 "Ethisphere Institute" 评为 "全球最具商业道德企业" 之一。

索尼公司创建初期，与当时其他多数日本企业类似，主要是在电子信息等领域模仿生产美国的产品，如收音机、电视机等，并以更高的质量和更低的价格赢得市场和竞争优势。但是随着企业进一步发展，索尼公司首席执行官盛田昭夫认识到，只是依靠模仿开发生产新产品只能赢得 "二等竞争地位和获得二等市场利润"。20 世纪 70 年代之后盛田昭夫驱使索尼公司不仅要制造最好的收音机和电视机，还要开发生产全新产品。

索尼公司开发全新产品，一方面注意积极运用硅谷等全球各地推出的新技术，一方面特别注重识别新的市场机会，以充分运用已有先进技术开发全新产品满足新的市场需求为主攻方向。1979 年推出的随身听是这种全新产品开发战略成功实施的典型代表。随身听是一款便携式音乐播放器，纯粹由索尼公司自主开发，它由 5 块芯片组成，运用的是当时已经相对成熟的先进技术。该产品问世彻底改变了音乐行业，全世界的青少年都可以把他们喜欢的音乐放在口袋里随时随身收听，成为历史上最受欢迎的消费品之一。索尼在全球销售了 3.85 亿台随身听产品。

后发国家的广大企业创新发展，可以首先聚焦正在大量生产的中低档产品，以能满足全球最为苛刻和高端的用户需求、占领相关产业的国际高端市场为目标，以强烈地追求最优质、最精致、最高雅、最卓越的精神，通过渐进性技术创新持续改进现有产品、生产工艺和设备，由主要生产中低档产品转变为生产具有独特性和垄断性的自主品牌高档新产品，努力形成世界级优质高档产品开发生产能力。

其次，在由生产中低档产品转变为生产自主品牌高档新产品过程中，加强企业创新体系建设，既广泛开展产品、生产工艺与设备、产品性能检测和质量监控等各类技术研发，又强化知识、技术和技能积累，掌握一批关键知识和技术，尽快形成体系化的新产品自主开发能力。

最后，充分利用已有的知识、技术和技能积累，积极找寻市场新需求和新机会，着力形成颠覆性新产品和全新产品等世界级新产品的开发生产能力，加快形成行业发展的引领性创新能力。

2.6 本章小结

产品是能提供给用户，并被用户关注、购置、使用或消费，给他们带来有形与无形利益，以满足其需求和欲望的物质和非物质形态的事物，包括有形商品、服务、体验事件、场所、财产权、组织、信息和创意等。不同企业生产的同类产品都有差异，其差异主要体现在样式、性能、质量、一致性、耐用性、可靠性、可修复性和风格等方面。

新产品是服务于用户需求，企业新开发的全新产品，或者对已有产品作出明显改进的产品。新产品开发是企业运用相关技术开发全新产品或改进已有产品，以满足全新需求或更好地满足已有需求的过程。新产品开发与技术创新实际上是一致的。新产品有诸多不同类型，按创新程度可以分为全新产品、换代新产品、改进性新产品和仿制新产品；按在一定范围内的新颖性可以分为世界级新产品、国家级新产品和企业级新产品。

世界级产品是重要产业发展普遍需要、具有较广泛的市场需求、国际上只有极少数企业能够开发生产、具有高度独特性与垄断性的高附加值产品。它包含两种类型，一种是世界级新产品，另一种是世界级优质高档产品。世界级新产品是指在全世界范围内第一次试制成功并投入生产和销售的新产品。世界级优质高档产品是指所在产业众多产品中全球最为优质、最为高档的产品。

我国企业新产品开发有鲜明的特征。一方面，企业通过模仿创新、渐进性创新、替代性创新、低端市场创新开发新产品取得很大成就，在国防军工、基础设施建设等公共产品技术创新领域成功开发了一批标志性重大新产品，众多企业形成了特别强的新产品快速模仿设计和低成本大规模生产能力。另一方面，广大企业开发生产的主要是中低档产品，产品品质欠佳、档次不高、效益不好、品牌不靓等问题突出，世界级优质高档产品生产能力显著不够，世界级新产品开发生产能力明显缺乏，企业发展质量和效益不高的问题仍然突出。

我国这样的后发国家加速企业创新发展和高质量发展，核心任务是激发广大企业强大的科技创新内生动力，支持广大企业积极开发生产自主品牌高档新产品、替代性新产品、颠覆性新产品和全新产品，尽快形成世界级产品的持续开发生产能力，使广大企业由主要生产附加值低的中低档产品转变为大量生产附加值高的优质高档新产品。

企业通过技术创新开发生产自主品牌高档新产品、替代性新产品、颠覆性新产品和全新产品，既可以主要依靠已有技术实现，也可以通过着力开发新技术达成，途径较为多样。新产品开发过程和方式多样，既可以是研发成果驱动式，也可以是运用需求拉动式，还可以是需求牵引下的多学科交叉融合创新方式。新产品开发是一个持续互动不断迭代改进的过程，该过程中积极吸收利用已有技术与努力开发新技术同样重要，及时准确反馈用户的新产品使用体验是成功开发新产品的必然要求。

美国康宁公司的创新发展经验表明，企业运用同轴递进多元化产品创新发展战略，可以有效增强企业的原创性引领性创新能力，形成长期持续竞争优势。这一创新发展战略不仅先发国家企业可以学习，后发国家企业也可以积极借鉴。

第3章 | 新产品开发与基础研究和技术开发

科技创新尤其重要的任务是运用新知识和新技术开发新产品，这意味着新产品开发与基础研究和技术开发之间存在紧密联系。本章首先讨论知识和基础研究的概念；其次分析技术及其开发的含义及特点；接着构建知识、技术与产品之间的关系，诠释基础研究支持新技术和新产品开发的途径，明确新技术和新产品开发相关的基础研究内容及特点；最后讨论碳纤维产业的发展历程，剖析基础研究尤其是应用导向的基础研究在碳纤维产业创新发展中的关键作用。

3.1　知　　识

知识是常用且较为复杂的概念，是新技术和新产品开发生产的基本要素，现简要讨论其含义和特点，分析其可能的类型。

1. 知识的定义

知识是一个发展中的概念，不同的历史时期、不同的学者对其有显著不同的理解和认识（梁林海和孙俊华，2011）。《现代汉语词典》将知识界定为："人们在改造世界的实践中所获得的认识和经验的总和"。《韦氏大词典》将其定义为："知识是人们通过实践对客观事物及其运动过程和规律的认识，是对科学、艺术和技术的理解，是人类获得关于真理和原理的认识的总和。"管理学大师德鲁克认为："知识是一种能够改变某些人或某些事物的信息。"达文波特认为："知识起源于智者的思想，它是一种流动性的综合体，包括结构化的经验、价值以及经过符号化的信息等，知识不仅存在于文件（系统）中，也蕴含于日常工作、过程、规范中，专家独特的见解、新经验的评估整合等也都涵盖在知识的范围之中。"

总体上看，不同的学者对知识概念的理解有很大的不同。从知识关联的对象看,《现代汉语词典》强调知识是改造世界的实践中所获得的认识和经验的总和;《韦氏大词典》认为知识是人们对客观事物及其运动过程和规律的认识,实际上既包含了改造世界实践中的认识,也包含对自然界和客观世界的认识。从知识的表现形式看,德鲁克认为知识就是信息;达文波特认为知识包括结构化的经验、价值以及经过符号化的信息等。

虽然不同的学者对知识概念的理解显著不同,但是也有其共性的方面,普遍认为知识是认识世界的产物,是认知活动产生的结果。

综合上述讨论,本书将其定义为:知识是人们通过实践、实验等途径对客观事物及其运动过程和规律的认识,是认知活动产生的结果。归纳而言,认知活动及其产生的知识有这样几个特点。

一是认知活动及其产生的知识有不同的类型。一般认为,认知活动既有零星的、经验性的活动,也有系统的、有组织的活动(沈珠江,2006)。不同活动产生的知识也有差别,经验性认知活动一般产生的是个别人知道其有效的经验性知识,有组织认知活动如科学研究活动既能产生经验性知识,也能产生普遍适用和可以广泛学习传播的科学知识。

二是认知活动的本质是了解一定条件下事物的本质及其运动过程和规律。它追问事物是什么,并对其运动过程和规律给出因果解释、概率解释和规律解释(郭飞,2008)。

三是知识是描述性和解释性的。知识中会出现事实判断而不出现价值判断,出现规律解释而不出现目的解释和功能解释。

四是知识不具有规范性。知识可以为人们的行动提供规范、规则和指导。例如,基于科学知识"水在常温常压下的沸点为 100 摄氏度",可以制定行动指南"将水在常温常压下加热到 100 摄氏度,水沸腾"。但是,知识与规则有本质上的差别。规则是行动的规范,只对人类有效,只有人才能遵守或违反规则;知识的适用范围是包括规则制定者在内的整个现实世界。知识是陈述性和解释性的;规则是规范性的。知识有正确程度的区别;规则只有有效程度之分。知识正确并不一定能保障有关的规则有效,并不是所有规则都能有科学知识的支持。

2. 知识的类型

学者们从多个不同的维度对知识进行分类(梁林海和孙俊华,2011)。

一种是将其分为科学（理论）知识和经验（实践）知识。所谓科学知识，是指利用科学、客观的方法搜集资料证据，并加以归纳、分析、验证后得到的具有普适性和概念性的显性知识；经验知识是指个人通过对某一特定事件、工作的实际经历，在实际工作中学到的程序性知识、经验法则、教训及因果关系等知识，实践知识是一种抽象化程度较低（如没有归纳成相对简单明确的概念）、详细、复杂、隐性的知识。

科学知识和经验知识有本质差别，但是又有紧密联系。经验是建构科学知识的重要基础，科学理论来源于科学经验，又高于科学经验。科学知识是通过抽象从科学经验中提取出来的，是人们在科学研究中应用思维能力，排除科学对象次要的、非本质的因素，抽取出本质因素，认识和把握对象的内在本质和规律，具有普适性。经验知识不区分主要因素与次要因素、本质因素与非本质因素，只能停留在外部现象层次上，往往具有情景依赖性和具体性。

另一种对知识的著名分类，是英国物理化学家和哲学家波兰尼将知识分为隐性知识和显性知识（迈克尔·波兰尼，2021）。显性知识是指经过人的整理和组织后，可以编码化和度量，并以文字、公式、计算机程序等表现出来，能够通过正式、系统化的方式（如出版物、计算机网络等）加以传播，便于其他人学习和掌握的知识；隐性知识，或称为隐含经验类知识，是与人结合在一起的经验性知识，很难编码化、文字化或公式化。它们在本质上只能以人为载体，难以通过常规的方法收集，也难以通过常规载体和工具进行传播。隐性知识往往是个人或组织经过长期积累形成和拥有的知识，通常不易用言语表达，难以甚至无法传播给别人。还有研究认为，人类拥有的知识中显性知识只是"冰山一角"，绝大多数知识是隐性知识（梁林海和孙俊华，2011）。同时，隐性知识和显性知识不是绝对二分的，大部分知识同时具有显性和隐性成分，只是程度上的差异而已。再有，显性知识由隐性知识转化而来。

还有学者对隐性知识再行分类，分为技能维度隐性知识和认知维度隐性知识（野中郁次郎和竹内弘高，2006）。技能维度隐性知识包括非正式的、难以掌握的所谓"诀窍"技能。例如，高级工匠经过长期积累形成的大量的习惯性技巧，它来自亲身经历的高度个人化的洞察力、直觉和灵感等，但背后的科学原理很难明确表述。认知维度（也称为心智模式）隐性知识，包括信仰、观点、思维模式等，它们如此根深蒂固，以至于人们习以为常，不自觉地接受它们的存在，尽管不容易明确表述，但是这类隐性知识对人们认识世界有巨大的影响。

总体上看，知识类型相当多样，既包含理论和科学知识，也包含通过实践形成的经验知识；既有显性知识，也有隐性知识。同时，不同类型知识之间有密切的联系，往往经历从隐性经验知识到显性经验知识再到科学知识的演化过程，科学知识来源于经验知识。

3.2 基 础 研 究

知识包含科学知识和经验知识，基础研究的主要目的是产生科学知识，是科技创新各类活动中的一项重要活动。基础研究是一个内涵较为丰富的概念，也是一个随着学科前沿不断突破、学科范围不断扩大、在国家发展中的地位不断提升而演化的概念（阿儒涵等，2022）。

1. 基础研究概念的缘起与演变

基础研究源于欧洲国家传统的纯学理研究概念，于 20 世纪中叶随着美国国家科学基金会的建立和科学的建制化而开始流行。

自古希腊开始，欧洲学术界长期追求学术自由，早在 17 世纪，欧洲的学者即在他们各自的学科中引入"纯"与"应用"研究的区分（白惠仁，2022），形成了为知识本身而追求知识、重视纯学理研究的科学研究传统，这一传统后来成为欧美大学的重要科研文化，也被认为是基础研究的重要特征。纯学理研究这一术语早在 1648 年即在英国出现（Calvert and Martin，2001）。当时，科学和哲学仍然没有严格区分，从事科学研究的学者仍然以自然哲学家自居，运用纯学理研究这一名词是为了强调自然科学家研究的纯粹性，无功利性和应用目的，以好奇心为核心驱动力。这一观点长期深刻影响着欧美的科学界（潘龙飞，2021），使科学家以哲学家式的理论探索为荣，乐于构建和探索精密的理论。

当代学术界和科技创新政策实践中普遍重视和采用的"基础研究"概念，与万尼瓦尔·布什的著名报告《科学：无尽的前沿》密切相关（Bush，1945）。这本产生深远影响的现代科技创新政策奠基之作强调，"进行基础研究并不考虑实际目的，它产生的是一般性知识以及对自然及其规律的理解"。同时认为，国家安全和公共利益都依赖于新原理和新概念，"而这些新原理和新概念则源自基础研究"。进一步，"高等院校和研究机构要满足工业界和政府对新科学知识日益增长的需求，就应该利用公共资金加强基础研究"。该报告强调基础研究有两个核心特征：一是与经济社会发展直接相关的新发现和新发明直接来自于基础研究，存在从基础研究、应用研究到技术开发再到技术创新的"线性模式"；二是大学和各类科研机构是基础研究的中心，支持基础研究是政府的责任，政府必须大力支持基础研究，还要保证科学探索的自由，强调科学自治。

布什的报告发布之后，基础研究作为研发活动中的重要一环被广泛接受。一些学者和组织持续研究基础研究的概念。1962 年，经济合作与发展组织（OECD）发布了第一版《弗拉斯卡蒂手册》，该手册定义，"基础研究是指为了获得现象和可观察事实的新知识而进行的不以任何应用和使用为目的的试验性和理论性的工作"（OECD，2002）。1977 年联合国教科文组织编辑的《科学与技术统计资料收集指南》（1977 年修订本）定义，"基础研究旨在增加科学、技术知识和发现新的探索领域的任何创造性活动，而不考虑任何特定的实际目的"。该指南还指出，当一项研究是为获得对自然（广义的）更充分的了解，或要获得对新的探索领域的发现，但又没有考虑近期的实用目的时，这项研究就可以称为基础研究。基础研究成果常常对广泛的科学领域产生影响，并常常说明一般的和广泛的真理，它的成果也常常成为普遍的原理、理论和定律。

上述几个关于基础研究的定义具有高度的一致性，都强调如下几个方面：第一，基础研究本质上属于实验性或理论性的工作；第二，基础研究的产出是关于现象和可观察事实的基本原理和规律，即产生新知识；第三，基础研究不以任何专门或特定的应用或使用为目的；第四，在基础研究定义中没有直接反应、但相关讨论还普遍强调，基础研究由科学家的好奇心驱动，是没有明确目的的自由探索活动。

20 世纪 70 年代开始，强调基础研究不以任何专门或特定的应用或使用为目的，主要由科学家的好奇心驱动，引来多方的争论、质疑和批评。众多学者认为，某项研究是否以应用或使用为目的以及是否由好奇心驱动，即分析其目的和动机，主观性极强，很难判别。研究者本人在开展一项具体的研究工作时可能清楚自己的研究目的及其驱动力并清晰地表达，也可能不清楚而无法说明，甚至可能因为某些主客观因素故意隐藏。同时，研究目的可以是单一的，也可能是复合的，还有可能是不断变化的。显然，现实中他人很难判别某位研究者的某项研究工作之"目的"和驱动力，这导致很难以此判断某项研究是否是基础研究，很难进行基础研究的相关统计分析等工作，这样的强调没有实际作用和启发性。

1997 年，斯托克斯（Stokes）通过一个二维坐标体系把基础研究和应用研究之间的关系分为四类（斯托克斯 D E，1999），其中由求知欲驱动的纯基础研究称为"波尔象限"，由应用引发的基础研究称为"巴斯德象限"，而纯应用研究则称为"爱迪生象限"。斯托克斯还强调，基础研究不仅可以由好奇心驱动，也可以是应用驱动，应用研究也可以是基础研究的起点。这样，基础研究既有好奇心驱动的自由探索式的基础研究，也有应用导向的基础研究，后者的目的是解决实际问题，其结果具有一定的实用价值。但是，它与应用研究的区别是这类基础研究的研究人员未被要求或期望去寻找重要的实际应用，他依旧可以按照他选择的任何一种途径去研究未知世界。

著名创新学家纳尔逊（Nelson）通过系统分析晶体管的发明和发展历史也特别强调，基础研究和应用研究之间的边界是模糊的（理查德·纳尔逊，2022）。一些科学家的研究同时受科学进步和解决实际问题两种力量的驱动，他们的研究同时存在产生新知识和解决实际问题双重动机。纳尔逊还认为，如果研究工作是在推动人类知识更加丰富的动机下进行，它就是基础研究。

纳尔逊的观点与晶体管发明者肖克利（Shockley）高度一致。肖克利在他的诺贝尔奖演讲中这样说道："我经常会被问到，我所计划进行的实验是属于纯科学研究还是应用科学研究。然而，对我而言更重要的是知道这一实验是否能产生新的能经受时间考验的关于事物本质的知识。如果有可能产生这样的知识，那么在我看来这就是好的基础研究，无论实验者的动机是纯粹的审美满足，还是对高能量晶体管稳定性的改进，这些都不比寻求有关事物的本质更重要。"

强调基础研究的核心特征是能产生普适性和长期有效的关于事物本质及其运动规律的新知识，基础研究应包含好奇心驱动的基础研究和应用（问题）导向的基础研究等不同类型，得到越来越广泛的认同。柳卸林等（2023）分析了好奇心导向的基础研究和问题导向的基础研究的特点。他们认为，由于好奇心驱动的出发点不是基于实现商业化价值，许多重大科技突破在开始时并不为人所知，在后期通过商业化其价值才不断涌现，如激光、量子力学、DNA 和计算机技术等。如果好奇心驱动的研究开始时就设定研究的价值，科研人员的想象力会受到限制，如今的计算机科学和生物学也许很难发展起来。他们还强调，问题导向的基础研究有这样几个特点：首先，由于现实问题的复杂性，此类基础研究不是单学科驱动的，往往是跨学科驱动的结果。其次，问题导向的研究往往需要对产业技术前沿有很好的理解，才能提出基础研究的问题。大学和研究所由于距离产业太远，不一定能够成为此类研究的主体，而专注于具体需求的大企业往往可以成为主要的牵引主体和研究主体。最后，由于上述特点，问题驱动的基础研究有助于拓展技术应用，使理论研究在社会经济的可持续发展中更好发挥作用。

随着基础研究的战略地位不断提升，近年来一些学者提出了原创性和战略性基础研究等新概念。鲍锦涛等（2022）通过比照常规基础研究，对原创性基础研究的概念和特征进行研究分析。他们认为，从基础研究的核心功能和基础性关键作用来看，新时代的基础研究可以认为是为认识自然现象，揭示客观规律，获取新知识、新原理、新方法所做的理论性或实验性研究活动，其核心是提出和解决科学问题。原创性基础研究一般指能够挑战或颠覆原有研究范式进而创造新范式或新领域的创新研究，并对科学、技术和社会产生重大影响的发现。他们还强调原创性基础研究具有如下几个方面的共性特征：首先，从思想性质维度，原创性基础研究是"从0到1"的首创、"从无到有"的质变，相较于既有理论和技术而言带有明显的突破性、颠覆性特征；其次，从创新路径维度，原创性基础研究通常伴随非常规、不连续的复杂工作过程，具有很强的探索性和不确定性；最后，从产出成果维度，原创性基础研究具有显著的非共识性特点，在短时间内难以被接受，因此也存在被承认的滞后性。

阿儒涵等（2022）结合基础研究的作用，提出如果相关基础研究能支撑国家战略目标实现，满足国家战略需求，就称其为战略性基础研究。战略性基础研究概念的构建让部分基础研究与国家战略需求明确挂钩。他们还认为，战略性基础研究既可以是科学共同体"自下而上"以好奇心驱动的基础研究而提出的科学前沿，其最终服务于国家战略需求；也可以是国家"自上而下"前瞻布局组织实施的研究。从布局和组织实施来看也可分为两种方式：一种与政府对科技领域"国家队"的资助相结合，例如，美国能源部（DOE）下属的17家国家实验室、德国马普学会、法国科研中心、日本文部科学省下属的国立科研机构、"世界顶级研究基地计划"（WPI）等；另一种是通过布局竞争性项目的方式进行资助，例如，美国的"脑科学计划"、欧洲兴起的使命导向的研究项目、日本科学技术厅资助的战略性基础研究项目等。

2. 技术科学

与基础研究尤其是应用导向的基础研究密切相关的另一个概念是技术科学，

它源于德国（陈悦等，2020）。早在1777年，德国哥廷根大学经济系贝克曼基于参观走访手工作坊获得的实践和理论知识编写教材《技术指南》，将"技术"引入学术研究和教育。1829年，美国哈佛大学毕格罗出版了与德国贝克曼的技术学思想高度一致的《技术的要素》一书，意味着技术科学在美国的积极发展。我国技术科学的研究和发展与钱学森先生的高度重视和积极倡导密切相关，他分别发表于1948年（Tsien，1948）和1957年（钱学森，1957）的两篇论文，系统论述了技术科学的基本性质、形成过程、学科地位、研究方法和发展方向，以及技术科学对工程技术自然科学和社会科学的作用。

一般认为，技术科学源于工程师从事的"试验开发"与科学家从事的"基础研究"的碰撞，碰撞的结果是需要将工程实践中的具体问题提炼成基础研究理论问题，并将基础研究理论转译成用于工程技术的实践原理。这样，定义：技术科学是关于人工自然过程的本质、原理和规律的学问，是为工程技术服务的学问。技术科学研究是为获得有关技术的本质、原理和规律的新科学知识而开展的实验性和理论性工作。具体而言，技术科学及其研究有多个特点。

第一，自然界中有自然物和人工物之分，前者是指大自然鬼斧神工造就的天然存在的物品，如地球、太阳、月亮、土地、生态环境等；后者是自然界本不存在、由人工催生的物品，如汽车、火车、水库大坝等。技术科学研究的主要对象是人工物中的技术，自然物不是其关注的主要对象。

第二，人工物中的技术有其发生发展的规律，技术科学研究是要发现有关技术的本质、原理和规律，产生新的科学知识。或者说，产生新的能经受时间考验、具有普适性的关于人工物中技术的本质及其发生发展规律的科学知识，是技术科学研究的核心任务。

第三，技术科学研究的问题应该是源于工程实践和新产品开发生产活动，形成的科学知识应该是工程和产品技术的原理性认识，能为工程实施和新产品开发生产提供原理性支撑。

第四，技术科学研究的核心任务是要产生新的科学知识，这决定其具有基础性；技术科学研究的技术要为工程实施和新产品开发生产服务，说明其具有应用性。可见，技术科学的基础性和应用性并存，属于应用导向的基础研究。

第五，技术科学研究成果一般为人工物的技术原理，往往不直接面向工程和产品。但是，科学高效推进新产品开发生产和工程实施，却离不开技术科学的支持，它是高效开发和运用新技术不可或缺的学问。因此，技术科学知识与技术、工程和产品之间存在紧密的联系和相互作用关系。

3. 基础研究的含义与特点

人们对基础研究的理解和概念的界定经历了长期发展和变化的过程。在此过程中，是否要强调基础研究"纯粹由好奇心驱动、不以应用为目的"尤其受到关注和引发激烈的争论。这背后意味着除自然界存在的自然物之外，是否应将由人发明创造的世界上本不存在的人工物的本质及其原理和规律研究纳入基础研究的范畴。技术科学等的发展表明，人工物也有其发生发展的规律，也需要研究其本质及其原理和规律，也涉及基础研究。

基于上述分析，定义：基础研究是为了揭示与自然物或人工物相关的现象和可观察事实的本质、原理和运动规律，产生新的具有普适性和能经受时间考验的科学知识，开展的实验性和理论性认知活动。关于基础研究，有如下解读和说明。

第一，基础研究对象既可以是自然物，也可以是人工物。这样，基础研究既可以是好奇心驱动，也可以是应用和使用目的拉动，还可以是两种力量共同作用的结果。

第二，基础研究的本质是揭示现象和可观察事实的本质、原理和运动规律，产生新的科学知识。可以说，只要是追求产生科学知识的活动都属于基础研究。

第三，基础研究这一认知活动产生的科学知识，是针对研究对象追问"是什么"和"为什么"两个问题，了解一定条件下事物的本质及其运动过程和规律，给出因果解释、概率解释和规律解释。基础研究产生的科学知识出现事实判断而不出现价值判断，出现规律解释而不出现目的解释和功能解释。

第四，基础研究开展的是实验性和理论性工作，以产生新的能经受时间考验和长期有效、可运用于多个领域和具有普适性的科学知识。只追求产生经验性知识和隐性知识的活动不属于基础研究的范畴。

第五，基础研究产生的科学知识与经验知识有本质差别，但又有紧密联系。科学知识往往是从具有情景依赖性和具体性的经验知识中提取出来的，是人们排除科学对象次要和非本质因素抽取出本质因素，认识和把握对象的内在本质和规律形成的。

基础研究的定义表明其内容相当丰富，类型较为多样，从不同的视角可以对其形成多种不同的分类。首先,从基础研究的驱动力角度,可以将其分为好奇心驱动的自由探索式基础研究和应用导向的基础研究。其次,从研究对象角度,可以将其区别为针对自然物的基础研究和针对人工物的基础研究。再次,从基础研究的性质角度,可以分为原创性基础研究和非原创性基础研究。最后,从基础研究的作用角度,可以区分为战略性基础研究和非战略性基础研究。

3.3　技术及其开发

技术也是一个极其常用的概念,是与知识紧密联系的概念,人们对技术及其开发的理解也经历了长期发展和变化的过程。

1. 技术及其与知识的联系和区别

技术"technology"一词源于古希腊,是由希腊文"techne"(工艺、技能)与"logos"(系统的论述、学问)演化形成。1615 年,英国的巴克爵士创造了"technology"一词(陈劲,2013)。自从"技术"一词诞生以来,不同领域的学者从不同的视角对技术进行了多种不同的定义。

OECD 定义技术是从产品的研究开发到销售全过程运用的知识(OECD,1997)。OECD 将知识分为四种类型:一是知道是什么的(know-what)知识,该类知识又称为事实性知识,主要指关于历史事实、经验总结、统计数据等的知识;二是知道为什么的(know-why)知识,它是关于自然、社会和人的思维运动的法则和规律的知识;三是知道如何做的(know-how)知识,这是指做某些事情的技艺和能力,如企业家判断一个新产品的市场前景,一名技术高超的工人操作复杂的机器等就需要运用这方面的知识,典型的"know-how"知识是个人或组织发展并掌握的一类专门的技术或诀窍;四是知道是谁的(know-who)知识,它是关于谁知道什么,以及谁知道怎样做某些事的信息。

罗伯特·伯格曼等(2004)认为,技术是用于产品和服务的开发、生产和交付系统的理论与实践知识、技巧和手艺。技术能够体现在人员、材料、认知与物理过程、工厂、设备和工具之中。技术的关键要素可能是隐含的,只以隐藏形式存在,如以技术诀窍为基础的商业秘密。手艺和经验通常大部分都是不明确的,因此,技术的重要成分往往不能以手册、常规的程序、配方、经验规则或其他明确的方式表达和编码。技术成功的标准是技术上"能否完成任务",不是商业上"能否通过完成任务而盈利"。技术通常是把发明和发现推向实际应用的开发活动的产物。

玛格丽特·怀特和加里·布鲁顿(2008)认为,技术是个人和组织通过知识的实际运用来促进人类的发展。技术是用以生产货品或提供服务的知识、产品、流程、工具以及整个系统。

傅家骥(1998)认为技术是"基于实践经验和科学原理发展而成的,用于解决实际问题的知识、经验和技能的系统总和"。该技术概念包含三个层次:一是根据自然科学原理和生产实践经验发展而成的各种工艺流程、加工方法、劳动技能和经验诀窍等;二是将这些流程、方法、技能和经验诀窍等付诸实现的生产工具和其他物质设备;三是适应现代劳动分工和生产规模等要求的对生产系统中所有的人、财、物资源进行有效组织与管理的知识经验和方法。

布莱恩·阿瑟(2014)认为,技术是人实现其目的的一种手段,是实践和元器件的集成,是在某种文化中得以运用的装置和工程实践的集合。

综上所述,关于技术的定义有若干共性的方面:一是均认为技术是一种手段,是为了利用自然和改造自然、达到一定的目的而发明创造的;二是普遍认为技术与知识有紧密联系;三是都认为技术具有层次性和多样性,涉及元器件、装置、系统、设备、产品、工艺、加工方法、劳动技能、经验诀窍;四是一般都认为技术既有显性部分,也有隐性部分。

同时,不同定义也有很明显的差别。首先是关于技术的表现形式。有些学者认为技术就是知识或者知识的一部分。典型的如 OECD 认为技术是解决实际问题运用的各类知识的总和;也有学者认为技术是运用知识产生的改造世界的手段、元器件、装置和方法等的总和,强调技术是手段和方法,基于知识产生。其次是知识的覆盖范围。如傅家骥认为技术是用于解决实际问题的知识、经验和技能的系统总和;伯格曼等则认为技术是理论与实践知识、技巧和手艺。可见,OECD 对知识的理解涵盖了伯格曼等定义中的理论与实践知识、技巧和手艺等多个方面,包含了傅家骥定义中的知识、经验和技能等几个方面。总体上看,技术定义上的差异,很大程度上是由于对知识的理解明显不同。

结合之前对知识的概念界定,定义:技术是服务于人类利用自然和改造自然的需要,运用知识开发形成的手段和方法的总和。对技术的概念有如下几个方面的诠释。

首先，技术是服务于人类利用自然和改造自然的需要而开发的，有明确的目的性和应用目标。一般而言，技术开发很重要的是服务于新产品的开发生产，新产品开发生产需要综合集成运用多种技术。

其次，技术有多个不同的层次和极其丰富的内容，既包含各种工艺流程、加工方法、劳动技能和经验诀窍等，也涉及将这些流程、方法、技能和经验诀窍等付诸实现的生产工具和其他物质设备，还涵盖生产系统中所有的人、财、物资源有效组织与管理的方法。

再次，技术既可以表现为物的形态，如生产设备、测量工具、检验设备等，也可以存在于特定的人员，以技巧和诀窍等形式存在；既可以是显性的，也可能是隐性的，表现形式非常多样。技术成功的标准是利用相关手段和方法"能否完成特定任务"，成功开发生产需要的产品。

最后，知识与技术既有本质区别又有紧密联系。第一，知识是技术的基础，技术是以知识为原料转化形成的；第二，知识的产生特别是科学知识的产生需要如仪器、设备等技术大力支持；第三，技术开发和运用过程中也会产生新知识。同时，知识转化为技术是一个复杂的过程，是描述性和解释性原理转变为手段、方法和规则的过程（郭飞，2008），是人基于知识创造手段和方法的过程，是将知识用于改造世界的过程，它不仅要遵循技术规律，还受文化、政治、经济等社会人文因素制约。

2. 技术与技能

技术类型较为多样，人们常将技术分为硬技术和软技术，或物的技术与人的技术。硬技术或物的技术，是指一切劳动资料，主要是生产工具，如机器、设备、计量和测试手段等；软的或人的技术，是指劳动者掌握和运用劳动资料的技能和诀窍等（姜大源，2016）。

具体而言，"物"的技术来源于人类所发现的自然界中的各种效应及其自身的操作经验，也即知识，伴随着科学的发展和技术的积累，被逐渐对象化为一个客体，往往表现为机器。这里的"客体"技术并非只是人体器官的延伸，而是可以脱离人而存在的技术，它有两种形态：一种为所谓实体性技术，即以技术工具和技术装置等方式存在；另一种为规范性技术，它以技术文本（信息）和技术程序（工艺）等方式存在。总体而言，它们均以"非生命"形式存在。

基于"人"的技术，可视为根据自然科学原理和生产实践经验即知识发展形成的各种工艺操作方法和能力。"人"的技术驻留于技术应用者，亦即人的头脑、身体之中。显然，"人化"的技术无法脱离人而存在，是一种过程性技术，以人的经验和策略等"生命"形式存在。这种"主体"的技术，即所谓"身体技术"，包括身体技巧、语言技术、医疗技术以及社会技术等。这类技术应用得越好，意味着与人的身体融合得越好，也表明身体技术应用得越好。鉴于群体是个体的集合，故在这里，所谓"社会技术"即为群体的"身体技术"，仍是源于身体技术。

人的技术实际上是技能。技能定义为"通过练习获得的能够完成一定任务的动作系统"（潘菽和荆其诚，1991），或"个体运用已有的经验知识，通过练习而形成的智力活动方式和肢体的动作方式的复杂系统"（朱智贤，1989）。还有学者指出，"人们运用技术的能力就是技能，即人们直接使用工具'操作'对象时所达到的某种熟练性、能力或灵巧度"（张振元，2007）。可见，这些定义把技能界定在与人相关的行动领域，揭示了技能的本质特征，也就是"做"或"操作"。

技能也有不同的类型。根据心理学的认识论，常以智力活动与肢体活动的类型作为标准，将技能分为动作技能和心智技能。所谓动作技能，指的是个体"对环境产生直接影响的熟练而精确的身体运动能力"。它又被细分为：精细运动和大运动、封闭运动和开放运动、连续运动和离散运动等多种技能。作为一个心理学概念，动作技能是一种习得的能力，表现为迅速、精确、流畅和娴熟的身体运动的活动方式，其形成包括操作定向、操作模仿、操作整合、操作熟练四阶段。动作技能既存在于要求使用某种装置的任务中，如绘画、打字、打球、骑车、驾驶飞机、操作机床等，也存在于不要求使用装置的活动中，如练拳、竞走、游泳、唱歌、舞蹈等。

所谓心智技能，指的是个体"运用概念和规则办事的能力"，或指"在头脑中对各种信息进行加工"的技能。它又被细分为：分析和综合、比较和分类、抽象和具象、归纳和演绎等技能。作为一个心理学概念，心智技能的形成有：动作定向、物质与物质化、出声的外部言语动作、不出声的外部言语动作、内部言语动作的五阶段论之说；也有认知、联结、自动化的三阶段论之说。心智技能是"借助于内部语言在头脑中进行认识活动的技能"，亦即进行心智操作的技能。

特别需要强调的是，物的技术和人的技术是相伴相生、不可分离的。物化的技术，如果没有相应的知识和技能的劳动者去掌握和操纵它们，那就是一堆死的东西。

3. 技术及其开发的特点

综合已有研究，可以发现技术有以下主要特点（布莱恩·阿瑟，2014）。

一是技术具有目的性。技术是服务于人类利用自然和改造自然、实现自身的发展需要，为解决实际问题和实现一定功能、完成相应任务而形成的，是由人创造出来的，具有目的性。

二是技术是通过科学研究和实践建构起来的。技术开发需要运用理论知识和实践知识、显性知识和隐性知识等多种类型的知识，是将相关各类知识嵌入产品、工艺、设备等的过程。人类社会发展早期的技术开发完全依赖于经验知识，19世纪中期之后科学与技术的关系才越来越紧密，技术开发开始大量运用科学知识。运用科学知识开发新技术，一方面可以对技术提供更广泛和深刻的洞见以及更好的预测，另一方面如电学、化学、相对论和量子力学等学科诞生产生的大量科学知识为开发新的技术提供了不可或缺的支持。

三是新技术是来自此前已有技术的新组合。技术是自身创生的，它从自身发展出新技术，技术是自我创造（self-creating）和自身涌现（self-bringing-forth）的。这意味着每一个新技术都是从已有的技术中组合产生的，每项技术都在一座金字塔之上，这座金字塔是由别的技术在更早的技术之上建立的。同时也表明，技术历史是很重要的，技术是历史的产物，技术的价值不仅在于现在可以用它做什么，还在于进一步导致将来能够做什么。

四是技术具有层次性和层级结构。技术包含集成体、系统、单一零件（即不可再分的部分），可以在概念上将技术从上到下分解为不同的功能组件，从而将技术分解为主集成、次级集成、次次级集成等，直到其最基本的部分。可见，技术是由不同等级的技术建构而成的，技术包含着技术，直到最基础的水平。

五是新技术是运用新的或完全不同的知识产生的。有研究认为，新技术是针对现有问题采用新的或完全不同的知识产生的。如20世纪20年代飞机动力来自活塞式螺旋桨，喷气发动机的发明使得飞机动力改为汽油涡轮发动机，运用了不同的知识，是一种新的技术。运用知识产生新技术有两条不同的路径：第一条是从问题出发，寻找解决问题可以运用的新知识，形成解决方案和新技术。20 世纪 20 年代，飞机设计者很想让飞机在高纬度稀薄的空气中有更快的速度。但是在高纬度上往复式发动机甚至压缩空气超动力发动机都无法得到足够的氧气，螺旋桨缺少必要的"咬力"。显然，要提高飞机在如此条件下的速度，需要开发运用新原理的新型发动机，以满足新的需求。实际上，这种需求的发现是很不容易的，只有极少数所在领域的实践者才能知晓和提出。在此之后，喷气式发动机的发明者弗兰克·惠特尔和汉斯·冯·奥海因意识到活塞–螺旋桨发动机及其原理的局限性，积极寻找基于不同原理的新解决方案，发展形成了完全不同的喷气式飞机发动机新技术。另一条是充分发挥已有知识的作用找寻可以解决的问题，形成新的解决方案和技术发明，青霉素的发明是其典型代表。1928 年弗莱明注意到一个现象，即一种霉菌（后来被证明是青霉素的孢子）中的某种物质可以抑制葡萄球菌的生长，他随即意识到这可以用来治疗感染。实际上，有科学家早在 1876 年就注意到这种反应，但他们均没有想到其巨大的医疗作用。弗莱明发现这种反应后能立即将其运用于治疗感染病人，是因为他在第一次世界大战中曾经是医生，对战地感染造成的伤亡印象深刻，他更容易发现已有原理新的重大应用机会。

六是技术是不断改进和进化的。任何新技术发明之后都不是一成不变的，由于其最初版本都是粗糙的，需要不断改进和完善，实现技术进化。技术进化有两种典型机制，分别是内部替换和结构深化。内部替换是用新的更好的部件更换成为瓶颈性制约的原有部件。这种替换有多种方式，如采用更好的设计和解决方案；用性能更优的新材料替代原有材料，例如喷气发动机开发的数十年时间内，就不断改用更强、更耐热的合金材料制造零部件。结构深化是指通过添加新的部件解决发现的问题，提升技术性能。一般而言，通过增加部件可以达成如下目标：一是加强基本性能；二是对修改或异常进行监视并及时反应；三是适应更广泛的运用需要；四是提升安全性和可靠性。

例如，喷气发动机发明之后，为提高其性能进行了一系列的结构深化。为了提供空战条件下战斗机需要的额外推动力，特意增加了补燃室这个部件；为了防止发动机起火，特意增加了烟火警探测系统；为防止通风口结冰，特意增加了除冰部件。此外，专门的燃油系统、润滑系统、可变尾喷系统、启动系统也都是逐渐添加的。所有这些反过来又需要新的控制、传感、仪表测量系统及其子系统。这样，飞机的性能不断提高，现代飞机发动机的动力比最初的喷气发动机至少高出 30 ~ 50 倍，但他们也更复杂了。惠特尔 1936 年开发的发动机包括一个移动涡轮增压机和几百个零件，而现代版已包括 22000 个零部件。总体上看，技术改进深深依赖于结构深化，并且通过结构深化改进技术的过程是缓慢的，因为改进过程中要识别和选择新的部件，还必须对其进行实验、论证，另外还要对运用新部件的新系统进行重新平衡和优化，这些都需要时间。飞机涡轮增压汽油发动机的改进前后花费几十年时间。

4. 技术与知识的区别

知识和技术之间有紧密联系，但比较其概念也可以发现它们之间有本质区别（表 3-1）。首先是本质属性不同。知识是认识世界的产物；技术是改造世界的产物。其次是关注的问题不同，由此产生了逻辑和语义上的区别。知识描述事物是什么，给出事实判断而不出现价值判断和规范判断，出现因果解释、概率解释和规律解释，不出现目的论解释及其相关的功能解释，因而只使用陈述逻辑；技术回答怎样做的问题，蕴含价值判断和规范判断，要出现目的论解释及其相关的功能解释，运用的是决策逻辑、规范逻辑。最后是检验标准不同。评价知识是其真理性；判断技术是其有效性。

表 3-1　知识与技术的区别

比较内容	知识	技术
本质属性	认识世界的产物	改造世界的产物
关注的问题	描述事物是什么和为什么	回答怎么做和由谁做
产生的结果	形成事实判断，出现因果解释、概率解释和规律解释	形成价值判断和规范判断，出现目的论解释和功能解释
检验标准	真理性	有效性

知识转化为技术是一个复杂的过程，是描述性和解释性原理转变为手段、方法和规则的过程（郭飞，2008），是人基于知识创造手段和方法的过程，是生成人的生活世界的过程，它不仅要遵循技术规律，还受文化、政治、经济等社会人文因素制约。

3.4 基础研究支持新技术与新产品开发的途径和特点

知识、技术和产品之间存在本质区别，但是又有紧密联系，新技术与新产品开发需要科学知识和基础研究的支持。美国康宁公司等企业开发新技术和新产品的经验表明，基础研究与科学知识可以通过多种途径支持新技术和新产品开发，具有显著的特点。

1. 知识与技术和产品的关系

为揭示知识、技术与产品三者之间的关系，首先诠释产品与技术的关系，之后再剖析知识与技术和产品之间的关系。

1）技术与产品之间的关系

任何企业生产制造产品，均需要根据用户需求进行产品设计开发，采购原材料、零部件和元器件等原材料零部件配套件，并通过相应生产工艺和设备生产制造形成自己的产品，销售给用户使用。企业产品的性能、质量、一致性和可靠性及其市场需求等必然会受到产品设计、原材料零部件配套件、加工制造过程等的直接影响。企业新产品设计开发与生产制造，必须运用用户需求分析技术、产品技术、生产工艺与设备技术、原材料零部件配套件技术和基础技术等几种类型的技术，也意味着需要运用物的技术和人的技术。这样，产品与技术之间的关系用图3-1描述。

所谓用户需求分析技术，是对用户当前和未来一段时间有关产品性能、质量和数量等方面的需求进行分析和预测相关的各类技术和方法的总和。用户需求分析是产品设计开发的基础，直接影响产品的市场前景，具有极其重要的作用。

关于产品技术，是产品设计开发生产制造相关的各种技术的总和。例如，汽车产业的核心产品汽车的生产制造，必然会涉及产品设计、产品加工、产品装配等多种技术，汽车的性能、质量、一致性和可靠性等与此密切相关。提升汽车产品的技术性能，首先需要推进产品技术开发。

原材料零部件配套件技术是产品生产制造过程中需要的各种原材料、零部

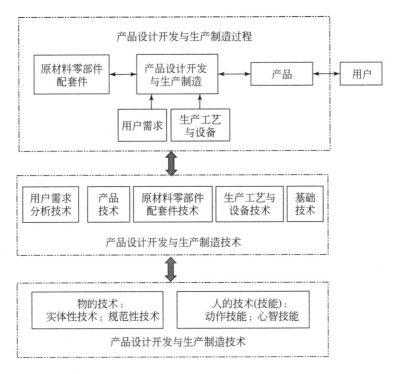

图 3-1　产品设计开发生产制造相关的技术

件、元器件和配套件等生产技术的总和。例如生产汽车，需要发动机、变速箱、轮胎、座椅等诸多零部件、配套件。它们直接影响汽车产品的性能、质量、一致性和可靠性。提升汽车产品的技术性能，需要原材料零部件配套件技术开发的支持。

　　生产工艺与设备技术是产品生产制造过程中涉及的生产设备和工艺技术的总和。对汽车产业而言，生产工艺技术既包括众多的生产设备组成流水线，也包括其相关的工艺技术。显然，加工制造过程也会直接影响汽车产品的性能、质量、一致性和可靠性。

　　基础技术是服务于产品、原材料零部件配套件和生产工艺的各种技术的某种组合或总和（吴建南和李怀祖，1998）。基础技术不直接反映在产品、原材料、零部件、配套件及其生产工艺中，但它是研发和运用产品、原材料零部件配套件和生产工艺等各项技术所必需的基础设施。常见的基础技术包括测量和测试技术及其技术标准。测量和测试技术主要用于产品设计开发生产制造过程中的各种性能和质量等指标的测试和测量，如汽车安全性的测试和测量、汽车产品极端使用条件下使用性能的测试和测量、汽车油耗和污染物排放的测试和测量等，涉及的技术相当广泛。技术标准保障整体产品与原材料零部件配套件之间、各种零部件之间等的有效结合，为复杂产品的高度专业化分工生产和提升生产效率效益奠定必要的基础。

任何一个产品的设计开发生产制造都需要上述各类技术的综合运用，缺乏其中的任何一项技术或者技术能力不足都会产生严重的负面影响。技术的特点和性质还表明，任何技术都包含物的技术与人的技术。物的技术又分为实体性技术和规范性技术；人的技术即技能分为动作技能与心智技能。显然，之前讨论的产品技术、零部件配套件技术、工艺技术和基础技术等各种技术，还都可以分解为人的技术和物的技术。产品设计开发生产制造技术内容极其丰富，众多技术支撑产品的设计开发生产制造。

2）知识与技术和产品之间的关系

大量的研究已经表明，技术是通过知识建构起来的，技术开发需要运用知识，是相关知识嵌入技术的过程。人们在开发新技术以更好地利用世界和改造世界的过程中，必然需要了解利用和改造的对象是什么，利用和改造其对象实现人的目标相关的主要影响因素是什么，这些都属于利用和改造对象的知识。显然，缺乏必要的知识，无从开发技术，自然也不能开发生产相关产品。或者说，任何技术和产品开发都是建构在开发者对开发对象一定的认知基础之上，也即建构在相关知识基础之上。知识是建构技术和生产产品的基础。基于这样的理解，知识与技术和产品之间的关系用图3-2描述。

已有分析表明，知识的类型多样，既有科学知识和经验知识，又有显性知识和隐性知识。将这两个维度的知识分类相结合，形式上可以形成四种类型的知识，即显性经验知识、显性科学知识、隐性经验知识和隐性科学知识。相关定义表明，科学知识一定是显性知识，不存在隐性科学知识。这样，现实中存在三类知识，分别为科学知识、显性经验知识和隐性经验知识。具体而言，科学知识是具有普适性、可以广泛传播学习和长时间有效的知识。显性经验知识是具有情景依赖性和具体性、可以在一定范围内表述、传播和学习的知识。隐性经验知识是经过长期积累形成、难以用语言表达和传播给别人、由个别人掌握的知识。之前的讨论还表明，科学知识往往来源于经验知识。

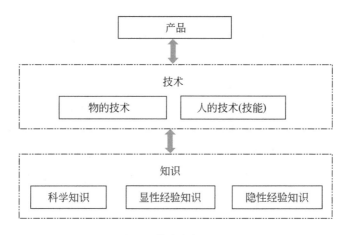

图 3-2　产品和技术与知识之间的关系

大量案例表明，人类社会发展过程中，大量的技术是基于经验知识和实践知识开发的，如我国的指南针、印刷术等的发明是如此，英国蒸汽机等的发明也是如此。可以说，任何技术开发都离不开经验知识，尤其是隐性经验知识。然而，随着科学知识积累越来越多，对技术开发的支撑作用越来越显著。当前大量的技术开发往往既需要大量运用经验知识，也需要采用运用科学知识，而且科学知识在技术开发中的重要性越来越强。

2. 基础研究与科学知识支持新技术和新产品开发的途径

案例分析表明，基础研究和科学知识可以通过多条途径支持新技术与新产品开发。或者说，基础研究对新技术和新产品开发具有很重要的作用。

1）基础研究支持全新技术与产品开发

基础研究产生的新科学知识催生全新技术和产品的案例较多，典型代表之一是电磁学理论突破催生发电机和电动机等全新产品，引发第二次工业革命（刘国跃，2005）。

19世纪20～30年代，法拉第关于电流能使磁体转动的电磁旋转效应和电磁感应现象的发现，并在实验基础上创建磁力线思想和场的概念，将抽象的不好捉摸的电磁现象用反映本质的物理量加以描述，揭示电和磁的紧密联系与相互转换，为麦克斯韦电磁场理论奠定了必要的理论和实验基础。19世纪60年代麦克斯韦将电和磁统一起来，建立了完整的电磁场理论。基于电磁场理论，19世纪80年代开始欧洲国家的物理学家相继发明了交流发电机、变压器、交流感应电动机和输电系统。这些研究和发明为建设大容量电机、获得强大电力提供了技术上的可行性，催生了电力技术革命。电力技术革命的显著特点是基础研究形成的电磁场理论决定着技术革命的方向，指导着电力系统技术体系的建立，为电力技术的产生和应用开辟了广阔的前景，实验室成为电力技术开发和应用推广中心。可见，没有法拉第和麦克斯韦两位伟大科学家的发现，就不可能开发发电机和电动机，也不可能发生电气革命。基础研究催生了全新技术和产品，造就了全新产业。

实际上，回顾人类已经经历的三次工业革命可以发现，第二次工业革命即电气革命和第三次工业革命即信息技术革命都是基础研究催生的。没有基础研究支持，既不能开发发电机和电动机，也不能开发计算机和互联网，第二次和第三次工业革命不可能发生。基础研究是许多重大新技术和新产品的源头。

2）基础研究支持已有技术与产品改进

改进现有技术和产品的需求拉动基础研究，基础研究产生的新科学知识支持对现有技术和产品进行重要改进以产生新技术和新产品，其成功案例也屡见不鲜。蒸汽机性能改进的需要带动热力学的发展、热力学理论支持更高效的蒸汽机开发是其典型代表（刘亚俊等，2014）。

人们很早就发现做功能使物体发热，但很晚才明白，让一个热的物体冷下来可以用来做功。一般认为，古希腊亚历山大城的希罗在公元前后150年之间发明了第一部蒸汽机，之后相当长的时间其性能没有显著改进，直到17世纪中期蒸汽机技术又开始快速发展。1689年，英国煤矿老板托马斯·萨弗里发明蒸气驱动的水泵，从矿井中抽水排水；1712年，汤玛斯·纽科门发明了用蒸气推动圆筒内活塞的引擎；1763年，詹姆斯·瓦特发明蒸汽机冷凝器，大大提升了引擎的效率，降低了燃料消耗，这标志着蒸气引擎时代的真正开始。然而，当时蒸汽机的设计和制造是一门技艺，主要依靠工匠和技师的经验，缺乏科学知识支撑。1824年，法国人萨迪·卡诺发表论文"论热的动力以及用此动力的机器"，提出了著名的"卡诺"循环，指明工作在给定温度范围的热机所能达到的效率极限，奠定了蒸汽机的热力学理论基础。之后，科学家们根据卡诺循环，相继提出了热力学温标、热力学第二定律等理论，正式形成了描述热现象的宏观理论——热力学。

热力学理论的形成促进了"工程热力学"这门技术科学的诞生，成为研究热机工作原理的理论基础，使内燃机、汽轮机、燃气轮机和喷气推进机等研究相继取得迅速进展，形成了新的更加优质的技术和高效的产品。可见，以改进已有技术和产品为驱动力开展基础研究，其产生的新科学知识可以有力支撑新技术与新产品开发，发挥基础研究至关重要的作用。

3）基础研究可以帮助更准确了解技术和产品的性能及其极限

基础研究可以明确产品及其相关技术的可能性能及其极限，把握产品能满足的需求，精准开发满足用户需求的新产品。这样，既可以避免试图开发超越产品技术性能极限、无法达成的新产品，花费很大精力去推进无法完成的任务；又可以大大降低因为不了解其产品性能还有很大的提升空间错失可能的机会，不去做本可以达成的事。

4）基础研究可以为开发新产品找寻更有效的技术路径

一般而言，开发新产品需要选用新的原材料零部件配套件，需要采用新的生产工艺和设备，这其中的可能选择众多。如何在各种方案中做出科学选择，发现最有效的技术路径，是成功设计开发生产新产品极其重要而又高度复杂的问题。通过基础研究，系统了解原材料零部件配套件以及生产工艺与产品性能之间的关系，可以高效发现有效的原材料零部件配套件和生产工艺技术，形成高质量的技术解决方案。

5）基础研究可以支持以更低成本开发新技术和新产品

开发新技术和新产品，如果缺乏基础研究的支撑，很少甚至完全不了解原材料零部件配套件以及生产工艺与产品性能之间的关系，就需要对各种可能的技术方案进行实验（试验）和对比以找出最有效的技术方案，大量的实验（试验）成本极高，甚至导致其不具有可行性。通过基础研究可以极大缩小有效技术方案的选择范围，大幅减少实验（试验）的数量，以更低成本更快发现最有效的新技术和新产品开发路径。

3. 新技术和新产品开发相关的基础研究内容

新产品开发需要运用新技术，新技术和新产品开发需要回答一系列的问题：一是根据市场和用户需求应该开发何类新技术和新产品？开发新产品其性能应该如何？在多种可能的新产品开发技术方案中应该选择什么样的技术路线？如何才能最有效开发相关技术？回答这些问题均需要运用知识尤其是科学知识。这也表明，开发新技术和新产品需要开展下列基础研究。

1）新产品性能

企业基础研究的第一项基本任务是回答新产品是什么？也即某种新产品的性能和结构，研究其可能的性能极限等。这又存在两种情况：一是运用新的科学知识开发全新技术和产品可能的性能及其极限；二是改进已有产品性能可能的空间和极限。康宁公司为提升玻璃产品性能，实现产品的稳定高质量生产，对玻璃产品性能及其测度指标进行了系统研究，1923 年提出了柔软度、电导率、表面张力、红外光透过率、热吸收、拉伸强度、黏度、热导率应力、应力分布等一系列玻璃性能指标及其检测方法，实现了对玻璃产品的深入理解。

2）原材料零部件配套件与产品性能之间的关系

毫无疑问，企业产品性能质量受到原材料零部件配套件等的直接和显著影响，研究原材料零部件配套件与产品性能之间的影响关系，是企业基础研究的第二项重要任务。康宁公司从 20 世纪初期建立企业实验室开始，长期大量开展的研究工作之一就是分析生产配方与玻璃产品性能之间的关系，从生产原料组成上分析不同玻璃产品性能差异产生的原因，产生了大量的科学知识。

3）生产工艺与产品性能之间的关系

众所周知，企业产品性能还受到生产工艺的很大影响，企业基础研究的第三项任务是深入研究生产工艺与产品性能之间的关系。康宁公司长期研究玻璃熔融温度、加热与退火控制等对产品性能的影响，从生产工艺视角剖析产品性能差异产生的原因，也积累了大量的科学知识。

4）产品性能与用户需求之间的关系

剖析产品性能与用户满意度之间的关系，保障企业产品能很好满足用户需求，也需要开展基础研究。例如，19 世纪铁路交通使用可视信号系统，通过信号灯把给定路段的状态告诉火车司机，不同颜色表达不同信息。无论什么颜色和信息，至关重要的是让列车驾驶员能尽早看到并准确理解信号灯提供的信息，以使他有尽可能多的时间做出反应，减少交通事故，提升铁路交通安全性。同时，还要求信号灯不容易受到冰雪、灰尘等的污染而影响其效果。早期的铁路信号灯玻璃盖设计是在它的外表面有一系列的同心斜面，实现聚光功能，但这也使得镜头外部容易集聚灰尘、雪和其他污染物，影响信号灯效果。康宁公司向康奈尔大学的教授学习基础光学知识，改变信号灯的设计，把聚光圈由玻璃盖外部改为内部，同时优化聚光圈的尺寸与位置，有效解决了这些问题。针对信号灯的颜色问题，他们寻求化学专家支持，发明了含稀土元素硒的铅-碱玻璃，用于生产固态红信号灯镜头，能发出"樱桃红"的红色，与过去使用的包裹红色镜头相比，它的照明距离更远，均匀性更好，能让列车驾驶员更早看到并准确理解信号灯提供的信息。基础研究成果有效帮助康宁公司开发出了更受用户欢迎的优质产品。

4. 基础研究支持新技术和新产品开发的特点

基于知识、技术和产品不同的特点，分析基础研究与新技术和新产品开发之间的关系，可以发现其有诸多鲜明特点。

一是基础研究与新技术和新产品开发往往交替进行，是一个不断迭代的过程。电磁学与发电机和电动机、蒸汽机与热力学等之间的关系表明，现实中基础研究与新技术和新产品开发之间的关系往往不是线性的，而是一个交替进行不断迭代的过程。具体而言，基础研究产生的新科学知识会催生新技术和新产品，进一步改进相关技术和产品又会拉动新的基础研究，新的基础研究形成的新科学知识又进一步支持现有技术和产品的改进，以此循环往复，不断迭代进行。这也导致现实中基础研究与新技术和新产品开发密不可分，很难区分新产品开发过程中某个阶段是纯粹的基础研究还是技术开发。纳尔逊研究晶体管的发明历史后认为其获得的重要结论之一是基础研究与技术开发之间的边界是模糊的（理查德·纳尔逊，2022）。

二是新产品开发运用的知识和技术有众多来源。案例表明,设计开发生产某个新产品运用的知识和技术,既包括企业之前开发生产新产品产生的知识和技术,也涉及为本次新产品开发生产开展大量实验试验形成的新知识和新技术;既可以是本行业拥有的知识和技术,还可以是其他行业已经运用的知识和技术,其来源众多。

三是基础研究支持新技术和新产品开发,仍然需要积累运用经验知识和技能(布朗温·H. 霍尔和内森·罗森博格,2017)。运用科学知识开发新技术和新产品,还是需要隐性知识和经验知识及技能配套。这是因为运用科学知识开发新技术和新产品,需要结合具体场景和条件如其使用的特定原材料零部件配套件、生产工艺等运用科学知识,需要积累结合具体情况运用科学知识的经验和诀窍与技能,需要隐性知识和经验知识与技能的支持。简单而言,运用科学知识开发新技术和新产品,也需要积累运用经验和诀窍,需要经验知识和技能的支撑。

四是基础研究支持新技术和新产品开发,并不能完全消除实验试验活动。基于科学知识开发新技术和新产品,可以更快找寻到合适的技术开发方向,可以发现更合适的技术路径。但是,这并不能在新技术和新产品开发过程中完全避免耗时长、成本高的实验试验活动。或者说,运用科学知识开发新技术和新产品,并不能由相关科学知识确定性地推断出新技术和新产品的性能,并不能一次性完全准确预测什么样的生产工艺能生产出符合要求的新产品,仍然需要在原型产品基础上通过实验试验评价其性能和不断改进,逐步开发生产达到要求的新产品。运用科学知识可以大量减少实验试验的次数,但是不能完全消除实验试验活动。

五是企业的知识和技术只有通过不断开发新产品才能积累产生。如果企业只是引进他人的生产工艺和设备,按照他人的配方进行产品生产,很难对其运用的技术深入理解,极少能产生新知识和新技术。也就是说,企业的技术和知识只能是在新产品设计开发生产过程中形成。如果企业不进行重要新产品开发,自然不会进行新技术开发,也不会推进基础研究。同时,企业设计开发生产的新产品越多,新技术和新知识的积累必然越多。

六是知识和技术积累是企业核心竞争力的主要来源。康宁公司的创新发展经验表明,技术和知识积累越深厚,其适应市场和用户需求快速开发新产品的能力必然越强,并且能形成高度的良性循环。可见,知识和技术是企业的核心资产,是企业能够积极应对市场和用户需求变化、快速应对市场竞争的关键手段,是企业核心能力的关键组成部分,是企业竞争力的核心来源。

七是加强知识管理和基础研究对企业至关重要。企业积累掌握的知识，尤其是其设计开发生产过程中形成的知识往往首先以经验知识，尤其是隐性知识存在，它依附在相关管理人员、工程技术人员和员工身上。企业加强知识管理和基础研究，将依附于相关人员的隐性知识尽可能转变为显性经验知识和科学知识，把经验知识提升为脱离特定情景和运用条件、具有更强普适性和长期有效性的科学知识，既可以减少相关人员流失带来的知识和技术损失，还可以让他人更好地学习和继承及推广运用，拓宽相关知识和技术的运用范畴，为开发具有更强新颖性和创新性的新产品和新技术提供有力支撑。

3.5 基础研究与碳纤维产业创新发展

碳纤维是极其重要的新材料，基础研究在该产业形成和发展过程中发挥了极其重要的作用。

1. 碳纤维及其产业形成与发展

碳纤维是一种含碳量95%以上的高强度、高模量新型纤维材料。它由片状石墨微晶等有机纤维沿纤维轴向方向堆砌而成，经碳化及石墨化处理得到的微晶石墨材料。它既有碳纤维的固有特性，又兼具纺织纤维的柔软可加工性，是迄今可以获得的最轻无机材料之一。碳纤维问世至今已有100多年，目前已广泛运用于体育、航空、航天、通信、建筑交通等众多领域的网球拍、飞机、航天飞机等众多产品。

由于石墨在将近4000个大气压的高压下才能熔融，故不能将其熔纺成纤维，只能通过碳化有机纤维制备碳纤维。用于碳化的有机纤维称为碳纤维的前驱体（原材料）。理论上所有含碳高分子材料均可以作为生产碳纤维的前驱体。理想的碳纤维前驱体应具有易转化为碳纤维、有较高碳产率、易工业化生产等特点。目前，以纤维素（人造丝）、聚丙烯腈（PAN）和沥青为前驱体的碳纤维已实现工业化生产，其中PAN基碳纤维用于超高强度和高温领域，约占世界碳纤维总产量的90%（刘瑞刚和徐坚，2018）。沥青基碳纤维主要满足高模量和超高导热等性能需求，如具有高强、高模、高导热和高导电等优异特性的中间相沥青基碳纤维是卫星和飞船结构以及精密罗拉等尖端装备制造不可替代的关键材料，虽然需求量很小，但不可或缺。纤维素基碳纤维产业规模很小。近年来，木质素、聚乙烯等作为碳纤维前驱体的研究也有报道，但还处于实验室研究阶段，尚未工业化。

PAN 基碳纤维的生产工艺流程长，工艺路线复杂，常用的工艺流程如图 3-3 所示，不同企业可能会根据自身生产工艺特点略有调整。在 PAN 基碳纤维制备过程中，前一步的缺陷会传递到下一步，并直至最终的碳纤维，影响产品性能。因此，需要对整个工艺流程进行综合考虑和系统优化设计，结合生产装备的具体情况，确定合适的工艺参数。

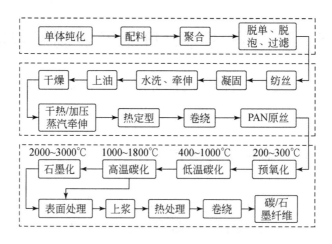

图 3-3　PAN 基碳纤维的制备流程示意

碳纤维于 19 世纪末作为白炽灯的灯丝分别由英国人和美国人发明。英国化学家、物理学家约瑟夫·威尔森·斯万爵士发明了使用碳化的细纸条作为发光体的白炽灯。由于碳纸条在空气中很容易燃烧，斯万通过把灯泡抽成真空基本解决了这一问题，1860 年发明了一盏以碳纸条为发光体的半真空电灯，也就是白炽灯的原型。但当时的真空技术不成熟，灯的寿命很短。1879 年，爱迪生将富含天然线性聚合物的椴树内皮、黄麻、马尼拉麻和大麻等定型成所需要的尺寸和形状，对其进行高温烘烤，将由连续葡萄糖单元构成的纤维素纤维碳化成碳纤维。可以说，爱迪生发明了最早的商业化碳纤维。早期的碳纤维基于天然纤维制造，几乎没有结构强力，很容易碎裂、折断，即便只作为白炽灯的发光体，耐用性也很不理想。1910 年前后钨丝替代了早期的碳纤维灯丝。之后 30 多年尽管对碳纤维的研究从未停止，但进展很小。

20 世纪 50 年代美苏冷战开始，美国急于寻找一种耐烧蚀材料用于航天飞机，耐高温、强度高的碳纤维再次进入人们的视野。20 世纪初中期粘胶和醋酯等人造纤维，聚氯乙烯、聚酰胺和聚丙烯腈等化学纤维的诞生，为碳纤维生产提供了新的前驱体。20 世纪 60 年代和 70 年代，美国联合碳化物公司发明了商业化制造高模量人造纤维基和沥青基碳纤维生产技术，为美国成为碳纤维制造强国奠定了基础。然而，虽然 PAN 纤维诞生于美国，这本应是美国研发高性能 PAN 基碳纤维的优势，但由于过度关注人造纤维基碳纤维，错过了 PAN 基碳纤维的发展机遇。

日本碳纤维研发始于 1959 年，当年 5 月 29 日《日刊工业新闻》刊登了一则有关美国人造纤维基碳纤维制造技术进展的简讯，引发通产省大阪工业技术试验所进藤昭男的兴趣（纺织导报官微，2018）。他立即启动其研究，当年即发现相比人造纤维，PAN 纤维更适合作为碳纤维的前驱体，开发了 PAN 基碳纤维生产技术（周宏，2017a）。1959 年东海碳素公司和日本碳素公司获得大阪工业技术试验所的非排他性专利授权，最先投入 PAN 基碳纤维产业化技术研究。1961 年日本东丽公司对 PAN 基碳纤维产生兴趣，采用当时刚发现的羟基丙烯腈聚合物作为前驱体研制碳纤维，取得重要突破。20 世纪 70 年代初东丽通过技术合作，获得了大阪工业技术试验所的专利授权，收购了东海碳素公司和日本碳素公司的相关生产技术，还与美国联合碳化物公司签署技术互换协议获得碳化技术。东丽通过技术合作和集成多方技术于 1971 年 2 月建成月产 1 吨级的 PAN 基碳纤维中试生产线，同年 7 月 Torayca 品牌的碳纤维上市销售，取得产业化突破。

因成本高昂，早期的高性能碳纤维主要用于军工，相关生产企业主要争取军工订单。东丽公司另辟蹊径，积极开拓高尔夫球杆、网球拍框、钓鱼竿、民用飞机等市场，1975 年东丽的碳纤维开始应用于波音 737 的次承力部件。自此，东丽与波音开始了超长期的合作。1990 年一种新的高强高模碳纤维在波音 777 飞机的主承力部件上应用。同时，东丽公司还获得了欧洲空客公司的认可。法国政府1982 年建立的碳纤维工厂 Soficar，东丽拥有 35% 的股份。1987 年，东丽的 T300 获准在空客 A320 主承力部件中应用。到 20 世纪 80 年代末期，东丽公司的 Torayca 牌碳纤维利润达到顶峰。

然而，之后日本"失去的十年"萧条到来，Torayca 牌碳纤维销售一落千丈，东丽内部甚至有人动议将碳纤维业务出售，但时任东丽株式会社会长的前田胜之助没有动摇。20 世纪 90 年代中期开始，全球碳纤维消费量每年以 15% 增长，再次迎来发展高潮，2021 年东丽仅向波音一家的销售就高达 1 万亿日元。目前，东丽正在研究 T2000 的碳纤维，展示了全球 PAN 基碳纤维产业的霸主地位。

2. 我国碳纤维产业形成与发展

2022 年是我国碳纤维产业发展具有里程碑意义的一年，国产碳纤维用量历史上首次超越进口量，在我国市场总需求量中所占比例飙升到 60.5%，比 2021 年增长 53.8%，国产碳纤维已经成为国内市场的主要来源（林刚，2023）。而且与欧美、日本等国家对比，我国碳纤维产业格局最为齐全。在航空航天军工应用领域，我国碳纤维企业基本解决了"卡脖子"问题，保障了国防军工产品生产的原料安全供应。在商用航空航天、通用航空、飞行汽车、高端体育器材、高性能热场材料等高性能工业应用领域，我国碳纤维生产企业提供了材料保障。在风电叶片、新能源汽车、轨道交通、常规体育器材、常规热场材料、新型功能材料等大丝束工业应用领域，我国碳纤维生产企业为整个工业体系升级换代提供了战略材料支撑。

我国碳纤维研发与产业发展起步不晚，几乎与日本同步。1962 年中国科学院长春应用化学所成立"聚丙烯腈基碳纤维的研制"课题组，20 世纪 70 年代初在相关实验室已突破连续化工艺，实现连续预氧化和碳化。1974 年 7 月，中国科学院山西煤炭化学研究所开始设计我国第一条碳纤维生产线，于 1976 年建成，生产的碳纤维拉伸强度为 2.8GPa，拉伸模量为 250GPa，断裂伸长率 1.5%。该中试生产线通过国家鉴定和验收后荣获 1978 年全国科技大会奖，之后整体搬迁到中国石油吉林石化公司生产碳纤维。遗憾的是，后来的研制工作缓慢向前，没有取得突破性进展。

20 世纪 70 年代，虽然国产碳纤维质量比国外差，但差距还不是很大。国防工业委员会着力推进碳纤维研发工作，先后组织了二十多家科研和企事业单位，组成原丝、碳化等五个专业组进行研究。但由于知识产权归属问题没有得到妥善解决，各部门之间的利益难以协调，进展缓慢。进入 20 世纪 80 年代中期，我国也曾尝试走引进开发之路，但均以失败告终，差距愈来愈大，而同期国外碳纤维质量大幅提高，并进入大批量生产阶段。国内 20 世纪 80 年代、90 年代和 21 世纪初，仍一直在攻坚原丝质量和批量生产技术。

进入 21 世纪，碳纤维产业发展再次引起政府相关部门的重视，我国开始大力支持碳纤维领域的自主创新。国家高技术研究发展计划（"863"计划）和国家重点基础研究发展计划（"973"计划）将碳纤维作为重点研发项目。通过努力我国已经攻克了国产 T300 级碳纤维、国产 T700 级碳纤维和国产 M40 石墨纤维的工程化和应用问题；突破了国产 T800 级碳纤维和国产 M40J 石墨纤维的关键制备技术，实现了工程化生产，主体力学性能达到东丽 T800 碳纤维和 M40J 石墨纤维水平；突破了国产 T1000 碳纤维和 M50J、M55J、M60J 石墨纤维实验室制备技术，具备了开展下一代碳纤维产业化技术开发的基础。

2022 年我国碳纤维的总需求为 74429 吨，对比 2021 年的 62379 吨，同比增长了 19.3%。其中，进口量为 29429 吨（占总需求的 39.5%，比 2021 年减少了 11.2%），国产碳纤维供应量为 45000 吨（占总需求的 60.5%，比 2021 年增长了 53.8%）。在产品应用方面，体育休闲、碳碳复材（包含耐火保温毡）、建筑、电子电气已经成为特色优势应用市场；航空航天军工及压力容器领域迅猛发展，大幅缩小了与国际先进水平的差距；风电与国际水平的差距依然较大；汽车及混配模成型因为我国新能源车的高速发展而应用潜力巨大。

总体上看，我国碳纤维产业经历了从无到有、从有到优的重要转变，部分高性能 PAN 基碳纤维生产技术已经逐渐接近日本东丽等国际领先企业的水平，基本上可以满足国防军工领域对高性能碳纤维的需求。我国碳纤维产业呈现供应和需求两旺的格局，产业发展总体呈现良好态势。

虽然我国碳纤维研发及产业发展取得了很大进步，但从全球看仍然面临诸多问题和挑战。一是产业规模大但是国际竞争力弱的问题较为显著。虽然 2022 年我国国内市场的国产碳纤维销量首次超过进口，然而已经建设的产能与世界发达国家相比还存在显著差距。最直观的反映是 2022 年我国依然是碳纤维进口大国，国产碳纤维出口寥寥无几，说明无论是性能质量还是成本上，进口碳纤维依然有强大的优势，我国产品的性价比仍然有较大差距。二是行业集中度低、高端产品产能不足、低端产品产能过剩等问题突出。目前我国碳纤维行业集中度明显较低，行业内的企业众多，绝大多数企业的产能较小。同时，产业总体技术尚不成熟稳定，产品质量及性价比相对较低，大多数碳纤维企业生产的是低端产品，有能力生产航空航天用高端产品的企业屈指可数，对外依存度达到 80%。三是不少企业缺少核心技术，关键设备依赖国外。我国企业往往依靠引进国外的生产设备和技术，且能引进的是非禁运通用型碳纤维生产装备，价格较高，还由于缺乏核心技术团队，大多数企业对进口生产装备的技术参数和性能指标缺乏消化吸收能力，生产线自动化程度和对自身碳纤维生产技术的匹配性远远落后于国外同行，生产工艺的稳定性和过程控制的一致性较差，影响了碳纤维产品的质量与稳定性。四是碳纤维产业链的配套能力尤其是应用生态链创新能力需要提升。目前，国外碳纤维企业已形成设计、制造、分析及验证、应用牵引等覆盖各个阶段系统化的碳纤维复合材料研发创新体系。我国的碳纤维复合材料设计水平还不高，应用标准体系不健全，研发及工艺支持不足，未能形成体系化、系列化的碳纤维产业链发展模式，导致碳纤维的应用领域较窄，不仅制约碳纤维复合材料在高端制品上的应用，还严重影响国产碳纤维市场的拓展和扩大。

3. 基础研究在碳纤维产业发展中的作用

100 多年来碳纤维制备技术能够取得一系列重大突破，碳纤维产品性能能够得到极大的提升，碳纤维产业能够发展成为当今重要创新型国家普遍重视的材料产业，与多个国家的科学家围绕碳纤维开展基础研究取得一系列重要发现密切相关。

碳纤维发明之后，国际上推进的第一项重要基础研究和取得的第一项重要突破是于 1956 年由美国联合碳化物公司贝肯领衔推进形成的（周宏，2017b）。贝肯在研究碳的固、液、气三相点处的温度和压力过程中发现了石墨晶须。石墨晶须直径只有人的头发的十分之一，却能弯曲和扭结而不脆断，特性令人惊奇。他研究还发现，石墨晶须是石墨聚合物，由此明确了碳纤维的基本结构，回答了碳纤维是什么和具有什么样的优异性能及其产生原因。为研发低成本、高效率生产具有石墨晶须结构和特性的高性能碳纤维生产技术指明了方向。以基础研究为支撑，20 世纪 60 年代和 70 年代，美国联合碳化物公司发明了商业化制造高模量人造纤维基碳纤维和沥青基碳纤维生产技术，为美国成为碳纤维制造强国奠定了基础。

日本碳纤维产业发展形成今天的全球霸主地位，也与其重视基础研究密切相关。通产省大阪工业技术试验所进藤昭男通过基础研究分析原材料与产品性能之间的关系，很快发现相比人造纤维，PAN 纤维更适合作为碳纤维的前驱体，成功开发了 PAN 基碳纤维生产技术（纺织导报官微，2018）。之后一段时间，进藤昭男一直把柔韧性、耐热性和导电性作为 PAN 基碳纤维的应用研究方向。1965 年，美国人珀斯特尔奈克访问大阪工业技术试验所时提醒他，PAN 基碳纤维最突出的性能应是力学强度和弹性模量。由此，日本的 PAN 基碳纤维研发转向作为先进结构材料应用，有效的产品运用领域的发现大大激发了企业的参与热情，加速了其工业化进程（周宏，2017a）。可见，日本科研机构的碳纤维研究取得了两项特别重要的基础研究成果，一是发现了特别有效的生产原料即聚丙烯腈，二是碳纤维应该充分运用的产品性能是作为先进结构材料。这些都为碳纤维产业快速发展提供了有力支撑。

当今全球碳纤维领域英国的声名并不显赫，但 20 世纪 60 年代英国皇家飞机研究中心瓦特对碳纤维及其生产技术开发作出了突出贡献（周宏，2017c）。他在美国、日本相关研究基础上，最早认识到 PAN 原丝质量对碳纤维性能具有决定性的影响；发现了 PAN 原丝在预氧化和碳化过程中的化学反应及分子结构变迁，明确了高性能 PAN 基碳纤维前驱体纤维需要的结构特性，制备出了性能优异的 PAN 前驱体纤维，生产了强度两倍于近藤昭男的碳纤维，首次制得了真正意义上的高性能 PAN 基碳纤维。

回顾历史可以发现，碳纤维产业能够取得今天的发展成就，与基础研究息息相关，密不可分。多国科研人员在碳纤维基础研究方面的接续努力，回答了碳纤维是什么以及为什么具有优异性能、用什么前驱体及其具有什么样的结构能够生产高性能碳纤维、前驱体经过氧化和碳化生产高性能碳纤维过程中的化学反应及分子结构变迁是什么、碳纤维产品可以利用的最重要特性是什么等一系列问题，为开发高性能碳纤维生产技术、充分运用碳纤维产品的独特性能提供了强有力的支持。没有基础研究成果支撑，很难开发高性能碳纤维生产技术，很难在众多行业广泛推广运用碳纤维产品。

4. 碳纤维产业创新发展特点与启示

回顾历史可以发现，全球碳纤维研发及其产业化除高度依赖于基础研究之外，还有下列特点与启示。

一是碳纤维研发与产业化是多国人员长期坚持、接续奋斗的结果。回顾历史发现，英国斯万和美国爱迪生于 19 世纪末发明碳纤维之后，20 世纪 50 年代中期美国联合碳化物公司贝肯发现了石墨晶须，明确了碳纤维的结构及其优异性能产生的原因。1959 年，日本通产省大阪工业技术试验所的近藤昭男基于美国人造丝碳纤维的研究进展，激发了其研究碳纤维的兴趣，很快找到了碳纤维生产特别合适的前驱体聚丙烯腈，开发了通过氧化和碳化生产碳纤维的技术。之后，英国皇家飞机研究中心瓦特又在美国和日本的研究基础上，于20世纪60年代中期通过研究率先认识到PAN原丝质量对碳纤维性能的决定性影响，制备出了性能优异的PAN前驱体纤维。可见，从碳纤维发明到20世纪60年代末围绕产业链构建比较完整的技术体系，是多国人员围绕产品、生产工艺和设备、原材料等持续研发、接续努力的结果。没有多国的交流和合作，碳纤维产业很难较快形成和发展。

二是重大需求是碳纤维研发与产业化的核心驱动力。斯万和爱迪生发明碳纤维，是为了找到电灯泡合适的灯丝，碳纤维的发明是需求带动的结果。碳纤维发明之后的半个多世纪，由于缺乏重大需求牵引，其研发和产业化止步不前。直到20世纪50年代，美苏冷战导致美国急于寻找用于航天飞机的耐烧蚀材料，再次引发对碳纤维的重视，美国军工需求牵引带动了对碳纤维的系统研发和产业培育，到20世纪60年代末形成了完整的碳纤维生产技术体系。如果碳纤维只运用于军工，不能拓展应用到民用领域，该产业还是很难得到较大发展。20世纪70年代初的第一次石油危机迫使波音等民用航空器制造企业寻找更轻和更高强度的结构材料以替代铝材，新的民用需求再次带动了碳纤维产业的又一轮快速发展。可见，碳纤维研发和产业化的每次重要转折和巨大进步，都是重大需求牵引带动形成的。

三是碳纤维的成功研发与产业化是众多成功企业和"先烈"共同努力的结果。目前看，碳纤维研发与产业化催生了日本东丽、东邦和三菱，美国HEXCEL和CYTEC等诸多成功者，成为当今全球碳纤维产业的领军企业。但历史也表明，日本的东海碳素公司和日本碳素公司，英国的考陶尔兹、摩根坩埚和罗尔斯-罗伊斯等，都曾积极投入碳纤维研发与产业化，但是后来有的放弃了碳纤维业务，有些被其他公司收购兼并，大量投入未能带来应有回报。尤其是英国，皇家飞机研究中心瓦特对PAN基碳纤维研发作出了开创性的重大贡献，但是当今英国的碳纤维产业几乎没有存在感。可见，碳纤维研发及产业化既催生了一批成功者，也伴生不少牺牲者和"先烈"，风险极高，其成功是他们共同努力的结果。

四是碳纤维产业发展的成功者是长期坚持、永不言弃、九死一生造就的。日本东丽公司是全球碳纤维产业的领军企业，它能成就今天的地位绝不是一帆风顺的。20世纪70年代初，其他碳纤维生产企业主要瞄准军工市场争夺美国的军工订单，东丽公司另辟蹊径，新开辟了高尔夫球杆、钓鱼竿、网球拍等体育用品领域，成为东丽碳纤维业务发展的重要支点，没有新市场的成功开拓很可能没有今天东丽公司在碳纤维产业的领先地位。虽然开辟了体育用品等领域的市场需求，但东丽的碳纤维研发投入超过 1400 亿日元，大量的研发投入使得其花费了半个世纪的经营才产生稳定的盈利，之前几乎一直处于亏损状态。如果没有对碳纤维的绝对看好，不可能在长期亏损状态下仍然坚持，也不可能有今天成功的东丽。特别是 20 世纪 80 年代之后，日本"失去的十年"萧条到来，Torayca 牌碳纤维销售一落千丈，1993 年东丽公司甚至有动议将碳纤维业务卖出，时任会长即便面临部分股东的批评，还是坚持不放弃碳纤维。可见，东丽能成就今天的全球碳纤维产业霸主地位，是长期坚持、历尽艰辛、永不言弃造就的。

五是多国之间通过许可、转让、兼并收购、互换等途径实施科技合作是碳纤维研发与产业化的关键支撑。生产高性能 PAN 基碳纤维，需要围绕产品、生产工艺和设备、原材料等构建完整的产业技术体系，仅靠单个企业的力量很难实现。日本东丽公司通过多方面的科技合作，既获得了大阪工业技术试验所的专利授权，又通过收购获得东海碳素公司和日本碳素公司的相关生产技术，还与美国联合碳化物公司通过互换前驱体 PAN 纤维技术与碳化技术获得美国的碳化技术，才支持其于 1971 年 2 月建成月产 1 吨级的 PAN 基碳纤维中试生产线。多国之间通过专利许可、转让、兼并收购、互换等方式实施科技合作，实现相关国家产业先进技术的集成运用，是碳纤维产业形成与发展的关键支撑。

六是技术追赶国家及时获取技术先进国家的前沿技术信息和加强交流合作至关重要。美国是碳纤维的发明者和产业开拓者，日本是其后来者与成功追赶者。日本能够实现后来居上，为全球碳纤维研发和产业发展做出巨大贡献，首先是1959 年 5 月 29 日《日刊工业新闻》一则介绍美国碳纤维研发进展的简讯，启发进藤昭男开始研究，揭开了日本碳纤维研发的序幕。其次是 1965 年美国人珀斯特尔奈克访问大阪工业技术试验所时提醒进藤昭男，PAN 基碳纤维最突出的性能应是力学强度和弹性模量，而不是柔韧性、耐热性和导电性，该提示引导其对PAN 基碳纤维的研发转向先进结构材料应用，大大激发了企业的参与热情，加速了工业应用进程。可见，技术追赶国家及时获取技术先进国家的前沿技术信息和加强交流合作至关重要，是其实现技术赶超、后来居上的必要支撑。

综上，碳纤维产业的创新发展历程表明，新技术和新产品开发需要加强基础研究，没有基础研究的支撑不可能有碳纤维产业的如此发展成就。同时，推进应用导向的基础研究，可以通过实验试验和生产实践先积累经验知识，再通过总结提升将经验知识上升为显性知识和科学知识，这是应用导向的基础研究的基本策略和有效途径。

3.6 本章小结

知识是人们通过实践、实验等途径对客观事物及其运动过程和规律的认识，是认知活动产生的结果。知识是描述性和解释性的，不具有规范性，它会出现事实判断而不出现价值判断，出现规律解释而不出现目的解释和功能解释。知识既包含科学知识，也涉及经验知识；既有显性知识，也有隐性知识，类型较多。

基础研究是为了揭示与自然物或人工物相关的现象和可观察事实的本质、原理和运动规律，产生新的具有普适性和能经受时间考验的科学知识，开展的实验性和理论性认知活动。它针对研究对象追问"是什么"和"为什么"两个问题。基础研究有不同的类型，既有好奇心驱动的自由探索式基础研究，也有应用导向的基础研究；既有针对自然物的基础研究，也有针对人工物的基础研究。只要是追求产生科学知识的活动都可以归类为基础研究。

技术是服务于人类利用自然和改造自然的需要，运用知识开发形成的手段和方法的总和。技术开发是将知识即描述性和解释性原理转变为手段、方法和规则的过程，是人基于知识创造手段和方法的过程。技术既有硬技术与软技术之分，也有物的技术与人的技术之别。

新产品开发生产需要运用用户需求分析技术、产品技术、生产工艺与设备技术、原材料零部件配套件技术和基础技术等多种类型的技术。技术是通过知识建构的，技术开发需要运用知识，涉及科学知识、显性经验知识和隐形经验知识。新产品开发与知识和技术密不可分，与基础研究与技术开发存在紧密联系。

基础研究可以从多方面支持新技术和新产品开发：一是支持全新技术与产品开发；二是支持已有技术与产品改进；三是帮助更准确了解技术和产品的性能及其极限；四是为开发新产品找寻更有效的技术路径；五是支持以更低成本开发新技术和新产品。新技术和新产品开发相关的基础研究涵盖新产品性能、原材料零部件配套件与产品性能之间的关系、生产工艺与产品性能之间的关系和产品性能与用户需求之间的关系等诸多方面。

基础研究支持新技术和新产品开发有显著特点：一是基础研究与新技术和新产品开发往往交替进行，是一个不断迭代的过程；二是新产品开发运用的知识和技术有众多来源；三是基础研究支持新技术和新产品开发，仍然需要积累运用经验知识和技能；四是基础研究支持新技术和新产品开发，并不能完全消除实验试验活动；五是企业的知识和技术只有通过不断开发新产品才能积累产生。

碳纤维产业的创新发展历程表明，新技术和新产品开发需要加强基础研究，没有基础研究的支撑不可能有碳纤维产业的发展成就。推进应用导向的基础研究，可以通过实验试验和生产实践先积累经验知识，再通过总结提升将经验知识上升为显性知识和科学知识。

第4章 新产品开发与后发国家产业高质量发展

产业尤其制造业是国家经济发展的基石。我国这样的处于中等收入阶段的后发国家经济发展的核心任务是着力推进产业科技创新与新产品开发，加快产业高质量发展，尽快由中等收入国家进入高收入国家行列。后发国家产业类型多样，既有传统产业也有新兴产业，既有高技术产业也有中低技术产业，推进产业高质量发展，从整体上提升产业全员劳动生产率和全要素生产率，仅仅依靠少数产业无法实现，需要揭示后发国家各类重要产业创新发展与高质量发展的可能途径。本章首先讨论产业、产业发展和产业技术、产业链和创新链等概念。然后从后发国家视角剖析通过产业提升和产业升级可以形成的各种产业发展路径，诠释通过自主品牌高档新产品、替代性新产品、颠覆性新产品和全新产品等各类新产品开发驱动各类产业创新发展与高质量发展的可能途径。考虑到一个国家的产业创新发展往往会催生若干有重要影响的产业科技创新中心，在产业高质量发展中发挥引领作用，接着介绍国际上典型产业科技创新中心的类型与特点，明确其核心特征是具有很强的世界级产品持续开发生产能力，论证以新产品尤其是世界级产品开发生产驱动后发国家产业高质量发展的有效性。最后以加强新产品开发和尽快形成世界级产品的持续开发生产能力为追求，剖析我国起重机产业的创新发展历程和高质量发展方向。

4.1 产业发展与产业技术

后发国家创新驱动产业高质量发展涉及产业、产业发展与产业技术、产业链、供应链和创新链等基本概念。

1. 产业及其分类

"产业"是介于微观企业和宏观经济组织（国民经济）之间的"集合概念"。它既是具有某种同类属性的企业经济活动的集合，又是国民经济以某一标准划分的部门（苏东水，2000）。它既不是某一企业的某些经济活动或所有活动，也不是指部分企业的某些或所有经济活动，而是指具有某种同一属性的企业经济活动的总和。一个产业可以由多个企业甚至一两个企业（例如在单独垄断和双寡头垄断的市场条件下）的同类经济活动所组成；一个企业也往往不只是从事某项单一的经济活动，可能从事多种类型的经济活动，即从事多产业（即跨行业）经营。

目前，产业经济学界对产业分类强调两个原则（刘志彪和安同良，2009）：第一，基于分析目的的不同，对产业的集合和划分形成了粗细不同的层次和划分方法，不同的划分方法当然会形成不同的结果；第二，产业的集合与划分立足于现实的可用性。因此，不同的产业分析可以采用不同的产业分类方法，并且时常难以保持产业划分和集合的前后一致。因为在实际应用中，固守理论规范的严密性，硬要保持前后一致性，可能使实际分析无法进行。

产业划分方法较为多样，常见的有如下几种：第一，以同一商品市场为单位划分产业，把所有生产同类商品或提供同种服务的企业称为某种产业，如把所有生产组装计算机的企业集合归并为计算机产业；第二，以技术、工艺的相似性为依据划分产业，如水力发电与火力发电两种活动，虽然提供的产出具有同质性，但相互间在技术及工艺上的差异很大，以此为标准可以分别表示这两种产业活动；第三，以使用生产要素的特征划分产业，如技术密集型产业、资本密集型产业、劳动密集型产业的划分具有这一特征；第四，按照产业生命周期划分产业，分为处于形成期的产业、处于成长期的产业、处于成熟期的产业和处于衰退期的产业。

迈克尔·波特（2007）按照国际化程度将产业分为本土化竞争产业和全球化竞争产业。本土化竞争产业，是指这些产业在国家间是分割的，没有跨国竞争。例如，中国、意大利、美国等各国都有银行业，但是各国银行间的竞争往往在各国国内进行，一家银行在某国的信誉、品牌、客户数量和有形资产等与其在他国的成功与否并无必然联系，其竞争优势与各国国情紧密相关。该类产业还包含零售、交通运输、生活性服务等。

全球化产业，是指企业在一个国家的竞争态势会明确影响到它在其他国家的竞争态势，反之亦然。这表明全球市场是相关企业的竞争市场，竞争优势是全球网络互动的结果。要在这类产业发展和形成竞争优势，企业需要结合在母国创造的竞争优势和全球化竞争能力，如规模经济、满足国际化客户需求的能力、全球品牌知名度等，以形成较强的国际竞争力。民用飞机、电视机、半导体、复印机、汽车和手表等是全球化产业的典型代表。

波特认为，国家竞争优势或一个国家的国际竞争力很难来自于本土化多国竞争产业。因为这类产业每个国家都有，国际贸易程度或者相当有限，或者就是根本不存在，各个国家主导当地的主体竞争规则，本土企业具有天然优势。全球化产业的情况完全相反，各国企业在全世界同场竞争，其结果直接影响国家的经济繁荣和发展。增强国家的竞争优势，尤其要提升本国重点发展的全球化产业的国际竞争力。

2. 产业发展

产业经济学理论表明，产业发展有两条基本途径：一是产业提升，即提升现有发展前景的产业，淘汰或转移落后产业；二是产业升级，即将劳动力、资本、土地等要素配置到附加值更高的产业，发展新的产业（张耀辉，2002）。产业发展过程实际上是产业结构调整和演进的过程。同时，不同国家的经济发展水平不同，直接表现为产业结构不同。一国经济发展和财富积累的过程，也是新兴产业不断出现、产业结构不断调整和演进的过程。

产业结构调整和演进是指经济发展过程中产业结构和内容的不断变化，也可以将这种变化归结为产业成长。产业结构演进始终存在，不可能停止，是经济发展的前提。没有产业结构演进，就没有经济发展。产业结构演进不仅能带动经济规模扩大，还会提高经济发展质量。

产业结构调整和演进有多种可能方式：一是产业比例变化。这种情况不涉及产业的产生和消失，只是由于一些产业的规模减小，另一些产业的规模扩大，改变了产业间的比例关系。二是新兴产业出现。这是指诞生了从来没有的产业。实际上，新兴产业必然会出现，这是因为人的需求层次的不断上升要求出现新兴产业以满足新的需求。三是传统产业的萎缩甚至消失。四是分工导致产业内部分化。分工一方面使生产更加专业化，提高资源利用率和劳动生产率，另一方面促进产生新的产业，使产业结构发生改变。

服务于人的需求层次提升发展新兴产业，对财富增长和社会发展具有特别重要的意义。一方面，发展新兴产业能够增加产品和服务的品种与数量，扩大经济规模，促进经济增长，增加人类财富；另一方面，新兴产业得以发展，实际上意味着相比传统产业，资源转化利用水平更高，一定资源下产生的附加值更大，只有这样才能把原材料、能源、资金、土地、劳动力等产业发展要素由传统产业吸引到新兴产业。因此，发展新兴产业还意味着能提升资源转化利用水平，增加一定资源消耗下可得到的附加值，改善经济发展质量。

3. 产业技术

产业技术是一个非常复杂的概念，学界对其有多种定义。归纳起来可以定义为：产业技术是服务于产业活动目的，按照技术规律支撑产业发展的相关各种技术的系统化和结构化组合与有机集成。根据该定义，产业技术有多种基本属性。

一是应用性。产业技术是应用于产业生产经营过程的技术。应用性是产业技术的历史起点，也是对产业技术进行概念解析的逻辑起点。

二是系统性。产业技术是生产特定产品或提供特定服务相关的多种技术构成的技术体系，单一、孤立的技术一般不是产业技术，只是其中的一个环节或要素。一个产业技术体系由多少种技术组成，取决于产业发展目的和生产技术水平。不同产业的技术种类和数量各不相同。例如，农业产业技术由翻耕技术、播种技术、灌溉技术、施肥技术、除草技术、收割技术、脱粒技术等组成，农业产业发展的根本目的即获得粮食是由这些技术协同作用实现的。

三是集成性。产业技术的集成性体现在多个方面：第一，产业技术是多种相关技术的有机集成，不是多种技术的简单叠加。例如，对制造业，需要产品技术与生产制造技术的有机集成，需要多个制造阶段技术的有机集成，需要产品技术与经营管理服务技术的有机集成。第二，产业技术是技术与产业发展的有机集成，产业技术应该是能有效支撑产业发展的技术，即使能运用但不能有效支撑产业发展的技术也不是有效的产业技术。

四是决定性。产业技术的应用性、系统性和集成性使得其可以渗透到产业的各个环节和要素之中，使产业和技术融为一体。这样，技术成为产业发展的核心影响因素。同时，由于这种渗透性和决定性，使产业的各个环节逐步技术化，使技术成为将产业的各个环节连接起来的链条，呈现出更典型的系统性。

产业技术包含的内容丰富，类型多样。常见的按照技术在产业中的运用领域分类，可以分为产品技术、生产工艺技术、生产经营管理服务技术和基础技术。

一是产品技术。所谓产品技术，是产业提供的产品中包含的各种技术的总和。例如，对汽车产业而言，汽车是其核心产品，该产品涉及的技术非常多样，包括发动机技术、变速技术、电子技术、钢铁和化工及纺织等材料技术。汽车产品技术性能的提升，关键是要推进这些领域的技术创新。

二是生产工艺技术。生产工艺技术是产业内生产制造产品过程中涉及的工艺技术的总和。对汽车产业而言，生产工艺技术包括整车装配技术以及发动机和变速箱等机械零部件的生产加工技术等。

三是生产经营管理服务技术。生产经营管理服务技术，是产业内围绕生产经营管理和服务提供等活动所运用的各种技术的总和。当前，信息技术的快速发展和广泛运用，使得各行各业的原材料和零部件采购、产品销售和服务以及产业内各类企业生产管理职能的履行，都广泛运用信息技术开发诸如电子商务系统、客户关系管理系统、生产运作管理系统、财务管理系统等，支撑企业生产经营管理服务职能的实现。因此，当今产业技术不仅包含产品和生产工艺技术，还涉及生产经营管理服务技术。

四是基础技术。基础技术是服务于产品技术、生产工艺技术和生产经营管理服务技术的研发和运用的技能、方法、手段和工具的某种组合或总和。基础技术不直接反映在产品以及生产工艺和生产经营管理服务过程中，但它是研发和运用这些技术所必需的基础设施。按照 Tassey 的分类（吴建南和李怀组，1998），基础技术可分为科学和工程数据、测量和测试方法、生产实践和技巧以及标准四类：①科学和工程数据。它被用于研究与开发、生产控制和市场交易的促进。例如，对化工、制药、发电等连续生产过程系统而言，生产控制和市场交易规则尤为重要，因为价值几十亿元的产品看不见、摸不着地通过管道、电缆等从卖者转给买者，没有控制和市场交易规则的支撑是很难高效低成本实现的。②测量和测试方法。它是实施研发、监控和进行市场交易的基本条件。例如，对于复杂产品光纤，其性能测试涉及六到七个指标，产品销售时必须达到这些指标要求。③生产实践和技巧。如用于理解生产参数之间关系的工艺模型，它们的使用能使生产过程的设计和控制更为有效。④标准。允许实物和功能性部件可以与制造系统和服务系统有效结合。如标准为小企业提供进入市场的渠道，使其单个生产的部件能够适应并提供给大的技术系统。

4. 产业链、供应链与创新链

当前产业发展高度专业化分工，任何企业开发生产全新产品或改进已有产品仅依靠自身力量很难实现，需要与上下游企业紧密合作建立产业链、供应链和创新链。

产业链是产品生产高度专业化分工的结果。因此，产业链是在产品生产高度专业化分工背景下，某类产品生产制造过程中通过专业化分工和协作构成的从原材料到零部件（元器件）再到产品和用户等构成的生产、销售和使用链条，反映该类产品生产的专业化分工状况。或者说，产业链是完成某类产品生产和使用，由具有投入产出联系的一系列关联产业构成的协作生产链条。从产业角度看，同一类产品如汽车、洗衣机等都具有同一种类型的专业化分工方式，也即具有同一种类型的产业链。

产品生产高度专业化和形成较长产业链之后，每个企业生产产品都需要根据其所在产业的专业化分工即产业链状况，考虑自己的有效生产组织方式，明确依靠上游供应商供应什么，为下游用户提供什么样的产品及其使用价值，基于产业链构建供应链。供应链是相关企业充分考虑所在产业的专业化分工特点及产业链现状，设计其产品的有效生产组织方式，形成的具有投入产出联系的上下游企业构成的企业链。也就是说，供应链是企业实现产品生产，具有投入产出联系的上下游企业构成的企业链。对某个产业而言，在高度专业化分工的背景下，生产同类产品的不同企业基于其资源和能力构建的供应链有可能各不相同，有些企业可能更多地利用配套企业，有些可能更多地依靠自身的开发生产能力，由此形成不同的供应链。供应链的典型结构可以用图 4-1 描述。

产业链供应链上的某个企业要开发新产品，往往既需要考虑下游用户的需要及其相互配套，也可能会牵引上一层的供应商协同开发原材料、零部件（元器件）和生产设备等。上一层供应商的原材料、零部件（元器件）和生产设备等的开发又可能牵引带动再上一层的多个供应商完成众多的开发任务。可见，产业链某个节点上的新产品开发，可能会牵引带动上下游众多层乃至全部层次上的企业配套开发。这就表明，完成新产品开发，需要产业链供应链上下游企业联动，需要围绕产业链供应链建设创新链。创新链是围绕新产品开发生产，产业链供应

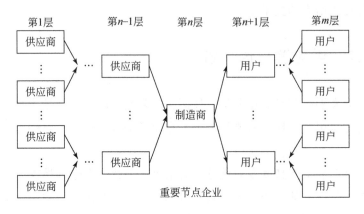

图 4-1　供应链的层次结构

链上具有投入产出联系的上下游企业的创新活动构成的紧密联系和相互配套的创新链条。

4.2　新产品开发视角后发国家创新驱动产业高质量发展路径

不管是从国家视角还是从全球角度，后发国家产业高质量发展都是一个极其重要的问题。学术界对其开展了一系列的研究，但是仍然有诸多问题没有得到有效解决，需要从新的视角进一步探索。

1. 后发国家创新驱动产业高质量发展相关研究

为提升后发国家的产业发展质量，不少学者开展了多方面的研究，一方面积极探究后发国家产业高质量发展路径，另一方面剖析创新在实现产业高质量发展中的重要作用。

1）后发国家产业高质量发展路径

早在 1995 年，Hobday（1995）总结东亚国家和地区制造业快速发展的经验，提出了从原始设备生产商（OEM）到原始设计制造商（ODM）再到原始品牌制造商（OBM）的高质量发展路径。Lee（2013）研究了韩国产业高质量发展的成功经验，认为其有跟随追赶、跨越追赶和创造追赶三种路径。曾繁华等（2016）从全球价值链治理视角研究提出了横向扩张、纵向渗透升级和跃迁三阶段的产业高质量发展路径。费洪平（2017）研究认为，我国产业高质量发展的路径应是高端化、信息化、集群化、融合化、生态化和国际化。

也有学者考虑不同类型产业发展的特点研究其高质量发展路径。徐建伟（2018）对我国纺织服装、家电制造、工业机器人和新能源汽车四个产业进行案例分析，认为传统优势部门、产业追赶部门和新兴发展部门的高质量发展路径应该不同，总结了其高质量发展的基本任务。孔令夷等（2014）从价值链视角研究了中国通信制造业高质量发展问题，提出了核心企业选择构建国际价值链的跨越式高质量发展路径和边缘企业选择嵌入全球价值链的渐进式高质量发展路径。

还有学者从服务化、绿色化、数字化和智能化等视角研究了后发国家制造业的高质量发展问题。胡查平和汪涛（2016）运用案例分析方法研究了我国制造业通过服务化战略实现高质量发展的理论模型和典型路径。孟凡生和赵刚（2018）强调传统制造业高质量发展的重要路径是实现智能制造，分析了技术创新、政策制定、信息技术等对传统制造业智能化的影响。

2）后发国家创新驱动产业高质量发展路径

不少学者聚焦于创新驱动产业高质量发展开展研究，取得了多方面的成果。

首先，有学者解析后发国家相比先发国家产业劳动生产率存在较大差距的原因，普遍认为主要是技术差距造成的（刘会政和朱光，2018）。提升产业创新能力，是实现制造业高质量发展的核心途径。

其次，也有学者对不同国家和不同产业技术创新的特点进行了研究。Radosevic 和 Yoruk（2018）运用定量指标从技术宽度、广度和交流密度三个方面进行实证分析发现，中等收入国家与高收入和低收入国家的技术升级路径均不相同，存在中等收入国家"技术陷阱"。还有学者结合产业技术来源和路径等的不同研究了不同产业技术发展轨迹上的差异，提出了供应商主导型、规模密集型、基于科学型、信息密集型和专业化供应商型五种不同的产业技术轨迹（乔·蒂德和约翰·贝赞特，2012）。这些研究说明要充分考虑后发国家的国情和各类产业的特点，采用不同的创新驱动发展路径。

再次，还有学者研究了创新驱动后发国家产业高质量发展的路径。姜红和陆晓芳（2010）通过实证分析将我国 42 个产业部门划分为四种类型，得出了不同类型产业应分别采用跨越发展模式、提升发展模式、联合攻关发展模式和资源整合发展模式等不同的创新模式。苏敬勤和洪勇（2009）研究了追赶战略下后发国家制造业的四条技术能力提升路径，分别是同轨道跟随型、同轨道差异型、异轨道崛起型和后轨道创造型。高启明（2017）研究了创新驱动我国通用航空制造业高质量发展的路径，提出了基于技术路线、基于市场路线和基于全产业链创新三条路径。蔡瑞林等（2014）研究了低成本创新驱动制造业高端化的路径，认为低成本创新是全要素创新、全时空创新、全员创新和全面协同的全面创新管理。程强和武笛（2015）针对传统产业研究提出了通过技术创新提升传统企业的自主创新能力、通过产业创新培育更多的新兴业态、通过合作创新延长传统产业链和通过空间创新形成特色产业园区等几种高质量发展路径。

最后，另有学者研究了后发国家制造业跨越发展的可能性和路径。Christensen（2003）通过对计算机行业的研究认为，行业新进入者通过推进低端市场或新市场颠覆性创新，可以实现产业发展的跨越和后来居上。Lee 和 Malerba（2017）对韩国存储芯片等产业的研究发现，产业颠覆性技术的存在为后发国家制造业的追赶提供了机会窗口，通过提升创新能力，后发国家可以实现后来居上，成为产业发展新的引领者。

3）现有研究的不足

虽然目前针对后发国家产业高质量发展及其创新驱动路径开展了较多的研究，但仍有明显不足。一是关于产业高质量发展路径问题，多数研究提出的路径比较宏观，缺乏针对性和操作性，很少同时充分考虑后发国家的特点和不同类型制造业的不同特征开展系统和有针对性的研究。二是关于创新驱动产业高质量发展路径问题，多数研究强调技术创新在产业高质量发展中的重要性，很少细致研究推进产业高质量发展需要的具体技术创新类型。特别是目前的研究还未能针对后发国家各种可能的产业发展路径即全路径视角研究产业高质量发展问题，也未能对产业发展路径、产业高质量发展路径和创新驱动产业高质量发展路径等几个紧密联系的问题进行系统化的研究。为此，需要充分考虑我国这样的后发国家的产业发展状况和特点，从全路径视角探寻创新驱动产业高质量发展的新路径。

2. 我国产业及其创新发展状况与阶段特征

新中国成立特别是改革开放以来我国产业及其创新发展取得了很大成就，但是仍然面临较大挑战，形成了鲜明的阶段特征（胡迟，2019）。

一是快速构建了全球最为齐全的产业体系，迅速崛起成为世界制造业中心。众所周知，我国工业化历史较短，起步于新中国成立，快速发展于改革开放之后。然而，在"后发优势"作用下，我国产业发展取得了举世瞩目的伟大成就，实现了历史性的跨越，快速建成了独立完整的现代工业体系。按照国民经济统计分类，我国制造业有 31 个大类、179 个中类和 609 个小类，是全球产业门类最齐全、产业体系最完整的国家。自 2010 年以来，我国始终保持全球制造业第一大国地位，制造业在全球的比重达到 30%，几乎等于美、日、德三国之和。

二是构建了很完整的产业链和强大的产业配套能力，众多产业规模位居全球第一。我国产业发展已形成较为完备的基础设施和配套产业体系，从低端生产到中端组装再到高端智造，从品牌、采购、营销、服务到创新升级，从资源整合到技术转换再到信息供需，产业链复合度、完整性和配套能力独步全球。得益于长期的产业高投资积累，在世界 500 种主要工业产品中，我国有四成以上产品产量位居世界第一。在产业规模和覆盖面不断扩大的同时，还牢牢把握新一轮产业变革大势，加速制造业向智能、绿色、服务方向升级，取得了很大进展。

三是产业科技创新投入越来越大成效越来越好，催生了一批国之重器。近年来我国产业科技创新投入越来越大，据统计年鉴，制造业研发投入强度从 2012 年的 0.85% 增加到 2021 年的 1.54%，规模以上工业企业新产品收入占业务收入比重从 2012 年的 11.9% 提高到 2021 年的 22.4%。大国重器亮点纷呈，"蛟龙"潜海、双龙探极、C919 试飞、"嫦娥"揽月、"北斗"组网、"九章"问世，重大标志性创新成果持续产出，个性化定制、网络化协同等新业态新模式不断涌现，引领我国制造业不断攀上新的高度。

四是关键核心技术"卡脖子"问题明显，产业发展总体上仍然处于中低端水平。纵向看，我国产业快速发展，与先发国家之间的差距持续缩小，取得了非常大的成就。但横向看，产业发展仍然面临较大挑战，尤其是关键核心技术受制于人的局面没有得到根本改变，工业"四基"瓶颈问题突出，核心零部件受制于人，关键材料依赖进口，基础配套能力不足，基础制造技术工艺落后及试验检测手段不足。以"工业母机"机床为例，2014 年我国机床产量占世界的 38%，但是高档数控机床基本要靠进口，国内产品市场占有率不足 5%，产业发展仍然处于中低端水平。工业和信息化部前部长苗圩曾表示，全球制造业已基本形成四级梯队发展格局：第一梯队是以美国为主导的全球科技创新中心；第二梯队是高端制造领域，包括欧盟、日本；第三梯队是中低端制造领域，主要是一些新兴国家；第四梯队主要是资源输出地区，包括石油输出国组织（OPEC）、非洲、拉丁美洲等国家和地区。中国现在仍然处于第三梯队，这种格局在短时间内难有根本性改变（苗圩，2016）。

五是产业劳动生产率等重要指标相比先发国家仍然有较大差距，产业发展质量仍然不高。虽然我国已经建立了相当齐全的产业体系，但由于在国际分工中仍然处于产业价值链的中低端，产业发展质量明显不高，产业劳动生产率等重要指标相比先发国家有明显差距。据世界银行的统计，2019 年美国的全员劳动生产率为 13.57 万美元/人，韩国为 6.03 万美元/人，日本为 7.56 万美元/人，英国为 8.65 万美元/人，德国为 9.07 万美元/人，我国为 1.85 万美元/人，我国的全员劳动生产率只有美国的 13.63%、韩国的 30.68%、日本的 24.47%、英国的 21.39% 和德国的 20.40%。

3. 以新产品开发带动后发国家产业高质量发展的路径

加速产业高质量发展，大幅提升产业劳动生产率和全要素生产率，是当前我国经济发展的首要任务。显然，完成如此艰巨的任务，只依靠少数产业是不行的，只有少数产业高质量发展是不够的，因为这不能在较短的时间内显著提升国家层面上的全员劳动生产率等重要经济指标，需要依靠科技创新加快传统产业、新兴产业和未来产业等各类产业的创新发展与高质量发展。这样，揭示后发国家创新驱动产业高质量发展路径，首先需要剖析后发国家各种可能的产业发展路径，然后再诠释各条产业发展路径下的创新发展和高质量发展路径，体系性回答后发国家创新驱动产业高质量发展的相关问题。

基于产业经济学，我国这样的处于中等收入阶段的后发国家产业发展有两条基本途径：一条是产业提升，即提升有发展前景的现有产业，淘汰或转移落后产业；另一条是产业升级，即将劳动力、资本、土地等要素配置到附加值更高的产业，发展新的产业。简单分析不难发现，后发国家的产业升级又可以通过多种不

同的路径实现（仲伟俊和梅姝娥，2021）：一是承接发达国家向后发国家转移的
产业；二是发展发达国家重点保护和垄断的产业；三是满足人们需求层次不断提
升的需要自主培育发展全新产业（图4-2）。

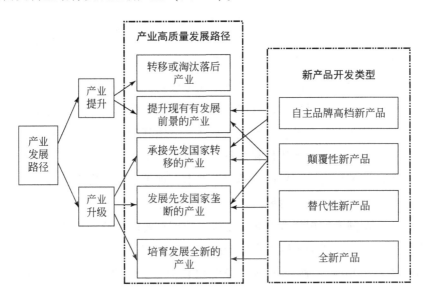

图4-2　后发国家以新产品开发带动产业高质量发展的路径

　　考虑到技术创新的本质是开发新产品，产业发展的核心也是开发生产新产
品，后发国家实现各条产业发展路径下的创新发展与高质量发展，结合借鉴美
国、德国和日本等国家的创新发展经验不难发现，后发国家产业提升和产业升级
的基本路径是依靠科技创新加强新产品开发，一方面改进现有产品，一方面开发
全新产品，使得各行各业由跟踪模仿开发生产新产品向不断开发生产世界级新产
品转变，由主要生产附加值低的中低档产品向大量生产具有垄断性的高附加值优
质高档新产品转变，尽快形成世界级产品的持续开发生产能力。或者说，积极开
发新产品是产业提升和产业升级的必由之路，是产业高质量发展有效途径。通过
对比还可以发现，积极开发自主品牌高档新产品、替代性新产品、颠覆性新产品
和全新产品，可以强有力地促进后发国家的产业提升和产业升级，加速各类产业
的高质量发展。

　　首先，对有发展前景的现有产业和承接发达国家转移的产业，当前生产的往
往是先发国家企业不太关注的中低档产品，或者是为先发国家企业配套生产的贴
牌产品、来料加工产品等，处于产业价值链中低端。实现这两类产业高质量发展

均有两条可能途径：一条途径是通过科技创新推进目前生产的中低档产品和贴牌产品品牌化、高档化，由主要生产中低档产品转变为大量生产自主品牌高档新产品，提升产业发展质量。韩国存储芯片（Shin，2017）、巴西支线飞机（Vértesy，2017）等产业的发展经验还表明，另一条途径是后发国家还可以利用产业颠覆性技术出现等机会积极开发颠覆性新产品，实现产业发展换道超车后来居上，由产业发展的技术追赶者转变为领先者，提升产业发展质量。

其次，对先发国家垄断发展的产业，我国成功突破高铁、华龙一号核电站等的经验表明，后发国家可以在现有产业技术基础上采用技术跟随追赶策略加速追赶，积极开发替代性新产品，打破他国垄断，迫使其大幅降低产品销售价格，降低采购成本，提升产业发展质量和效益。同时，我国程控交换机等产业的发展历程表明，后发国家也可以利用产业颠覆性技术出现等机会开发颠覆性新产品，通过换道超车实现产业高质量发展。

最后，后发国家实现产业高质量发展，特别重要的是要积极开发能够满足全新需求的全新产品，成为国际上全新产品和产业的策源地，自主培育发展新兴产业（仲伟俊等，2014），既形成新的经济增长点，又大幅提升产业发展质量和效益。

总之，后发国家积极开发自主品牌高档新产品、替代性新产品、颠覆性新产品和全新产品，可以强有力支持产业提升和产业升级，加速各类产业高质量发展。后发国家鼓励广大企业积极开发生产各类新产品，与推进产业高质量发展是完全一致的，是同一个问题的不同表现形式。同时，如果后发国家各类重要产业能够实现由主要生产附加值低的中低档产品向大量生产具有垄断性的高附加值优质高档新产品转变，形成较强的世界级产品持续开发生产能力，也即实现了产业的高质量发展。

4.3　世界级产品开发与国际产业科技创新中心建设

创新型国家的经验表明，后发国家依靠科技创新加强各种类型新产品开发，尽快形成较强的世界级产品持续开发生产能力，加速产业高质量发展，可以通过加强产业科技创新中心建设推进落实。

一般认为，全球化应使产业科技创新活动的全球分布更加分散和均衡，但现实并非如此。当今世界产业科技创新呈现高度的集聚和集群特征，形成了若干具有很强全球引领力和带动力的国际产业科技创新中心。之所以如此，是因为虽然全球化使得显性知识的传播更加容易和快捷，但没有改变更重要、更有价值的隐性知识的传播方式。隐性知识仍然难以远距离传授交流，最佳传播方式是运用同样语言和类似沟通方式、具有共同习俗与规范和价值观、相互信任的伙伴之间近距离面对面互动，这显著提升了在地理位置上相对集中推进产业科技创新的重要性。另外，知识特别是隐性知识的创造与所处的社会和制度环境密切相关，情境依赖性使得它与区域密不可分，紧密相连，也提升了产业科技创新中心建设的重要性。

相关研究还发现，目前国际上著名的产业科技创新中心可以分为两种典型建设模式：一种是存在于德国、瑞士、奥地利、北欧和日本等有计划的市场经济国家，称其为网络化建设模式；另一种是诞生于美国、英国等自由竞争市场经济体的创业型建设模式（詹·法格博格等，2009）。前者以德国巴登-符腾堡州为典型代表，后者以美国加利福尼亚州（简称加州）硅谷为代表。剖析国际著名产业科技创新中心的建设模式与特点，可以为后发国家加速产业创新发展与高质量发展带来诸多重要启示。

1. 网络化产业科技创新中心建设模式

巴登-符腾堡（Baden-Wurttemberg）州是网络化产业科技创新中心建设模式的范例。它位于德国西南部，人口和面积在德国均排第三位，是德国最富裕的地区之一，在欧盟区域创新指数排行榜上连续多年位列第一。该州拥有德国最悠久的海德堡大学等众多高校和科研院所，是戴姆勒·奔驰、保时捷、博世、奥迪、巴斯夫等国际著名创新型企业总部所在地，还是众多国际竞争力强、在细分市场上占有很高份额的科技型中小企业即"隐形冠军"的聚居地。

1）产业科技创新特点与新产品开发类型

巴登-符腾堡州主要发展的是机械、汽车、电子、化工、精密仪器等传统产业，但与其他众多国家和地区尤其是后发国家及地区发展这些产业出产的主要是中低档产品不同，该地区的广大企业普遍重视自主品牌高档新产品的开发，长期生产相关产业国际上最为优质最为高档的产品，是相关产业世界级优质高档产品的集中产出地。

同时，该地区的产业科技创新主要是以高度的精益求精精神不断改进和提升现有产品的性能和质量与用户使用体验，大量推进的是渐进性创新，促进已有先进技术的创新性运用和扩散运用，充分运用先进技术改造提升现有产业，不断增强其产品在国际高端市场的竞争力，研发在产业科技创新中的作用相对较小。

另外，该地区产业科技创新运用的知识主要来源于工作体验、经验和诀窍，基于工程经验的创新和隐性知识在产业科技创新中发挥关键作用。干中学、用中学、互动中学处于特别重要的位置。目前该地区是全球有较大影响的产业科技创新中心，在国际上引领机械、汽车、电子、化工、精密仪器等产业的发展方向。

2）区域创新体系的特点

巴登–符腾堡州能成为全球有较大影响的产业科技创新中心，与其形成了高水平的区域创新体系密切相关，该州的创新体系有如下几个方面的特点。

一是建有高质量的职业教育体系与学徒制和培训体系，能为产业提供大量技术高超并多才多艺的高素质职业技能人才。这些高技能人才甘于长期稳定在同一企业工作，在持续工作中不断积累经验和诀窍，形成了大量的隐性知识，成为企业开发生产世界级优质高档产品的关键性支撑，是产业竞争优势的核心来源。

二是科研资源丰富，该州有9所研究型大学、23所应用技术型大学、13家马普协会研究所、17家弗劳恩霍夫协会研究所，以及由12家州立研究所组成的"巴符州创新联盟"。该州政府还支持建设了一批高水平的科技创新服务机构，积极为中小企业提供优质的技术开发和技术转移服务，帮助中小企业针对市场需要解决技术难题和开发生产世界级优质高档产品，在区域创新体系建设中发挥了很重要的作用。

三是拥有组织良好的商会，在协调符合当地产业发展需要的培训计划和方案设计方面发挥领导作用。还拥有高度发达和专业化的区域性生产商协会，这些协会能从企业角度出发，引导和推进面向当今和未来用户需求的新技术和新产品开发。

四是该州的大企业较多，科技型中小企业高度发达，大中小企业之间形成了良好的相互配套和合作网络，中小企业按照专业化分工为大企业提供高质量的零配件、元器件、原材料等的生产配套，不仅带动了自身的发展，而且也极大地支撑了大企业的持续创新发展和高质量发展。

3) 所在国的创新生态环境特点

巴登–符腾堡州能成为具有较大全球影响力的产业科技创新中心，还与德国构建了良好的鼓励创新的生态环境密切相关。

一是德国建有良好的劳动力市场，形成了良好的劳资关系，工人能参与企业的日常管理和长期的战略决策，使得企业与员工之间形成了长期稳定的雇佣关系。这样既提升了企业持续积极培训员工和加强人力资源开发的积极性，又使得企业能高效管理和充分利用广大员工运用基于工程经验的创新，通过干中学、用中学、互动中学积累形成的隐性知识，大量生产世界级优质高档产品。

二是德国通过构建集体性的劳资谈判系统使得行业与行业之间、企业与企业之间的工资和福利待遇差距较小，强有力地引导广大企业主要实施产品差异化而非低价格发展战略，依靠创新和产品质量而非低价赢得竞争优势。

三是德国很注意均衡不同领域人员的社会地位和发展机会，优质高职院校的地位超过一般本科高校，优秀高技能人才也有很好的社会地位和发展前景。这样的社会环境引导和支持人们积极从事自己真正喜欢和擅长的工作，充分挖掘人才的潜能。同时，还使得各行各业都能吸引到优秀人才，优质人才在全社会的分布更加科学合理，人力资本得到更加高效的利用。

四是德国有良好的资本市场结构，积极发展耐心资本，鼓励企业追求长期而非短期利益，促进企业注重长远和可持续发展，注重长期稳定雇佣员工，保障企业具有持续竞争优势。

2. 创业型产业科技创新中心建设模式

硅谷是高技术企业云集的加州圣塔克拉拉谷的别称，其建设的是国际著名的创业型产业科技创新中心。它伴随着微电子和信息技术高速发展逐步发展形成，以附近一些具有雄厚科研力量的一流大学如斯坦福大学、加州大学伯克利分校等为依托，以中小型高技术企业群为基础，以惠普、英特尔、苹果、思科、朗讯等大公司为标志，融科学、技术、生产为一体，成为美国乃至世界高新技术及其产业发展的重要摇篮。

1）产业科技创新特点与新产品开发类型

与巴登–符腾堡州主要发展的是传统产业不同，硅谷重点发展的是电子信息、生物、空间、海洋、新能源、新材料等新兴产业，是全球重要新兴产业的主要策源地，在国际上引领新兴产业的发展方向。

同时，该地区产业科技创新特别重视开发颠覆性新产品和全新产品，不断催生晶体管、集成电路、智能手机、GPU 芯片、ChatGPT 等能改变人类生产和生活方式的世界级新产品，是全球世界级新产品的重要乃至主要产出地。

再有，由于开发世界级新产品高度依赖于重大科学发现和原创性技术发明，基础研究和新技术开发即研发在产业科技创新中具有非常重要的地位。因此，产业科技创新的主要形态是创新创业，以创新成果为依托不断催生新产品、新企业和新业态，培育发展新兴产业。

2）区域创新体系的特点

硅谷能成为美国乃至全世界最著名和最有影响力的产业科技创新中心，与硅谷形成的区域创新体系密切相关。

一是开发世界级新产品和发展新兴产业依赖于风险投资、企业家、科学家、市场需求和企业孵化器等众多相关要素的强力支撑，依赖于这些要素之间的紧密联系和良性互动，硅谷在这方面堪称典范，构建起了高水平的"风险投资驱动型"的区域创新体系，成为硅谷形成和发展的基础。

二是硅谷及其周边地区云集了斯坦福大学、加州大学伯克利分校、圣塔克拉拉大学、圣何塞州立大学、加州大学圣塔克鲁斯分校、劳伦斯伯克利国家实验室等众多高水平的大学和研究机构，这些高校和科研机构开展世界一流的研发活动，为硅谷源源不断产出世界级新产品奠定了坚实的基础。

三是加州硅谷形成了良好的支持创新创业的环境，吸引的风险投资占全美风险投资总额的三分之一。这些风险投资勇于冒很大风险大量持续投资重大原创性科技创新成果研发与产业化，而不是急于赚快钱，成为硅谷能持续推出世界级新产品的有力支撑。

四是区域内具有良好的生活环境和品质，对全球顶尖创新人才有很强的吸引力，集结了大批美国各地和世界各国的拔尖创新人才。

3）所在国的创新生态环境特点

创新领域的相关研究认为，硅谷能在美国出现和发展，与美国构建了良好的创新创业生态环境密切相关。

一是美国科技创新制度环境优，对基础研究高度重视，高校和科研院所能够长期大量投入坚持开展高水平的研发活动，原始创新能力强，引领性科技成果多，为硅谷的形成和发展奠定了良好的科技基础。

二是美国建立了高度规范和自由的市场经济体制，拔尖创新人才能够自由流动，风险资本市场高度发达，能够充分发挥各类人才的智慧和作用，为硅谷的形成和发展提供了关键性的人才和资金等高端要素保障。

三是美国企业的科技创新能力强，并与高校和科研院所之间建立了紧密的联系，形成了良好的互动关系，能实现高校和科研院所的新知识和新技术向企业与产业的快速高效转移，多方高效协同强有力地支持其产业科技创新中心建设。

3. 不同产业科技创新中心建设模式比较

分析德国巴登-符腾堡州、美国加州硅谷等国际著名产业科技创新中心的建设模式可以发现，它们既有共性特征，又各具特色，后发国家应因地制宜推进产业科技创新中心建设，带动新产品尤其是世界级产品开发生产，加速产业创新发展高质量。

1）产业科技创新中心的共性特征

一是具有很强的世界级产品持续开发生产能力。分析巴登-符腾堡州、硅谷等著名产业科技创新中心，它们的核心特征是都具有很强的世界级产品持续开发生产能力，要么能不断开发生产世界级优质高档产品，要么能持续开发生产世界级新产品，成为全球相关产业高质量发展的标杆，引领产业发展方向。

二是具有很强国际竞争力的创新型名牌企业多。巴登-符腾堡州和硅谷都集聚了一批既有很强自主创新能力又有很强国际竞争力的名牌企业，如巴登-符腾堡州的戴姆勒·奔驰、博世、巴斯夫等，硅谷的惠普、英特尔、苹果等。这些企业普遍实施差异化高档化产品发展战略，具有很强的世界级产品持续开发生产能力，占据国际高端市场，具有很强的赢利能力，形成显著的竞争优势。

三是对高端创新要素吸引力强。巴登-符腾堡州和硅谷都形成了紧密结合产业创新发展需要的良好创新环境，对高层次创新人才、资金等高端创新要素的吸引力极强，集聚了一批高水平的大学和科研机构。区域内最有价值的企业主要是创新型企业，最赚钱的人主要是在从事科技创新活动。

四是创新生态环境优。巴登-符腾堡州和硅谷所在的德国和美国形成了良好的劳动力市场结构和高端人才自由流动环境、激发企业以创新求发展的良好制度环境、高水平的知识产权保护环境、鼓励企业追求长远而不是短期利益科技金融服务环境等，在这样的环境下，科技创新成为企业最具比较优势的发展战略，广大企业具有强大的内生动力自觉自愿开展各类科技创新活动，积极实施差异化高档化产品发展战略。

五是产业劳动生产率和经济发展水平高。巴登-符腾堡州和硅谷均具有较高的产业劳动生产率和经济发展水平。从全球看，巴登-符腾堡州和加州都属于全员劳动生产率和经济发展水平最高、民众最富裕的地区。

2) 不同类型产业科技创新中心的区别

一是新产品开发生产的主要类型与重点发展的产业明显不同。巴登-符腾堡州重点开发生产的是世界级优质高档产品，主要发展的是机械、汽车、电子、化学、精密仪器等传统产业。硅谷具有很强的世界级新产品持续开发生产能力，重点发展的是电子信息、生物、新材料、新能源等新兴产业。

二是产业科技创新的重点不同。由于巴登-符腾堡州重点开发生产的是世界级优质高档产品，产业科技创新的重点是通过渐进性创新及基于工程经验的创新不断改进现有产品和生产工艺，干中学、用中学、互动中学过程中积累形成的隐性知识处于很重要的地位。硅谷产业科技创新主要依赖于重要科学发现和原创性技术发明以开发全新产品，研发处于特别重要的位置。

三是所在区域创新体系的特点明显不同。巴登-符腾堡州的产业科技创新，特别依赖于该州建有高质量的职业教育与培训体系和高技能人才，有高水平的行业组织和高度协作的企业网络。硅谷的产业科技创新主要依靠高校和科研院所能不断产出重大科学发现和原创性技术发明，拥有高度发达的风险投资与创新创业管理咨询等服务。

四是所在国的创新生态环境显著不同。德国创新生态环境的特点是建有良好的劳动力市场支持企业与员工形成长期稳定的雇佣关系，通过制度保障行业之间、企业之间工资和福利水平差距较小，引导企业依靠创新而非低价竞争提升市场竞争力和可持续发展能力，有良好的资本市场鼓励企业追求长期而非短期利益。美国的特点是国家及众多社会组织对基础科学研究高度重视和大量投入，保障高层次人才能够自由流动，风险投资市场高度发达，企业与高校和科研院所之间建立良性互动与紧密合作的关系。

4. 产业科技创新中心建设对后发国家产业创新发展的启示

巴登-符腾堡州、硅谷等国际著名产业科技创新中心建设，充分论证了以新产品尤其是世界级产品开发生产推进产业高质量发展的可行性和有效性，也阐释了创新驱动产业高质量发展的关键着力点应该是开发生产新产品尤其是世界级产品。这对后发国家加强新产品开发、加速产业创新发展和高质量发展带来多方面的启示。

第一，后发国家积极推进产业科技创新中心建设，以创新集群激发广大企业科技创新内生动力，大力实施差异化高档化产品发展战略，是加速产业创新发展与高质量发展的有效途径。

第二，国际著名产业科技创新中心的核心标志是具有很强的世界级产品持续开发生产能力。这样，后发国家推进科技创新与产业创新深度融合，加速产业创新发展与高质量发展，发展新质生产力，突破"中等收入陷阱"，应通过加强产业科技创新中心建设，促进广大企业积极开发生产自主品牌高档新产品、替代性新产品、颠覆性新产品和全新产品等各类新产品，尽快形成世界级产品的持续开发生产能力。

第三，国际著名产业科技创新中心的建设经验表明，后发国家或其若干产业科技创新中心形成了较强的世界级产品持续开发生产能力，就会实现产业创新发展和高质量发展，大幅提升产业全员劳动生产率和全要素生产率。

第四，后发国家以产业科技创新中心建设加速产业创新发展与高质量发展，既可以通过积极开发自主品牌高档新产品、加快形成世界级优质高档产品的持续开发生产能力达成，也可以通过着力开发颠覆性新产品和全新产品、尽快形成世界级新产品的持续开发生产能力实现。后发国家应充分考虑其产业发展基础，因地制宜选择合适的产业创新发展和高质量发展路径。

第五，巴登-符腾堡州的成功实践还展示，广泛而持续推进基于工程经验的创新和渐进性创新，着力开发自主品牌高档新产品，不断改造提升传统产业，形成强大的世界级优质高档产品持续开发生产能力，也可以有效带动产业创新发展和高质量发展。后发国家以产业科技创新中心建设加速产业创新发展与高质量发展，应切实关注基于工程经验的创新和渐进性创新等的战略性作用，应高度重视鼓励广大企业广泛而积极开发生产自主品牌高档新产品的基础性作用。

第六，巴登-符腾堡州与硅谷的经验还表明，不同类型产业科技创新中心建设需要的政策、制度与文化环境等不尽相同。后发国家以产业科技创新中心建设加速产业创新发展与高质量发展，需要充分考虑不同建设模式的特点及要求构建相适应的国家与区域创新体系，营造相配套的创新生态环境。

4.4 我国起重机产业的创新发展历程与特点及举措

工程机械作为装备制造业的重要组成部分，在制造业和实体经济发展中具有举足轻重的地位。2022年6月全球最权威的工程机械信息提供商英国KHL集团发布2021年"工程机械制造商榜单"，我国工程机械产业销售额已占全球总销售额的24.2%，超过美国的22.9%和日本的21.2%，成为全球工程机械产业规模最大的国家。同时，国产工程机械国内市场满足率提升到96%（刘戴娟，2023），达到很高水平。在工程机械产业的各个细分领域中，我国起重机产业的发展优势尤其明显。KHL发布的"世界最大起重机制造商"排名，徐工集团已从2019年的全球第四名强势跃升至榜首，行业骨干企业的快速发展带动我国成为全球最大的起重机生产国。

我国起重机产业在短短几十年的时间内从无到有、从小到大快速发展，取得了骄人的成绩。在此背景下，从市场-新产品-企业相结合的视角，考虑不同发展阶段开发生产新产品的特点，对我国起重机产业的创新发展进行系统分析（詹姆斯·阿特拜克，2022），具有理论和现实意义。为此，首先从产业创新、行业龙头骨干企业发展和产业发展相结合的视角系统诠释我国起重机产业的发展历程，凝练后发国家产业创新发展的路径、特点和经验，其次研判其当前和未来发展面临的挑战，最后从加强新产品开发视角提出加快我国起重机产业创新发展和高质量发展的总体思路和对策（仲伟俊等，2023）。

1. 我国起重机产业创新发展历程

起重机是指在一定范围内垂直提升和水平搬运重物的多动作起重机械，是工程机械行业的重要分支。起重机属于物料搬运机械，其工作特点是做间歇性运动，即在一个工作循环中取料、运移、卸载等动作的相应机构交替工作。起重机类型较多，包括桥式起重机、门式起重机、塔式起重机、流动式起重机、门座式起重机、升降机、缆索式起重机、桅杆式起重机、机械式停车设备等。

历史地看，起重机早已有之，初期是人力驱动、水力驱动和蒸汽机驱动。随着内燃机和电气工业的发展，以电动机和内燃机为动力装置的各种现代起重机逐步发展形成。我国起重机产业发展起步于新中国成立之后，大致经历了四个阶段。

1）仿制产品与产业形成阶段（1953～1981 年）

我国起重机产业起步于 20 世纪 50 年代（王刚，2021）。1953 年北京起重机厂通过引进和测绘进口的苏联产品，成功仿制出"少先式"轻型起重机。尽管该机存在一系列弊端，如转向与行走皆需人力，但对中国起重机行业而言还是弥补了行业空白，发挥了先锋和引领作用。1957 年底通过仿制苏联 K51 型 5 吨机械式汽车起重机，北京起重机厂又成功研制出 K32 型汽车起重机，成为我国第一家规模化生产轮式起重机的企业。我国第一台塔式起重机于 1954 年在抚顺诞生，之后逐步发展形成了抚顺重型机械厂、哈尔滨工程机械厂等 10 余家规模生产塔式起重机的企业。

进入 20 世纪 60 年代，徐州重型机械厂于 1963 年成功研制出 Q51 型 5 吨汽车起重机，1967 年与长沙建筑机械研究所联合研制 10 吨液压伸缩式汽车起重机，70 年代又生产出国内第一台液压式 QY16 吨汽车起重机，很快发展成为我国汽车起重机的四大家族之一，进入我国起重机行业骨干企业的行列。

从新中国成立到 20 世纪 80 年代，我国起重机产业发展主要依靠模仿生产苏联产品，虽然产品性能、质量和可靠性等关键指标与国际先进水平有明显差距，但是有力支撑了我国的工程建设和国防军工需要，尤其是孕育出了一批起重机骨干企业，形成了基础的起重机产业，为长远发展奠定了基础。

2）替代性新产品开发与产业加速发展阶段（1982～1999 年）

改革开放之后我国经济加速发展，工程建设规模迅速扩大，对起重机产品形成了越来越大的多层次多样化需求。当时我国起重机产业的生产能力与产品性能质量均不能满足快速增长的国内市场需求，进口欧美国家的先进起重机产品成为必然选项，国内起重机市场上很快出现了德国、日本、美国、韩国等众多外资品牌的产品，本土品牌产品面临市场和技术的双重劣势。

为应对外国企业产品的强烈竞争，抢抓国内起重机市场快速发展的机遇，1982 年开始我国本土起重机品牌企业加快了国外先进技术的合作引进步伐，以技贸结合形式从日本、美国、德国等国家引进先进生产技术和关键零部件进行组装生产，并逐步实现国产化，努力开发生产替代性新产品。同时积极推进"以市场换技术"策略，与外国企业建立合资企业以生产许可形式生产先进产品。徐州重型机械厂引进德国利勃海尔的 25 吨、50 吨全地面汽车起重机生产技术，还与利勃海尔开展联合设计，在 80 年代诞生了一批更新换代产品。

本土起重机品牌企业还积极推进兼并重组以做大做强。1989 年，由徐州重型机械厂、徐州装载机厂、徐州工程机械制造厂和徐州工程机械研究所即"三厂一所"为核心联合组建的徐工集团正式挂牌成立。徐工集团成立之后，继续加强与美国、德国、日本、瑞典等国家企业的合作与技术引进，先后成立了 12 家合资企业，通过合资学习引进国外相对成熟的先进生产技术和采购关键核心零部件，充分利用工程机械行业细分市场多、对高中低端不同层次的产品均有较大需求和市场快速扩大的特点，加强整机新产品开发，满足国外企业不太关注的国内中低端市场需求，在国内市场与国外企业错位竞争。同时，加强自主品牌新产品开发，1995 年徐工成功开发自主品牌的 160 吨全地面起重机，开始实现进口替代，赢得了较大的国内市场，带动了企业的较快发展。

众所周知，关键核心技术是企业竞争力的核心来源，通过建立合资企业"以市场换技术"学习引进国外的技术，只能引进国内先进、但在国际上不处于领先地位甚至落后的技术。然而，由于我国的产业基础薄弱，通过合资和技术学习，还是显著缩小了我国企业产品与国际先进产品的差距，有效占领了相当规模的国内中低端市场，为该产业持续发展提供了有力的支撑。

3）自主品牌新产品开发与提升产业国际竞争力阶段（2000～2012 年）

我国加入 WTO 之后，城市化进程不断加快，房地产等行业快速发展，中高端起重机产品需求迅猛扩大。尤其是 2008 年为缓解全球金融危机冲击，我国出台"四万亿"经济刺激政策，带动工程建设规模爆发式扩大，工程机械行业出现了前所未有的发展机遇。然而，当时我国企业只能生产百吨级以下的全路面起重机产品，百吨级以上市场被国外产品垄断，每年我国要进口一两百台起重机，而且当时国际上的先进企业已经在发展 500 吨、800 吨级的产品。

面对新形势，我国起重机行业的骨干企业积极主动回应，开始实施新的发展战略，尤其重视大力提升新产品自主开发能力，积极开发自主品牌新产品。2000 年徐工集团提出了"高端、高科技、高附加值和大吨位"的"三高一大"产品战略（陆芳，2021）。与此相适应，徐工集团采取多种战略举措开始走集约化、现代化、国际化大型企业集团发展之路，加快提升企业的国际竞争力。

一是加强自身研发体系建设，提升整机产品创新能力，一批中端产品实现进口替代和进入国际市场。2004 年徐工集团开始推进企业实验室建设，建成液压、结构、传动等 9 个实验室，2008 年开始构建以徐工研究院为技术研发中心、以二级公司技术研发为产品开发中心的研发体系，攻克了起重机"U"形截面吊臂、油气悬挂等关键核心技术，强有力地支撑其整机新产品开发，成功自主开发我国第一台全路面起重机，于 2004 年获机械工业部科技进步奖一等奖及"国家重点新产品"称号。之后，围绕客户需求拓展起重机产品线深度，2007 年又成功开发 QAY200 等 7 个新产品，不仅实现进口替代满足国内需求，打破国内起重机中高端市场被德国机械垄断的局面，而且实现出口。2012 年 2 月，徐工集团的"全地面起重机关键技术开发与产业化"项目获国家科技进步奖二等奖。

二是自主创新与并购国外先进技术企业并举，加强关键零部件攻关。长期以来核心零部件的开发生产能力不足是制约我国工程机械主机产品性能质量提升和产业自主发展的瓶颈。徐工集团既积极强化起重机关键零部件的自主研发生产，又致力于国际并购。通过收购荷兰 AMCA 公司的液压阀成熟生产技术，结合自身的技术积累，徐工集团进入高端液压阀制造领域，形成了液压多路阀示范生产线，突破液压油缸、液压阀等核心零部件高端技术，有力支撑徐工集团生产出 8 吨至 3000 吨全地面起重机。

三是既积极抢占国内中端市场，又大力进军国际市场。产品线深度的拓宽及其性能质量的提升不仅强有力支持我国起重机产品抢占国内中端市场，还帮助其开始大规模拓展海外市场。徐工集团 2010～2012 年先后并购 3 家欧洲企业，在欧洲年营业规模迅速超过 6 亿欧元。2014 年徐工第一个海外绿地工厂即总投资 3.5 亿美元的徐工巴西制造基地投产，很快成为巴西工程机械主流品牌，并逐步在南美全面扎根。从 1992 年出口第一台设备起，徐工坚定走国际化发展道路不动摇，海外收入从每年不足千万美元到超过 23 亿美元，逐步发展形成了 4 大海外研发中心、15 个制造基地、70 家分子公司和办事处、300 多家经销商的全球化产业布局，产品出口到 182 个国家和地区，连续 20 多年保持中国工程机械出口第一。2012 年徐工集团实现营业收入 1012 亿元，成为我国工程机械行业首家突破 1000 亿元营收的企业。

4）自主品牌高档新产品开发与产业创新发展阶段（2013 年至今）

2012 年之后受国际金融危机等多种因素的影响，全球经济复苏乏力。同时，我国对房地产行业开始实施持续调控，国内经济增速和固定资产投资增速均呈现放缓趋势，工程机械行业受到较大冲击，2011 年下半年到 2016 年上半年市场需求出现了持续 5 年的锐降期。

面对新的市场发展环境，我国起重机产业的骨干企业加强全球化研发体系建设和自主创新，积极开发满足国内外市场高端需求的独特自主品牌高档新产品，通过实施差异化竞争战略赢得市场竞争优势。2013 年徐工集团总投资 10 亿元建设的研究总院启用，以此为平台创建国家级研究实验室及工程机械综合实验场，建设南京研究院和上海、长春工程机械先进技术研究院。同时加强全球化研发体系建设，在欧洲、美国等国家建设研发中心，重点攻克核心零部件和新型主机关键技术。到 2018 年，徐工集团基本实现了 300 吨以下产品的国产化，还开发出了多项独创性新技术，生产出了一批超大吨位的世界纪录产品，如全球第一吊的4000 吨级大型履带起重机、2000 吨级大型全地面起重机和全球唯一的八轴 1200吨全地面起重机，使我国与德国、美国一起成为世界上仅有的 3 个能够自主研发制造千吨级超级移动起重机的国家。这些产品的技术性能、质量可靠性指标全面达到国际先进水平，打破了国外高端品牌产品的垄断，重塑了世界起重机行业竞争格局。徐工 4000 吨级的 XGC88000 履带起重机已投用 3 台，参与了沙特朱拜勒工业城、阿曼杜库姆炼油厂等 26 个国内外大型工程建设，累计吊装百余台千吨级以上设备，总吊重量接近 20 万吨，安全工作总时长近 1 万小时，真正成为行业最先投入使用、应用最广、技术最成熟、销量最多的 4000 吨级履带起重机。

为改变起重机行业关键核心零部件高度依赖进口的局面，加快国产替代，或者借助于徐工集团这样的整机产品企业的支持，或者通过加快配套企业的发展，我国起重机产业培育出了一批实力较强的零部件配套企业，形成了较为完整的产业配套体系与产业链供应链，有力支撑了我国起重机产业的新一轮产品创新和竞争力提升。

2016 年下半年开始我国起重机产业又迎来新一波高速增长期，2020 年相比 2016 年履带起重机销量翻了三番，汽车起重机销量翻了五番。我国起重机行业的寡头垄断格局逐步形成，徐工起重、中联重科与三一起重机占据工程起重机整机市场的份额超过 90%，行业集中度进一步提升。

综上，我国起重机产业充分利用我国经济快速发展和工程机械产品需求迅速扩大的优势，持续推进技术学习与自主品牌新产品开发生产，产业规模快速扩大，产业国际竞争力迅速提升，成为我国在全球的优势产业。

2. 我国起重机产业创新发展特点和经验

回顾新中国成立尤其是改革开放以来我国起重机产业的创新发展历程，可以发现诸多特点和经验。

1）我国起重机产业创新发展特点

总结我国起重机产业不同发展阶段的市场环境、新产品开发与技术创新模式及企业发展战略等可以发现，不同发展阶段的特点显著不同（表 4-1）。历史地看，我国起重机产业从面向开始起步的国内市场仿制苏联产品填补空白实现仿制生产起步，经过面向国内中低端市场实施技术引进开发替代性新产品实现替代生产和面向国内外市场开发自主品牌新产品实施低成本自主生产，再到面向国内外独特需求开发自主品牌高档新产品实施低成本创新生产，已经经历了四个不同的发展阶段。通过从仿制产品，实现仿制生产—开发替代性新产品，实现替代生产—开发自主品牌新产品，实现自主生产—开发自主品牌高档新产品，实现低成本创新生产，我国起重机产品实现了从只能满足国内部分需求、到大量进入国际市场、再到能够进入国内外中高端市场的转变，从只有若干家起重机生产企业，到形成配套能力较强的完整产业体系，再到成为全球规模最大的优势产业转变，取得了很大的发展成就。

表 4-1　我国起重机产业不同发展阶段的特点

阶段	第一阶段：仿制生产	第二阶段：替代生产	第三阶段：自主生产	第四阶段：创新生产
市场环境	面向开始起步的国内市场	面向规模较快扩大的国内市场	既面向快速增长的国内市场，也开始拓展国际市场	面向国内和国际中高端市场
新产品类型与发展战略	仿制产品，实现仿制生产	开发替代性新产品，实现替代生产	开发自主品牌新产品，实现自主生产	开发自主品牌高档新产品，实现低成本创新生产
产业发展	建成多家起重机生产企业	开始形成起重机产业体系	形成较为完整的产业体系，关键零部件依赖进口	形成配套相对齐全的产业体系，突破部分关键零部件核心技术
市场格局	初步满足我国工程建设和国防军工等的需要	国外品牌产品占据国内中高端市场，自主品牌产品在低端市场	在国内中低端产品市场形成较强竞争力，自主品牌产品批量出口	自主品牌产品在国际起重机中高端市场开始具有明显的竞争力
竞争策略	按计划组织产品生产和销售	低成本低价格	过得去的产品质量和低成本低价格	超大吨位等独特产品性能和较低产品价格

　　特别应该强调的是，我国能在相对较短的时间内建立较为完整和具有较强国际竞争力的起重机产业体系，很重要的是既重视技术学习引进，又高度重视自主创新，并将两者有机紧密结合。可以说，没有改革开放初期通过建立合资企业加快产品更新换代和缩小与世界先进水平的差距，没有新世纪通过收购兼并海外企业学习吸收国际上的先进技术，很难能在较短的时间内了解行业的世界前沿技术和产品，很难在较短的时间内开发生产部分性能全球领先的独特新产品。同样，如果只有技术引进不重视技术吸收和自主创新，不加强自主研发体系建设，加快建立必要的基础创新能力，也不可能形成较强的自主品牌高档新产品的开发生产能力。

2）我国起重机产业创新发展经验

回顾我国起重机产业的创新发展历程还可以发现，其成功发展有多个方面的原因和经验。

一是充分利用了我国经济快速发展带来的多层次多样化巨大市场需求优势。新中国成立尤其是改革开放之后，我国经济呈现持续加速增长态势，对起重机产品形成了多层次多样化的巨大市场需求，有力支持本土品牌起重机企业能够利用产品成本和价格低、贴近市场的优势，先从满足国外企业不太关注的低端市场起步，积累生产和创新能力，再通过技术合作和学习不断提升产品档次，积极向中高端市场攀登，持续增强自主创新能力和国际竞争力。多层次的巨大市场需求为我国起重机产业快速发展提供了他人难以企及的条件，成为强有力的支撑。

二是有效实施了既积极开展国际产业创新合作又强力支持本土企业独立自主发展的政策。历史表明，我国起重机产业发展经历了早期的仿制苏联产品，到改革开放之后通过建立合资企业学习国外先进技术加速产品更新迭代，再到新世纪我国加入 WTO 之后收购国外企业和到欧美国家建立研发中心开发自主品牌新产品等一系列的国际技术学习合作过程，国际先进技术的引进学习和消化吸收为加速我国起重机产业发展提供了不可或缺的有力支撑。在加强产业创新国际合作的同时，相关政府部门高度重视大力支持本土企业独立自主发展，努力做大做强自主品牌。2005 年 10 月 25 日，徐工集团与美国凯雷投资集团签署协议，拟出售其最优质的全资子公司徐工集团工程机械有限公司 85% 的股权。该项合作引起相关多方的高度重视，在商务部等部门的干预下，该项收购于 2008 年 7 月被终止。显然，如果徐工集团工程机械有限公司这样的行业骨干企业被外国资本控股掌控，会直接影响我国起重机产业的自主发展。

三是产业特点有力支撑了"以市场换技术"发展战略的成功实施。20 世纪 80 年代开始为引进国外先进技术加速产品更新换代，缩小与国际先进水平的巨大差距，我国众多产业实施了"以市场换技术"的发展战略，然而汽车等产业出现的结果是市场被国外品牌产品占领，但是本土企业技术创新能力并没有得到本质性的提升。显著不同的是，我国起重机产业"以市场换技术"较为成功，这既由于起重机产业骨干企业的努力，也与起重机产业的特点密切相关。起重机产业属于典型的工程机械和装备制造业，具有多品种、小批量、定制化、服务化等显著特征。同时，起重机的主要用户是各种工程施工单位而不是广大的消费者，本土企业通过引进技术生产质量过得去的产品，再利用产品成本和价格低的优势，就可以保障企业能赢得一定的市场，既实现"以市场获技术"，又提升本土企业的创新能力。

四是一批骨干企业发挥了重要的引领带动作用。理论与实践均表明，企业是产业科技创新的主体，企业家是产业创新的灵魂。任何一个国家和地区特色优势产业的发展，核心力量是企业和企业家。我国起重机产业快速发展，与徐工集团、三一重工、中联重科等行业骨干企业积极发挥引领和带动作用密不可分。在起重机产业发展过程中，徐工集团不仅在整机产品创新中发挥核心作用，开发生产出了多个独领风骚的"世界第一吊"产品，还在关键核心零部件的技术突破上有较大的作为，如徐工液压早在 2000 年就制定了零部件国产化提升和专有化研发策略，支撑主机产品取得高精度、高性能的技术领先地位，目前其产品覆盖油缸、阀、软硬管等，2020 年实现销售收入 28 亿元。还因为徐工集团，徐州集聚了一批起重机产业的上下游配套企业，让徐州成为国内最大的工程机械租赁、物流和配件基地，还吸引卡特彼勒、利勃海尔、罗特艾德等数十家外商独资、合资工程机械企业密集落户。

3. 我国起重机产业高质量发展的挑战

虽然我国起重机产业创新发展取得了骄人的成绩，但是与国际最先进水平相比仍然存在显著的差距，面临诸多挑战。

一是整机产品与国际领先水平相比仍然有显著差距，世界级优质高档产品开发生产能力明显不足，包括：产品可靠性、耐久性存在显著差距，国产产品平均无故障间隔时间和平均寿命一般是国际领先水平的一半左右；产品绿色化、宜人化方面差距明显，绝大多数产品的排放和噪声不能满足欧美高端市场严格的控制标准；产品智能化方面存在显著差距，国际领先厂商研究无人操控技术较早，目前已经有成熟的无人操控产品，而我国这方面的技术研究刚刚起步。因此，虽然近年来我国起重机产品出口快速增长，但国产品牌产品出口的主要目的地仍是"一带一路"国家尤其是东南亚国家（陈红霞和井然，2022），很难进入欧美国家的高端市场。

二是关键核心零部件自主供给能力不足的问题较为突出，直接制约产业高质量发展。目前国产起重机整机产品开发生产能力较强，但是高端液压、传动与控制等关键核心零部件与国外先进水平相比，使用寿命短等问题仍然突出，严重依赖国外品牌供应商。据测算，我国液压元器件等关键零部件的进口成本长期占制造总成本的40%以上，挖掘机配套液压件进口产品可以吃掉约70%的利润，这也诠释了工程机械行业"得零部件者得天下"这句流行语的内涵（孟醒，2021）。由于进口关键核心部件采购成本高，大大压缩了我国起重机产业整机产品的利润空间，也在很大程度上制约起重机产业的高质量发展。

三是产业国际竞争力主要来源于低成本，价格战时有发生，制约企业高质量发展。尽管我国起重机产业已经具备了较强的国际竞争力，但是其竞争优势主要来源于低成本和低价格。美国、德国、日本等国家即使采购我国的起重机整机产品和零部件，不是因为他们不能生产，而是由于我国产品的性能达到要求但是价格明显更低。反观我国，由于关键零部件不能完全自主供给，起重机产业发展欧美国家可以不要我们，但是我们离不开他们，欧美国家企业在起重机产业国际竞争中具有更强的话语权和控制力。这样，我国企业为了维持市场竞争力，需要不断降低成本和实施低价格竞争战略，经常引发行业内的价格战。价格战使得企业深受其害的同时又沉溺其中不能自拔，处于进退维谷的尴尬处境（蒋文强，2023）。这严重制约企业利润积累、创新能力提升和产品品质改进，使得我国起重机企业很难由低价格竞争战略转变为依靠优质高档产品实施差异化竞争战略，陷入"中低档产品和品牌陷阱"，难以实现转型发展和高质量发展。

四是产业链供应链整合能力明显不足，上下游企业合作创新明显不够。众多案例表明，产业链供应链上下游企业合作创新已经成为当今企业和产业国际竞争力的重要来源。在智能手机行业，苹果公司具有极其强大的产业链供应链纵向整合能力与上下游企业合作创新能力，能凭借规模和技术等优势带动配套厂商的创新能力、产品质量和品牌影响力显著提升，助推其形成长期持续的竞争优势。这使得配套企业心甘情愿与其合作创新，有的零部件供应商即使短期亏损也不愿意舍弃与苹果的合作关系（杨国庆，2018）。具有强大的产业链供应链黏性和操控性，也助推苹果从技术和产品等多个方面形成强大的产业创新力和引领力，牢牢占据行业制高点，成为其他智能手机厂商很难企及的优势。目前我国起重机产业龙头骨干企业的产业链供应链整合能力明显不强，上下游企业高水平的合作创新仍然难见，制约产业整体创新能力提升和关键零部件核心技术突破。

五是世界级新产品开发生产能力缺乏，产业发展的国际引领能力迫切需要提升。当前借助于我国大规模工程建设带来的巨大市场需求优势，对欧美国家和我国企业都能生产的同一代产品，我国起重机产业的骨干企业已经能开发生产部分性能指标实现超越的产品，如徐工集团成功开发生产出了全球第一吊的4000吨级大型履带起重机、2000吨级大型全地面起重机就是如此。然而，我国起重机企业的原创性引领性创新能力仍然不足，缺乏颠覆性新产品和全新产品等世界级新产品的开发生产能力，产业发展的国际引领能力明显不足，极少有企业能够超前洞察行业未来的发展方向，能够准确预测下一代，甚至下两代可能会占据行业主导地位的技术和产品，还是通过跟踪美国的卡特彼勒、德国的利勃海尔、日本的小松等国际著名同行企业的发展战略确定自己的发展方向，而不是国际上的同行企业看我国企业的发展方向决定自己的发展战略。这是当前我国起重机产业与欧美发达国家相比存在的最根本和最核心的差距。这样，我国起重机产业只能跟随他人前进的足迹前进，很难开发超越他人和制约他人发展的新产品，产业发展很容易受制于他人，很难在行业内完全依靠产品性能质量赢得显著的竞争优势。

4. 我国起重机产业创新发展与高质量发展举措

当前我国起重机产业已经取得很大成就，为加快高质量发展奠定了良好的基础。基于之前讨论的后发国家以新产品开发带动产业高质量发展的分析框架，未来我国起重机产业创新发展与高质量发展，一方面要围绕整机和关键零部件等继续积极开发自主品牌高档新产品，尽快形成世界级优质高档产品开发生产能力；另一方面也要着力开发颠覆性新产品和全新产品，使我国起重机产业尽快实现由主要生产中低档产品向主要生产中高档产品转变，由跟随模仿发展向原创引领发展转变。为此，可以采取如下举措加速起重机产业创新发展和高质量发展。

一是积极支持起重机产业的整机与零部件企业协同创新发展，构建良好的产业创新生态。德国、日本等国家的产业创新发展经验表明，一个国家和地区的某些产业能形成强大的国际竞争力，既需要发挥整机企业的牵引带动作用，也需要零部件企业的强有力配套支持，还需要产业链供应链上下游企业之间形成紧密合作关系，由行业龙头企业或整机企业提出创新需求，由众多零部件配套企业通过市场竞争配套参与，合力推进重大新产品开发，构建上下游和大中小企业紧密合作、均衡发展的格局。为此，可以鼓励支持行业龙头骨干企业牵头组建创新联合体，加快产业链上下游企业联动，形成整机企业引领、核心配套企业支撑、专业化平台服务的创新体系，实现关键零部件关键核心技术突破与整机产品创新协同推进，实现研发生产和使用的一体化推进。

二是引导支持起重机产业的整机和关键核心零部件生产企业由主要实施低成本低价格产品发展战略向主要实施差异化高档化产品发展战略转变。长期以来我国起重机产业在国内外市场的竞争力主要来源于产品低成本低价格，以低价格不断抢占国内和国际的中低端市场，这对产业的形成和规模扩大发挥了很重要的作用。然而，随着人力等要素价格的持续提升，我国起重机产业的低价格优势难以为继，特别是如此的发展路径很难实现产业的高质量发展，促进起重机产业的广大企业加快发展战略转变，更多地依靠创新提升产品性能、质量和独创性等赢得竞争优势，成为今后我国起重机产业发展的必然选择。为此要进一步强化企业科技创新主体地位，引导促进广大企业由普遍实施低成本低价格产品发展战略转变为主要实施差异化高档化产品发展战略。

三是强力支持起重机产品进军国际高端市场，以国际上最挑剔最先进的用户需求带动形成世界级产品开发生产能力。起重机行业是一个相对传统和较少有突破性创新的领域，产业技术创新的核心是深入挖掘用户的需求，提出最佳的技术解决方案，开发最合适的产品。这样，我国起重机产业发展不能只是针对国内的需要，也不能只是满足"一带一路"国家的需求，而应以更大的力度进军欧美国家的高端市场，直面国际上最挑剔和最先进的用户需求，努力开发生产世界级优质高档产品，尽快突破世界级新产品，提升产业在国际高端市场的竞争力。对此可以制定专门政策，对我国进入国际起重机高端市场的产品予以税收优惠、财政补贴等方面的支持。

四是支持到国外收购兼并起重机产业的隐形冠军企业。我国起重机产业的发展历程表明，封闭必然落后，对外开放和加强国际科技合作是加快产业高质量发展的必然要求。当前世界经济发展面临诸多不确定性，工程机械市场增长渐趋平稳，随着我国中高端起重机市场逐步趋向国产替代，欧美发达国家的部分企业发展会面临较大困难，会有一些零部件生产隐形冠军企业面临破产。可以积极引导我国的相关企业利用起重机产业发展的新形势，及时了解相关信息，采用非控股并购、合资企业、海外公司独立运作等灵活的方式规避国外政府的管制，收购兼并欧美国家起重机产业的隐形冠军企业，支持我国起重机产业高质量发展。

五是大力提升工程师和高技能人才的社会地位，使大批技术人才能够心无旁骛长期坚持在起重机产业技术创新。德国、日本、美国等国家的经验表明，起重机产业要能够生产在国际高端市场具有很强竞争力的优质高档产品，有一批具有诚实守信、爱岗敬业和精益求精精神的工程师和高技能人才愿意长期在起重机产业认真踏实工作极其重要。然而，目前我国起重机产业的骨干技术人才流动快、流失多、稳定性差等问题相当突出，极其不利于产业的高质量发展。可以积极借鉴德国等国家的经验，均衡不同领域人员的社会地位和收入水平，让工程师和优秀高技能人才在起重机产业工作有良好的发展前景与机会，使大批技术人才能够心无旁骛长期坚持在起重机生产企业工作。

4.5 本章小结

产业是介于微观企业和宏观经济组织（国民经济）之间的"集合"概念，它既是具有某种同类属性的企业经济活动的集合，又是国民经济以某一标准划分的部门。产业发展有两条基本途径：一条是产业提升，即提升现有发展前景好的产业，淘汰或转移落后产业；另一条是产业升级，即将劳动力、资本、土地等要素配置到附加值更高的产业，发展新的产业。

我国产业及其创新发展取得历史性成就，快速构建了全球最为齐全的产业体系，形成了很完整的产业链和强大的产业配套能力，众多产业规模位居全球第一，迅速崛起成为世界制造业中心。同时，产业科技创新投入越来越大成效越来越好，催生了一批国之重器。但是，我国绝大多数产业发展总体上仍然处于中低端水平，关键核心技术"卡脖子"问题明显，产业全员劳动生产率等重要指标相比先发国家仍然有较大差距，产业发展质量仍然不高。

推进我国这样的后发国家产业高质量发展，需要促进广大企业加强自主品牌高档新产品、替代性新产品、颠覆性新产品和全新产品等各类新产品的开发生产，尽快形成世界级产品的持续开发生产能力，实现传统产业、新兴产业和未来产业等各类产业创新发展和高质量发展。

国际著名产业科技创新中心的共性核心特征是具有较强的世界级产品持续开发生产能力，这充分说明以新产品尤其是世界级产品开发生产推进产业高质量发展是科学有效的。这样，后发国家推进科技创新与产业创新深度融合，加速产业创新发展与高质量发展，发展新质生产力，突破"中等收入陷阱"，也应该努力开发生产新产品尤其是世界级产品。同时，后发国家加速产业创新发展和高质量发展，既可以通过积极开发自主品牌高档新产品、加快形成世界级优质高档产品的持续开发生产能力达成，也可以通过着力开发颠覆性新产品和全新产品、尽快形成世界级新产品的持续开发生产能力实现，应因地制宜选择合适的发展路径。

起重机产业是重要国家普遍重视的全球性竞争产业之一，我国起重机产业在短短几十年时间内从无到有，从小到大，快速发展成为全球最大的起重机生产国，取得了骄人的成绩。然而，我国起重机产品与国际领先水平相比仍然有显著差距，尤其是世界级优质高档产品开发生产能力明显不足。加快起重机产业高质量发展，关键是相关企业要由主要实施低成本低价格产品发展战略向主要实施差异化高档化产品发展战略转变，加强新产品开发，尽快形成世界级产品的持续开发生产能力。

| 第 5 章 |　新产品开发与后发国家关键核心技术攻关

推进关键核心技术攻关，提升我国重要产业链供应链的安全稳定性，是事关国家安全和高质量发展全局的重大战略任务。为从理论上支撑我国这一重大现实问题的解决，本章首先研究关键核心技术的性质和特点及类型，揭示关键核心技术"卡脖子"问题出现的原因，审视其与科技自立自强、建立自主可控的现代化产业体系之间的关系。其次，研判我国关键核心技术攻关状况和特点，从新产品开发视角明确我国这样的后发国家的关键核心技术攻关任务，强调积极开发自主品牌高档新产品、替代性新产品、颠覆性新产品和全新产品不仅可以攻克"被卡"的关键核心技术，还能突破能"卡人"的关键核心技术，是突破关键核心技术"卡脖子"问题的有效途径。再次，诠释关键核心技术很难被模仿复制的原因，审视国际著名创新型企业能持续开发关键核心技术的缘由，揭示关键核心技术开发的特点。最后，从技术追赶视角阐述后发国家关键核心技术攻关的特点和挑战。

5.1　关键核心技术

关键核心技术是国际竞争新形势下我国这样的后发国家面临的新的产业科技创新问题，是我国提出的新的政策性概念，目前学术界的研究还处于起步阶段。为此，先借鉴已有研究和结合典型案例分析，构建关键核心技术的概念，明确其特点和类型。

1. 关键核心技术问题相关研究

目前学术界关于关键核心技术的研究相对集中在两个方面：一方面是关键核心技术的概念和特征；另一方面是关键核心技术攻关的主要障碍与策略。

关于关键核心技术的概念和特点，一些学者从技术视角进行了剖析。张羽飞和原长弘（2022）认为，关键核心技术是服务于企业技术创新的在生产或技术系统中处于核心地位并发挥关键作用的技术，由核心材料、部件、设备、工艺等组成。韩凤芹等（2021）则强调关键核心技术，一般指控制着同行业技术制高点的技术体系，具有不可替代、不易掌握、难以超越的关键核心作用。郑刚等（2023）界定关键核心技术是在一个系统、产业链中起重要作用且不可或缺的技术，具有高投入、高风险、高门槛、长周期、人才密集与颠覆性等特征。

也有学者兼顾国家间竞争角度诠释关键核心技术的概念。胡旭博和原长弘（2022）定义关键核心技术是短期内与别国存在技术差距遭受封锁打压，中长期内作为科技强国国之重器需要战略部署，能够持续维护军事、经济、科技、信息、生物以及社会等方面的安全并在技术链和产业链中起决定性作用的技术、方法与知识。余维新等（2021）定义关键核心技术是制约众多技术突破的核心技术和工艺，能够在多个行业或领域广泛应用，并对产业发展及国防安全产生影响和瓶颈制约的技术。他们还认为，关键核心技术具有科学和市场双重导向的创新特征、竞争前的技术特征和广泛应用的市场特征。

陈劲等（2020）研究认为，关键核心技术与"卡脖子"技术不是一个概念。关键核心技术是通过长期高投入的研究开发且具备关键性与独特性的技术体系。"卡脖子"技术必须具备关键核心技术的共性特征，但是长期与其他国家存在较大技术差距，且技术差距难以在短期内被缩小，技术供给方的垄断程度高，依赖国际贸易的跨国、跨链、跨企合作难以实现技术转移。在国际贸易中，一旦被实行进出口贸易封锁，该类核心技术便成为影响一国产业发展与企业创新生态系统的"卡脖子"技术。

总体上看，不同学者对关键核心技术概念的界定有诸多共同点，普遍认为其是处于核心地位、控制着产业技术制高点、很难替代与模仿和超越的技术。但是，他们之间也有明显差别，有些单纯从产业和技术视角看待，有些同时关注对国家间竞争的影响和引发的"卡脖子"问题。

有关我国重要产业关键核心技术"卡脖子"问题出现的原因及其攻关的主要障碍，相关研究认为主要包括（杜传忠和任俊慧，2020）：基础研究能力有待加强、政产学研深度融合的技术创新体系不健全、企业创新主体的自主创新能力有待提升、科技创新成果转化体制机制不健全、新型举国创新体制构建相对缓慢和对全球高端创新资源的集聚利用能力有待提升等。

面对如此多障碍，多位学者从微观和企业视角提出了关键核心技术的攻关策略。孟东晖等（2018）通过对我国汽车电控机械式自动变速箱等核心技术突破的研究发现，核心技术由三个内在单元构成，分别是功能性核心技术、性能性核心技术、可靠性核心技术，三者的"黑箱度"即突破难度依次提高，核心技术突破应遵循"功能性核心技术—性能性核心技术—可靠性核心技术"的路径。张羽飞和原长弘（2022）研究了通过产学研深度融合提升关键核心技术突破能力的路径，认为要经历"关键核心零部件研发与制造能力→关键核心技术与工艺集成创新能力→关键核心产品整机自研与制造能力→关键核心产品数字化全面创新能力"逐阶提升的过程，且该过程存在逆向促进作用。

也有学者从宏观与微观相结合的视角研究了关键核心技术的攻关策略。韩凤芹等（2021）基于创新型国家的经验研究认为，中国应以大战略观建构关键核心技术攻关的科技特区，充分发挥中国制度优势和市场优势，把市场在科技资源配置中起决定性作用和更好发挥政府作用结合起来，构建符合关键核心技术研发规律的新型举国体制。陈劲等（2020）提出，"十四五"时期我国破解"卡脖子"技术问题，需要在制度层面以新型举国体制推动整合式创新范式建构，在产业创新生态层面着重深化两个融合重构开放式创新体系，并在微观企业层面着重建设面向"卡脖子"技术联合攻关的"央企+民企"分类主导的创新共同体。杜传忠和任俊慧（2020）提出实现中国制造业关键技术创新突破的路径包括：进一步完善科技体制机制，构建产学研一体化的协同创新体制；构建新型高效的举国技术创新体制；进一步强化、提升企业自主创新能力；构建制造业关键技术创新的政策体系；增强基础研究能力，为制造业关键技术突破提供源源不断的驱动力；构建自主创新与开放创新耦合协同的制造业技术创新新体系。

目前学术界有关关键核心技术问题的研究已经取得显著进展，但仍有诸多明显不足：一是当前更多从产业视角界定关键核心技术的概念和特征，国家间竞争视角的研究明显不足。二是目前普遍认为关键核心技术与我国产业链供应链安全稳定存在紧密关系，但很少研究其具体相互关系以及此情景下的关键核心技术攻关任务。三是目前关于关键核心技术攻关策略与路径的研究，多数比较宏观，企业层和产品层的分析明显不足。同时主要基于我国的案例，对国际经验的借鉴明显不够，提出的策略和路径缺乏前瞻性和操作性。

进一步深入研究关键核心技术及其攻关策略问题，应该强调如下理念：一是应将其与国家间竞争问题相结合，为提升我国重要产业链供应链的安全稳定性服务；二是不能只依靠我国的经验，不能只研究现在怎么办，需要充分借鉴韩国等成功跨越"中等收入陷阱"国家的经验，前瞻性地研究未来新的可能突破路径；三是需要新产品视角的研究，因为企业和企业家对产品和新产品更容易理解和接受，更容易形成针对性和操作性的关键核心技术攻关策略。

2. 关键核心技术的概念和特点

已有研究充分表明，关键核心技术是一个既与全球产业发展相关，又与国家间竞争相联的概念，需要从多个视角进行界定与分析。

剖析当前我国重要产业发展缺乏的典型关键核心技术，如电子信息产业的高端芯片、高档光刻机，航空领域的大型民用飞机发动机，软件领域的工业系统软件，机械制造领域的高端数控机床、高档液压传动系统，材料领域的高端轴承钢、航空关键钢材以及基础电子化学品等，凝练它们的共性特征，可以界定：关键核心技术是重要产业发展必需、对产业技术性能改善至关重要的技术，是在全球被极少数企业垄断掌控、很难被模仿和替代的技术，是以产品形态呈现、具有高附加值的成熟技术。具体而言，关键核心技术具有如下典型特点。

一是垄断性。高端芯片、大型民用飞机发动机、高端轴承钢等典型关键核心技术均是全球少数国家的少数企业才能提供的技术，所在行业呈现独占垄断或寡头垄断格局，具有很强的垄断性。

二是不可或缺性。关键核心技术是在相当长一段时间内相关产业发展必须和无法被替代的技术，如高端芯片是手机、汽车等众多产业的必需品，具有不可或缺性和难以替代性。

三是难以模仿性。关键核心技术是企业长期积累、大量投入、不断改进逐步形成的，既包含大量的显性知识，也蕴含众多的隐性知识和技能，很难在短时间内被他人模仿复制。美国康宁公司的光纤、智能手机面板玻璃、高清显示器面板玻璃等众多关键核心技术能在行业内垄断拥有几十年（Graham and Shuldiner，2014）。

四是高价值性。关键核心技术的难以替代和模仿、高度垄断等特性决定了其具有极高的附加值，拥有企业具有很强的市场竞争力、很高的劳动生产率和利润率，相关国家如拥有较多的关键核心技术，能形成较强的产业国家竞争力。

五是动态性。任何产业的关键核心技术都不是一成不变的，当前的关键核心技术经过一段时间后往往会被越来越多的企业掌握，垄断性、难以替代和模仿性等特征不复存在，不再是关键核心技术，一般会再出现新的关键核心技术。

六是产品性。关键核心技术不是处于研发或试验阶段的技术，不是仍在实验室的技术，而是蕴含众多技术、已经得到实际运用、受到用户欢迎的成熟产品。进一步对比还可以发现，关键核心技术实际上就是重要产业发展必需的世界级产品。

综上，本质上看，关键核心技术不是通常理解的技术，而是产业发展必需、具有高度垄断性和难以替代性的世界级产品[①]。因此，企业而非高校和科研院所是关键核心技术的攻关主体。

5.2 关键核心技术"卡脖子"的缘由及其影响

产业发展规律决定了重要产业普遍存在关键核心技术，国家间的竞争使得关键核心技术成为重要竞争武器，产生关键核心技术"卡脖子"问题，并形成多种类型的"卡脖子"关键核心技术。现实还表明，关键核心技术"卡脖子"是实现高水平科技自立自强和建立自主可控的现代化产业体系的核心障碍，突破关键核心技术"卡脖子"难题与实现高水平科技自立自强和建立自主可控的现代化产业体系存在紧密的内在联系。

1. 产业发展与关键核心技术演变

全球重要产业普遍存在关键核心技术，产业技术涉及产品技术、生产工艺技术、生产经营管理服务技术和基础技术等多种类型。一系列研究表明（Christensen，2003），产业发展和技术进步呈现为 S 曲线的演变过程，在产业发展全生命周期中往往都存在关键核心技术环节与关键核心技术，但不同发展阶段的关键核心技术所在环节和特点往往不同。

根据产业发展和技术进步的 S 曲线，产业发展分为四个阶段（图 5-1）。一般而言，产业发展总是起步于开发全新产品、培育新兴产业阶段。该阶段主要推

---

① 由于关键核心技术的重要特征是产品，如无特别说明，本书中将其主要视作为产品，是具有高度垄断性的产品。

进的是产品创新，往往会形成多种基于完全不同基础技术、设计方案有很大差异但功能类似的新产品，多种基于不同基础技术的产品设计方案之间展开激烈竞争，抢占主导地位，努力成为行业的主导设计和技术标准。该阶段产品设计主导权的竞争成为关键核心环节，产品本身成为关键核心技术。赢得主导权的企业会在未来一段时间处于相对垄断地位，掌握产业发展主导权，占据强大的竞争优势地位，赢得较高利润。其他的往往会被淘汰，大量研发和创新投入付诸东流，不能产生应有回报。

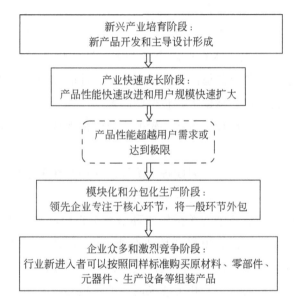

图 5-1　产业发展及其关键核心环节与技术演变过程

　　新产品主导设计确立之后，产业进入快速成长阶段。主导设计确定了产品稳定的技术架构，企业会在既定的产业技术发展方向上集中投入改进产品性能和质量。由于技术创新投入目标明确，产品技术性能和质量会得到快速提升，产业发展规模快速扩大。该阶段产品性能和质量改进是关键核心环节，成为关键核心技术，企业拥有的产品性能和质量越优，竞争优势越明显，用户规模越大，赢利能力越强。

　　通过技术创新对产品性能和质量快速改进之后有可能出现两种情况：一种是产品性能由过去不能满足用户需求到超越其要求，许多功能用户很少使用；另一种是在现有产业基础技术下产品性能已经很难有显著改进提升空间，接近技术性能极限，产业发展进入相对稳定阶段。进入该阶段后，通过改进产品性能和质量很难再为企业带来显著竞争优势，行业龙头骨干企业一方面会着力改进产品生产工艺技术与设备，努力提升产品生产效率，降低产品生产成本，生产工艺技术与设备有可能成为关键核心技术；另一方面会将产品设计和生产模块化标准化，把更多的资源投入其掌控的核心环节，将非核心业务外包，降低企业的固定资产占有，运用更专业的原材料和零部件配套厂商降低生产成本，进入主要依靠低价而不是产品性能质量赢得竞争优势的新阶段。

产业发展进入模块化和分包化阶段之后，行业进入壁垒大大下降，新进入企业可以从市场上获得相同的组件按照同样的标准组装产品，产品性能和质量的差异化很难体现，产业发展进入行业内企业众多且竞争极其激烈的阶段。在该阶段，处于关键核心环节的是能够配套提供特别优异性能和质量的产品原材料、零部件和元器件的配套厂商，帮助下游整机产品赢得显著竞争优势，拥有关键核心技术，获得丰厚利润。这也预示着新一轮的产业颠覆性技术可能会随时出现，产业发展进入下一轮循环。

归纳而言，产业发展全生命周期各个阶段往往均存在关键核心环节和关键核心技术。同时，产业发展过程还是一个产品差异化到标准化再到零部件差异化的不断演进过程，也是产业链中的关键核心环节和关键核心技术不断变化的过程。在产业培育和快速成长阶段，整机产品技术处于核心地位，成为关键核心技术；一旦产业进入标准化和模块化生产阶段，关键原材料、零部件、元器件、生产工艺和设备等成为关键核心环节，相关技术成为关键核心技术。

2. 关键核心技术 "卡脖子" 问题的缘由

现实表明，产业发展存在关键核心技术，关键核心技术是有 "国籍" 的，拥有国家都对其严格管控，可以将其作为国家间竞争的重要武器，通过限制出口等举措打击缺乏相关技术的竞争国家，阻碍其相关重要产业发展，成为 "卡脖子" 技术。可见，关键核心技术 "卡脖子" 问题是国家间将关键核心技术作为竞争武器引发的，是国家间竞争带来的。

一般而言，一个国家拥有的关键核心技术存在三种典型情形：一是拥有全部关键核心技术，即全部拥有；二是只拥有部分关键核心技术，另一部分由他国拥有，即部分拥有；三是完全缺乏，即不掌握任何关键核心技术，高度依赖他国。

审视这些不同的情形，如果一个国家拥有全部关键核心技术，毫无疑问，他国完全无法运用关键核心技术与其竞争，不可能出现"卡脖子"问题。但现实也表明，目前国际上没有任何国家能在任何重要产业垄断拥有全部关键核心技术，第一种情形现实中一般不存在。对第二种情形，若一个国家拥有部分产业关键核心技术，另一部分由别的国家掌控。这种情形下，即使别国将关键核心技术作为国家间竞争的手段，由于本国拥有竞争国家需要的关键核心技术，可以实现技术反制，形成相互制衡，他国也很难掌握竞争的主动权和形成竞争优势，很难出现明显的关键核心技术"卡脖子"问题。毫无疑问，一个国家掌握的关键核心技术越多，竞争国家拥有得越少，反制能力则越强，出现关键核心技术"卡脖子"问题的可能性也越低，即使出现带来的影响也越小。对第三种情形，如果一个国家缺乏产业关键核心技术，不拥有他国必须依赖于你的技术，一旦他国实施技术竞争和打压，必然会缺乏技术上的反制手段，产生严重的关键核心技术"卡脖子"问题。

可见，一个国家出现关键核心技术"卡脖子"问题，一方面是因为部分重要产业发展缺乏一些关键核心技术，另一方面更本质上是因为该国缺乏竞争国家必须依赖的关键核心技术，对他国的技术竞争缺乏必要的技术反制手段，不能形成你卡我脖子、我也能卡你脖子的局面，这是关键核心技术"卡脖子"问题产生的根本原因。

3. "卡脖子"关键核心技术的类型

一个国家可能的"卡脖子"关键核心技术类型众多，不同的视角可以形成多种不同的分类。

首先，从国家间竞争视角可以将其分为两类：一类是自己垄断拥有、能卡他人脖子的关键核心技术，简称"卡人"的关键核心技术；另一类是自己缺乏、他人拥有、有可能被他人"卡脖子"的关键核心技术，简称"被卡"的关键核心技术。

其次，从一个国家缺乏的关键核心技术形态分类也有两种类型：一类是"我无人有"型关键核心技术。它是指本国在该技术和产品领域仍然处于空白状态，相关技术和产品完全依赖国外。例如，我国银行必须使用的大型数据库软件是其典型代表。另一类是"我有人优"型关键核心技术。这是指本国能大量生产中低档产品，但高端产品依赖进口，成为"卡脖子"技术。如汽车、船舶等工业产品普遍需要的关键零部件高档液压传动，中低档产品我国能大量生产，但是高档产品高度依赖他国。

最后，从运用领域可以将关键核心技术分为三类：一类是主要蕴含于公共产品技术创新的关键核心技术，即公共产品关键核心技术，如原子弹、导弹等；另一类是主要运用于市场产品技术创新的关键核心技术，即市场产品关键核心技术，如家用电器等；还有一类是能同时运用于公共产品和市场产品技术创新的关键核心技术，即两用关键核心技术，如碳纤维等。

4. 关键核心技术"卡脖子"与实现高水平科技自立自强

科技自立自强是国家强盛之基、安全之要。简单分析不难发现，关键核心技术"卡脖子"是实现高水平科技自立自强的核心障碍，突破关键核心技术"卡脖子"难题是实现高水平科技自立自强的本质要求。解决关键核心技术"卡脖子"问题与实现高水平科技自立自强根本上是一致的。

科技自立自强是我国提出的一个新的政策性概念，其诞生的时间还很短，目前学术界对其概念和内涵及其推进与实现路径等的研究刚刚起步。高旭东（2023）认为，"科技自立自强"实际上包含两个既相互联系也存在重大区别的概念："科学自立自强"与"技术自立自强"。科学自立自强至少有两层含义：一是要成为科学中心，创造科学知识，为人类的进步做出应有的贡献，不能总是享受别人的科学成果；二是为技术自立自强打下科学基础，这也是当前很多人强调要大力加强基础研究的主要原因之一。技术自立自强，则是通过"自主技术创新"，掌握技术进步的主动权。也就是说，技术自立自强的核心是自主技术创新，是"以形成拥有自主知识产权的技术和产品为目的"。具体而言，就是要进行两种类型的自主技术创新：原始性创新与模仿创新。原始性创新是开发别人还没有开发出来的技术或产品；模仿创新是通过观察、分析、使用别人已经开发出来的技术或产品，消化吸收后开发出类似的或改进的、拥有自主知识产权的技术或产品。

王国强（2022）强调，科技自立自强，"自立"可理解为自主创新，国家发展的安全、可控、可持续发展；"自强"可理解为创新的高质量高水平，科技引领能力和原始创新能力的极大提升。

温军和张森（2022）认为，科技自立自强不是一蹴而就的简单过程，其可解构为相互依存、互为依归的两部分：科技自立与科技自强。根据自立与自强在科技论域中的应然语义以及已有研究成果，科技自立意含一国在关键核心科技、产业链和供应链上由受制于人到自主可控的转变过程，其表征着一国科技发展的纵向对比；科技自强则是对一国科技创新力、影响力、支撑力与把控力的集中概括，其兼具自身纵向对比与跨国横向比较之义。从联系的观点看，科技自立是科技自强的前提，科技自强是科技自立的目标和保障。

樊春良（2022）从世界科学技术的发展特别是后进国家追赶先进国家的历史归纳了科学技术自立自强的含义。在自立方面表现为：在科学技术发展的主要方面不依赖国外，在科学的主要领域有自己的理论和实验方面的贡献及代表性的科学家，广为国际科学界认可；在科学研究与教育方面形成良性的互动，主要的优秀科技人才可以自己培养，不依赖外国培养；本国的科学研究可以对国内的技术发展和创新提供支撑。在自强方面表现为：掌握自主可控的技术，技术发展与产业发展有机结合，国内的企业在全球市场有更大的立足点，实现国内产业链与全球产业链的结合。科学技术的自立自强要求科学、技术和创新成为一个相互联系和结合的体系，共同支撑国家的发展。

总体上看，学者们对科技自立自强概念和内涵的解读，主要从两个不同的视角进行。一个视角是科技，一般认为包含基础研究、技术开发和技术创新等几个方面；另一个视角是自立自强，强调既要尽快达成科技自立，也要加快实现科技自强。综合已有研究，关于科技自立自强有如下理解。

一是科技自立自强中的"科技"，涵盖基础研究、技术开发和技术创新（新产品开发）等科技创新的各个主要方面，其核心任务是推进基础研究和技术开发产生新知识与新技术，并充分利用新知识和新技术推进技术创新和新产品开发，为经济发展、社会进步和生态环境保护等提供强有力的支撑。

二是科技自立自强的核心使命是服务于国家发展，为中国式现代化建设提供有力支撑。具体而言，既要以"科技自立"尽快破解关键核心技术"卡脖子"问题，坚决打赢关键核心技术攻坚战，提升产业链供应链的安全稳定性，掌握国家安全和发展的主动权；又要以"科技自强"提升原创性引领性科技创新能力，开辟发展新领域新赛道，尽快实现高质量发展。

三是科技自立自强是把握世界大势、立足当前、着眼长远作出的重大战略部署。国际复杂环境和竞争倒逼只是加速了推进科技自立自强的进程，国内高质量发展与中国式现代化建设的需要是推进科技自立自强的主要驱动力。

四是科技自立自强不是国内纵向比较的概念，而是国际视野下横向比较的概念，是国家间竞争和增强国家竞争力视角下的概念。实现科技自立自强，根本上是要增强我国科技的国际竞争力，提升科技国际地位，建设世界科技强国。

五是加快推进高水平科技自立自强，既要强化战略科技力量（徐示波等，2022）建设，推动国家实验室、国家科研机构、高水平研究型大学和科技领军企业自觉履行高水平科技自立自强的使命担当，还必须深化科技及人才发展体制机制改革，构建支持全面创新的基础制度，营造良好创新环境，建设全球人才高地。

基于对科技自立自强概念的剖析和理解，以科技自立自强加快国家自主发展和高质量发展，支撑中国式现代化建设，核心是尽快实现科技创新从跟踪模仿型向原创引领型的战略转变，持续大量产出原创性引领性重大科技创新成果，以科学研究和技术开发强力支持关键核心技术开发，突破关键核心技术"卡脖子"难题，牢牢掌握发展主动权。

首先，实现高水平科技自立自强，需要积极推进战略导向的体系化基础研究、前沿导向的探索性基础研究、市场导向的应用性基础研究等各类基础研究工作，尽快在"科学自立自强"上走在前。具体而言，首先是要充分发挥高校和科研院所基础研究主力军作用，着力开展纯学理性的基础研究，积极开辟科学研究的新领域新方向，取得全球领先的突破性重大科学发现，深入对人类自然和客观事物及其运动过程与发展规律的认识，努力发现世界上客观存在却未知的东西，成为全球若干重要科学研究领域的引领者，为人类文明进步提供新知识，为全新技术开发提供有力支撑。同时要紧密结合产业创新发展和新产品开发与关键核心技术攻关需要，大力鼓励企业为主体开展应用导向的基础研究，围绕重要产品和关键核心技术，分析其可能的性能及其极限，诠释原材料、零部件和元器件、生产工艺和设备等与产品性能之间的关系，为高效找寻新产品的低成本优质开发生产方案，并让新产品更加适合用户的需求提供强有力的科学知识支持，从源头和底层支持新产品开发与关键核心技术突破。

其次，实现高水平科技自立自强，需要强化新技术开发，加快实现"技术自立自强"。技术类型极其多样，既包含各种工艺流程、加工方法、劳动技能和经验诀窍等，也涉及将这些流程、方法、技能和经验诀窍等付诸实现的生产工具和其他物质设备，还涵盖生产系统中所有的人、财、物资源有效组织与管理的知识经验和方法。同时，技术既可以表现为物的形态，如生产设备、测量工具、检验设备等，也可以存在于特定的人员，以经验、技巧和诀窍等形式存在；既可以是显性的，也可能是隐性的，表现形式非常多样。加强技术开发，既要重视重大原创性突破性新技术的开发，也要积极推进现有技术的持续改进和提升；既要重视有形的硬技术和"物"的技术如生产设备等的开发，也必须着力加强"人"的技术即技能的积累。这几个方面的技术相辅相成，均很重要，缺一不可。

最后，实现高水平科技自立自强，最核心的任务是充分利用基础研究和技术开发产生的新知识和新技术积极推进技术创新，突破关键核心技术"卡脖子"难题。着力开发关键核心技术，一方面要尽快攻克一批目前"被卡"的关键核心技术，支持现有产业转型升级；另一方面要积极突破一批能"卡人"的关键核心技术，开辟发展新领域新赛道，不断催生新的优质经济增长点，加快高质量发展。

综上所述，实现高水平科技自立自强，根本上是既要尽快突破一批"被卡"的关键核心技术，又要着力攻克一批能"卡人"的关键核心技术，掌握发展的主动权主导权。

5. 关键核心技术"卡脖子"与建设自主可控的现代化产业体系

解决关键核心技术"卡脖子"问题，还是建设自主可控的现代化产业体系、保障重要产业链供应链安全稳定的关键任务，它们之间也存在紧密的联系，具有高度的一致性。

"自主可控"这一概念最早伴随着信息系统安全问题的出现而提出，相近的概念还有"自主性"和"可控性"等。众多研究强调（冯登国等，2004），信息系统及其安全领域的自主可控，强调的是要实现计算机系统及其安全具有主导权和控制力，能处于主导地位，不任人摆布，不受制于人，保障技术和产品的可获得性和安全可靠使用。

将自主可控与现代化产业体系建设相结合，强调建设自主可控的现代化产业体系，是我国产业发展中提出的新问题，目前的相关研究很少。陈柳（2018）认为，现代化产业体系的自主性主要包括以下构成要素：一是国民性。产业的自主可控是以国民产业权益为主体的，控制力不能脱离国民这个主体，主要强调要使国民为主体的产业权益在国际竞争中得到保证并不受伤害。国民性主要体现为具有产业控制力的企业主体中内资所占的比重、外资的非主导作用等。二是竞争力。产业控制力依靠的是产业的国际竞争力,这种竞争力是在开放条件下基于创新技术、标准等竞争优势而形成的。可以说,一个产业没有国际竞争力,就不会有国际控制能力。三是主导权。在更高层次上,自主可控体现在对这个产业创新方向、技术路线的话语权,确保产品在较长时间内不被替代。四是安全性。自主可控是实现产业安全的基础和核心,也是实现产业安全的重要边界。一国对某一产业控制力弱化,即表示该产业的安全边界受到威胁,产业控制力的提升和实现,是维护产业安全边界和实现产业安全的重要途径。

徐康宁(2018)解读了现代化产业体系的自主可控,认为:所谓自主可控,就是在顺应经济全球化发展趋势、积极参与国际产业分工的前提下,产业在发展上可以自己做主,不受制于人;在整个产业体系中,可以根据自身发展的意志和需要在一定的范围内布局、调整与整合。在现代化产业语境中,自主可控能力的核心就是事关产业发展大局的关键技术和价值链上的自主性、可控性。

总体上看,建设自主可控的现代化产业体系,不是纯粹的产业发展问题,根本上是从国家间竞争视角看待产业发展,强调要实现事关国家安全、发展质量、民生保障等重要的产业发展不受制于人,具有较强的主导权和控制力,可以根据自身的意志和需求强有力推进产业发展,保障重要产业链供应链的安全稳定,具备较强的国际竞争力。

分析目前我国高端芯片等重要产业链供应链安全稳定面临的问题,不难发现主要是由于美国等西方国家与我国竞争,将关键核心技术作为竞争武器,引发关键核心技术"卡脖子"问题带来的。突破关键核心技术"卡脖子"问题与建设自主可控的现代化产业体系,保障重要产业链供应链的安全稳定性,具有高度的一致性,是一个问题的不同表现形式。可以说,建设自主可控的现代化产业体系,其核心就是要突破关键核心技术"卡脖子"难题。

5.3 新产品开发视角的后发国家关键核心技术攻关任务与路径

新中国成立特别是改革开放以来我国关键核心技术攻关取得了历史性的成就,形成了重大突破,但是目前关键核心技术"卡脖子"问题仍然突出,攻关任务相当艰巨，需要通过加强新产品开发带动更多关键核心技术突破。

1. 我国关键核心技术攻关状况和阶段特征

结合典型案例剖析，结合已有研究归纳总结发现，我国关键核心技术攻关取得很大成就，但是也面临诸多挑战。

一是我国部分重要领域的关键核心技术攻关取得很大成就。新中国成立尤其是改革开放以来，我国在众多领域尤其是国防军工、基础设施建设等公共产品技术创新领域取得了一批标志性重大科技创新成果，突破了"两弹一星"、超级杂交水稻、汉字激光照排、高性能计算机、三峡工程、载人航天、探月工程、移动通信、量子通信、北斗导航、载人深潜、高速铁路、航空母舰等一大批重要关键核心技术，不仅大幅提升了我国的自主创新能力，还为提升我国综合实力和国际竞争力发挥了至关重要的作用。

二是重要产业普遍存在关键核心技术"卡脖子"问题。虽然我国在全球各个国家中建立了最为齐全的工业体系，能够大量生产各类产品，但是由于广大企业生产的主要是中低档产品，高档产品尤其是世界级优质高档产品生产能力明显不足，使得不管是在机械、化工等传统产业，还是在电子信息、新材料、航空等新兴产业，关键设备、核心原材料和零部件与元器件、检测仪器、工业设计软件等高度依赖进口的格局明显存在，重要产业普遍面临关键核心技术"卡脖子"问题。

三是"我有人优"型和"我无人有"型关键核心技术不足的问题并存，前者问题更加突出。我国发展形成了门类齐全体系完整的工业体系，这使得我国的关键核心技术"卡脖子"，更多地表现为"我有人优"型关键核心技术缺乏，即中低档产品我国企业能够生产，高档产品不能供给。例如，一般的飞机发动机、集成电路芯片、液压传动系统等我国都能生产，但是高档的依然必须依赖进口。这其中，关键基础材料、基础零部件（元器件）、先进基础工艺、产业技术基础和工业基础软件（工业五基）受制于人的问题尤其突出，成为关键核心技术"卡脖子"的重灾区。

四是明显缺乏他国必须依赖、能"卡人"的关键核心技术。虽然我国重要领域科技创新取得很大成绩，但是原创性与颠覆性创新成果还很少，科技创新主体上处于跟踪模仿阶段，极少能开发颠覆性新产品和全新产品，缺乏世界级新产品的开发生产能力，使得我国极少拥有他国企业必须依赖、能"卡人"的关键核心技术，一旦别国对我国实施技术封锁、制裁和打压，极少有技术上的反制手段，处于相当被动的地位，出现关键核心技术"卡脖子"问题。

2. 后发国家关键核心技术攻关任务

关键核心技术是具有垄断性、不可或缺性、难以替代性和受到用户欢迎的世界级优质高档产品。这样，关键核心技术攻关实质上也是开发新产品，或者更具体而言，是要开发具有特殊要求的新产品。基于关键核心技术的类型及其"卡脖子"问题出现的原因，我国这样的后发国家关键核心技术攻关需要同时完成两方面的任务（图 5-2）。

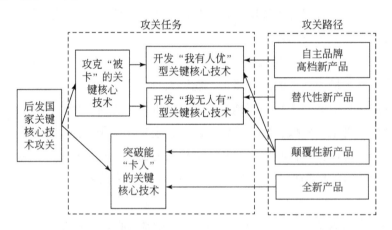

图 5-2　基于新产品开发视角的关键核心技术攻关任务与路径

首先，要在当前面临"卡脖子"问题的重要产业领域尽快攻克一批"被卡"的关键核心技术，提升重要产业链供应链的安全稳定性，保障重要产业安全发展自主发展。之前的分析表明，"被卡"的关键核心技术分为两种类型：一类是"我无人有"型关键核心技术；一类是"我有人优"型关键核心技术。突破"被卡"的关键核心技术，实际上需要同时推进"我无人有"型和"我有人优"型两类关键核心技术攻关。

其次，要着力推进原创性引领性科技创新，努力突破一批他国尤其是竞争国家必须依赖、能"卡人"的关键核心技术，开辟发展新领域新赛道，增强产业科技创新的国际竞争力，从根本上保障重要产业链供应链的安全稳定性，加速产业高质量发展。

3. 后发国家以新产品开发带动关键核心技术突破的路径

将之前讨论的各类新产品即自主品牌高档新产品、替代性新产品、颠覆性新产品和全新产品与"被卡"和"卡人"、"我无人有"和"我有人优"等各种类型的关键核心技术对比可以发现，它们之间具有紧密的联系（图 5-2），新产品开发可以带动各类关键核心技术突破（仲伟俊等，2022a）。

首先，世界级优质高档产品与"我有人优"型关键核心技术具有高度的一致性，它是通过开发自主品牌高档新产品达成的。这样，开发自主品牌高档新产品，并使其成为世界级优质高档产品，可以带动"我有人优"型关键核心技术突破。或者说，开发自主品牌高档新产品，是突破"我有人优"型关键核心技术的必由之路。

其次，替代性新产品是之前由他国垄断供给、本国不能生产和缺乏的产品，它与"我无人有"型关键核心技术是一致的。显然，开发替代性新产品，可以打破他国垄断，能够直接带动"我无人有"型关键核心技术突破。

再次，颠覆性新产品是能够颠覆之前已有产业基础技术和产品、使其失去价值的产品。开发颠覆性新产品，不仅可使得相关产业之前的"我有人优"型或"我无人有"型关键核心技术与产品失去价值，突破"被卡"的关键核心技术，还由于颠覆性新产品会成为新的行业主导产品，引领产业新的发展方向，有可能成为能"卡人"的关键核心技术。

最后，开发满足全新需求的全新产品，成为众多国家高度重视和需要发展的新兴产业的策源地与主导者，由于其先发优势和率先掌控产业关键核心技术，也可能形成能"卡人"的关键核心技术。

综上，虽然开发自主品牌高档新产品、替代性新产品、颠覆性新产品和全新产品等各类新产品不一定都能带动关键核心技术突破，但是突破关键核心技术必须积极开发这些新产品。或者说，努力开发自主品牌高档新产品、替代性新产品、颠覆性新产品和全新产品等各类新产品，尽快形成世界级产品的持续开发生产能力，是突破产业关键核心技术的必由之路。

5.4 关键核心技术的知识与技术构成及开发特点

为什么关键核心技术能在行业内长期处于垄断地位，后发国家企业很难模仿？为什么康宁公司这样的创新型企业能持续不断开发关键核心技术？是后发国家突破关键核心技术"卡脖子"难题必须分析的问题。现以康宁公司的电视显像管玻壳开发为例，通过剖析关键核心技术的知识和技术构成，揭示其很难被模仿的缘由，诠释一些企业能持续不断开发关键核心技术的原因，剖析关键核心技术开发的特点。

1. 康宁公司的电视显像管玻壳开发

20 世纪 30 年代电视机诞生初期，电视显像管玻壳是采用金属还是玻璃一直存在竞争。康宁公司一直坚持开发全玻璃电视显像管玻壳，但是遇到美国无线电公司的强有力竞争。1948 年美国无线电公司提出了玻璃–金属混合电视显像管设计方案，它由一个金属漏斗部件与一个玻璃荧光屏连接而成。通过提供金属漏斗部件的一揽子技术解决方案，连同强有力的技术支持，美国无线电公司说服众多电视机生产企业采用这种技术，在市场竞争中占据了有利地位。

随着电视机技术的不断发展，两种电视显像管产品的不同特点逐渐显现。相比玻璃电视显像管，玻璃–金属混合电视显像管采用薄的金属漏斗部件，更轻更易制造更便宜，但是存在明显的电子干扰问题，这是金属材料固有的，很难解决，两类电视显像管各有利弊。之后康宁公司一系列玻璃显像管相关技术突破，使得其生产出了更薄、更轻、更容易进行可靠封接的全玻璃显像管玻壳，决定了这场竞争的胜负，使玻璃显像管成为市场上的主导产品。

康宁公司在与美国无线电公司竞争中，成功开发的电视显像管用玻璃、电子封接和玻璃漏斗组件离心浇铸三项关键技术，是其赢得竞争优势的关键。

1）电视显像管用玻璃

康宁公司优化设计的电视显像管玻壳由脖颈、漏斗与屏板三个部件组成，每个部件的性能要求并不完全相同。玻璃脖颈部件体积最小，最易成型，但要有很高的电阻率,需要用铅或其他金属作为玻璃组分。漏斗与屏板两个部件不需要考虑电阻率问题。因此显像管玻壳不能用单一配方的玻璃。为了研究适合显像管使用的玻璃,康宁公司试验了大量的玻璃配方。最后确定用 12% 的氧化钡玻璃制造漏斗与屏板部件,用 30% 的氧化铅玻璃制造脖颈部件。

通过开发电视显像管玻壳,康宁公司生产出了第一种无铅显像管玻璃。这种玻璃相比传统的氧化铅配方玻璃更难熔化,需要对耐火材料、熔化方法、模具进行重大改进,这些问题相互关联、高度复杂,既不能在实验室也不能在生产车间解决,康宁公司建立专门的试验工厂解决这个问题。1949 年用于电视机显像管玻壳的新配方玻璃进入规模生产,直到 20 世纪 70 年代中期之前一直是行业标准。

2)封接

多部件显像管封接是一项难度较大的工作,1943 年康宁公司成立专门的封接技术研发部门。随着电视显像管尺寸越来越大,传统的玻璃封接技术运用于封接显像管,设备变得非常笨拙和危险,封接成为整个生产过程中效率最低的环节。同时,传统封接技术用于电视显像管玻壳,不能保证结合部的玻璃充分熔融,主要因为显像管玻壳玻璃比传统玻璃更加黏稠。此外,火焰热量过高会产生"再沸腾"现象,气泡与小晶粒会出现在重新熔化的玻璃中,这将放大显像管玻壳对热震的敏感性。

1949 年康宁公司发明了大直径显像管玻壳电封接技术,这是既用电又用火的混合封接系统,解决了传统封接技术存在的诸多问题。该技术后来还扩展运用于荧光灯泡与密封射线头灯等产品的生产。

3)离心浇铸

康宁公司开发电视显像管用玻璃配方与封接技术,充分体现了科学知识和实践经验在技术创新中的重要作用。发明离心浇铸技术是突发灵感带来重要新技术的典型案例。康宁公司在黑白电视机显像管玻壳生产中能够占据领导地位,离心浇铸技术是其中的关键。

传统玻璃制品生产采用的是压制或吹制技术,这两种技术生产的玻璃制品很难做到很薄。对电视显像管而言,不管是采用火焰封接还是电封接,玻壳越薄,封接会越高效。因为玻璃越薄,软化会越快,也更均匀。

离心浇铸技术依靠一个旋转模具产生的离心力在熔融玻璃上加压，形成需要的形状。圆形漏斗部件的离心浇铸相对简单，一块熔融的玻璃被放到一个圆锥形的模具里，然后使模具旋转，在离心力的作用下熔融的玻璃被"甩"至模具壁，得到的圆锥形玻璃体能够自动被修切至所需要的尺寸。但电视机需要的是矩形漏斗部件，它的离心浇铸完全不同，曾经有流体力学专家论证离心浇铸技术浇铸矩形漏斗在理论上是不可行的，这是因为熔融玻璃"甩"至矩形模具的角要比"甩"至模具的边快得多，因为旋转体中心到角的距离更大，角的运动更快。

但是，康宁公司研发人员的突发灵感很快解决了该问题，形成了创新性的解决方案，即在模具角的位置设计一个可调控的隔离体。在该模具中，抬高隔离体之前，角部的熔融玻璃绕着隔离体流动，抬高隔离体之后，随着流速更慢的熔融玻璃更接近中心的时候，熔融玻璃同时到达模具的角与边，这样可以浇铸矩形漏斗。康宁公司围绕离心浇铸形成了两项关键核心技术和专利，其专利后来被许可给全球多家电视显像管玻壳生产厂商。

一系列技术突破帮助康宁公司从20世纪50年代初期开始在电视显像管玻壳市场长期占据主导地位，终结了美国无线电公司采用金属电视显像管玻壳取代全玻璃显像管玻壳的企图。还为之后康宁公司在黑白电视产业仍处于成长期就提前启动彩色电视显像管玻壳研发，支持其成为彩色电视机行业的核心部件供应商奠定了基础。

2. 关键核心技术的知识与技术构成

基于知识与技术和产品之间的关系，关键核心技术作为世界级优质高档产品蕴含众多知识和技术，关键核心技术开发需要运用知识和技术。剖析康宁公司的全玻璃电视显像管玻壳开发，不难发现其运用的知识和技术可以用图5-3简单描述。

从技术角度看，康宁公司开发电视显像管玻壳，首先需要准确了解用户即电视机生产商对显像管及其玻壳的需求，这需要运用用户交流沟通技术、用户需求分析技术、行业发展趋势分析技术和竞争对手分析技术等。其次，需要进行产品和零部件的设计及材料的选择，康宁公司设计生产的电视显像管玻壳，由脖颈、屏板和漏斗三个部件组成，漏斗与屏板采用12%的氧化钡玻璃制造，脖颈运用30%的氧化铅玻璃制造。显然，形成这样的设计，需要运用产品设计技术、玻璃

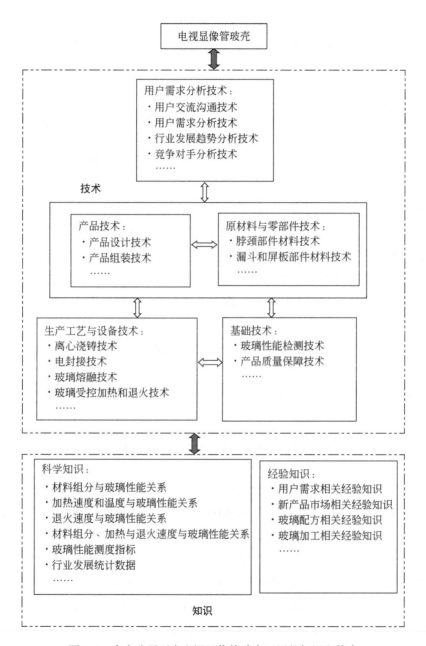

图 5-3 康宁公司开发电视显像管玻壳运用的知识和技术

材料技术等众多技术。再次，需要确定产品及部件的生产设备和加工工艺，为此康宁公司运用了显像管玻壳组装的电封接技术、漏斗部件的离心浇铸技术、玻璃熔融技术、玻璃受控加热和退火技术等。最后，产品研发生产过程中还需要运用产品性能检测等相关的基础技术。

由于技术是由知识转化而来的，康宁公司开发生产电视显像管玻壳运用众多技术，意味着其也使用了大量的知识，如用户需求和新产品市场相关知识，材料组分与玻璃性能间关系相关知识，玻璃加热及退火温度和速度与玻璃性能间关系相关知识，如此等等。在运用的大量知识中，有些通过科学实验和基础研究已经上升为理论知识和显性知识，如材料组分与玻璃性能间关系相关知识；也有些由于高度复杂仍然处于经验知识阶段，如用户需求和新产品市场相关知识，这些知识更多驻留在有丰富经验的市场营销人员、工程师和高技能人才头脑之中，属于典型的隐性知识。例如，在面临美国无线电公司的竞争和打压、需要与玻璃–金属混合电视显像管玻壳抢占行业主导设计时，康宁公司坚信全玻璃显像管玻壳更有发展前途，依靠的是其长期积累形成的对用户需求的深刻理解和行业发展前景的准确预判，主要运用的不是经验知识和隐性知识，主要依靠有经验的决策人员的决策能力。

总体上看，康宁公司成功开发生产电视显像管玻壳，不仅大量运用了玻璃相关的市场、产品、生产工艺与设备、产品性能检测等多类技术，还运用了众多科学知识和经验知识，缺一不可。

3. 关键核心技术很难被模仿和复制的原因

分析图 5-3 可以发现，康宁公司开发的关键核心技术能在很长时间内具有垄断性，居于行业主导地位，即使不采用申请专利、技术保密等保护举措，追赶和模仿企业也很难模仿和复制，有多方面的原因。

一是系统掌握和集成关键核心技术开发运用的众多技术面临很大困难。虽然电视显像管玻壳不算是很复杂的产品，但是康宁公司研究开发和大规模高质量生产该产品运用了市场、产品、生产工艺和设备、产品性能检测等众多技术。这其中的很多技术，如离心浇铸技术、玻璃材料技术、电封接技术等也是很复杂的技术。同时，康宁公司不是简单孤立运用这些技术，而是要实现众多技术的有机集成和综合运用。因此，追赶和模仿企业要掌握如此多的技术，并实现其集成运用，没有长期的技术积累和较强的技术吸收能力是做不到的，绝大多数企业很难在短期内实现模仿和复制。

二是全面了解关键核心技术开发相关的底层知识尤其是隐性知识面临很大困难。康宁公司能成功运用众多技术成功开发电视显像管玻壳，还因为大量利用了其长期积累形成的科学知识和经验知识。显然，如果康宁公司没有对电视机行业和产品及其生产厂商的深刻理解，大量掌握产品和产业相关知识，就不可能准确把握行业发展趋势，就不能坚持开发全玻璃电视显像管玻壳；如果康宁公司不能系统掌握材料组分与玻璃性能间关系的相关科学与经验知识，就不可能很快成功开发电视显像管脖颈、屏板和漏斗等制造需要的玻璃材料；如果康宁公司不是长期在玻璃行业发展，不能大量积累其生产工艺相关知识，就不可能成功开发离心浇铸技术和玻璃电封接技术。同时，康宁公司开发众多技术运用的知识，如玻璃加热与退火温度和速度与玻璃性能间关系的相关知识等还处于经验知识和隐性知识阶段，未能上升为科学知识。这样，后来的追赶和模仿企业即使通过逆向工程和逆向分析能了解产品中蕴含的技术，也很难了解技术开发运用的知识尤其是经验知识和隐性知识，这也使得绝大多数企业很难在短期内模仿和复制。还有，即使追赶和模仿企业通过逆向工程等途径能模仿生产产品，但是由于不充分掌握相关技术开发运用的知识，只知其然而不知其所以然，也很难大规模生产优质高档产品，只能模仿生产中低档产品。

三是系统了解关键核心技术开发过程中运用的相关工艺技术与知识面临很大困难。众所周知，厨师要做出高质量的菜品，不仅要求原料和调味品的质量高，还需要炒或炖的过程优，否则再好的原料和调味品也不一定能做出高质量的菜品。实际上，工业产品生产也是如此，康宁公司 20 世纪初期就认识到，玻璃产品的性能和质量不仅与原材料有关，还与其材料的加热速度及其熔化温度、退火速度等紧密相连，受到这些因素的综合影响。开发关键核心技术过程中运用的工艺知识和技术，追赶和模仿企业很难通过逆向分析了解，就像人们吃到好吃的菜可以通过分析了解原料但是很难了解加工过程一样，需要通过自身长期积累实现。这也使得追赶和模仿企业很难在短期内模仿和复制生产工艺技术和知识，即使能简单模仿复制，也很难生产优质高档产品。

四是掌握关键核心技术开发相关的认知能力（心智技能）面临很大困难。与厨师要做出高质量的菜品既需要物的技术也需要人的技术即技能类似，研发关键核心技术也是如此，它不仅需要动作技能，如高水平操作使用各种先进机器设备的技能，还特别需要较强的技术认知能力和心智技能。所谓技术认知能力，是指如果企业要开发一种全新性能的玻璃产品，相关人员能够结合理性分析和直觉很快做出诸多准确和有效的决策：采用什么样的玻璃材料配方和生产工艺技术更可能成功，用什么样的配方和生产工艺一定不能实现，选择谁作为项目负责人和研发骨干更合适，选择与企业外部什么高校和科研院所合作更有效，研发过程中可能的关键节点和主要问题是什么，出现重要障碍时的有效解决办法有哪些，如此等等。显然，上述这些问题的解决很难完全依靠科学理论，很重要的是依靠研发人员长期积累形成的经验、本能和直觉，驻留于企业员工的头脑之中，是相关人员通过长期的工作积累形成的，只要这些人不流动，其他企业就很难很快获得。这也为追赶和模仿企业模仿复制关键核心技术增加了很大的难度。

五是关键核心技术拥有企业会根据用户需求持续改进技术给复制和模仿带来很大困难。任何企业开发出关键核心技术之后都不会就此不变，而是会与用户持续互动继续了解用户之前未能明确的新需求，对其技术和产品持续改进。关键核心技术是不断改进和进化的，这也增加了追赶和模仿企业的模仿复制难度。

总之，关键核心技术能在相当长的时间内很难被模仿和复制，保持高度的垄断性，既因为其包含的技术多样，也因为其运用的经验知识、隐性知识和技能众多需要长期积累，还因为关键核心技术拥有企业会持续改进技术。这其中，对关键核心技术开发特别重要的隐性知识与技能尤其难以模仿和复制。

4. 能持续开发关键核心技术的缘由

康宁公司不仅能开发长期处于行业垄断地位的关键核心技术，还能随着新兴产业发展持续不断开发新的关键核心技术，这是很值得关注和研究思考的问题。剖析康宁公司开发电视显像管玻壳这一关键核心技术的过程，可以在一定程度上诠释其原因。

一是康宁公司长期积累掌握了玻璃和玻璃陶瓷领域大量的底层通用技术，支持其能不断开发新的关键核心技术。虽然康宁公司的关键核心技术广泛运用于显示器、通信、生物医药、汽车等众多产业领域，但是长期以来所处的技术和产品领域非常稳定，就是玻璃和玻璃陶瓷，积累了大量底层通用技术，如玻璃和玻璃陶瓷材料技术、生产技术等。一旦需要开发玻璃和玻璃陶瓷相关新的关键核心技术，康宁公司拥有的大量底层通用技术能提供强有力支持，保障其能快速成功开发。

二是康宁公司长期积累形成的玻璃和玻璃陶瓷领域的大量知识，支持其能不断开发新的关键核心技术。康宁公司长期走创新发展之路，建立企业实验室开展科学研究，积累了玻璃和玻璃陶瓷领域大量的科学知识和经验知识，这些知识不仅能支持其持续改进已有技术和产品，还能帮助其快速开发新技术和新产品。例如，康宁公司能快速开发电视显像管玻壳需要的氧化钡和氧化铅玻璃，是因为其积累拥有关于玻璃组分与其性能间关系的大量知识。行业领域大量的科学和经验知识积累，可以很快找寻到新的关键核心技术的高效开发路径，也强有力地支持康宁公司能不断开发新的关键核心技术。

三是康宁公司对玻璃和玻璃陶瓷领域的市场、产品、生产设备和工艺、产品性能检测等相关主要技术的全面把握和形成的技术创新体系，支持其能不断开发新的关键核心技术。在玻璃和玻璃陶瓷领域，康宁公司从 20 世纪初开始就注重不仅积极开发产品技术，大量研究材料组分与玻璃性能间的关系，而且开发了气相沉积、熔融等一系列生产工艺和设备技术，还高度重视对市场和用户需求的科学分析，形成了强大的市场和用户需求分析能力。康宁公司对玻璃和玻璃陶瓷相关的市场、产品、生产工艺和设备、产品性能检测等主要技术的全面掌控，使其形成了较为完整的关键核心技术开发体系，能不需要太多地依赖他人自主开发新技术，也有力支持其能持续快速开发新的关键核心技术。

四是康宁公司长期创新发展形成的浓厚创新文化和强大的关键核心技术开发认知能力（心智技能），也支持其能不断开发新的关键核心技术。康宁公司长期坚持走创新发展之路，形成了浓厚的创新文化，使其有强大的动力不断寻找新的发展机会，积极开发新的关键核心技术。同时，长期积累还使得康宁公司形成了很强的关键核心技术开发认知能力，能够准确识别关键核心技术需求，快速进行产品设计，明确可以利用的知识和技术，清楚了解需要开发的新技术，确定由谁组织能高效推进相关技术开发，如此等等。一般而言，这种认知能力实际上是在关键核心技术开发过程中能综合直觉和理性分析，快速和准确判断什么可能发挥作用和什么不可能，该忽略什么和重视什么，用什么方法和原理更容易成功，由谁组织实施能使工作顺利推进，如何解决突发性的问题。浓厚的创新文化和强大的关键核心技术开发认知能力，也有力助推康宁公司不断开发新的关键核心技术。

5. 关键核心技术开发特点和要求

一是开发关键核心技术，需要长期高度专注于其主导产业长期坚持走创新发展之路以形成深厚的技术和知识积累。康宁公司的创新发展经验表明，形成较强的关键核心技术开发能力，需要系统掌握需求、产品、生产工艺和设备、产品性能检测等多方面的知识和技术，需要形成高水平的知识和技术体系，需要有深厚的技术和知识积累。显然，这要求企业不能急功近利，不能什么赚钱就干什么，而是必须高度专注于其所在的发展领域，长期坚持走创新驱动发展之路，久久为功，坚持不懈，这是形成较强关键核心技术开发能力的基础。康宁公司成立以来170多年的发展历程中，主导产品始终是玻璃和玻璃陶瓷，形成的知识和技术积累与创新能力是其他企业无法企及的。

二是开发关键核心技术，需要建设较为完整的技术创新体系，能将需求、产品、生产设备和工艺、产品性能检测等多类技术有机集成。康宁公司开发汽车安全挡风玻璃的教训表明，必须紧密围绕用户需求开发关键核心技术，否则即使技术上很成功，也很难实现市场成功和为企业带来良好效益。康宁公司的经验还表明，开发关键核心技术只掌握少数产业技术是不行的，而是要系统掌握需求、产品、生产设备和工艺、产品性能检测等相关的主要技术，并能将其有机集成。或者说，形成较为完善的关键核心技术开发体系，能将各类主要技术有机集成是成功开发关键核心技术的必然要求。

三是开发关键核心技术，需要与用户长期持续互动以逐步了解需求和不断改进技术。紧密围绕用户需求开发关键核心技术，其用户需求不是在短期内就能全面了解的，往往是企业了解用户的初步需求之后，先开发出第一代产品，用户使用后会发现其存在的缺陷和自己的新需求，将其反馈给企业，企业继续改进完善形成第二代产品，再由用户使用和发现新的问题，企业再行改进，不断迭代，使得产品性能、质量、可靠性、用户使用体验等越来越优，逐步锻造成为关键核心技术。例如，光纤已经经历了多代关键核心技术的演变，第一代为850纳米波长的多模光纤，第二代是多模和单模光纤，第三代是长波长单模光纤，第四代是同步数字体系光纤，之后还会不断向前发展。这也表明，关键核心技术中嵌入了大量的用户才能提供的需求知识，只依靠企业、高校和科研院所而不与用户持续互动无法开发关键核心技术。可见，关键核心技术开发过程是企业和用户等多方合作互动和相互学习的过程，干中学、用中学、互动中学即基于工程经验的创新不可或缺，尤其重要（克里斯蒂娜·查米纳德等，2019）。

四是开发关键核心技术，需要应用导向的基础研究与科学知识的大力支持。早在 20 世纪初康宁公司就深刻认识到基础研究和科学知识的巨大作用，积极推进企业由经验生产向科学生产转变。2011 年 6 月我国硅酸盐领域的专家与时任康宁公司亚太区研发主任 M. Newhouse 交流，了解康宁公司 160 多年的创新发展之道，他用"三个学会"回答该问题：学会合作、学会做最好的科学研究、学会开拓市场并把研发成果带到市场（格雷厄姆和舒尔丁纳，2014），可见康宁公司对基础研究和科学知识之重视。

五是开发关键核心技术，需要积累使用大量的隐性知识和技能。康宁公司的经验还表明，开发关键核心技术只有科学知识是不够的，也必须拥有大量的经验知识、隐性知识和技能，还必须重视灵感等在关键核心技术开发中的巨大作用。如果没有研发人员突发而至的灵感产生电视显像管玻壳矩形漏斗部件的离心浇铸技术，康宁公司就不可能成功开发全玻璃电视显像管玻壳。如果康宁公司没有大量的高技能员工，也很难大量开发关键核心技术。相关研究还表明，隐性知识往往是通过吸收外来技术和知识并将其转化为本地技能而产生。因此，不同国家的产业体系、制度体系和社会关系直接影响企业的技术创新体系建设（Holm et al.，2010），直接影响企业的关键核心技术开发能力。

六是开发关键核心技术，需要形成较强的技术开发认知能力（心智技能）。康宁公司能够根据新兴产业发展需要不断开发新的关键核心技术，还因为其高度专注和长期积累形成了高水平的技术认知能力和心智技能，这些能力直接决定关键核心技术的开发方向和路径，直接决定其能快速有效解决关键核心技术开发过程中出现的各种突发性的问题，对能否成功开发关键核心技术至关重要。实践还表明，技术认知能力和心智技能依赖于研发人员长期积累形成的经验、本能和直觉。因此，企业只有通过持续不断地开发新技术和新产品，在实践中不断积累，才能形成较强的技术认知能力和心智技能。

七是开发关键核心技术，需要坚持产品与技术的协同开发和形成良性循环。康宁公司的创新发展经验表明，关键核心技术是一个动态而不是静态的概念，一方面关键核心技术本身是在不断改进提升的，另一方面今天的关键核心技术明天可能不再是关键核心技术。这样，企业要注重产品和技术的协同开发，既要注重形成良好的技术积累，又要积极运用已有技术开发新产品，通过循环互动才能形成较强的企业持续创新发展能力。

总之，企业要形成较强的关键核心技术开发能力，不断开发新的关键核心技术，需要具备多方面的条件。这其中，高度专注于其主体技术和产品领域，长期坚持走创新驱动发展之路特别重要，不可或缺。只有这样，才能准确和深入了解用户需求，才能形成大量的知识和技术积累，才能大量掌握隐性知识和技能，才能具备较强的知识和技术认知能力。

5.5　后发国家关键核心技术攻关特点和挑战

当前全球产业发展形成了高度精细的产品内国际分工网络，重要产业处于垄断地位的高附加值关键核心技术环节主要处于美国、德国、日本等先发国家，竞争激烈的低附加值环节主要位于我国这样的后发国家，形成了先发国家企业处于主导地位、后发国家企业处于从属与配套地位的产业国际分工体系和发展格局。后发国家推进关键核心技术攻坚，本质上是要在事关国家安全和高质量发展的重要产业领域，打破先发国家的垄断，改变现有的产业国际分工格局，使后发国家与先发国家企业之间由主要是互补关系转变为直接竞争关系。这必然会遭遇先发国家及其企业的打压，面临激烈的国际竞争，这是后发国家实现高质量发展无法避免的冲突和必须面对的问题。为此，需要从后发国家技术追赶和国际竞争的视角研究关键核心技术攻关的特点，研判其面临的主要外部挑战和内部障碍，为科学制定后发国家的关键核心技术攻关策略奠定基础。

1. 后发国家关键核心技术攻关特点

为揭示关键核心技术攻关的复杂性和特点，现解剖清华大学研究团队与苏州绿控传动科技股份有限公司紧密合作成功突破电控机械式自动变速箱（Automated Mechanical Transmission，AMT）这一关键核心技术的过程。

汽车自动变速箱是汽车产业的关键核心技术之一。20 世纪 60 年代起，AMT 技术始终掌握在伊顿、Luk、ZF 等少数欧美国家企业手中，国内始终没有自主 AMT 产品。为寻求 AMT 技术突破，打破国外企业垄断，清华大学相关研究人员在"十五"国家"863"计划电动汽车重大专项的支持下，于 2000 年启动 AMT 关键核心技术攻关，历经 16 年，通过功能突破、性能突破和可靠性突破三个阶段才得以实现（孟东晖等，2018）。

清华大学研究团队 2000 年启动 AMT 的研发，第一阶段的目标是完成对传统手动变速器的自动化改造，开发 AMT 原理样机。通过艰苦努力，2005 年实现"从无到有"，实现自动变速箱的功能，成功开发出原理样机，使原型车具备了换挡过程自动化的能力，形成功能突破，完成第一阶段的研发任务。

然而，AMT 原理样机实际使用存在如控制精度不高、换挡冲击严重、在特殊路面容易错误换挡、对故障及环境容忍度低等一系列问题。研发团队从 2006 年开始进入第二阶段，推进产业化研发，努力解决原理样机中的性能缺陷，又花费 5 年时间，直到 2010 年才使产品达到用户的基本使用要求，完成原理样机的产品化开发，实现性能突破。2010 年获得来自中通客车约 200 台订单，运用于新能源客车，标志着市场空间的初步打开。

可是，早期 AMT 产品的故障率仍然远高于同类成熟产品，产品缺陷随着产品基数和运营里程的提升迅速暴露，研发团队通过客户跟踪及时发现问题，持续对初步定型的产品进行大量的细节改进，缩小其与成熟产品在可靠性等方面的差距，直到 2016 年，AMT 的平均故障间隔里程超过 2 万千米，关键部件大修里程超过 30 万千米，实现了新技术和新产品的可靠性突破，产品性能达到国际同档产品水平，2016 年占据我国并联混合动力客车 AMT 保有量的 70%，标志其成为一个成熟的产品。

汽车电控机械式自动变速箱的攻坚历程表明，后发国家推进关键核心技术攻关，从技术视角审视有如下多方面的特征。

一是关键核心技术攻关本质上是开发生产优质高档新产品，须用产品而非技术思维看待问题。清华大学与苏州绿控传动科技股份有限公司合作推进汽车电控机械式自动变速箱关键核心技术攻关，功能突破和形成原型产品耗时 5 年，性能突破成为可使用产品用时 5 年，可靠性突破成为成熟产品再花费 6 年。相比开发原型产品，将原理样机改进为可靠性高的成熟产品花费的时间更长投入更大。推进关键核心技术攻关，不仅是研发，更是开发能受到用户欢迎和喜爱的优质高档新产品。大量案例表明，产品技术先进性与产品能用、好用、管用、耐用和实用之间有本质差别，与产品利润大小不完全一致，必须用产品而非技术思维看待关键核心技术攻关问题。

二是推进关键核心技术攻关，必须充分发挥企业的主体作用。汽车电控机械式自动变速箱关键核心技术攻关历程还表明，关键核心技术攻关研发很重要，根据用户需求和充分利用基于工程经验的创新对新产品持续改进，不断提升产品性能、可靠性和用户体验，使其成为能用、好用、管用、耐用和实用的优质高档产品同样重要甚至更重要，这需要充分发挥企业的创新主体作用。或者说，推进关键核心技术攻关，应以企业为主体，通过建立需求为导向、产学研用紧密结合的技术创新体系实现。高校和科研院所无法代替关键核心技术攻关中的企业主体地位。

三是关键核心技术攻关难度大、时间长、投入多、风险高，需要有恒心和耐心，不能期望一蹴而就。推进汽车电控机械式自动变速箱关键核心技术攻关，历经 10 年才开发出能够初步使用的产品，再花费 6 年时间改进才成为可靠性高的产品，充分说明关键核心技术攻关难度大、时间长、投入多。如果认为只要重视程度高、决心大、投入多就能很快解决关键核心技术"卡脖子"问题，是不现实和危险的。推进关键核心技术攻关，必须有充分的恒心和耐心，必须有打持久战的准备，不能期盼一蹴而就。

四是从根本上解决关键核心技术"卡脖子"问题，要求后发国家的广大企业形成做优质高档产品的长期不懈追求。关键核心技术攻关难度大、时间长、投入多，后发国家要从根本上解决关键核心技术"卡脖子"问题，必然要求在全社会营造浓厚的创新文化和企业家精神，促进广大企业形成长期坚持做优质高档产品的不懈追求，注重以优质高档产品增强企业竞争力和赢得竞争优势，使企业尽快成为创新主体。如果后发国家弥漫着浓厚的商人文化，普遍追求的是赚快钱赚大钱，企业家精神明显缺乏，即使有少数企业甘于长期追求做优质高档产品和掌握一定的关键核心技术，也不能从根本上解决关键核心技术"卡脖子"问题。

五是关键核心技术攻关既需要研发的支持，也必须持续推进基于工程经验的创新以积累技能。清华大学研发团队与苏州绿控传动科技股份有限公司合作攻克汽车自动变速箱关键核心技术，通过研发实现功能突破花费 5 年时间，主要运用基于工程经验的创新改进产品性能和可靠性耗时 11 年。可见，关键核心技术攻关不仅研发很重要，长期坚持推进基于工程经验的创新，努力通过干中学、用中学、与用户互动中学积累经验诀窍和技能，持续不断改进产品，让其拥有良好可靠性、耐用性、经济性、维修性、操控性和适用性也很重要，甚至更重要。

六是关键核心技术攻关不仅研发人才很重要，企业家与工程师和高技能人才与用户也特别重要。关键核心技术攻关难度大、时间长、投入多，需要长期推进基于工程经验的创新，这表明推进关键核心技术攻关不仅需要研发人才，也需要企业家、工程师和高技能人才及用户的深度参与。没有企业家的组织领导，没有工程师与高技能人才的长期持续参与，没有用户积极使用发现产品中存在的偶发性问题以提升产品可靠性，再好的研发成果也不能转变为用户喜爱的优质高档产品，不能产生良好的经济社会效益。

2. 后发国家关键核心技术攻关的主要挑战

后发国家推进关键核心技术攻关，打破先发国家企业的技术垄断，不仅需要增强自主创新能力，还必然会面临激烈的国际竞争，需要应对内外部的诸多挑战（徐示波等，2015）。

一是提升原始创新能力突破先发国家知识产权保护的挑战。毫无疑问，任何关键核心技术拥有者为保持持续竞争优势，必然会采取申请专利、技术保密、禁止相关产品出口等多种举措对核心技术予以严格保护，他人很难依靠模仿、采购等途径获得。后发国家推进关键核心技术攻关，需要大幅提升原始创新能力，寻找全新的技术路径，开发与已有技术显著不同的新技术，避开先发国家的知识产权保护。否则，先发国家必然会控告其侵犯知识产权，有可能使大量投入艰辛努力研发出的新技术难以运用，还会面临大量的侵权赔偿。推进关键核心技术攻关，对后发国家提升原始创新能力、突破先发国家知识产权保护提出了很高要求，面临很大挑战。

二是新产品大量推广使用用户不足的挑战。新产品开发实际上是企业与用户长期互动的过程。清华大学研究团队与苏州绿控传动科技股份有限公司合作推进汽车自动变速箱关键核心技术攻关，实现产品功能和性能突破开发出初步能用的产品后，必须有一定数量用户愿意接受和持续使用新产品，通过使用让新产品中存在的各种偶发性问题充分暴露，并及时反馈到研发团队，支持其不断改进产品，才能实现产品可靠性突破，使其成为用户真正能使用和愿意使用的产品。实现关键核心技术突破，保障新产品有一定规模用户持续积极使用并及时反馈问题，实现用户和研发团队之间的紧密合作与协同创新，处于极其重要和不可或缺的位置，是提升产品可靠性、耐用性、操控性和适用性等必经的途径。然而，后发国家企业实现关键核心技术突破后，要在用户已经习惯使用原有产品的情况下改换使用新产品面临诸多难题。首先，许多用户已经习惯了使用老产品，让其改变使用新产品产生了学习成本，增加了新产品吸引用户的难度。其次，率先使用新产品的用户，必然会面临产品不成熟、可靠性低、故障率高等问题，明显增加了用户的使用成本，使得新产品吸引用户较为困难。后发国家推进关键核心技术攻关，吸引用户使用新产品也面临很大的挑战，如果不能解决该问题，有可能使技术上很先进的新产品不能被市场接受，惨遭淘汰。

三是打破先发国家技术垄断引发激烈国际竞争的挑战。众多案例分析发现，后发国家推进关键核心技术攻关打破先发国家的关键核心技术垄断之后，先发国家企业往往会有序采取多种举措展开竞争，打压后发国家企业（徐示波和仲伟俊，2024）。首先是知识产权竞争。先发国家企业往往会控告后发国家企业侵犯其知识产权，提出高昂的赔偿要求。一旦控告成功，不仅能获得巨额的知识产权赔偿，还能直接打击竞争对手。其次是低价竞争。如果先发国家企业未能通过知识产权竞争达到目的，随之往往会利用已经赚取足够多的利润等优势将自己的产品大幅降价销售，展开价格竞争，让后发国家企业的相关新产品很难销售和无利可图，打垮和消灭竞争对手。如果降价竞争还不能打垮对手，先发国家企业接着会采取高价收购兼并等手段吸引后发国家企业，使好不容易培育出的高技术企业被其控股甚至成为全资子公司，让竞争对手不复存在。后发国家推进关键核心技术攻关，即使技术开发上能够成功，但是要赢得竞争和获得良好经济效益也会面临巨大挑战。

四是先发国家企业的先动优势引发的挑战。所谓先动优势，是指率先成功研发出新技术和新产品形成的竞争优势。一般而言，先动优势来源于如下几个方面：第一，先发国家企业率先开发新技术和新产品，掌控关键核心技术，能够比后发国家企业获得更多更好的有形资产，如最具价值和潜力的市场、大量优秀的专业技术人才等。第二，先发国家企业还能比后发国家企业获得更丰富的无形资产，如由于先动率先建立起来的声望、品牌、企业文化与组织结构等，尤其是极其重要的行业经验。第三，先发国家企业对行业的捷足先登和对资源的优先获取，有利于扩大市场份额和提高销售量，增加企业规模经济水平，大量积累学习经验，降低生产成本。第四，先发国家企业率先开发新技术和新产品，虽然要冒更大风险，但可以领先掌控关键核心技术，持有更多知识产权，率先建立行业技术标准。知识产权和技术标准会成为巨大的行业进入障碍，能为先发国家企业带来更为持久的竞争优势。第五，先发国家企业率先开发新技术和新产品，有利于构建高质量的产业链和与上下游厂商建立良好合作关系，既保障自身的长期发展，又加大了追赶企业进入行业的难度。先发国家企业的先动优势为后发国家推进关键核心技术攻关也带来了一系列的挑战，后发国家企业应对先发国家企业的先动优势带来的挑战面临较多障碍。

五是低档产品品牌形象阻碍其新产品进入高端市场的挑战。经济全球化和产业国际分工使得先发国家与后发国家企业在全球产业分工和产业链供应链中的位置明显不同，先发国家企业更多位于产业价值链高端，其产品更多地被打造为高档品牌形象，后发国家企业普遍位于产业价值链中低端，产品普遍是廉价低档品牌形象，只能赚取微薄利润。后发国家企业成功实现关键核心技术突破之后，如果优质新产品仍然只能处于低端市场，不能进入国际高端市场，大量研发投资不能带来良好回报，直接制约企业持续创新能力的提升。改变后发国家企业产品的低档品牌形象，打造一批高档品牌产品极其困难，这也成为后发国家关键核心技术攻关必然会面临的重要挑战之一。

5.6 本章小结

关键核心技术是重要产业发展必需、对产业技术性能改善至关重要的技术，是在全球被极少数企业垄断掌控、很难被模仿和替代的技术，是以产品形态呈现、具有高附加值的成熟技术。本质上看，关键核心技术不是通常理解的技术，而是产业发展必需、具有高度垄断性和难以替代性的世界级产品。

一个国家出现关键核心技术"卡脖子"问题，一方面是因为现有产业发展缺乏关键核心技术，另一方面更是因为缺乏竞争国家必须依赖、能"卡人"的关键核心技术，这是关键核心技术"卡脖子"问题产生的根本原因。关键核心技术"卡脖子"还是后发国家实现高水平科技自立自强和建设自主可控的现代化产业体系的主要障碍。

关键核心技术类型较多，既有"卡人"和"被卡"的关键核心技术之分，也有"我无人有"型与"我有人优"型的关键核心技术之别，还可以分为公共产品关键核心技术、市场产品关键核心技术和两用关键核心技术等不同类型。

我国部分重要领域关键核心技术攻关取得很大成就，但是重要产业仍然普遍存在关键核心技术"卡脖子"问题，并且"我有人优"型和"我无人有"型关键核心技术不足的问题并存，尤其缺乏他国必须依赖、能"卡人"的关键核心技术。

我国这样的后发国家突破关键核心技术"卡脖子"问题，既要积极攻克

"被卡"的关键核心技术，尤其要加强原创性引领性科技创新，着力突破能"卡人"的关键核心技术，两者缺一不可。

后发国家努力开发自主品牌高档新产品、替代性新产品、颠覆性新产品和全新产品，尽快形成世界级产品的持续开发生产能力，能有效解决关键核心技术"卡脖子"问题。加强新产品尤其是世界级产品开发生产是推进关键核心技术攻关的必然要求和必由之路。

企业增强关键核心技术开发能力，首先需要长期高度专注于其主导产业，坚持走创新发展之路以形成深厚的技术和知识积累；其次需要建设较为完整的技术创新体系，能将需求、产品、生产工艺和设备、产品性能检测等多类技术有机集成；再次需要加强与用户长期持续互动，以逐步了解需求和不断改进技术；最后还要积极推进应用导向的基础研究，注重积累使用隐性知识和技能，形成较强的技术开发认知能力。

后发国家企业推进关键核心技术攻关时间长、投入多、风险高，需要有恒心和耐心，不能期望一蹴而就。同时，关键核心技术攻关还会面临提升原始创新能力突破先发国家知识产权保护、新产品大量推广使用用户不足、打破先发国家技术垄断引发激烈国际竞争、先发国家企业的先动优势以及低档产品品牌形象阻碍其新产品进入高端市场等诸多挑战和困难，需要艰苦努力才能突破关键核心技术"卡脖子"难题。

第6章 新产品开发与后发国家创新发展过程

当前我国面临着实现高水平科技自立自强、突破关键核心技术"卡脖子"难题、提升重要产业链供应链的安全稳定性、加速产业高质量发展、发展新质生产力和突破"中等收入陷阱"等一系列艰巨的创新发展任务，综合之前的分析可以发现，完成这些任务，均与加强新产品开发和增强世界级产品持续开发生产能力之间存在紧密联系。因此，可以从新产品视角建立统一模型，诠释我国这样的处于中等收入阶段后发国家的发展状况与特点及未来创新发展目标与路径。本章首先构建新产品开发视角的后发国家创新发展模型，明确我国这样的中等收入国家未来的创新发展目标、任务和路径，剖析新产品尤其是世界级新产品开发生产与发展新质生产力和提升国家经济发展水平之间的关系，揭示后发国家的创新发展规律。其次通过将催生主体和形成过程相结合综合分析，诠释世界级产品的可能产生途径。考虑到后发国家创新发展实际上是要实现对先发国家产业发展的追赶乃至超越，最后揭示后发国家产业创新发展与赶超的过程和条件，剖析全球存储芯片产业发展与赶超的过程和特点。

6.1 基于新产品开发视角的后发国家创新发展模型

从新产品开发视角构建后发国家创新发展模型，是要基于其当前发展状况，明确后发国家着力开发新产品推进创新发展的目标、任务和路径，揭示后发国家为实现高质量发展和尽快进入高收入国家行列的过程和规律。

1. 新产品开发视角的后发国家创新发展目标和任务与路径

构建后发国家创新发展分析模型，首先需要从产品开发生产视角研判当前的发展状况和阶段特征。综合之前的一系列分析，新中国成立特别是改革开放以来，我国这样的后发国家通过自主创新与引进消化吸收创新相结合，在很短的时间内建立了全球最为齐全的工业体系，由极少能生产工业产品迅速发展到生产种类最多、品种最齐的工业产品，成为世界制造业第一大国，使得我国由农业国快速发展成为工业大国，由贫穷国家快速发展进入中等收入国家行列，取得了举世瞩目的伟大成就。

然而，虽然目前我国建立了极为齐全的工业体系，但是广大企业普遍采用低成本低价格产品发展战略，主要生产的是众多国家企业能够生产、市场竞争极其激烈、附加值低的中低档产品，优质高档产品尤其是世界级产品开发生产能力缺乏，在全球产业国际分工中仍然处于产业价值链的中低端，使得我国的产业发展质量仍然不高，产业劳动生产率和企业利润率明显偏低，还面临较多的关键核心技术"卡脖子"难题，制约产业链供应链韧性和安全水平的提升。

综合之前的一系列分析可以发现，未来我国实施创新驱动发展战略和科技强国战略，加速经济发展由要素驱动向创新驱动转变，突破"中等收入陷阱"，实现创新发展和高质量发展，尽快进入高收入国家行列，其目标、任务和路径可以用图6-1描述。

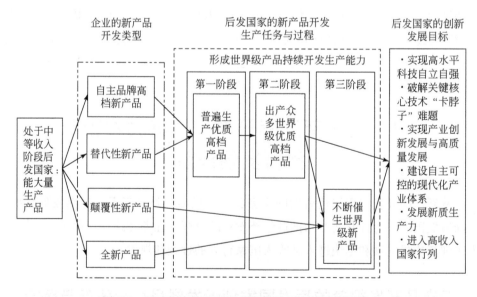

图6-1　基于新产品开发视角的后发国家创新发展模型

该模型表明，我国这样的后发国家未来创新发展的核心任务是要促进广大企业由主要采用低成本低价格产品发展战略向普遍实施差异化高档化产品发展战略转变，依靠科技创新着力加强自主品牌高档新产品、替代性新产品、颠覆性新产品和全新产品等各类新产品开发，在国家层面上尽快形成世界级产品的持续开发生产能力。这样不仅可以破解关键核心技术"卡脖子"难题，实现产业高质量发展，还可以实现高水平科技自立自强，建设自主可控的现代化产业体系，发展新质生产力，突破"中等收入陷阱"，进入高收入国家行列。

该模型还表明，按照创新发展规律，充分考虑创新发展的高度路径依赖性和能力累积性，一个国家增强新产品开发能力，是一个持续改进、不断积累和逐步提升的过程，往往需要经历若干发展阶段，跨越若干台阶，才能达成世界级产品的持续开发生产能力。

第一阶段，促进广大企业由主要实施低成本低价格产品发展战略向主要实施差异化高档化产品发展战略转变，不断增强新产品的开发动力和能力，努力开发各类新产品，由主要生产中低档产品向大量生产优质高档产品转变，显著提升产业发展质量。

第二阶段，在已经具备较强的优质高档产品开发生产能力基础上，继续努力开发生产世界级优质高档产品，不是个别和少数而是众多企业能像日本、德国的企业那样形成较强的世界级优质高档产品持续开发生产能力，大量出产世界级优质高档产品，使众多产业进入全球创新发展前沿，成为产业创新发展标杆。

第三阶段，着力催生世界级新产品，不断有企业能像美国的苹果、康宁、英伟达、OpenAI 等那样，持续催生能改变人类生产和生活方式的世界级新产品，成为全球众多重要新兴产业的策源地，不断培育发展新的产业，成为全球经济增长的强大动力源，引领全球众多产业的发展方向。

一个国家的广大企业能大量生产优质高档产品，往往就能显著提升产业和经济发展质量。一旦形成较强的世界级优质高档产品持续开发生产能力之后，即可实现产业高质量发展，破解关键核心技术"卡脖子"难题，实现高水平科技自立自强，建设自主可控现代化产业体系，进入发达国家行列，成为世界强国。如果达成较强的世界级新产品持续开发生产能力，往往会引领全球科技和经济发展方向，成为引领人类发展的世界主要强国。

总之，后发国家创新发展往往要经历能大量生产产品、能普遍生产优质高档产品、能出产众多世界级优质高档产品和能持续开发生产世界级新产品等多个不同的阶段，是一个艰难的不断改进提升的过程，很难一蹴而就。这其中，能够实现从大量生产产品到普遍生产优质高档产品的转变，也即意味着广大企业实现从低成本低价格产品发展战略向差异化高档化产品发展战略转变，具有基础性和战略性意义，面临较多的障碍和困难，需要新的产业和经济发展政策、制度和文化环境的配套支持。

2. 优质高档新产品开发生产与发展新质生产力之间的关系

发展新质生产力是推动我国高质量发展的重要着力点，是摆脱传统发展方式与传统生产力发展路径的必然要求，是突破"中等收入陷阱"进入高收入国家行列的必由之路。

新质生产力是创新起主导作用，摆脱传统经济增长方式、生产力发展路径，具有高科技、高效能、高质量特征，符合新发展理念的先进生产力质态。它由技术革命性突破、生产要素创新性配置、产业深度转型升级而催生，以劳动者、劳动资料、劳动对象及其优化组合的跃升为基本内涵，以全要素生产率大幅提升为核心标志。显然，科技创新是发展新质生产力的核心要素，科技创新与产业创新深度融合，是发展新质生产力的必然要求（黄群慧和盛方富，2024）。

科技创新的核心是运用科学研究催生的新知识和技术开发形成的新技术开发新产品，支撑引领经济发展和社会进步，开发新产品是科技创新的落脚点。产业发展是经济发展的基础，产业及其高质量发展依赖于开发附加值高的优质高档新产品，开发新产品是产业创新发展的出发点。科技创新与产业创新深度融合的直接体现是开发生产新产品。加强优质高档新产品尤其是世界级产品的开发生产是发展新质生产力的有效途径。

开发生产优质高档新产品凸显新质生产力的高科技特征要求。当今世界科技与产业发展的联系越来越紧密，开发优质高档新产品往往需要大量运用基于科学研究产生的新知识和技术开发催生的新技术，开发世界级优质高档产品和世界级新产品尤其如此。可以说，没有电磁学理论的发展就没有无线通信技术的发展和信息社会的来临，没有量子力学理论的发展不可能发展半导体和集成电路相关产品与产业，优质高档新产品特别是世界级产品蕴含极其丰富的知识和技术，具有显著的高科技特征。开发生产优质高档新产品可以将先进科技成果转化为现实生产力，推动生产力向更高级、更先进的质态演进，发展壮大新质生产力。

开发生产优质高档新产品凸显新质生产力的高效能特征要求。新产品开发与产业高质量发展的关系表明，开发生产自主品牌高档新产品、替代性新产品、颠覆性新产品和全新产品，会深刻重塑生产力基本要素配置方式与组合，实现生产要素创新性配置，不仅可以支持传统产业转型升级，还可以促进具有创新活跃、技术密集、价值高端、前景广阔等特点的战略性新兴产业和未来产业的发展壮大，实现要素资源的更高效配置和更高质量利用，从根本上改变现有的生产函数，拓展全社会的生产可能性边界，加速推动产业结构向更高端、更智能、更绿色等方向发展，引起生产方式的极大改进和全要素生产率的极大提升，带来生产力的效能跃迁。

开发生产优质高档新产品凸显新质生产力的高质量特征要求。创新型国家与国际产业科技创新中心的建设发展历程和经验均表明，一个国家的经济发展水平高，往往是因为这个国家具有很强的优质高档新产品尤其是世界级产品开发生产能力，国际著名产业科技创新中心具有很高的发展质量，也是因为其具有很强的世界级优质高档产品和/或世界级新产品持续开发生产能力，开发生产优质高档新产品尤其是世界级产品是发展先进生产力、实现经济高质量发展的有效途径。同时，通过开发生产优质高档新产品，还可以提升高品质、高性能、高可靠性、高安全性、高环保性产品的供给能力，更好满足高端化品质化差异化的市场需求，推动实现国民经济良性循环，将超大规模市场优势切实转化为经济发展优势，提升经济社会发展的质量水平。

总之，开发生产优质高档新产品尤其是世界级产品与发展新质生产力具有高度的一致性，充分体现其特点是创新、关键在质优、本质是先进生产力的要求，有效彰显其高科技、高效能、高质量的特征。加强优质高档新产品尤其是世界级产品的开发生产，可以强有力地带动新质生产力的发展。

3. 世界级新产品开发生产与国家经济发展水平之间的关系

工业革命的历史表明，历次工业革命得以发生，核心是相关国家开发出了带动性很大、渗透性极强的世界级新产品。如第一次工业革命的蒸汽机，第二次工业革命的发电机、电动机和内燃机，第三次工业革命的计算机、互联网等。这些世界级新产品的开发生产，使得它们的主要策源国即英国、德国、美国快速崛起成为世界主要强国。可见，形成强大的世界级产品尤其是世界级新产品开发生产能力，是建设世界强国的有效途径和必由之路。

有研究统计了从 1800 年到 2017 年重要技术发明和世界级新产品在不同国家的产出情况（表 6-1）（杰克·查罗纳，2014），可以分为五个层次：处于第一层次的美国以 409 件遥遥领先；第二层次是英国，超过 100 件；第三层次是德国和法国，介于 40～70 件；第四层次是俄罗斯、瑞典、瑞士和日本等国家，在 10～15 件之间；第五层次是中国这样的后发国家，有极个别的产出。将代表性国家的世界级新产品尤其是人均世界级新产品开发数量与人均劳动生产率、人均 GDP 之间的关系进行分析，可以发现，除俄罗斯等极个别国家之外，呈现出高度的正相关性，一个国家的人均世界级新产品产出越多，人均劳动生产率和人均 GDP 也越高，经济发展质量也越优。可见，建设经济强国，应该大力增强世界级新产品的持续开发生产能力。

表 6-1　1800～2017 年重要技术发明和世界级新产品产出分布情况（合计 737 件）

排序	国家	独立开发	合作开发	总计	2022 年人均劳动生产率（万美元/人）	2022 年人均 GDP（美元/人）
1	美国	401	8	409	15.0	76329.6
2	英国	107	3	110	9.0	46125.3
3	德国	61		61	9.2	48718.0
4	法国	44	4	48	8.8	40886.3
5	俄罗斯	14	1	15	2.5	15270.7
6	瑞典	15		15	10.6	56373.8
7	瑞士	8	2	10	16.3	93259.9
8	日本	8	2	10	6.1	33823.6
23（并列）	中国	1		1	2.3	12720.2

历次工业革命的发生发展历史还表明，全球范围一段时间内世界级新产品的产出具有高度的集聚性，集中产出于全球极个别国家。第一次工业革命期间世界级新产品产出高度集中于英国，第二次工业革命期间主要产自德国、英国、法国、美国等国家，第三次工业革命更加高度集中于美国。可见，世界级新产品的产出有显著的特点，需要充分考虑其特点和规律增强世界级新产品的持续开发生产能力。

6.2 世界级产品的催生主体和产生途径

后发国家加快产业创新发展和高质量发展，突破关键核心技术"卡脖子"难题，核心是要加强新产品开发，尽快形成世界级产品的持续开发生产能力。世界级产品类型多样，既涉及市场产品，也涵盖公共产品，不同类型世界级产品的开发过程和形成途径明显不同，现从催生主体和形成过程及其相结合的角度揭示世界级产品的产生途径（仲伟俊等，2022b）。

1. 世界级产品的催生主体：政府与市场

一般而言，世界级产品有两类催生主体：一类是政府；另一类是企业，还有少量涉及社会组织或个人，归纳起来统称为市场。典型案例分析发现，不同类型世界级产品的催生主体不尽相同。

所谓政府催生世界级产品，是指在国家战略目标驱动下，服务于公共需求，主要依靠财政资金投入，由政府部门集成各方面的优势力量开发的世界级产品。现实表明，相当一批世界级产品由政府催生，如美国开发的原子弹，英国发明的雷达，德国研发的导弹，中国成功开发的"两弹一星"、"奋斗者"号深海载人潜水器、天宫空间站等都是如此。

同时，市场和企业也催生了大量的世界级产品。例如荷兰阿斯麦公司生产的 EUV 光刻机、美国甲骨文公司的 Oracle 数据库、美国 Synopsys 公司的集成电路设计软件等都是典型代表。可见，政府和市场均是世界级产品的重要催生主体。

2. 世界级产品的形成过程：事先谋划催生和事后逐步达成

众多案例表明，不同类型世界级产品的形成过程不尽相同，一般有两种类型的过程，分别是事先谋划催生和事后逐步达成。

事先谋划布局直接催生世界级产品，是从重大战略目标和需求出发，以直接产生世界级产品为追求，通过事先谋划布局和有计划组织实施直接产生。例如，海洋是人类生命的起源，进入深海区域是探索生命起源和地球演化等重大科学问题的必由之路。同时，海洋蕴含着极其丰富的资源，是支持人类可持续发展的宝贵财富，开发和利用海洋资源成为海洋强国的必然战略选择。然而，深海环境具有无光、高压、水温低、地形复杂等特殊属性，进入深海的难度极大，开发深海载人潜水器的难度极高。从 20 世纪 50 年代开始，美国、俄罗斯、法国、英国和德国等世界主要国家都积极开发深海载人潜水器。基于我国服务于建设海洋强国的战略需要，20 世纪末开始在国家"863 计划"等国家科技计划的专项支持下，中国船舶重工集团有限公司 702 所牵头并联合国内约 100 家科研机构与企业联合攻关，开始了深海载人潜水器的研制，分别于 2012 年、2016 年和 2020 年成功研制 7000 米级的"蛟龙"号、4500 米级的"深海勇士"和 10000 米级的"奋斗者"，使我国在大深度载人深潜领域达到世界领先水平，直接催生了海洋领域的世界级产品（杨波等，2021）。

事后逐步达成世界级产品的过程是，首先产生的是一般性的产品，之后在实际应用中通过不断改进提升，逐渐发展成为相关领域一段时间内具有高度垄断性、不可或缺和无法替代的世界级产品。荷兰阿斯麦公司生产的光刻机就是其典型代表（牛媛媛和王天明，2020）。目前，全球光刻机市场被 3 家企业瓜分，阿斯麦以 75.3% 的市场份额占据绝对优势，日本的佳能、尼康分别以 11.3% 及 6.2% 位列第二、第三名。在市场主流的 DUV（深紫外光）技术光刻机中，阿斯麦以 89% 的占有率成为最大的市场占有者；而更先进的 EUV（极紫外光）技术光刻机，阿斯麦则是唯一的提供方，占据 100% 的市场份额。全球任何一家企业要生产当前最先进的如 7 纳米、5 纳米芯片，必须使用阿斯麦生产的光刻机。然而，阿斯麦是一家年龄不大的企业，于 1984 年由荷兰飞利浦公司与半导体设备代理商 ASM 国际合资成立。尽管公司成立不久即开发出了 PAS 2000 光刻机，但最初该产品的市场份额几乎是 0，企业一度濒临破产。21 世纪初，随着对集成电路集成度要求的提高，对更精细光刻机的追求越来越强烈。当时成绩并不亮眼的阿斯麦选择与台湾积体电路制造股份有限公司（以下简称台积电）合作，运用由台积电林本坚提出的浸入式光刻技术，于 2003 年成功研制出世界上第一台浸入式光刻机，2006 年推出第一台沉浸式批量生产光刻机，2007 年推出第一台 193 纳米浸入式系统。这一系列新产品的成功开发帮助阿斯麦的光刻机市场占有率迅速上升。与此同时，由于尼康、佳能等原有市场份额占有者仍然采用干式光刻技术，很难提升光刻精细度，市场份额急速下滑。2010 年阿斯麦又开发出全球首款 EUV 光刻机，全球光刻机寡头地位就此形成。上述历史表明，阿斯麦现有的市场领先地位并不是一步到位的，而是在激烈的市场竞争中通过约 20 年的艰辛努力，才将原先的一般性产品锻造成为具有高度垄断性的世界级产品。

3. 世界级产品产生的可能途径

一系列分析表明，世界级产品有两类催生主体，存在两种形成过程，将它们组合，可以形成四种世界级产品产生的可能途径（图 6-2）。

图 6-2　世界级产品产生途径

路径Ⅰ是政府驱动、事先谋划催生。这种途径非常典型，产生的世界级产品较多，国际上有美国曼哈顿计划研发的人类第一颗原子弹、苏联成功发射的第一颗人造地球卫星等，中国有"两弹一星"、天宫空间站、北斗导航系统和深海载人潜水器等。一般而言，公共产品技术创新领域世界级产品的产生主要基于这条路径。

路径Ⅱ是市场驱动、事后逐步达成。如荷兰阿斯麦生产的光刻机、美国甲骨文公司的 Oracle 数据库、美国 Synopsys 公司的集成电路设计软件等都是如此。实际上，市场产品技术创新领域产生的世界级产品，主要基于该路径。

路径Ⅲ是市场驱动、事先谋划催生。运用这种路径产生世界级产品的案例较少，但确实存在。例如，马斯克的美国太空探索技术公司（SpaceX）实施星链计划搭建的全球卫星通信系统和开发的火箭回收技术，直接瞄准的就是产生世界级产品，这些成果的产生主要依靠金融资本、企业和市场。

路径Ⅳ即政府驱动、事后逐步达成。如中国高铁的发展是在政府部门组织和协调下，通过引进消化吸收再创新，逐渐成为中国高端制造领域的亮丽名片，就是基于这种路径产生的世界级产品。

总之，世界级产品类型众多，不同类型世界级产品的催生主体和形成过程明显不同，世界级产品的产生途径较为多样。为此，后发国家加强世界级产品开发生产，既要重视发挥政府的作用，又要着力利用市场和企业的力量；既要注意通过有计划的事先布局产生，又要切实鼓励社会各方通过改进现有技术和产品实现。

6.3　后发国家产业发展赶超的过程与条件

后发国家依靠科技创新开发新产品，从能大量生产产品、能普遍生产优质高档产品再到能出产众多世界级优质高档产品和能持续开发生产世界级新产品转变，实质上不仅能加速自身的产业发展，还能增强产业发展的国际竞争力，缩小与先发国家的产业发展差距，乃至实现超越，达成产业发展赶超。为此，需要分析后发国家产业发展赶超是否可能？如果可能其赶超的条件和路径何在？

1. 后发国家经济与产业发展赶超的可行性

回顾世界经济和重要产业发展史，后发国家追赶乃至超越先发国家的故事经常上演（李俊江和孟勐，2017），德国、美国等国家都曾经成功实现过产业发展的后发赶超。美国过去曾是落后的农业国家，19世纪20年代美国经济开始起飞，1820年美国工业产值仅占全球总产值的10%，位列世界第三，人均GDP为英国的73.3%。经历40年的产业发展追赶后，1860年美国工业产值增长到占全球的17%，超越法国，仅位列英国之后成为世界第二。之后美国又继续经历了43年的追赶，1913年美国人均GDP达到英国的105.5%，成功超越英国，之后美国一直是世界第一的科技和经济强国。

历史还表明，也有些国家的后发追赶只是缩小了与先发国家的发展差距，未能达成超越。如20世纪50年代日本开始经济复苏和追赶，仅仅花费20年的时间就完成了先发国家上百年的发展历程，1973年GDP总量成为世界第二，仅位列美国之后，极大地缩小了与世界先进发展水平的差距，进入发达国家俱乐部。但直至今日，不管是经济总量还是人均GDP，日本仍未能达到美国的水平，未能实现超越。

总之，众多案例表明，后发国家经济和产业发展追赶甚至超越先发国家是可能的。当然，后发国家对先发国家实现经济和产业发展追赶与缩小发展差距的可实现性更高，达成超越的难度更大，需要具备必要的机遇和条件。

2. 后发国家产业发展赶超过程

对众多产业的研究发现，各个国家在某个重要产业一定发展阶段的地位和作用明显不同：有些国家尤其是发达国家的企业凭借产业创新、生产和市场营销能力、全球市场占有率等占据产业发展制高点，掌握产业发展主导权，处于行业发展领先者和引领者地位（Mowery and Nelson，1999）；有些国家尤其是后发国家的企业只能扮演次要角色，在产业发展中处于追随者的地位；还有些国家的企业甚至被排除在产业发展之外。后发国家为加速经济发展，需要充分利用劳动力、土地、资本等要素价格低、市场需求增长快等优势，通过技术学习和引进、承接先发国家的产业转移等途径发展新产业，加速产业发展追赶乃至超越。

一般而言，后发国家 B 的产业发展赶超先发国家 A 是一个复杂的过程（图6-3）（Lee and Malerba，2017）。首先，后发国家的企业需要努力进入新的产业，并采用技术跟随追随战略，通过引进消化吸收再创新，不断提升产品生产能力，逐步扩大市场份额。同时，通过干中学逐步积累经验知识，提高产品质量和技术水平，努力缩小与先发国家的产业发展差距。经过一段时间的跟随发展和形成一定的能力积累之后，再努力利用各种机会进一步提升产业发展质量，挑战先发国家的引领者地位，努力实现产业发展后来居上和超越，由追赶者成为并行者乃至领先者。

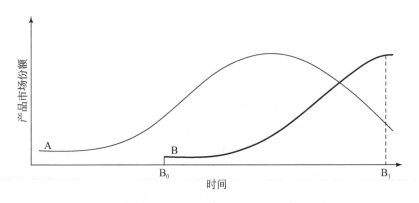

图 6-3　后发国家 B 产业发展赶超先发国家 A 的过程

具体而言，综合图 6-3 和图 6-4，先发国家 A 培育发展某新产业之后，后发国家 B 追随先发国家进入该产业发展有可能经历四个阶段：第一阶段是"进入"

阶段，后发国家通过利用劳动力、土地、资本等要素成本低、市场需求大且增长快等优势进入该产业，并在时点 B_0 开始生产产品。第二阶段是"追赶"阶段，该阶段后发国家 B 通过充分发挥要素成本低的优势，结合技术学习和积累，以产品成本和价格低的优势不断扩大市场规模，持续缩小与先发国家 A 的产业发展差距。第三阶段是"超越"阶段，如果产业发展出现机会窗口，并且后发国家能够有效响应而先发国家不能有效应对，后发国家 B 在该阶段有可能实现产业发展的超越，成为产业发展新的引领者。第四阶段是新的领先者"引领"产业发展阶段，该阶段产业发展新的领先者引领产业发展，原来的领先者成为产业发展的追赶者乃至被淘汰者。进一步地，产业发展一定阶段后有可能再出现新的产业发展进入者和竞争者 C，一段时间后有可能 C 成为新的产业发展引领者，B 成为产业发展的追随者乃至被淘汰者，如此循环往复。

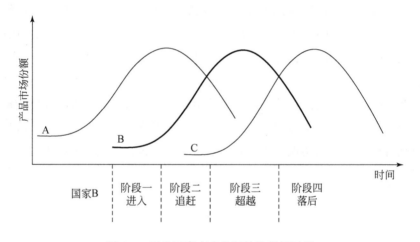

图 6-4　后发国家产业发展持续赶超过程

上述讨论的是后发国家产业发展的成功和标准赶超过程。Lee 和 Malerba（2017）通过典型案例分析认为，经常会出现标准赶超情形之外的四种变形。

第一种是夭折的追赶。后发国家作为追赶者未能从追赶阶段进入跨越阶段，止步于追赶阶段，之后停滞不前并逐步衰落。阻碍追赶者进入跨越阶段的障碍较多，常见的如追赶者无法持续学习和开发有较大价值的新产品，或者因为面临的是机会有限的机会窗口，无法获得必要的增长以超越领先者，如此等等。爱尔兰在软件行业追赶美国取得显著成效，但未能成功超越成为引领者。

第二种是原有领先者长期保持领先地位。面对新出现的产业发展机会窗口，原来的引领者能够快速和有效应对，不给追赶者以可乘之机，持续保持产业发展领先者的地位。韩国在存储芯片产业、日本在数码相机行业即长期保持领先者的地位。

第三种是原有领先者与新的领先者共存。后发国家通过产业发展赶超取得领先者地位后，与原领先者成为产业发展的共同引领者。这通常与技术投资回报率逐渐降低有关，各方在产业发展后期缺乏进行大规模技术投资排斥竞争者的意愿。这种情形出现在国际红酒产业，美国、澳大利亚、南非和智利等新的产业发展领先者与原有领先者即法国和意大利共享引领者的地位。

第四种是原有领先者回归。原来的领先者被追赶者超越和取代后通过努力又重新回归成为领先者。21 世纪初，意大利大幅夺回葡萄酒行业的市场份额、美国从日本夺回电子游戏行业的领先者地位是这种情形的典型代表。

3. 后发国家产业发展赶超条件——机会窗口

现实表明，后发国家实现产业发展追赶是不难实现的，但是要在追赶基础上实现超越，由追随和追赶者成为新的引领者是极其困难的。Lee 和 Malerba（2017）的系统研究表明，后发国家的产业赶超受到三个因素的影响：一是机会窗口；二是原有引领者的反应；三是追赶者的响应。

Perez 和 Soete（2015）构建了"机会窗口"概念，将其定义为新的技术经济范式出现在产业发展赶超中的作用。该概念表明，后发国家产业发展赶超在产业发展不同时期有不同的机会，当产业发展出现新的技术经济范式时，后发国家的产业发展赶超有更好的机会。相关研究还表明，后发国家产业发展赶超存在三种可能的机会窗口，分别是技术窗口、需求窗口和制度窗口。

技术窗口是指产业发展基于的基础性技术出现不连续和革命性变化引发颠覆性创新，给后发国家产业发展赶超带来的机会。例如，通信领域从模拟信号技术向数字信号技术转变、从基于电子通信技术向光通信技术转变，显示领域由 CRT 显示技术向液晶显示技术转变，如此等等，都意味着相关产业的基础性技术发生不连续和革命性变革，这会引发颠覆性创新，使得通信领域数字信号技术取代模拟信号技术、光通信技术取代电子通信技术、液晶电视技术取代 CRT 电视技术。在颠覆性创新过程中，后发国家企业响应得当，先发国家企业应对不当，后发国家有可能会由产业发展的追赶者转变为领先者。韩国存储芯片、巴西支线飞机等产业利用技术窗口实现赶超，是其典型案例。

市场窗口是指新的需求产生带来的机会。当新的需求出现时，原有的产业发展领先者由于在已有市场上已经取得很大成功，有可能让他们不能对新需求做出积极有效的响应，其产品不能很好适应新的市场需求，这为后发国家企业进入相关产业和实现追赶提供了机会。例如，智能手机产品和产业出现之后，苹果的产品质量很高但价格昂贵，不能适应广大发展中国家中低收入者的消费需求，我国的小米、vivo 等企业开发功能相对简单但价格也较低的智能手机产品，有效满足了众多中低收入国家消费者的需求，为我国智能手机产业发展追赶提供了机会，使得我国的智能手机产业得到较好发展。另外，许多产业存在典型的商业周期，每隔几年产业发展就可能出现繁荣和衰退的周期性变化，一些学者研究认为（Mathews，2005），产业发展的周期性也为后发国家的产业发展赶超提供了机会。一般认为，在产业发展的繁荣期，领先企业可以充分利用市场扩大的机会更好发展，繁荣期有利于领先企业发展。但是一旦产业发展进入衰退期，部分企业可能会被淘汰，这时想进入该产业的后来者和追赶者可以通过较低的价格收购和获取被淘汰企业的资源和能力，快速进入相关产业。可见，产业发展衰退期有利于新进入者和追赶者，也为后发国家的产业发展追赶创造了机会，成为市场窗口。

第三种机会窗口即制度窗口，是政府部门通过财政资金支持企业研发和新产品开发、出口退税促进产品出口、提高关税和绿色排放要求限制外国产品进口、利用补贴和以旧换新措施鼓励本国消费者消费产品、放宽产品进入市场的限制条件等政策举措促进产业发展带来的机会。众多研究表明（Malerba and Nelson，2012），这一系列政策举措可以显著增强本国企业发展相关产业的优势，增加他国企业尤其是先发国家企业的劣势，为后发国家的产业发展追赶创造了更好的条件。

后发国家的产业发展赶超，有可能面临一个机会窗口，也可能同时出现两个甚至三个机会窗口。例如，新能源汽车等新技术的出现会导致相关国家为加快发展新能源汽车产业发展出台众多的促进政策，使得技术窗口和制度窗口同时出现，促进产业发展和赶超。再如，智能手机诞生之后，不仅带来技术窗口，还形成了新的需求，引发政府相关部门的关注和出台促进政策，使得技术窗口、市场窗口和制度窗口几乎同时呈现。

分析典型案例不难发现，三类机会窗口给后发国家的产业发展赶超带来的机遇明显不同。市场窗口和制度窗口可以让后发国家更好地实现产业发展追赶，显著缩小与先发国家在产业发展规模与质量上的差距。技术窗口呈现时，后发国家企业通过开发颠覆性新产品和全新产品，不仅有可能缩小与先发国家的产业发展差距，还有可能实现产业发展超越，成为重要产业发展新的领先者和引领者。可见，形成世界级新产品的持续开发生产能力，对后发国家的产业发展赶超尤其是超越具有特别重要的意义。

4. 后发国家产业发展赶超条件——追赶者的响应与领先者的应对

当产业发展过程中出现新的机会窗口时，后发者能否充分利用机会窗口实现产业发展追赶乃至超越，还与追赶者的响应与先发者的应对密切相关。显然，追赶者的机会识别能力、技术学习和创新能力、市场营销能力等越强，响应能力会越强，响应速度会越快，越有利于其利用机会窗口实现产业发展的追赶乃至赶超。同时，先发者的反应越迟钝，应对越不当，追赶者成功赶超的可能性也越大。

众多研究认为，产业发展机会窗口尤其是技术窗口出现时，领先者相比追赶者要作出快速有效的应对面临更多的困难，存在"领先者陷阱"，有可能使领先者成为落后者乃至失败者。领先者很难快速有效应对产业发展技术窗口有多方面的原因：首先，当技术窗口出现时，领先者一般倾向于固守现有技术，这是因为他在现有产业技术上已经进行了大量的投资，积累了强大的能力，总是希望更充分利用其投资和能力，会使其一再拖延关注和研发应用新技术；与领先者相反，追赶者在原有技术上的投资很少甚至没有，可以更自由更积极选择开发运用新技术。其次，由于领先者在原有技术开发运用上取得了很大成功，容易满足于现有成功，忽视新技术带来的新机会，掉入固守原技术的陷阱，一再拖延使用新技术；追赶者也不会有这方面的相应障碍。最后，新技术出现初期往往成熟度低，产品的可靠性一致性差，使用体验不佳，市场风险高，领先者运用原有技术和销售原有产品不存在这些问题，使得其很难有积极性在技术窗口出现早期即积极运用新技术，形成不利于领先者但有利于追赶者的"创新者困境"（Christensen，1997）。

总之，当产业发展出现技术窗口时，众多原因会使得追赶者能比领先者作出更快速更有效的响应，领先者面临"领先者陷阱"，追赶者有机会成功超越原来的领先者成为产业发展新的引领者。

6.4 存储芯片产业发展的追赶和超越

芯片产业是当今最为重要的产业之一。芯片包含处理器芯片、存储芯片和传感器芯片等多种类型，处理器芯片用于数据处理和计算，存储芯片用于储存数据，传感器芯片用于感知并传递各种物理量。自从20世纪50年代芯片产业诞生以来，与其他芯片的产业发展领先者一直是美国不同，存储芯片产业发展的领先者经历了多次变化。早期该产业的培育和领先者是美国，之后日本企业追赶美国于1984年成功超越成为新的领先者，韩国企业追赶日本又于1996年实现超越成为新的引领者，并至今一直保持其引领者的地位。目前全球存储芯片产业的主导企业包括韩国三星、SK海力士，日本的东芝、铠侠、日立、NEC，美国的美光、英特尔等。

回顾全球存储芯片产业的发展历程，先后经历了后发国家的两次追赶和超越，但自从韩国成为引领者之后其领先地位一直得以保持，未再被超越。为此，可以基于后发国家产业发展赶超条件分析全球芯片产业发展两次追赶和被超越的原因与策略，剖析韩国能够一直保持引领者地位的原因（Shin，2017）。

1. 日本对美国存储芯片产业发展的追赶和超越

与钢铁、纺织等传统产业的基础技术长期稳定不同，芯片行业是技术发展快速、每隔3~4年就可能出现颠覆性新技术、需要不断推进技术更新换代的产业。因此，该行业的企业必须持续大量投资新技术和新产品开发，进行生产工艺和设备更新。自从20世纪50年代半导体和芯片产业诞生以来，日本NEC、富士通、日立、东芝等企业与日本相关政府部门协同，在这些产业积极追赶美国，努力缩小技术和产业发展差距，取得了很大的成功。

日本追赶美国聚焦的重要领域之一是存储芯片产业，特别是动态随机存取处理器（DRAM）芯片，它是芯片行业资本最集中的领域。早期日本采用的追赶战略是努力缩小自己产品与美国产品性能质量之间的差距。但是采用这一战略，日本企业经历了一轮又一轮的挫败，因为每当日本企业通过技术跟随模仿努力追赶快要逼近对手水平时，美国企业很快推出新一代产品，又拉大两者之间的差距，日本需要启动新一轮的追赶。例如，日本企业通过追赶缩小了与美国 1K 的处理器差距时，美国推出 4K 的 DRAM 芯片，继续保持领先；当日本再次追赶马上就要生产出 4K 的 DRAM 芯片时，美国又以新研发出的 16K 的 DRAM 芯片再次继续领先。

经历多次挫败之后，日本改变其在存储芯片产业的技术和产业发展追赶战略，强调"为下一代计算机开发芯片"。它不仅着眼于在当代技术上追赶领先者，而且同步开发下一代新技术和新产品。该战略的实施使日本几乎和美国同时开发出下一代的 64K 存储芯片。但是相比美国，日本企业的产品质量更高，成本更低，以此打败了美国企业，英特尔公司等美国企业只能放弃它们的 DRAM 芯片业务。到 20 世纪 70 年代末期，日本在全球存储芯片市场的占有率超过美国，成为产业发展新的引领者。

日本后来居上超越美国成为存储芯片产业发展新的领先者，与其企业同时开发出 16K 和 64K 的 DRAM 芯片，将两个开发阶段"压缩"为一个阶段，使得追赶者和领先者能够同步出产最新一代产品密切相关。日本企业在产业发展追赶过程中并没有"跳过"或者不重视 16K 的 DRAM 芯片开发生产。同步出产最新产品的情形下日本能够超越美国，成为产业发展的领先者，主要因为其生产的 16K 的 DRAM 芯片质量更高价格更低，之后日本通过生产工艺创新使得 64K 的 DRAM 芯片也质量更高价格更低，进一步巩固了产业发展的领先地位。可以说，日本的芯片产业发展追赶更多靠产品开发，实现超越更多的是工艺创新发挥作用。

归纳起来，日本存储芯片产业发展能够赶超美国，有如下几个方面的原因。

首先是因为日本能大量投资于芯片产业发展。日本在半导体产业的投资在整个 20 世纪 70 年代都比美国有更快的增长速度。1973 年第一次中东石油危机后，美国芯片企业大幅减少了对新技术和新产能的投资，日本企业不同，利用独特的财团力量继续大量投入，1983 年日本企业在半导体行业的总投资超过美国。

其次是日本企业具有很强的产品批量化生产能力。第二次世界大战之后日本在几乎所有重要产业积极追赶美国，与其展开竞争，形成了强大的产品批量生产能力，这种能力对存储芯片产业发展发挥了重要作用。

再次是存储芯片作为重点产业发展得到重点支持。日本的财团往往实现多元化经营，可以将其他产业的赢利转移用于支持重点产业发展。日本存储芯片产业的发展，很大程度上得益于相关企业将其他产业领域的赢利用于支持存储芯片产品开发生产。

最后是出现了技术窗口和"领先者陷阱"。芯片产业在20世纪70年代末期出现了颠覆性新技术,需要实现芯片生产从3英寸向5英寸转变。在此过程中,企业需要采用新的生产工艺和设备,需要大量新的投入,美国存储芯片行业的企业陷入"领先者陷阱",给日本企业赶超提供了机会。

2. 韩国对日本存储芯片产业发展的追赶和超越

韩国于20世纪60年代中叶开始涉足芯片产业,主要利用了当时的美国芯片企业正在将装配等芯片产业链低端环节向东亚转移的机会。由于当时韩国与美国乃至日本之间存在巨大的产业发展技术差距,芯片产业发展主要发挥的是韩国拥有大量廉价劳动力的优势,从事产品组装等劳动密集型工作,产业发展需要的设备、原材料和技术100%由跨国公司提供,装配的产品100%由跨国公司通过其销售网络出口。此阶段韩国芯片产业发展与韩国其他产业发展没有联系,完全处于"孤立发展"状态,这也是后发国家相当一部分产业发展初期的常态。

进入20世纪80年代,随着韩国一些大财团积累的管理经验和拥有的技术资源越来越丰富,在电子消费品等领域的批量生产能力越来越强,见证了日本在储存芯片产业成功超越美国之后,韩国也想模仿采用类似策略。韩国一些财团开始大规模投资芯片行业,并在1984年成功生产出第一个64K商业化DRAM芯片产品,韩国的芯片产业发展进入新阶段。之后韩国一直努力缩小与领先者的差距,1992年三星电子成为全球DRAM芯片生产的领头企业,1999年韩国超过日本成为全球第一大储存芯片生产国,之后几乎一直保持领先者的地位。

韩国存储芯片产业发展的赶超战略可以说是日本赶超美国战略的翻版。首先,韩国芯片产业发展赶超采用"集中力量打歼灭战"的战略,初期主要集中于DRAM芯片的研发生产,与日本企业所采取的战略一致。其次,在迅速缩小与领先者之间的差距之后,韩国企业采取并行追逐战略,同步研发4M和16M的DRAM芯片。最后,韩国企业通过努力提升产品批量生产能力,以提升产品质量和降低生产成本实现超越。三星公司只用两年就实现16M的DRAM芯片量产,其竞争对手花费三年时间才得以量产,这使得三星在1991年成为全球第一个量产16M的DRAM芯片的企业。

虽然韩国在存储芯片产业的总体赶超战略与日本相似,但由于国情不同,细节方面也有诸多不同。

第一，韩国企业比日本企业更加注重 DRAM 芯片的制造，不太重视芯片生产设备的开发。日本企业积极通过国产设备发展存储芯片产业，国外设备进口率从 1976 年的 70%~80% 降到 1980 年的 50% 左右。但是韩国甚至到 1989 年成为主要的 DRAM 芯片生产国，其设备进口率依然高达 97%，原料进口率高达 90%。日本可以同时从事 DRAM 芯片及其生产设备制造，主要因为日本已经拥有了相对齐全的工业体系和相对发达的工业基础，但韩国这些方面仍然明显不足。

第二，韩国的 DRAM 芯片生产企业相比日本企业更加依赖于产品出口。日本芯片产业发展初期主要满足的是国内市场需求，依靠的是国内市场，随着生产能力的提升其出口占比才逐渐增长。韩国芯片产业起家于几乎为零的国内市场，直到 1989 年其产品的 90% 还是用于出口。韩国存储芯片产业发展高度依赖国际市场，是因为下游的计算机等产业未能得到较好发展，未能在国内形成有效的需求拉动，这实际上是韩国芯片产业发展面临的劣势和挑战。

第三，韩国存储芯片产业发展赶超不是政府干预而主要是企业敢冒风险持续大量集中投入的结果。总体上看，韩国政府相比日本更多地干预产业发展，韩国的实力也导致一般认为其更需要政府支持芯片产业发展。然而，韩国存储芯片产业发展并不是如此，实际上是一个例外。三星公司率先对存储芯片产业大规模投资，主要基于企业家的愿景和追求，韩国政府早期对三星的行动甚至持怀疑态度。

20 世纪 80 年代初期，韩国政府的总体经济政策是"保持稳定"，主要想解决的是"产能过剩"问题，政府对大规模投资计划缺乏热情。同时，公共研究机构韩国发展协会向政府相关部门提交的秘密分析报告认为，只有当一个国家的人口超过 1 亿、人均 GDP 超过 10000 美元、国内需求超过一半的芯片产品产量时，发展芯片产业才有可能。按照此标准，当时亚洲只有日本能够发展芯片产业，韩国不具备必要的基础条件。韩国政府经济部门的一名高层私下评价三星的行动"这可能是李秉喆先生的第一次商业败绩"。

然而，三星公司完全不赞同如此认知。李秉喆阐述了他的想法：如果韩国企业仅仅像现在这样只有装配业务，韩国的芯片产业不可能在世界市场上生存。其他商业集团如现代和 LG（当时还叫 Goldstar）也基于相同的想法紧随三星之后投入芯片产业，韩国政府之后才运用产业规划等扶持芯片产业发展。但不可否认的是，参与国际存储芯片产业竞争的雄心最初来源于私人部门，特别是财团。

韩国部分财团能够自主决策大量投资发展芯片产业，是由于韩国财团和日本财阀在产权方面有本质的区别。日本财阀是由专业经理运营的松散联盟，它缺乏强有力的中央协调机构，很难很快集中力量办大事。韩国财团的权力集中在上层，所有权归家族所有，一旦作出战略决策，财团能够快速行动并以很大的决心和毅力集中投入。这也许能够解释为什么与日本相比，规模较小实力较弱的韩国企业能在没有明显的政府支持情况下还能在存储芯片产业直接与他国领先企业竞争。通过将资金高度集中使用，持续投入到芯片产业的有限领域，在长期的投资竞赛中保持优势，是韩国存储芯片产业发展能够赶超日本的重要原因。20 世纪80 年代韩国存储芯片产业的投资增长率长期保持在 50% 以上，1989 年韩国芯片生产设备投资接近世界总投资的 20% 。

第四，采用了更加超前和有效的技术追赶战略。韩国在存储芯片产业开始追赶日本时，芯片产业发展面临复杂的重大技术变革：一是芯片生产尺寸面临从 6英寸到 8 英寸的重大改变；二是需要在芯片生产的刻蚀技术与堆叠技术两者中做出选择。面对艰难的技术选择，三星分析日本的经验发现，大尺寸芯片的生产效率更高成本更低，决定大力投资采购 8 英寸设备生产 DRAM 芯片。对刻蚀技术和堆叠技术的选择更加困难，因为两种技术各有利弊，而且当时的几大领先生产商在两种技术的选择上也有很大不同，东芝和日本电气公司（当时的第一和第二大DRAM 芯片生产商）均选择了刻蚀技术。但三星跟随日立公司选择了堆叠技术，这是基于鏨刻技术虽然质量稳定但在缩小芯片尺寸方面困难较大的判断。韩国现代公司和 LG 之后也都选择了堆叠技术。如此的技术选择对三星于 1993 年成为世界第一大储存芯片生产商至关重要。虽然 8 英寸芯片的生产设备投资比 6 英寸高出 1.4 倍，但是生产效率高出 1.8 倍。另外意想不到的是，当时国际芯片产业正处于衰退期，设备供应商为鼓励生产企业积极试用新设备而提供大幅折扣。这样，三星 8 英寸生产设备的实际投资只比 6 英寸高出 1.2 倍，使得投入产出效率更高。

韩国的存储芯片产业发展成功赶超日本，可以看作为"领先者陷阱"与追赶者有效响应的紧密结合。20 世纪 80 年代末期，芯片行业普遍认为 DRAM 芯片的利润率会越来越低，而且会受到价格浮动的显著影响。日本的存储芯片生产企业开始寻找新的增长领域，对 ASICs 芯片进行大量投资，期望通过发展新的领域带来更高的边际利润，提升发展的稳定性。这使得日本企业面对韩国企业在DRAM 芯片领域的竞争不以为然，在向 8 英寸转型以及在刻蚀与堆叠技术的选择上比较保守。

然而，从韩国企业的角度看，他们恰好在存储芯片产业发展低潮时进入，现在无路可退，因为已经进行了大量投资。而且作为日本和美国的芯片产业发展追赶者，也不可能从存储芯片产业抽身再去投资其他芯片的研发生产，只有在 DRAM 芯片产业生存和发展才是上策。三星和其他韩国企业采取了更为激进的技术研发战略，并尽一切可能提升低成本优势。这也表明，在技术发展方面，追赶者的有效技术选择比领先者开辟新的技术机会窗口可能发挥更大的作用，带来更好的成效。

3. 韩国在存储芯片产业长期保持发展优势的原因

1993 年之后全球存储芯片产业发展的领先者再未变化，韩国一直处于全球引领者地位。从企业角度看，韩国三星、SK 海力士等的存储芯片研发生产能力一直名列全球前茅。为什么上个世纪全球存储芯片产业发展引领者不断变化的情况在本世纪再未出现？如何保障产业发展的持续领先？这也可以从机会窗口、引领者的反应和追赶者的响应等相结合的视角予以解释。结合韩国三星公司的具体情况分析，可以发现有如下几个方面的原因：一是强大的投资能力；二是产能和工艺创新能力的提升；三是闪存的出现和显著的"规模经济"效应；四是有利于领先者的技术标准数量的快速增长。

1）强大的投资能力

三星能够取代日本企业成为存储芯片产业的全球领先者，很重要的是依靠其强大的投入能力，一方面较早完成 8 英寸芯片生产设备的投资，较早实现芯片生产从 5 英寸到 8 英寸转变；一方面是选择了合适的更有发展前景的芯片生产刻蚀技术。三星强大的投资能力不仅帮助其巩固而且不断提升其领先地位。有数据表明，1987～1992 年，三星在存储芯片产业的平均投资回报率为 39.8%，几乎是行业平均水平的两倍。1988～1991 年，三星在存储芯片产业的年均投入是 3.96 亿美元，是日本投资最大的东芝公司的 2.3 倍，是日本四大存储芯片生产企业（东芝、日立、富士和日本电气公司）平均投资水平的 2.8 倍。

1993 年三星成为世界第一大芯片生产商之后，虽然投资回报率已明显下降，只有 23.2%，但其仍继续大量投资于设备更新和研发活动，相比竞争对手其投资大的优势更加明显，并随着时间的推迟优势越来越大。1993～2000 年，三星在存储芯片产业的年均投资额为 11.34 亿美元，是日本四大存储芯片生产企业平均投资额的 4.7 倍。

三星 20 世纪 90 年代末期的大规模投资，与芯片生产从 8 英寸向 12 英寸转变密切相关。与韩国利用芯片生产从 6 英寸向 8 英寸转变的机会超越日本不同，三星没有陷入"领先者陷阱"，且比追赶者更早研究更大尺寸的芯片生产设备。三星成立了一个特别任务小组，从 1997 年就开始试用新设备，这比竞争对手早 4～5 年。在 12 英寸芯片生产技术成熟到满足要求时，三星立即向供应商抛出了巨额订单。虽然 12 英寸生产设备比 8 英寸生产设备的投资高出 1.7 倍，但是芯片生产能力高出 2.3 倍。作为新设备的第一个批量订购商，三星还获得了很大的优惠，将 12 英寸芯片生产设备投资降到 8 英寸的 1.3 倍。2001 年三星开始量产 12 英寸芯片，进一步拉开了与竞争对手的差距。

三星还大量投资于研发活动，早期其采用并行研发战略同时研发两代产品，成为行业领先者之后更是同时研发三代产品，在 16M 的 DRAM 芯片研发有所进展后即开始研发 64M 的 DRAM 芯片，之后又开始研发 256M 的 DRAM 芯片，而这时 16M 的 DRAM 芯片还未能规模化生产。这种并行研发策略对其来说是可行的，因为三星有自己的芯片生产线，能够将开发和生产紧密结合起来，让研发能从生产过程中获得大量极其有价值的信息，这有助于节约资源，减少下一代产品的开发时间，还使其能尽早研发下下代产品。

2）产能和工艺创新能力的提升

三星强大的投资能力使其能比竞争对手更快提升产能和扩大生产规模。在芯片等行业，产品成功研发并开始销售初期，消费者往往愿意支付高溢价，产品定价可以较高，企业能够快速扩大生产规模，更早以更大规模将新产品推向市场，可以获得更高的利润，这对增强企业竞争力至关重要。产能提升需要购买大量昂贵的生产设备，需要较短时间内的强大投资能力。如果一家企业在设备投资方面领先于其他企业，这也意味着其能比竞争对手更快建立规模生产体系。1993 年前后三星对领先者的成功赶超，很大程度上归功于其强大的快速产能提升能力。

三星在 1989 年开始生产 4M 的 DRAM 芯片时，意识到需要加快提升产能，至少能够与日本企业不相上下。开始生产 16M 的 DRAM 芯片时，三星的产能优势明显显现。虽然东芝公司在 1989 年开发出了 16M 的 DRAM 芯片样品，比三星公司稍早，而且该样品比三星产品的运行速度明显更快，但是三星1991年成为第一家批量生产16M的DRAM芯片企业，抢得市场先机。同样的情况在NAND闪存的生产上重复出现。东芝开发新一代NAND闪存比三星早，但三星比东芝更快实现产品的规模生产。有三星高管曾说："三星的产能提升能力是我们的竞争对手最感到困惑和好奇的竞争优势"。普遍认为，三星强大的快速产能提升能力与他独有的能将研发和生产体系紧密结合密不可分。

第一，三星让从"产品设计到量产"过程中每个阶段的工程人员全部参与产品研发，实现研发和生产一体化。这有助于信息共享，使得研发和生产过程中的各类问题更早发现和更快解决，提高了产能提升速度。许多在生产过程中可能遇到的工程问题在研发阶段就能被发现和解决，研发过程中了解产品生产相关的知识也有利于减少研发时间。能够有效实现研发和生产一体化，得益于三星是世界上唯一一个在同一地点进行设计和生产芯片的企业。

第二，三星成功构建了一种被称作"三星风格的特别任务组"，使得其能并行发现和解决生产过程中出现的问题，形成了很强的快速解决问题的能力。一般企业出现生产技术问题之后，往往先检查是否在某个区域，如果没有再去检查下一个区域，直到发现问题为止，采用的是串行检查方法。三星开发了独有的并行检查方法，首先确定生产技术问题可能出现在哪5个区域，然后同时并行检查这5个区域，显著加快了发现和解决问题的速度。

第三，三星成功开发了利用中试线检验产品成品率的系统。芯片生产通常需要在产品量产后才能了解产品的合格率。但三星成功开发了一个系统，能够在产品开发阶段就大致估计新产品的合格率，并解决产品设计等方面可能存在的问题。由于拥有这个系统，三星于2001年开始量产12英寸芯片时，很快达到接近"黄金合格率（80%）"的产品合格率，这在当时简直不可想象。

第四，三星公司的技术创新和量产能力相结合支持其形成了很具创新性的微制造生产技术，使得其能够明显缩小芯片尺寸，显著提高生产效率。芯片产业发展早期需要电路密度和设计规格的严密契合。例如，266K的DRAM芯片只有采用1.1微米宽度的芯片设计规格才能够生产，1M的DRAM芯片只有采用0.7微米宽度的芯片设计规格才能够生产。然而，从20世纪90年代早期开发64M的DRAM芯片开始，三星就考虑能否将64M的DRAM芯片设计规格即0.35微米宽度运用于16M的DRAM芯片设计生产，使得生产16M的DRAM芯片由0.42微米宽度的设计规格降低为0.35微米的设计规格，以此缩小芯片尺寸，提升产品生产率。三星的该理念得以成功实现，取得很大成功。1991 年三星生产的第一代 16M 的 DRAM 芯片大小为 126.7 平方毫米，1993 年成功量产的第二代 16M 的 DRAM 芯片只有 93 平方毫米，这强有力支持三星于 1995 年成为存储芯片产业的领先者。三星还于 1995 年底开始将 256M 的 DRAM 芯片的生产技术运用于第三代 16M 的 DRAM 芯片量产，该技术的运用使得第三代产品相比第二代生产率提升了 60%。三星微制造技术的运用和生产率的提升，使得其产品生产成本和价格显著下降，让竞争对手很难赢得与三星的竞争。

3）闪存的出现和显著的"规模经济"效应

20 世纪 90 年代初，三星察觉到了手机等移动终端设备市场的巨大发展机会，充分利用其作为全球最为多元化的芯片生产企业的优势，开始进入手机等移动终端设备市场。三星进军移动终端设备市场，闪存是其最主要的关注点。闪存的市场规模从 1995 年的 18 亿美元（占存储芯片市场的 3.5%）增长到 2005 年的 186 亿美元（占存储芯片市场的 38.3%），这是一个指数型的增长。到 2012 年，闪存超过 DRAM 芯片的市场规模，2013 年增长到 333 亿美元，占存储芯片市场的 49.7%。

在闪存产品领域，三星更加重视存储型快闪存储器而不是编码型快闪存储器，因为他认为前者在大众市场更有潜力。三星的技术选择再次成功，2000 年存储型快闪存储器的市场规模仅为 3.7 亿美元，占闪存产品市场的 3.5%，但到 2005 年它超过编码型快闪存储器的市场份额，2013 年增长至 289 亿美元，占闪存产品市场的 86.5%。三星能在存储型快闪存储器市场取得领导地位，要归功于他强大的工艺创新和快速量产能力。日本东芝公司常常是第一家研发出新一代存储型快闪存储器的公司，但是三星总能比东芝更早将产品投放到市场，并能持续增加市场份额。正如一位日本专家的刻薄评价："三星在剪刀石头布游戏中往往比它的对手后出手"。2002 年，三星成为储存型快闪存储器行业的第一名，由于手机等移动终端设备对闪存需求的爆炸性增长，2006 年闪存取代 DRAM 芯片成为三星的销售冠军。

三星能在闪存行业形成显著的竞争优势和取得很大成功，与其在 DRAM 芯片行业的积累和形成技术领先地位密切相关。这两类产品之间具有众多的相似性，三星很容易能将 DRAM 芯片的设计和生产工艺技术应用于闪存产品，并能充分利用 DRAM 芯片的生产设备生产闪存产品，大幅降低产品生产成本。总体上看，闪存比 DRAM 芯片有更低的集成度，过时的 DRAM 芯片生产线完全可以运用于闪存产品生产。因此，三星能够延长那些昂贵的 DRAM 芯片生产线的生命周期，更加高强度地利用这些投资巨大的生产线，其"规模经济"效应得到充分显现，反过来还使得三星具有更强的投资能力。

4）技术标准数量急剧增长

存储芯片产业发展早期，相关技术标准很少，领先者很难利用技术标准等手段阻挡追赶者。然而，20 世纪 90 年代开始，技术发展改变了存储芯片行业，DRAM 相关的技术标准大幅增加。20 世纪 90 年代初期，当 DRAM 和其他芯片在以 33 兆赫的频率运行时，关于指令和包装的技术标准只有约 10 个。然而，20 世纪 90 年代末，当 DRAM 的运行频率达到 100 兆赫时，相关技术标准数量呈现爆发性增长，仅第二代双倍数据速率 DRAM，即 DDR2，就有大约 330 个技术标准。

这种变化使技术领先者获益匪浅，他们能够直接参与起草标准或者在制定标准过程中发挥更大的影响力，能够更早了解技术规范和要求，能够比追赶者和竞争对手更早启动新技术和新产品开发，能够在激烈的竞争中持续占据主导地位。

综上所述，20 世纪 90 年代之后，韩国能在存储芯片产业持续保持领先地位，主要由于产能提升和机会窗口变化两个因素的综合作用。

第一，20 世纪 90 年代以来，一方面存储芯片产业技术标准数量快速增加，一方面闪存等新的存储产品的出现形成了更多的产品类型，带来更显著的规模经济效应，使得追赶者的机会窗口显著缩小，实现赶超的难度更大。如果追赶者仅仅在 DRAM 芯片行业竞争，日本追赶美国和韩国追赶日本的策略可以模仿借鉴，但是由于闪存等新产品的出现，追赶者想通过并行追逐策略只关注 DRAM 芯片很难获得成功，但是要同时在多类产品上发力难度很大，很难做到。

第二，韩国成功追赶日本，具有很强的投资和快速量产能力是很重要原因。在追赶阶段，即使追赶者的研发能力还比较弱，但可以通过建立强大的批量生产能力超越领先者。三星 20 世纪 90 年代末对 12 英寸芯片生产设备的大量投资，对其超越竞争对手日本发挥了很重要的作用。但是，韩国企业成为领先者之后，依然保持了卓越的量产能力，这也让追赶者的赶超更加困难。

总之，机会窗口的变化和产能提升能力的始终强大，使得韩国能够在存储芯片产业长期保持竞争优势，一直处于全球领先者的地位。韩国的经验表明，储存芯片是芯片行业最为资本密集型的领域，想要成功追赶乃至超越，并持续保持领先地位，具有强大的批量生产能力至关重要。量产能力的重要性似乎可以解释，在处理器等其他芯片实现设计和生产分离的情况下，存储芯片的设计和生产仍不分离而是一体化的原因。

4. 存储芯片产业发展的特点与启示

后发国家努力提升重要产业发展水平，着力缩小与先发国家的发展差距，并争取在适当时机实现超越和后来居上，是加速提升经济发展规模和质量的必然要求。全球存储芯片产业发展过程中日本首先超越美国、韩国接着超越日本的历程表明，后发国家利用技术窗口、市场窗口和制度窗口，实现产业发展追赶乃至超越是可能的。

同时，将后发国家新产品开发视角的创新发展分析模型与全球存储芯片产业发展历程对比可以发现，两者是一致的。后发国家推进产业发展赶超，首先应该充分利用市场窗口和制度窗口，通过加强自主品牌高档新产品和替代性新产品开发，大幅提升产业发展规模和产品市场占有率，显著缩小与先发国家在产业发展规模乃至质量上的差距。其次，后发国家可以充分利用产业颠覆性技术出现的技术窗口，加强颠覆性新产品和全新产品开发，并结合利用市场窗口和制度窗口，努力实现换道超车，不仅能实现产业发展追赶，还可能实现产业发展超越，成为产业发展新的引领者。形成较强的世界级新产品开发能力，是后发国家实现产业发展超越极其重要乃至不可或缺的支撑。

韩国的经验还表明，能将新产品很快实现低成本高质量规模化生产，具有很强的新产品规模化生产能力，对后发国家实现产业发展赶超具有重要价值，可以带来显著的优势。

6.5　本章小结

基于众多案例剖析和相关结论归纳提炼，可以从新产品开发视角构建统一的后发国家创新发展模型。运用该模型既能剖析后发国家当前创新发展面临的挑战，又能描述其未来创新发展的目标、任务和路径，充分反映后发国家的创新发展特点和规律。

该模型表明，我国这样的已经建立极为齐全工业体系的国家，之所以产业发展质量仍然不高，还面临较多的关键核心技术"卡脖子"难题，主要因为广大企业普遍采用的是低成本低价格产品发展战略，主要生产的是市场竞争极其激烈和附加值低的中低档产品，优质高档产品尤其是世界级产品开发生产能力缺乏，在全球产业国际分工中仍然处于产业价值链的中低端。

该模型也意味着，处于中等收入阶段的后发国家未来创新发展的核心任务，是要促进广大企业由主要采用低成本低价格产品发展战略向普遍实施差异化高档化产品发展战略转变，着力加强自主品牌高档新产品、替代性新产品、颠覆性新产品和全新产品等各类新产品开发，在国家层面上尽快形成世界级产品的持续开发生产能力。这样，不仅可以破解关键核心技术"卡脖子"难题，实现产业高质量发展，还可以实现高水平科技自立自强，建设自主可控的现代化产业体系，发展新质生产力，突破"中等收入陷阱"，进入高收入国家行列。

该模型还表明，后发国家创新发展往往要经历能大量生产产品、能普遍生产优质高档产品、能出产众多世界级优质高档产品和能持续开发生产世界级新产品等多个不同的阶段，是一个艰难的不断改进提升的过程。尤其要强调的是，形成较强的世界级产品尤其是世界级新产品持续开发生产能力，是建设世界强国的有效途径和必由之路。

世界级产品类型多样，开发途径也各有不同。从催生主体与形成过程相结合的角度分析可以发现四种可能的世界级产品开发途径：一是政府驱动、事先谋划催生；二是市场驱动、事后逐步达成；三是市场驱动、事先谋划催生；四是政府驱动、事后逐步达成。

后发国家推进产业创新发展，实际上是要缩小与先发国家的产业发展差距，乃至实现超越，达成产业发展赶超。国际上众多产业的发展历史表明，后发国家实现产业发展追赶乃至超越是可能的，通常要经历进入相关产业、追赶、超越等几个不同阶段，是一个复杂的过程。

后发国家能否成功实现重要产业发展的追赶乃至超越，由产业发展的追赶者成为新的引领者，通常受到三个方面因素的影响，要具备三个条件：一是出现了技术窗口、市场窗口和/或制度窗口等机会窗口；二是原来的产业发展领先者陷入"领先者陷阱"，不能有效应对机会窗口；三是追赶者能强有力地快速响应和有效利用机会窗口。

全球存储芯片产业发展经历了两次产业发展领先者的变化，第一次是1984年日本超越美国，第二次是1996年韩国超越日本。但自从韩国成为存储芯片产业发展的引领者之后其领先地位一直得以保持，未再被超越。对比新产品开发视角的后发国家创新发展模型与全球存储芯片产业发展历程可以发现，两者的含义是一致的。后发国家推进产业发展追赶与超越首先应充分利用市场窗口和制度窗口，通过加强自主品牌高档新产品和替代性新产品开发，显著缩小与先发国家的产业发展差距，加速产业发展追赶。接着，再充分利用产业颠覆性技术出现的技术窗口，加强颠覆性新产品和全新产品开发，实现产业发展超越。

第7章　新产品开发与新型举国体制和"揭榜挂帅"制度

世界级产品和关键核心技术极其复杂，开发难度极大。从全球看，世界主要国家普遍运用举国体制和"揭榜挂帅"制度等推进世界级产品开发与关键核心技术攻关，我国"两弹一星"、天宫空间站、高速铁路和深海载人潜水器等的成功开发，20世纪中叶美国推进的曼哈顿工程和阿波罗计划等是其典型代表。举国体制和"揭榜挂帅"制度是开发世界级产品和突破关键核心技术的有效途径。改革开放以来，我国经济体制发生了巨大变化，实现了从计划经济向市场经济的重大战略转变，需要运用新型举国体制。本章首先讨论传统举国体制的特点及新形势下面临的挑战。其次界定新型举国体制的概念、适合的运用领域及特点，剖析市场机制在新型举国体制中可以发挥的作用。再次介绍运用新型举国体制开发深海载人潜水器的目标和过程，诠释新型举国体制运用过程中总承包单位和配套参与单位的遴选方式以及成果扩散与运用方式。最后分析"揭榜挂帅"制度的实际运用方式，明确其科学运用的体制机制要求。

7.1　传统举国体制的形成及特点与挑战

我国的举国体制经历了长期的发展和演变过程，其运用取得了很大成效，但新时代也面临诸多挑战（仲伟俊，2023b）。

1. 传统举国体制的形成及特点

举国体制在我国诞生于20世纪50年代，在科技创新、产业发展、竞技体育等众多领域得到较为广泛的运用。但是，它作为一个新的概念，直到20世纪80年代才在竞技体育领域率先总结提出。关于举国体制的内涵，不同学者有不同的解读。李元伟等（2003）认为竞技体育领域的举国体制是"以奥运会等重大国际赛事取得优异成绩为目标，以政府为主导，以体育系统为主体，以整合、优化体育资源配置为手段，动员、组织社会力量广泛参与，在国家层面上形成目标一致、结构合理、管理有序、效率优先、利益兼顾的竞技体育组织管理体制"。也有学者跳出竞技体育范畴，界定"举国体制是指以国家利益为最高目标，动员和调配全国有关的力量，包括精神意志和物质资源，攻克某一项世界尖端领域或国家级特别重大项目的工作体系和运行机制"。

历史表明，我国在众多领域运用举国体制取得了丰硕成果。特别是在支撑条件极为薄弱、资源相当有限的情况下，实现了"两弹一星"的巨大成功，达到了许多经济比我国更发达、整体技术水平比我国更高的国家都无法实现的目标。在竞技体育领域，我国从1984年参加奥运会获得第一枚金牌开始，到2008年短短的24年就实现了单届奥运会金牌数列全球第一的成绩（曾宪奎，2020）。回顾分析我国计划经济时代众多领域曾经运用过的举国体制即传统举国体制，有诸多显著特点（王曙光和王丹莉，2018）。

一是以国家利益为最高目标调配资源。传统举国体制不是可以运用于所有领域，而是有一定的运用范畴。它以国家利益为最高目标，由国家作为资源配置主体，调动全国相关力量，实现对人、财、物、技术、信息等资源要素的统一配置。

二是要素动员主要采用计划机制。传统举国体制下，要素动员不依靠价格、利润等市场化指标，而是围绕国家目标，按照国家意志进行行政性和政治性动员，在极短时间内实现要素高度集聚。传统举国体制虽然没有完全排斥价格、利润等反映资源稀缺性的指标，但是这些指标发挥作用的范围被极大限制。以国家力量采用行政性和政治性动员方式推动要素快速、高度集聚，是传统举国体制的重要特点。

三是市场机制运用极为有限。传统举国体制下的要素动员很少依靠市场机制，而是围绕国家目标通过行政性和政治性动员实施。这样，市场在人、财、物、技术和信息等资源配置中只发挥极其有限的作用，有些甚至完全不发挥作用，市场发育程度较低。

四是与企业及地方关系上国家处于支配和主导地位。传统举国体制下，由于国家是资源配置主体，国家与企业等微观主体之间主要体现为支配和被支配的关系，微观主体的决策权在某种程度上被国家获得，以便于集中所有要素和加快要素集聚。类似地，在中央和地方的关系上，中央意志是主导性的，地方意志是辅助性的。然而，在这种中央集权的体制中，地方并不是一种完全被动消极的角色，可以一定程度上与中央进行谈判、博弈和协调，争取一定的权利。

五是宏观效率高和微观效率低并存。传统举国体制的效率如何？是一个极其重要的问题。对此可以从微观和宏观两个角度审视。从微观看，由于没有价格机制和广义上的市场机制去显示资源的稀缺程度，企业没有基于价格这一信号的竞争，微观效率往往不高。从宏观看，新中国成立之后短短的 10 多年内我国就成功实施"两弹一星"等重大科技创新工程，可见传统举国体制的宏观效率又是极高的，需要辩证地看待它的效率。

总体上看，传统举国体制既有优势也有不足，其核心优势是能在资源数量不足、分散在不同主体、无法达到资源临界规模等情况下，在按照正常规律（如市场经济规律等）无法达到某一效果的状况下，快速打破部门分割，对相关资源统一调配和管理，保证"上下一心"，尽快突破资源规模临界点，以在较短的时间内实现国家关注的重点领域的重大突破。

2. 传统举国体制的挑战

传统举国体制在我国运用取得了很大成就，为我国在资源稀缺和极其困难的情况下成功实施众多重大科技创新工程发挥了不可或缺的关键性作用。然而，我国经济社会和科技发展水平迅速提升，如果还是沿用传统举国体制，明显暴露出多方面的问题。

一是资源的过度集中，限制了地方、企业等其他主体的主动性和创造性，不利于激发全社会的发展活力。

二是由于传统举国体制主要采用计划机制，较少乃至不运用市场机制，缺乏运用价格机制反映资源的稀缺程度，企业间缺乏必要的竞争，因此微观效率不高的问题越来越突出。尤其是传统举国体制在军工等重要领域的运用，使得其成为一个越来越封闭的体系，全社会的各类资源被分割为军用和民用两个相互独立的系统，重复建设等问题突出，资源共享利用水平不高，极大地降低了大量优质资源的利用水平。

三是一些重要领域的举国体制形成之后，体制自身具有不断固化的趋势，产生了一定程度的官僚化问题，导致整个管理体制难以随形势变化而调整变化，灵活性大大下降，不能快速适应外部环境的发展和变化。

7.2 新型举国体制的概念与适用领域及特点

一系列分析表明，世界级产品开发及关键核心技术攻关难度极大，需要的资源众多，周期相当长，在我国企业自主创新能力还不强的情况下完全依靠企业力量，不充分发挥政府的重要支持作用，很难较快解决众多关键核心技术"卡脖子"难题。在世界级产品开发及关键核心技术攻关中积极运用举国体制，充分发挥其独有的优势和作用，是一种必然选择。

1. 新型举国体制的概念

与新中国成立后前30年即从新中国成立到改革开放初期不同，当前我国经济、社会和科技发展进入了全新阶段，科技资源和创新能力已经达到创新型国家水平，取得了一大批令世界瞩目的科技创新成就。同时，市场在资源配置中的决定性作用得到越来越充分发挥，民营经济已经成为我国经济发展不可或缺的重要力量。这种情况下运用举国体制推进世界级产品开发及关键核心技术攻关，应该充分发挥市场机制的作用，积极运用新型举国体制。

世界级产品开发及关键核心技术攻关的新型举国体制，是服务于国家战略目标和重大需求，以国家利益为最高目标，在相关政府部门主导下，充分运用市场机制动员运用社会各方优势资源与力量突破关键核心技术，开发世界级产品的组织模式与运行机制。关于新型举国体制，有如下几个方面的说明。

一是运用新型举国体制推进世界级产品开发及关键核心技术攻关，必须服务于国家战略目标和重大需求，以国家利益为最高目标，以集成运用社会各方优势科技创新资源为有效途径。这也就意味着，运用新型举国体制不是服务于一般的国家需要，不是服务于某个地方和局部的需求，不能泛化新型举国体制的运用。

二是运用新型举国体制推进世界级产品开发及关键核心技术攻关，是在政府的主导下进行，相关政府部门是国家战略需求和关键核心技术攻关目标与任务的提出者，是工程实施的组织者、主要投资者、监督者和验收评价者。

三是运用新型举国体制推进世界级产品开发及关键核心技术攻关，特别要充分发挥市场机制在资源配置中的决定性作用，调动国有和民营企业、高校和科研院所、社会组织等各方参与。社会各方参与既能强有力支持世界级产品开发及关键核心技术攻关，又能提升参与者的研发制造生产能力，实现多方共赢。

四是新型举国体制是一种国内外较多运用的世界级产品开发及关键核心技术攻关的组织实施模式和运行机制，不能过分拔高其地位，将其运用领域和作用过分夸大；也不能泛化其理解，如不能将政府部门组织实施的基础研究、技术开发等常规的科技计划项目都认为是运用新型举国体制。

2. 新型举国体制的适用领域

结合关键核心技术的分类和典型案例分析认为，新型举国体制主要适用于公共产品和两用关键核心技术领域，可以运用于能够明确其具体性能、质量和使用要求的复杂终端世界级产品开发。需要强调的是，市场经济体制下新型举国体制很难有效运用于私人产品关键核心技术领域，这有如下几个方面的原因。

一是与市场产品应该由市场和企业供给不同，公共产品应主要由政府提供。因此，作为公共产品的重要组成部分，政府部门投资和组织实施公共产品与两用关键核心技术攻关及世界级产品开发，不仅不会引发争议，而且是履行政府职责的必然要求。反之，如果由政府部门组织和投资市场产品关键核心技术攻关及世界级产品开发，往往会引发破坏公平竞争等一系列的争论，影响相关目标的实现和任务的完成。

二是公共产品和两用关键核心技术攻关及世界级产品开发满足的是公共需求，深海载人潜水器、高铁列车等成功开发后，或者由相关单位在财政资金全额支持下使用，或者在财政资金补贴下由社会相关方以较低价格使用，一般不会缺乏用户，极少有市场风险。由于有必要的用户使用，可以不断迭代改进产品，提升产品质量，持续进行产品升级换代，实现良性循环。市场产品关键核心技术及世界级产品成功突破后很可能会面临缺乏用户使用等问题，技术上成功的产品还很可能会在市场上失败，存在巨大的市场风险。通常看，政府部门很难应对极度复杂的市场风险，不应该由政府部门直接组织实施市场产品关键核心技术攻关及世界级产品开发。

三是国内外的实践也表明，举国体制主要适用于公共产品和两用关键核心技术领域。美国的曼哈顿工程和阿波罗登月计划是如此。我国成功突破的一系列标志性关键核心技术，如"两弹一星"、超级杂交水稻、汉字激光照排、高性能计算机、三峡工程、载人航天、探月工程、移动通信、量子通信、北斗导航、载人深潜、高速铁路、航空母舰等，也都属于公共产品关键核心技术领域的世界级产品开发，市场产品领域运用举国体制的成功案例极为少见。

四是运用新型举国体制推进公共产品和两用关键核心技术攻关及世界级产品开发，应该以"两弹一星"、三峡工程、载人航天、探月工程、北斗导航、载人深潜、高速铁路、航空母舰等这样层级的复杂终端产品为基本单元。一方面这些是典型的公共产品，不会缺乏用户和面临市场风险；另一方面通过该层级的公共产品和两用关键核心技术攻关，还可以带动其需要的零部件、元器件和配套件的协同攻关，实现关键核心技术的体系性突破。

五是运用新型举国体制推进公共产品和两用关键核心技术攻关及世界级产品开发，应该以解决重大实际问题为导向，对需要突破的关键核心技术及开发的世界级产品的性能、质量、一致性、可靠性和使用寿命等指标有非常具体明确的要求，能够客观准确评价攻关目标的实现情况。对探索性极强、风险特别高、很难有明确的产出目标的攻关任务，如重大基础研究，不适宜运用新型举国体制。

3. 新型举国体制的特点

基于之前的分析可以发现，相比传统举国体制，新型举国体制有众多不同特点。

一是主要运用于公共产品和两用关键核心技术攻关及世界级产品开发。传统举国体制在我国不仅运用于科技和体育等领域，还广泛运用于我国的重要产业发展，为我国在一穷二白基础上快速构建较为完整的工业体系发挥了重要作用。在新的历史条件下，由于我国的产业发展已经达到较高水平，举国体制不再能有效运用于直接促进市场产品相关产业发展，因为这些领域发展的不确定因素太多，市场竞争太激烈，发展变化太快，很难发挥计划机制和举国体制的作用，主要应该发挥市场机制的作用。因此，新型举国体制应主要运用于市场失灵领域，重点运用于公共产品和两用关键核心技术攻关及世界级产品开发。

二是计划机制和市场机制有机结合。运用新型举国体制推进公共产品和两用关键核心技术攻关及世界级产品开发，首先需要政府相关部门做好顶层设计，充分考虑国家安全和高质量发展等领域的公共需求以及相关的科技创新基础，运用计划机制确定优先满足的公共需求和需要开发的新的公共产品，明确需要攻克的关键核心技术。其次应该积极发挥市场机制的作用，通过市场机制引导企业、高校和科研院所等社会各方通过竞争参与关键核心技术攻关及相关世界级产品开发，让市场机制成为关键核心技术攻关资源的主要配置方式。

三是统筹考虑国家利益和个体利益。运用新型举国体制推进关键核心技术攻关及世界级产品开发，要注重遵循客观规律，服务于国家目标，聚焦于事关国家安全和高质量发展的重点领域，不能将其泛化运用。同时，要兼顾国家利益和个人利益，积极利用利益机制调动企业、高校和科研院所等各方参与关键核心技术攻关的积极性，让社会各方参与关键核心技术攻关及世界级产品开发既有利于国家发展，又有利于企业等相关各方的进步。

四是保持高度的开放性和最大限度支持民营企业参与。运用新型举国体制推进关键核心技术攻关及世界级产品开发，必须在开放的体系中实施，应通过市场机制充分利用全国和全球的各类优质创新资源，特别是要最大限度支持民营企业参与，推动建立广泛的创新联合体，实现相互促进和良性互动。同时，要尽可能开放利用关键核心技术攻关成果，切实支持公共产品关键核心技术向私人产品领域转移扩散和推广运用，带动全社会创新能力快速普遍提升。

4. 新型举国体制与市场机制运用

公共产品与两用关键核心技术攻关是一个复杂的过程（图 7-1）。一般而言，线性地看，首先需要根据公共需求结合可行性分析确定需要改进或新供给的公共产品，明确新的公共产品供给需求；其次根据新的公共产品供给需求，分析确定需要开发运用的新产品及产品层关键核心技术；再次针对新的产品层关键核心技术供给和运用需求，确定单元层关键核心技术开发要求和实施方式；最后在此基础上明确需要的创新资源及其集聚利用方式。

在公共产品与两用关键核心技术攻关过程中，不同阶段和不同环节可以采用不同机制和组织实施方式，市场机制可以发挥很重要的作用。根据公共需求确定新的公共产品供给需求，需要在各类公共需求中综合考虑最必要、最紧迫和最可行的率先予以满足，这只能在广泛听取社会各方面意见的基础上由政府部门采用计划机制确定。然而，服务于新的公共产品供给需求推进关键核心技术开发，既可以运用计划机制，也可以采用市场机制，还可以是两者的有机结合。

例如，某城市计划建设新的污水处理厂以提升公共环境保护水平，基于其运用不同的机制可以形成多种不同的组织实施方式。一种方式是由政府相关部门完

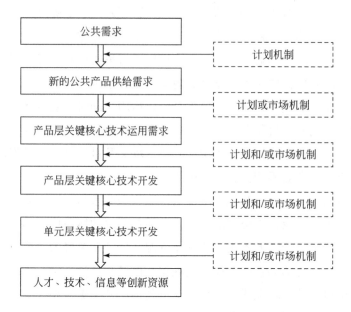

图 7-1　公共产品与两用关键核心技术攻关过程与市场机制运用环节

全采用计划机制组织建设和运行污水处理厂，并利用自身的创新资源配套开发需要的产品层和单元层关键核心技术，这实际上是一种极端的情况，完全采用计划机制和利用政府的资源组织实施。另一种方式是通过政府购买服务或特许经营等方式，将城市污水厂的建设和运行以及需要配套开发的各类产品层和单元层关键核心技术通过招投标等方式完全交由民营企业实施，这又是另一种极端情况，即完全采用市场机制。还有一种方式是，污水处理厂的建设和运行由政府相关部门组织实施，需要配套的单元层关键核心技术及污水处理设备等通过招投标等市场机制交由民营企业参与供给，这是将计划机制和市场机制相结合的组织实施方式。

运用市场机制支持民营企业等社会各方参与公共产品关键核心技术攻关，可以采用的组织实施方式较为多样，能在多个环节发挥市场机制的作用。同时，新型举国体制中充分运用市场机制，可以实现全社会科技创新资源的更集成、更高效运用，让各类先进技术得到更广泛更快捷的扩散运用，加快提升全社会的科技创新能力，这不仅能保持举国体制宏观效率高的优势，还可以更好地激发微观参与者的参与动力，提升关键核心技术攻坚能力和成效。

7.3 新型举国体制运用典型案例
——深海载人潜水器开发

深海载人潜水器的开发是我国改革开放之后运用新型举国体制突破重大关键核心技术和开发世界级产品的典型成功案例，本节对该案例进行剖析。

1. 我国深海载人潜水器的开发与发展历程

载人潜水器是指具有水下观察和作业能力的潜水装置，可用于完成水下考察、海底勘探、海底开发和打捞、水下设备定点布放、海底电缆和管道检测、救生等众多任务，还可以作为潜水人员水下活动作业基地。载人潜水器特别是深海载人潜水器是海洋开发的前沿与制高点之一，其研发能充分体现一个国家的材料、控制、海洋学等领域的综合科技实力。

我国于 2002 年正式启动深海载人潜水器研制。当年科技部将深海载人潜水器研制列为国家 "863" 计划重大专项项目，启动 "蛟龙号" 深海载人潜水器的自行设计、自主集成研制工作。由中国船舶重工集团有限公司 702 所牵头，通过6 年努力，经国内 100 家科研机构与企业联合攻关，2012 年 7 月 "蛟龙号" 在马里亚纳海沟试验海区创造了下潜 7062 米的中国载人深潜纪录，同时也创造了世界同类作业型潜水器的最大下潜深度纪录。这意味着我国具备了载人到达全球99.8% 以上海洋深处作业的能力。

在 "蛟龙号" 深海载人潜水器研制取得重大进展之后，我国又启动了第二台深海载人潜水器 "深海勇士" 号的研制，作为 "十二五" 国家 "863" 计划的重大研制任务，继续由中国船舶重工集团有限公司 702 所牵头，国内 94 家单位共同参与，以 "蛟龙号" 为基础，进一步提升我国深海载人潜水器关键核心技术及关键部件自主创新能力，降低运维成本，努力推动深海装备功能化、谱系化建设。历经八年持续艰苦攻关，实现了 "深海勇士" 号浮力材料、深海锂电池、机械手等关键部件完全自主研制，国产化率达到 95% 以上，不仅让深海载人潜水器的建设运行成本大大降低，也带动国内众多深海载人潜水器的原材料和零部件等配件厂商提升了创新能力与产品档次。2017 年 10 月 "深海勇士" 号载人深潜试验队在中国南海完成全部海上试验任务，4 次完成 4500 米级下潜，其中最大下潜深度为4534米。2017年11月，中国船舶重工集团有限公司702所完成"深海勇士"号海试后的拆检，并通过中国船级社建造入级检验的相关要求，2017年12月在北京完成验收后投入使用。

在"蛟龙号"与"深海勇士"号开发取得重大突破之后我国又于2016年立项继续开发万米载人潜水器"奋斗者"号，它由"蛟龙号"、"深海勇士"号载人潜水器的研发力量为主的科研团队承担。2020年10月27日，"奋斗者"号在马里亚纳海沟成功下潜突破1万米，达到10058米，创造了中国载人深潜的新纪录。2021年3月16日，"奋斗者"号全海深载人潜水器在三亚正式交付中国科学院深海科学与工程研究所使用。2021年7月18日"奋斗者"号全海深载人潜水器的研制项目成功收官，顺利通过综合绩效评价，之后在马里亚纳海沟正式投入常规科考应用。

7000米级的"蛟龙号"、4500米级的"深海勇士"号和10000米级的"奋斗者"号的成功开发，使我国在大深度载人深潜领域达到世界领先水平，直接催生了海洋领域的原创性引领性重大科技创新成果和世界级产品（杨波等，2021）。这些深海载人潜水器在深海科研、考古、搜救等多个场景中发挥了很重要的作用，2023年"深海勇士"号载人深潜器在南海1500米深处发现两艘明代沉船，大量文物保存完好。英国《经济学人》杂志在评价此次发现时特别指出：中国考古学家过去主要在阳光能照进的浅水海域开展工作，但从2018年起，他们开始在深海寻找沉船，这表明中国已具备进入大海更深处考古的能力。

2. "深海勇士"号载人潜水器的开发目标与过程

"深海勇士"号深海载人潜水器研发以高国产化率、低运行成本和高可靠性为核心目标，要求能完成深海探测、取样、打捞、救援等任务，具有完全自主知识产权，国产化率85%以上，通过船级社的入级检验。"深海勇士"号载人潜水器开发过程可用图7-2描述。

首先，政府相关部门围绕我国实施海洋强国战略需要明确新的公共产品开发需求。然后，选择合适的牵头单位，在其带领下综合考虑可能的国际科技合作和我国相关技术与产业基础进行新产品和关键核心技术开发目标设计与可行性论证，明确新产品的各类技术参数和开发目标。"深海勇士"号载人潜水器的可行性论证耗时一年多，是一个严谨、审慎和复杂的过程。

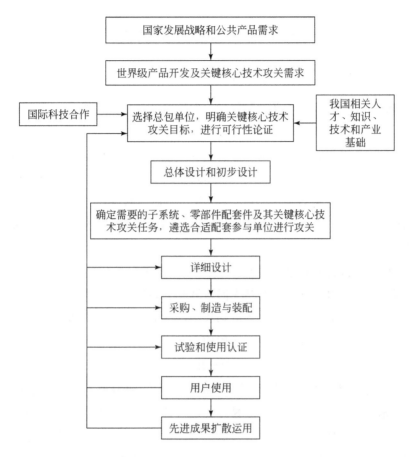

图7-2 运用新型举国体制推进 "深海勇士" 号载人潜水器开发的过程

其次，进行产品总体设计和初步设计，结合可能的国际科技合作和我国的技术与产业基础，明确产品开发需要的子系统、零部件和配套件，确定我国当前缺乏和需要攻克的单元层关键核心技术，通过国家科技计划实施等方式遴选合适的参与单位，调动各方优势科技力量集中进行单元层关键核心技术攻关。在单元层关键核心技术取得系列突破后进行产品详细设计。

进一步地，按照产品开发生产要求进行采购、制造与装配，之后进行产品试验并通过使用认证。最后将产品移交用户使用，对用户使用产品过程中发现的问题及时解决，不断改进完善产品，并适时开发新一代产品。同时，将先进科技成果推广和扩散运用，支持相关产业创新发展。

3. "深海勇士"号载人潜水器开发的特点

一是有效发挥了公共需求牵引带动世界级产品开发和关键核心技术突破的重要作用。研发深海载人潜水器主要为国家实施海洋发展战略服务，属于典型的公共产品技术创新及公共产品关键核心技术攻关范畴。显然，这类关键核心技术攻关的投入主体是国家，组织实施领导者是政府相关部门，牵头研发单位是国有企业和科研院所。与私人产品关键核心技术攻坚既有较大技术风险又有很高市场风险不同，"深海勇士"号载人潜水器成功开发之后直接交由中国科学院深海科学与工程研究所使用，不存在没有用户的问题，不具有市场风险，可以发挥新型举国体制的优势和作用。

二是积极发挥计划机制的作用。我国通过技术引进成功开发"蛟龙号"载人潜水器之后是否继续开发深海载人潜水器和开发达到什么水平的深海载人潜水器，主要考虑国家海洋发展战略需求和我国深海载人潜水器研发基础，主要采用计划机制确定，需要发挥计划机制的作用。

三是充分运用市场机制。在"深海勇士"号开发过程中，根据国家海洋强国战略需要选择牵头单位、明确开发"深海勇士"号及其开发需求、形成详细设计方案等主要采用计划机制。但是，详细设计方案形成之后，各类单元层关键核心技术开发和各种原材料与零部件的配套供给，不是采用传统的通过行政命令方式组织全国众多单位参与，而是主要采用市场机制通过设立科技计划项目和采用招投标方式遴选参与单位，促进企业、高校和科研院所等的竞争性参与。同时，部分特别重要的单元层关键核心技术如超高压海水泵的研发，通过招投标同时遴选多家单位并行推进，择优选用其成果，促进了相互间的竞争，保证了项目的实施进度和快速推进。

四是通过市场机制有效集聚众多优势创新资源参与关键核心技术攻关。"深海勇士"号载人潜水器的成功开发，既积极发挥政府和计划机制的作用，又充分运用市场机制，有效集聚了国内94家优势单位参与，实现了新形势下的大协作和大攻关。

五是实现了国家利益和个体利益的共赢。历经八年持续艰苦攻关成功开发"深海勇士"号，有力支持了国家海洋发展战略的实施，也让国内众多生产制造深海载人潜水器相关原材料和零部件的配套厂商攻克和掌握了一批关键核心技术，提升了产品档次，增强了自主创新能力。

六是达成了世界级产品开发与单元层关键核心技术的体系性突破。成功开发"深海勇士"号载人潜水器，不仅使我国拥有了自主知识产权的深海载人潜水器，而且带动了浮力材料、深海锂电池、机械手等单元层关键核心技术突破，实现了以重要公共产品技术创新为牵引的体系性技术创新突破，带动我国相关制造业基础水平的提升。

7.4 新型举国体制的有效运用方式

通过对"蛟龙号"、"深海勇士"号和"奋斗者"号系列深海载人潜水器等重大世界级产品开发过程的剖析发现（杨波等，2021），世界级产品开发和关键核心技术攻关涉及的参与者众多，一般主要有四种类型：一是政府相关部门，主要承担需求提出、总包单位选择、过程监控、成果评价验收等工作；二是关键核心技术攻关的总包单位，围绕政府部门提出的需求进行产品初步设计和可行性论证，选择相应的配套参与单位，并完成整机产品的制造总装、测试、使用认证等工作；三是配套参与单位，提供子系统、零部件配套件等的支持；四是用户，即产品未来的使用者，一方面参与提出需求和产品的设计生产，一方面积极使用产品，并将产品使用过程中发现的问题准确反映给开发生产者。

按图7-2运用新型举国体制推进世界级产品开发及关键核心技术攻关，包含如下几个特别重要的决策问题：一是服务于国家发展战略和公共产品需求，优先开发什么样的新产品和攻坚什么样的关键核心技术？二是总包单位如何组织遴选？三是配套参与单位怎么选择？四是如何推进关键核心技术的扩散运用？一般而言，第一个决策问题相对直接，应在政府相关部门组织领导下，根据国家实力、可能的国际科技合作以及相关基础，在广泛听取社会各方面意见的基础上由政府部门采用计划机制，在综合考虑其重要性、紧迫性和可行性的基础上作出科学的选择。其他三个决策问题相对复杂，下面逐个讨论。

1. 总承包单位的组织遴选方式

毫无疑问，推进世界级产品开发及关键核心技术攻关，最为核心的环节之一是选择合适的牵头总包单位。我国能成功开发系列深海载人潜水器，与中国船舶集团有限公司 702 所有效发挥牵头总包作用密不可分。剖析国内外运用举国体制推进关键核心技术攻关的典型案例可以发现，由于环境和基础条件不同，牵头总包单位有三种可能的组织遴选方式，相应地也有不同的组织实施模式。

第一种方式是组建新的国有单位牵头总包组织实施。采用这种方式，往往意味着推进世界级产品开发和关键核心技术攻关的基础薄弱，资源稀缺，少量稀缺资源还分散在多个领域多个地区，现有组织均不具备能力和条件牵头总包组织相关世界级产品开发和关键核心技术攻关。这种情况下，最为快速和有效的方式是采用计划机制调集全国相关力量组建新的单位牵头总包。我国"两弹一星"开发即是如此。

第二种方式是在现有国有高校和科研院所及企业中主要采用计划机制选择合适的牵头总包单位。运用这种方式意味着推进世界级产品开发和关键核心技术攻关，相关领域通过多年发展已经培育出了科技创新能力与牵头总包能力较强的单位，牵头总包单位可以在现有国有单位中做出选择。例如，新中国成立以来我国在国防军工领域快速发展，形成了众多科技创新能力很强的国有企业，如中国船舶集团有限公司等，开发深海载人潜水器不再需要像开发"两弹一星"那样组建新的牵头总包单位，只要在现有单位中遴选即可。由于具备这些能力的单位很少，其可能的选择非常有限，更多采用委托机制遴选牵头总包单位，竞争机制的运用仍然有限。

第三种方式是通过市场竞争遴选合适的牵头总包单位。能采用该种方式，表明推进世界级产品开发和关键核心技术攻关，有条件牵头总包的单位较多。这种情况下，可以充分发挥市场机制的作用，通过竞争机制遴选最为合适的牵头单位。例如，美国开发隐形战斗机等军工产品，往往运用市场机制在多家提交设计方案的军工企业中做出选择，再由中标企业牵头总包组织实施。

总体上看，由于不同世界级产品开发和关键核心技术攻关的基础条件不同，牵头总包单位的组织遴选方式也不相同，目前已经发现有 3 种典型方式。通常，随着一个国家的科技实力越来越强，创新驱动发展水平越来越高，越来越多地可以发挥市场机制的作用和运用第三种方式，越来越少采用第一乃至第二种方式。

2. 配套参与单位的选拔方式

推进世界级产品开发及关键核心技术攻关不仅要有牵头总包单位，还需要众多配套参与单位，提供相应的子系统、零部件配套件支持，我国深海载人潜水器研发参与单位达到约 100 家。

归纳而言，世界级产品开发及关键核心技术攻关需要的子系统、零部件配套件，按其创新难度和程度可以分为四种类型：第一类是可以直接利用的大量国产标准子系统、零部件配套件等，如标准的螺帽螺栓等；第二类是目前未生产，但是依靠国内现有人才、知识和技术、制造能力可以较快成功开发生产的，典型的是生产产品需要的一些常规专用零部件配套件；第三类是国内缺乏，但是可以通过国际合作和贸易获得的；第四类是国内缺乏、国外或者也缺乏或者对我国严密封锁的。上述四类子系统、零部件配套件的配套参与单位遴选应该采用不同的机制。除第四类可以采用委托开发、联合开发等方式之外，前三类的遴选应主要采用市场机制，通过市场采购、招投标等竞争方式选择最为合适的配套参与单位。

选择世界级产品开发及关键核心技术攻关的配套参与单位，应该借鉴美国国防军工采购法，大力支持中小企业参与，使得财政科技投入不仅能带动公共产品和两用关键核心技术开发，还能极大地促进中小企业创新发展。美国早在 1988 年颁布的《商业机会发展法案》就规定，国防军工等联邦政府直接采购合同份额中至少 20% 的优先合同必须授予小企业，1997 年《中小企业再授权法案》将这一数额提升到 23%。由于美国国防部的采购项目多以大型武器装备采购为重点，占用资金多，往往更倾向与大型企业合作，小企业在此过程中天然处于劣势。为帮助小企业获得国防采购合同，根据《联邦采办条例》，当采购合同金额超过 65 万美元或工程项目超过 150 万美元、而且可以实行分包时，大型企业作为总承包商与联邦政府签订合同前，必须同意在高效履行合同的前提下，尽可能向小企业提供分包合同，否则可能被取消获得主合同的资格。这使得小企业从国防部获得的分包合同比重一直在 30% 以上（胡天杨和何亮，2015），公共产品技术创新有效带动了小企业的创新发展。

3. 成果的扩散与运用方式

深海载人潜水器的成功开发不仅使我国拥有了"蛟龙号"、"深海勇士"号和"奋斗者"号系列产品，也使新型钛合金材料载人球舱、控制系统、水声通信系统、固体浮力材料等一系列单元技术迈上新台阶。这种情况下，应大力鼓励先进技术的转移扩散和推广运用，尤其是在市场产品领域的运用，以带动新技术新产品不断升级。

一般而言，服务于公共产品供给开发的新技术和新产品，需求和用户较为有限，开发企业从中获得的回报较少。只依靠这些用户很难让新技术形成良好的经济回报，较难支持新技术的迭代升级。鼓励参与单位将开发的新技术推广运用，尤其是进入市场产品领域，以此形成较大的市场需求和较多的用户，既可以让财政资金投入产生的新技术得到更多更广泛的运用，更好地发挥财政投入产生的新技术在国家经济社会发展中的作用；又能让企业研发的新技术带来良好的回报，让他们有更强大的积极性参与世界级产品开发及关键核心技术攻关；还能带动技术迭代升级和性能提升，降低使用成本，为开发下一代世界级产品及关键核心技术提供强有力的支持。这样会形成良性循环，即公共产品和两用关键核心技术攻关带动新技术突破—新技术在市场产品领域推广运用带动技术迭代升级、降低技术运用成本—支持更多新的世界级产品开发和关键核心技术突破。众多公共产品尤其是国防军工领域的关键核心技术突破和持续改进，都是这样的路径，之前介绍的碳纤维产业发展是其中的典型代表。

20世纪50年代美苏冷战开始，美国急于寻找一种耐烧蚀材料用于航天飞机，耐高温、强度高、重量轻的碳纤维进入其视野（刘瑞刚和徐坚，2018），碳纤维开发为美国国防军工众多新产品研发提供了有力支撑。但是，由于军工的碳纤维需求量有限，研发企业很难通过这样的用户需求带来持续大量回报，很难大量投入不断改进产品技术性能。20世纪70年代开始，日本东丽公司另辟蹊径，积极开拓高尔夫球杆、网球拍框、钓鱼竿、民用飞机等市场，迅速扩大了碳纤维产品的市场规模。新技术新产品市场规模扩大既支持企业获得更多利润和不断改进产品质量，又帮助其降低成本和价格，让碳纤维进入更广阔的运用领域。过去由于价格昂贵，碳纤维只能用于飞机等军工产品的主要部件，其成本和价格下降后可以在更多的军工产品部件中更广泛使用，支持其开发众多性能更优的军工产品，形成良性循环。

可见，世界级产品开发及关键核心技术攻关形成技术突破之后，鼓励相关单位将其开发的新技术新产品广泛推广运用，尤其是进入市场产品领域，具有极其重要的意义，是运用新型举国体制过程中应该高度重视的环节。

7.5 "揭榜挂帅"制度的运用方式

推进世界级产品开发及关键核心技术攻关，还可以采用"揭榜挂帅"制度。2021 年 3 月 12 日正式发布的《中华人民共和国国民经济和社会发展第十四个五年规划和 2035 年远景目标纲要》也提出要改革重大科技项目立项和组织管理方式，实行"揭榜挂帅"等制度。现实表明，"揭榜挂帅"制度有鲜明的特点和合适的运用领域。为此，有必要对"揭榜挂帅"制度的相关实践探索进行系统分析，深入研究该制度的本质特征和运用状况，系统分析其存在问题和改进建议。

1. "揭榜挂帅"制度的缘起与实施方式

一般意义上看，"揭榜挂帅"或称为"悬赏制"（曾婧婧，2013）自古有之，战国时期的秦国实施悬赏制产生了"徙木为信"的典故和成语故事。国际上将其运用于科技领域，可以追溯到 1714 年英国政府设立的第一个科技悬赏奖——经度奖，催生了能测量地球经度的"航海钟"的发明。近年来我国众多地方和部门积极将"揭榜挂帅"制度运用于科技创新项目实施，纷纷出台管理办法和实施方案，取得了很显著的成效。

在地方层面，2011 年湖北省武汉市政府悬赏 1000 万元征集智慧城市顶层设计方案，较早开始了科技"揭榜挂帅"制的地方试点。2014 年福建省厦门市政府悬赏 600 万元解决最后 1 公里快递难问题，成为地方政府开展科技"揭榜挂帅"制试点的典型案例。2017 年初，贵州省将关键技术"张榜"，面向全国公开悬赏攻关，受到了广泛关注，在省级政府层面率先试点科技"揭榜挂帅"制。2017 年在江苏省大院大所对接会上，推出"揭榜挂帅、谁有本事谁揭榜"。2020 年 11 月江苏又以"技术悬赏"的形式向全社会求解企业技术难题，征集发布的技术难题数量约 800 个，悬赏金额超过 2 亿元。目前，"揭榜挂帅"制度已在我国绝大多数省（区、市）运用。

从部门角度看，2013 年初《国家安全监管总局办公厅关于组织开展 2013 年安全生产重大事故防治关键技术科技项目征集工作的通知》（安监总厅科技〔2013〕13 号），在国家机关较早开展了科技"揭榜挂帅"制试点。工业和信息化部也积极推进，2018 年 11 月印发《新一代人工智能产业创新重点任务揭榜工作方案》，发布了智能网联汽车等 16 项揭榜任务，明确相关企业和高校科研院所等各类法人单位，或者由多个单位组成的联合体可申请成为揭榜单位。2021 年 5 月开始，科技部发布的多个国家重点研发计划申请指南，如《国家重点研发计划"数学和应用研究"等"十四五"重点专项 2021 年度项目申报指南》，均明确，"十四五"重点研发计划聚焦国家战略急需、应用导向鲜明、最终用户明确的攻关任务，设立"揭榜挂帅"项目。这意味着我国重大科研任务的"揭榜挂帅"制度正式开始实施，深化科研项目管理改革迈出新的步伐。

伴随着"揭榜挂帅"制度的加快落实，一些地方陆续出台了相应的管理办法或工作方案。2020 年 5 月山东省科技厅、财政厅联合印发《山东省重大科技创新工程项目管理暂行办法》（以下简称《山东办法》），提出揭榜制项目是指为调动全社会力量攻克山东省产业发展急需解决的技术难题，加快推动重大科技成果转化，通过公开征集需求，组织社会力量揭榜的方式实施的重大工程项目。2021 年 3 月广州市科技局也印发《广州市重点领域研发计划揭榜挂帅制技术攻关项目试点工作方案（试行)》（以下简称《广州方案》），2021 年 4 月《湖北省揭榜制科技项目和资金管理暂行办法》（以下简称《湖北办法》）对外正式发布。目前，"揭榜挂帅"制度实施越来越规范。

全国各地和相关部门积极实施"揭榜挂帅"制度，带动了相关的理论研究，已初步回答了一系列的问题，如为什么需要"揭榜挂帅"，"揭榜挂帅"制度有哪些适用领域，制度实施中如何设榜、怎样选帅、如何组织项目实施和怎么"兑奖"等。

1）推进"揭榜挂帅"制度的原因及其适用领域与项目类型

一般认为，之所以要积极推进"揭榜挂帅"制度，是因为传统的科研计划和项目组织实施方式存在诸如事前科研资助难以避免人为或主观因素对项目及其承担单位遴选的影响、同行评审对非共识类科技创新项目的谨慎保留、项目申请门槛较高和"入口紧出口松"等问题。还有研究认为，实施"揭榜挂帅"制度，是要从根本上解决我国长期存在的技术与市场"两张皮"，技术成果缺乏转化通道，企业找不到对接的科研人员等"老大难"问题（宋丹辉和庞弘燊，2021）。

关于"揭榜挂帅"制度的适用领域，科技部发布的国家重点研发计划申报指南规定，"十四五"国家重点研发计划聚焦国家战略亟需、应用导向鲜明、最终用户明确的攻关任务，设立"揭榜挂帅"项目。有学者研究认为，该制度主要适用于具有技术上的不确定性和排他性的应用性研究。技术上的不确定性使得研究过程不易监督和评价,为此需要重点关注研究成果,而不论研究者如何进行研究,研究结果验收合格后再给予申请者奖励。还有人通过对 1567 年以来世界主要科技悬赏奖的研究发现,被悬赏的技术领域一般具有三个特点:一是较高技术突破性,创新过程难以控制,事前较难判断技术创新成败,故采用事后奖励机制;二是较强技术外部性,技术上无法排他,在市场上需求弹性较小;三是被悬赏的技术和当下的时代紧密相连,并且与公众生活息息相关(曾婧婧,2014)。

有关"揭榜挂帅"项目类型,《山东办法》和《湖北办法》均将其分为技术攻关和成果转化两大类。技术攻关类一般由省内企业或其他组织提出技术需求,经省科技行政管理部门发榜后,由省内外符合条件且有研究开发能力的单位揭榜;成果转化类一般由省内外拥有科技成果的单位提出转化需求,经省科技行政管理部门发榜后,由企业进行揭榜转化。有学者通过总结我国各地的"揭榜挂帅"制度实践,认为其项目可以分为"问题导向型""人才选拔型"和"产业提升型"三种类型。"问题导向型"揭榜挂帅是指为解决本地企业发展面临的技术难题,向社会征集最佳解决方法;"人才选拔型"揭榜挂帅是指由政府根据本地发展需要提出相关技术领域人才需求计划,并根据此计划发布相关领域揭榜任务;"产业提升型"揭榜挂帅是指为提升具体领域的整体技术竞争力,根据产业发展中的共性技术难题发布揭榜任务(曾婧婧和黄桂花,2021)。

2)需求征集和榜单设计

有学者对我国各地实施"揭榜挂帅"制度的典型案例和政策分析认为,"揭榜挂帅"项目的征集渠道分为政府定制、企业推荐以及网络海荐。政府定制渠道适用于应景性悬赏、战略规划类悬赏、大课题中的子命题悬赏等;企业推荐渠道可用于企业关键技术悬赏、行业共性技术悬赏、提高知名度悬赏等;网络海荐渠道适用于民生性悬赏、科普性悬赏、公益性悬赏等(曾婧婧和宋娇娇,2015)。也有研究认为"揭榜挂帅"项目有三种征集方式:一是直接面向本地区企业、高校和科研院所等征集;二是在政府部门内部层层下发征集;三是政府相关部门自行决定揭榜项目(曾婧婧和黄桂花,2021)。另外,《山东办法》和《湖北办法》均明确,技术攻关类揭榜项目来自企业,成果转化类项目来源于高校和科研院所。

大量的"揭榜挂帅"项目征集之后,核心是要从中遴选最重要和最紧迫的上榜项目。从目前各地的实践看，普遍采用专家评审遴选方法，特别重视遴选攻克"卡脖子"关键核心技术。如《湖北办法》明确提出，省科技厅组织专家对入库的项目需求进行论证，重点遴选出影响力大、带动作用强、应用面广的关键核心技术研发需求，以及推广难度大、具有广泛应用前景的科技成果转化需求。《广州方案》也明确，市科技局组织专家对征集的项目需求进行分析论证，重点遴选出发榜方企业自投研发资金比例高、影响力大、带动作用强、应用面广的关键核心技术研发需求建议，形成发榜项目清单。

就榜单内容而言，工业和信息化部发布的《新一代人工智能产业创新重点任务揭榜工作方案》，其"揭榜挂帅"项目发布的内容包括"揭榜任务"和"预期目标"两个部分。《湖北办法》规定，对外发布的"揭榜挂帅"项目应明确主要指标、时限要求、产权归属、资金投入及对揭榜方其他条件要求等内容。

3）揭榜人的条件与遴选方法

实施"揭榜挂帅"制度，特别要强调不拘一格遴选揭榜人。科技部在国家重点研发计划项目申报指南中规定，"揭榜挂帅"项目对揭榜单位无注册时间要求，对揭榜团队负责人无年龄、学历和职称要求，鼓励有信心、有能力组织好关键核心技术攻坚的优势团队积极申报。也有部分地区探索实施"揭榜挂帅"制度时，对申报单位和个人提出了相对宽泛的要求。《广州方案》要求，揭榜方为全国范围内具有较强研发实力的高校、科研机构、企业等创新主体或其创新联合体，须满足下列条件：一是具有较强的研发实力、科研条件和稳定的人员队伍等，有能力完成发榜方提出的任务；二是能对发榜项目任务提出攻克关键核心技术的可行方案，掌握自主知识产权；三是优先支持具有良好科研业绩基础的单位和团队，鼓励组建创新联合体共同开展揭榜攻关；四是具有良好的科研道德和社会诚信，近三年内无不良信用记录。总体上看，"揭榜挂帅"项目的挂帅人遴选，对年龄、职称等硬性条件的要求相对宽松，更利于调动全社会各方的力量和积极性。

面对众多的挂帅申请人，如何从中选择合适的挂帅人，是"揭榜挂帅"制度实施极其重要的环节。目前各地普遍采用传统的专家评审法，也有部分地区强调发榜人参与遴选合适的揭榜人。如《广州方案》规定，市科技局会同发榜方，委托专业机构组织专家进行论证，提出成功揭榜单位建议。

4)"揭榜挂帅"项目的实施管理与绩效评价

关于"揭榜挂帅"项目的实施管理和绩效评价,科技部发布的国家重点研发计划项目申报指南特别强调,突出最终用户作用,实施签订"军令状""里程碑"考核等管理方式。明确榜单任务资助额度,简化预算编制,经费管理探索实行"负面清单"。《湖北办法》明确,经批复立项的项目,由省科技厅与获得资金补助的单位签订项目任务书。项目任务书应当包括项目目标任务、绩效考核指标、验收方式、资金预算、实施期限等内容,并对项目实施情况进行管理和监督。《山东办法》提出,"揭榜挂帅"项目执行检查与绩效评价的主体原则上为省科技厅。项目实施期结束后,省科技厅应组织第三方专业机构开展项目补助资金的财政绩效评价,项目成果检查一般以同行专家评议方式对项目成果进行审议,同时聘请第三方会计师事务所对项目经费进行审计与绩效评价。

2. 目前"揭榜挂帅"制度实施的特点

目前各地和相关部门实施的"揭榜挂帅"制度各具特色,存在较为明显的差异,但是相比传统的科技计划如重点研发计划管理方式,一般形成了如下几个方面的显著特点。

一是紧密围绕经济社会发展重点领域的关键核心技术攻关需求实施多种类型的"揭榜挂帅"项目。《湖北办法》明确揭榜制项目要聚焦省委、省政府提出的光芯屏端网、5G芯片、生物医药、现代农业等科技创新重点产业领域。《广州方案》也聚焦于新一代信息技术、人工智能、生物医药、新材料、新能源、先进制造等重点领域。同时,各地聚焦重点领域实施"揭榜挂帅"项目的类型也较为多样,既有技术攻关类,也有成果转化类,甚至还有运用"揭榜挂帅"吸引顶尖人才。

二是注重发挥企业作为创新需求方和发榜方的重要作用。与传统的科技计划项目主要依靠高校和科研院所的专家、主要从技术发展视角设计科技计划项目申报指南和确定研发重点任务不同,"揭榜挂帅"制度更强调企业等作为需求方和发榜方的重要作用,注重紧密结合企业和产业实际需求广泛征集上榜项目。《广州方案》规定,发榜方是提出依靠自身力量难以解决的重大需求或产业关键技术难题的政府和企业。《湖北办法》明确,省科技厅通过政府部门主动征集和高校企业自由申报等多种方式广泛征集项目需求。

三是由需求方和发榜方提出上榜项目的具体研发任务和考核指标。传统的科技计划实施，相当一部分只由政府部门发布相对宏观的项目申请指南和申请项目研究方向，由项目申请单位自主设计具体的研发任务和考核指标，这往往导致其主要设计更善于完成和容易完成的任务，提出容易通过验收的考核评价指标。"揭榜挂帅"制实施项目，不管是需求征集还是榜单发布，都改变传统的做法，强调由需求方和发榜方提出研发任务，明确拟解决的主要技术问题、时限要求、核心指标、产权归属、资金投入预测、出资承诺及揭榜方需具备的条件等。

四是注重发榜方与揭榜方的直接对接。传统的科技计划项目实施过程中，政府科技管理部门是项目实施的管理、监督和成果验收主体，技术需求方和使用方很少甚至不参与，容易出现创新需求与供给不匹配、需要成果转化等问题。"揭榜挂帅"制项目实施，一般要求发榜方和揭榜方直接对接和紧密合作，有效解决了传统科技计划管理方式存在的问题。《广州方案》明确，在市科技局会同发榜方委托专业机构组织专家进行论证提出成功揭榜单位建议之后，要求发榜方与揭榜方对接，按专家意见进一步完善项目可行性方案，同时洽谈研发资金使用计划及知识产权利益分配等相关事项，并签署合作协议。

3. "揭榜挂帅" 制度实施的体制机制要求

运用"揭榜挂帅"推进关键核心技术攻关和开发世界级产品，是有效的科技项目实施方式之一，但也需要根据世界级产品开发及关键核心技术攻关的特点明确"揭榜挂帅"实施的体制机制要求，明确其更科学具体的运用方式。结合各地和相关部门的实践经验判断，实施"揭榜挂帅"制度应强化如下体制机制要求。

一是应聚焦有明确任务和考核指标的关键核心技术攻坚运用"揭榜挂帅"制度。"揭榜挂帅"制度应该有一定的运用范畴，但部分地区的人才招聘、基础研究等都号称要运用"揭榜挂帅"制度，泛化和运动式地运用该制度是很不合适的，该制度不是万能的。应将"揭榜挂帅"制度重点运用于经济社会发展重点领域有明确任务与实现目标、能够设计科学和易操作的考核指标的关键核心技术攻坚，便于"以结果论英雄"。对那些探索性强、目标和任务很难具体化的科技创新项目如重大基础研究，不适合运用"揭榜挂帅"制度。

二是要以开发自主品牌高档新产品尤其是世界级产品为核心目标。目前各地实施的"揭榜挂帅"项目还是以先进技术开发为主,与关键核心技术攻关是要开发具有成熟、可靠和垄断性的自主品牌高档新产品明显不一致。实施"揭榜挂帅"项目,应以紧贴实际需求开发具有垄断性的优质高档新产品尤其是世界级为核心目标,既要关注产品蕴含技术的先进性,还要保障可靠性、耐用性、可维修性、经济性等产品指标达到很高水平。

三是将用户及其深度参与创新项目实施作为刚性要求。目前各地实施的"揭榜挂帅"项目一般都注重征求企业的需求,强调揭榜方和发榜方合作创新,但是仅此还是不够的。这是因为关键核心技术攻关实际上是开发优质高档新产品,优质高档新产品是开发者与用户持续互动、不断迭代形成的。实施"揭榜挂帅"项目,首先需要选择有明确用户的开发项目,同时要求用户全过程深度参与新技术和新产品开发,还要将用户积极使用新产品作为其必须完成的重要任务。

四是政府相关部门在"揭榜挂帅"制度实施过程中既要积极有为又要科学作为。通过"揭榜挂帅"推进关键核心技术攻关,政府相关部门既不能缺位也不能越位,主要发挥中介桥梁作用,既支持创新需求方和用户明确创新需求和设计考核指标,又帮助对接高水平的揭榜方,还应该作为第三方监督需求方和揭榜方合作推进项目,再有可以通过财政资金补贴等方式支持项目的实施。

五是坚持"英雄不问出处"选拔揭榜人。通过"揭榜挂帅"制度推进创新攻关,根本上体现的是"英雄不问出处"的广阔胸襟,倡导的是"不拘一格降人才"的用人导向,以开放的姿态吸引有兴趣、有决心和有能力的人才。对"揭榜挂帅"项目的揭榜人,不应有太多的学历、职称、年龄等外在条件限制,选择揭榜人的唯一标准是有兴趣和能力真正解决问题。

六是强调"以结果论英雄",简化项目实施过程监督和管理,将政府财政资助资金主要用于后补助。目前一些地方实施"揭榜挂帅"制度,除强调企业等发榜方的参与之外,其他还是传统的项目管理方法。如《广州方案》规定,财政资助经费支持揭榜挂帅制技术攻关项目分两期拨付,项目合同书签订生效后拨付财政资助经费的60%,中期检查合格后再拨付40%。项目的过程管理及验收参照《广州市重点领域研发计划管理规程》执行。这样,项目成果还没有完全形成财政资助资金已经全部下拨,这种管理方式还是不"以结果论英雄",还是传统的科技计划管理思维。实施"揭榜挂帅"项目,要弱化项目实施过程管理,大幅减少过程性的检查和评估,让揭榜人心无旁骛专心推进关键核心技术攻关,但要强化结果评价验收。同时，在创新成果未验收之前只拨付很少的财政资助启动资金甚至不拨付资金，一旦项目通过验收，再根据成果的质量给予相应的财政资助资金补贴，而且赋予被资助方在研发投入内完全的自主使用权。

七是项目验收不仅要评估新开发技术的先进性，更要核查新产品的成熟可靠性与使用情况。目前各地制定的"揭榜挂帅"项目实施管理办法或方案，对项目验收普遍还是采用传统的专家验收法，很少反映如何"以结果论英雄"。实施"揭榜挂帅"项目，项目验收既要有专家也要有新产品用户参与，不仅要评估其产生了什么先进技术和申请了多少专利，而且更要从产品视角评价其性能、质量、成熟性和可靠性，特别要核查新技术和新产品已经赢得的用户及其使用情况，并将后两者作为关键验收指标。

7.6　本章小结

我国计划经济时代运用的传统举国体制，一般以国家利益为最高目标调配资源，要素动员主要采用计划机制，很少运用市场机制，与企业及地方关系上国家处于支配和主导地位，宏观效率高和微观效率低并存。

世界级产品开发及关键核心技术攻关的新型举国体制，是服务于国家战略目标和重大需求，以国家利益为最高目标，在相关政府部门主导下，充分运用市场机制动员运用社会各方优势资源与力量突破关键核心技术，开发世界级产品的组织模式与运行机制。

相比传统举国体制，新型举国体制的主要特点是充分发挥市场机制的作用，以市场机制调动国有和民营企业、高校和科研院所、社会组织等各方参与关键核心技术攻关和世界级产品开发。

新型举国体制主要适用于公共产品和两用关键核心技术领域能够明确具体性能、质量和使用要求的自主品牌高档新产品、替代性新产品和世界级产品开发。市场经济体制下，新型举国体制很难有效运用于私人产品关键核心技术领域。

运用新型举国体制开发"深海勇士"号深海载人潜水器有诸多特点：一是有效发挥了公共需求牵引带动世界级产品开发和关键核心技术突破的重要作用；二是积极发挥计划机制的作用；三是充分运用市场机制；四是通过市场机制有效集聚众多优势创新资源参与；五是实现了国家利益和个体利益的共赢；六是达成了世界级产品开发与单元层关键核心技术的体系性突破。

　　运用新型举国体制推进世界级产品开发和关键核心技术攻关，有三种可能的牵头总包单位组织与遴选方式：一是组建新的国有单位牵头总包；二是在现有国有高校和科研院所及企业中采用计划机制遴选；三是通过市场竞争遴选合适的牵头总包单位。

　　新型举国体制运用过程中，应根据子系统、零部件配套件的开发生产难度充分运用市场机制遴选配套参与单位。尤其应大力支持中小企业参与，使得财政科技投入不仅能带动公共产品和两用关键核心技术开发，还能极大地促进中小企业创新发展。

　　"揭榜挂帅"制度也是推进世界级产品开发及关键核心技术攻关的有效组织实施方式。运用"揭榜挂帅"制度，应聚焦于有明确任务和考核指标的关键核心技术攻关，以开发自主品牌高档新产品、替代性新产品尤其是世界级新产品为核心目标，并将产品用户深度参与创新项目实施作为刚性要求。同时，坚持"英雄不问出处"选拔揭榜人，强调"以结果论英雄"，简化项目实施过程监督和管理，将政府财政资助资金主要用于后补助。另外，项目验收不仅要评估新开发技术的先进性，更要核查新产品的成熟可靠性与使用情况。

第8章 新产品开发与企业创新联合体建设

世界级产品及关键核心技术包含众多元器件、零部件与配套件，其开发生产需要产业链供应链上下游企业紧密合作与相互支持。组建企业创新联合体，推进上下游企业间紧密合作创新，是加强新产品开发及关键核心技术攻关的必然要求。本章首先讨论创新联合体的理论研究与促进政策状况，辨析各方对创新联合体的认知差异，界定创新联合体的概念和类型及特点，揭示加强企业创新联合体建设、将企业间的交易关系转变为合作关系的特别重要性。其次讨论企业创新联合体的主要建设方式，揭示产业链供应链不同层次上的企业分别牵头组建创新联合体的科学性和有效性，研判功能协议式、股权参与式和合资企业式等不同类型企业创新联合体的建设模式及其适用情景。最后研究企业创新联合体的有效运行机制，分析牵头和参与方应具备的条件，阐释加强企业间合作关系管理的主要方式。在此基础上，回顾我国创新联合体的建设历程、取得的成效和面临的挑战，提出加强企业创新联合体建设的对策举措。

8.1 创新联合体与企业创新联合体

创新联合体是新提出的概念，学术界对其已经开始了一定研究，政府相关部门也已经出台政策文件积极推进。本书先对现有的理论研究和政策文件进行剖析，然后界定创新联合体和企业创新联合体的概念，诠释企业间合作关系的特点，解读企业创新联合体建设的特别重要性。

1. 学术界的创新联合体研究

目前学术界对创新联合体进行了初步的概念界定。张赤东和彭晓艺（2021）通过比较创新联合体与产业技术创新战略联盟之间的区别和联系，认为两者本质上都是推进产学研协同创新，只是前者更强调产学研深度融合。郭菊娥等（2022）研究认为，创新联合体是由一家或几家行业内的领军企业，主动整合高等院校和科研院所的科技创新资源，在研发阶段共同出资，或建立实体机构、成立合作研发实体平台，通过合同或其他约定的方式购买或共享研发成果，在生产和市场开发阶段进行竞争的一种组织形式。王炜（2021）认为，创新联合体是指大型企业与大学、科研院所联合建立产业技术研究院、产业创新联盟、共建工程中心、工程实验室和技术中心等，为各方开展跨界合作、协同创新提供必要条件，实现重大科技创新特别是战略性新兴产业关键核心共性技术突破的有效组织形式。曹纯斌和赵琦（2022）在介绍陕西、浙江和广西等出台的创新联合体建设工作方案或指南的基础上提出，创新联合体是由"核心层+紧密合作层+一般协作层"相互协作，大中小创新单元共同参与的体系化、任务型的创新合作组织和利益共同体。其中，核心层是龙头企业，紧密合作层是科研院所与科研平台，一般协作层包含其他创新要素和创新主体。也有学者认为（彭慧东，2023），创新联合体是由各创新主体为实现技术进步和成果转化而组建的契约组织。从功能上看，创新联合体实质上是一个产业创新系统。

总体上看，目前有关创新联合体的学术研究刚刚起步，对其概念的界定和内涵的理解差异较大，已有研究普遍直接或间接从产学研合作与科技成果转化的视角进行，往往认为要从科技成果产生、小试、中试、投产和销售等全过程相结合组建创新联合体。

2. 政府部门的政策文件对创新联合体的界定

目前江苏、新疆、海南、北京、重庆等 20 多个省（区、市）相关政府部门都已经出台政策文件，积极推进创新联合体建设。现先介绍几个典型地区的政策文件，再比较分析各自的特点和不同。

湖北省 2022 年 4 月出台的《关于推进湖北省产业技术创新联合体建设的指导意见（试行）》（以下简称《湖北意见》）指出，创新联合体建设是充分发挥科学技术的引领支撑作用，以关键核心技术攻关、重大科技任务为牵引，以解决制约构建现代产业体系和"51020"现代产业集群发展"卡脖子"的关键共性技术问题为目标，以市场机制为纽带，推进构建领军企业牵头、高校院所支撑、各创新主体相互协同、产业链供应链上下融通的创新联合体，为全面提升全省自主创新能力和产业核心竞争力，推进科技强省建设提供有力支撑。《湖北意见》明确创新联合体的主要功能包括：①开展联合攻关和技术研发；②建立公共技术平台、资源共享平台和信息交流平台；③培育形成自主知识产权、产业核心技术标准；④引进培养技术人才。

《湖北意见》规定创新联合体建设条件：一是领军型企业具有一定行业影响力，能够集聚产业链上下游企业、高校和科研院所等资源开展联合创新。二是创新联合体的首席科学家应为领军企业的技术负责人或本领域高层次人才，具有丰富科研经验和较强自主创新能力，善于研发转化先进技术成果、创制国际国内技术标准，技术创新达到领先水平。首席科学家在项目研究方向上拥有决定权，在科研经费及人员选聘上有管理权。首席科学家应学术造诣高，熟悉产业发展，具备团结协作和组织协调能力。三是成员单位由企业、高校院所、其他社会机构等独立法人单位组成，一般不少于7个，其中产业链上下游企业不少于5个，高校和科研院所不少于2个。成员企业中多数应为湖北省内注册的创新型企业，具有一定规模和研发实力，为领军企业供应链上下游相关企业，与领军企业存在紧密合作关系，为其提供上下游产业配套，且该企业不能是领军企业的子公司（控股公司）；高校院所应在行业内具有较高的研发水平；其他社会机构包括投融资机构、科技服务机构、中介机构等。四是要有具有法律约束力的创新联合体协议，协议中有明确的技术创新目标，落实成员单位之间的任务分工。创新联合体协议必须由成员单位法定代表人共同签署生效。要设立决策、咨询和执行等组织机构，建立有效的决策与执行机制，设立理事会、专家委员会和秘书处。要建立健全经费管理制度、利益保障机制和知识产权管理。

2022年出台的《海南省创新联合体建设实施方案》（以下简称《海南方案》）明确，创新联合体功能定位是以建设公共技术服务平台、促进成果转化、承担科技项目等为主要任务，按照自愿和市场化原则、以"大企带小企"方式，由创新资源整合能力强的行业龙头骨干企业牵头，整合产业链内上下游企业，联合高等学校、科研院所共同参与的体系化、任务型的创新合作组织和利益共同体，突破一批"卡脖子"关键核心技术，攻克一批制约产业发展的重大科学问题，取得一批标志性成果和战略性产品，助推形成创新型产业集群。《海南方案》规定创新联合体的主要工作任务：①协同创新力量，打造联合创新机制；②整合创新资源，建设公共技术服务平台；③开展联合技术研发，攻克核心技术难题；④聚焦标志性成果转化，助推创新型产业集群发展；⑤构建新型创新机制，推动合作交流。

《海南方案》提出创新联合体的主要组建条件是：①有明确的目标任务。围绕重点产业集群，有明确的制约产业发展的重大科学问题、产业共性关键技术、科技成果转化等清单。②符合相关条件。创新联合体由产业链内行业上下游企业、高等学校、科研院所或其他组织机构等多个独立法人单位组成，原则上不少于10个，需在海南省注册或驻琼单位比例不低于50%，成员单位中企业数量不低于50%（其中规上企业或高新技术企业原则上不低于20%）；原则上一个牵头单位仅限牵头组建一个创新联合体。③创新联合体牵头单位应具备的基本条件。一是带动能力强。在海南省内注册的独立法人企业，具备较强的行业影响力，能够集聚产业链上下游企业、高等学校和科研院所等创新资源，支撑和引领产业发展，年主营业务收入原则上应达到5亿元以上，优先支持高新技术企业作为牵头单位。二是研发实力强。有专职研发团队，专职研发人员原则上应达到20人以上，建有省部级及以上的重点实验室、技术创新中心、工程研究中心、企业技术中心、中试研究基地、工程技术研究中心等科技创新平台。三是创新能力强。有较高的前沿技术敏锐度和较强的产业辐射带动作用，能够发现并抓住产业变革中的创新机遇，支撑和引领产业发展。企业近三个会计年度（实际经营期不满三年的按实际经营时间计算）的研究开发费用总额不低于2000万元或占同期销售收入总额的比例原则上不低于4%。四是转化能力强。能够发起、组织高水平学术交流活动，能为行业提供技术服务、国际合作、成果转移转化等专业服务，促进创新链、产业链融合发展，提升全产业链专业化协作水平和产业集群整体创新能力。④创新联合体成员单位应具备的基本条件。一是有合作基础。成员单位应与牵头企业在技术研发、成果转化、标准制定、国际合作、品牌建设等方面具备合作基础，并达成深度合作意愿。二是有研发能力。企业作为创新联合体成员单位的，应处于本产业链中，并具备一定的研发和技术配套能力，能够与其他团队成员有效互补。三是有科研条件。高等学校、科研院所作为创新联合体成员单位的，应在相关学科专业领域内拥有创新能力较强的研究团队，具备良好的科研实验条件。四是有专业技术服务能力。技术研发、成果转移转化、检验检测、科技咨询、科技金融、科技服务等相关机构作为创新联合体成员单位的，应有相应的专业技术服务能力，能够对创新联合体建设起到助力作用。

3. 对创新联合体的认知差异

剖析理论研究以及典型地区出台的创新联合体建设条件和方案可以发现，它们有诸多共性的方面，如都强调科技成果转化，都重视强化产业链上下游企业及其与高校和科研院所的合作等。同时，它们之间也有显著差别，反映不同地区对创新联合体的理解有很大的不同（戴建军等，2022）。

一是对创新联合体的定位和目标认识不同。一种观点认为，创新联合体应瞄准体现国家战略需求的"卡脖子"技术，组织关键核心技术攻关，寻求重大科技创新突破（蔡笑天和李哲，2023）。但众多地方的创新联合体建设方案，更重视围绕本地区产业发展需要，着力突破关键核心技术，认为不一定都要上升到国家战略层面。

二是对创新联合体的组织方式看法不同。有的观点认为创新联合体应该是高度一体化的组织模式，各参与方应该共同成立实体化的联合研究机构开展技术攻关。但也有观点认为创新联合体既可以实体化，也可以是基于市场机制、相对松散的"虚拟"式创新联合体。

三是对创新联合体的组建条件规定不同。首先是关于创新联合体的牵头单位，绝大多数地区强调由龙头企业牵头组建，但也有地方支持科研院所、高校牵头成立，如重庆将大学牵头的产业技术创新联盟也纳入创新联合体的范畴。其次是联合体成员类型选择，一般均强调选择产业链上下游企业及高校和科研院所参与，但是有些地区更强调产业链上下游企业的参与和合作，有些更重视高校和科研院所的参与强调产学研合作。最后是成员单位数量，有些地方没有规定成员单位数量的最低要求，有些有很详细的数量及其类型最低要求。如《湖北意见》规定其成员一般不少于 7 个，其中产业链上下游企业不少于 5 个，高校和科研院所不少于 2 个；《海南方案》要求其成员不少于 10 个。

四是对创新联合体建设中政府和市场的作用理解不同。普遍认为，创新联合体建设需要有效市场和有为政府相结合，但对政府参与范围和程度则存在不同观点，对如何充分发挥市场机制作用不够明确。有的观点认为要充分发挥举国体制优势，政府积极深度参与甚至主导创新联合体建设，直接推进创新联合体建设过程中的"出题""答题""阅卷"等各项工作，而不仅仅是提供研发资助。但相当多的观点对此持反对态度，认为这样容易走到"拼盘式""形式化"联合的老路，联合体分完项目和经费基本就结束，缺乏持续的利益纽带牵引，难以激发各方合作创新的内生动力。他们特别强调创新联合体建设应充分发挥市场机制的决定性作用，主要由企业牵头运用市场机制组织实施，政府只提供部分研发项目或公共服务等的支持。

4. 创新联合体的概念

目前创新联合体的研究和建设都取得了显著进展，但相关各方对其理解存在较大差异。充分考虑我国产业创新发展和高质量发展、突破关键核心技术"卡脖子"难题的现实需要，借鉴国际先进经验和战略联盟等的相关研究成果（赵明霞，2016），定义创新联合体是在骨干企业的牵引带动下，在高校和科研院所与政府相关部门等的大力支持下，产业链供应链上下游企业乃至同行企业以信任与合作而不是交易和竞争关系为基础，以具有法律约束力的契约为保障，通过资源共享和优势互补创造新的潜能，协同开发重要新产品和突破关键核心技术，提升供应链整合能力、产业链协同创新能力和产业创新发展引领能力，增强产业链供应链的安全稳定性，加速产业创新发展和高质量发展。关于创新联合体的定义，有如下几点说明。

一是创新联合体建设的核心是在行业骨干企业的牵引带动下，选择合适的产业链供应链上下游企业乃至同行企业作为合作伙伴建立紧密合作关系，协同推进重要新产品开发和关键核心技术攻关，实现产业链供应链和创新链"三链融合"，提升产业链供应链的安全稳定性。只要是以不同创新主体之间的合作推进产业创新，就可以将其纳入创新联合体的建设范畴。

二是创新联合体建设在推进产业链供应链上下游企业加强合作的同时，注重充分发挥高校科研院所在应用牵引的基础研究和原创性新技术开发方面的显著优势，大力推进产学研合作（仲伟俊等，2009），以产学研合作支持产业链供应链及其各个节点企业的技术创新，提升产业创新能力。

三是创新联合体建设的核心是在企业能力越来越专业化的情况下，通过共同目标的牵引带动，把上下游企业间的交易关系、同行企业间的竞争关系转变为合作关系，实现资源共享和优势互补，弥补单个企业相关资源和能力的不足，减少重复和浪费，实现一加一大于二，开辟新的发展机会，创造独特而全新的价值。企业间的高水平合作是创新联合体建设的基础，也是创新联合体的鲜明特征。

四是创新联合体建设的核心是促进和支持各类创新主体之间实现高水平合作，而不在于其采用什么样的合作方式和有多少合作参与者。由此组建创新联合体，既可以通过相关各方合作组建实体如合资企业推进合作，也可以运用市场机制通过签订短期任务型合作契约开展合作；既可以是少数乃至两个创新主体之间的合作，也可以是众多创新主体之间的合作。

五是科技创新的正外部性和溢出效应决定了组建创新联合体既需要充分发挥企业和企业家的作用，也需要积极发挥政府的作用，两者缺一不可。当然，针对不同创新任务组建的不同创新联合体，政府和企业的作用显著不同，围绕公共产品关键核心技术攻关组建的创新联合体更需要发挥政府的作用，服务于市场产品关键核心技术攻关组建的创新联合体更多发挥企业的主体作用。

六是创新联合体建设的主要任务是开发重要新产品尤其是世界级产品和突破关键核心技术，提升供应链的整合能力、产业链的协同创新能力和产业创新发展的引领能力，加速产业创新发展和高质量发展。

5. 企业间的合作关系

创新联合体建设的核心是要在各参与方尤其是上下游企业之间建立高水平合作关系。为此，需要深入剖析企业间合作关系及其特点。

一般而言，上下游企业之间存在三类典型关系：一是交易关系；二是合作关系；三是一体化关系，如一家企业被另一家企业收购兼并，两家企业合并成为一家企业。

交易关系也称为买卖关系，是以某种物品作为回报，从他人之处获得所需之物，在双方之间实现价值交换构成的行为。交易关系的特点非常鲜明。首先，在交易过程中尽可能抬高自己物品的销售价格，尽可能降低购买他人物品的采购价格，获得更多的利润。其次，尽量多搜集交易对象的交易物品等相关信息，尽可能保护自己的各种信息，提升买卖双方之间的信息不对称性，以获得更高的利润。最后，交易关系比较简单，主要按照市场规则和依靠社会监督进行。本质上看，交易关系更多地考虑从交易对象身上榨取和赢得利润，各方之间主要体现为竞争关系。

合作关系也要从他人之处获得所需之物并予以回报，实现各方之间的价值交换。但是与交易关系不同的是，合作关系中各方的价值交换是在信息高度共享的基础上，围绕各方通过协商达成的共同的中长期发展目标，建立中长期的高度信任、风险共担和利益共享的战略伙伴关系，实现资源共享和优势互补，增强整体的市场竞争力，赢得更多的利润（尼尔·瑞克曼，1998）。或者通俗地说，交易关系更多地考虑通过竞争以分得更大蛋糕，合作关系主要通过合作做大蛋糕以分得更多蛋糕。

简单比较合作关系和交易关系即可发现，它们之间有众多本质上的不同（表8-1）。首先，建立关系的出发点不同。合作关系以各方能够形成共同的目标为基础，建立中长期的风险共担、利益共享和高度信任的伙伴关系，实现价值交换。交易关系是在竞争和利益对立的情形下，完成短期必要的物品交易和价值交换。

表 8-1　合作关系与交易关系的区别

比较内容	合作关系	交易关系
价值交换的特点	围绕共同目标的中长期战略安排，实现资源共享和优势互补	短期的物品交换
双方关系	高度信任、风险共担和利益共享的关系	利益对立的竞争关系
利益获取途径	通过资源共享和优势互补增强整体竞争力获得更多的利益	通过增强与交易对象的竞争力从对方身上获得更多的利益
信息共享	彼此最大可能的信息共享，既共享产品性能质量信息，也共享产品生产过程信息；既共享产品信息，也共享资源和能力信息；既共享近期信息，也共享中长期战略信息	彼此最小可能的信息共享，一般只共享产品信息，其他的如资源和能力等信息相互保密
聚焦的问题	如何让对方视自己为优质和必要的优质专业资源	如何既完成价值交换，又能从对方身上获得尽可能多的利益
关系构建方式	与各方支持和反对合作关系建立的各类人员进行广泛接触交流，消除合作关系建立的各种障碍	找到对方最为关键的人物，在他身上多下功夫和多做工作，保证成功实现价值交换

其次，利益获取途径不同。合作关系中各参与方重视通过彼此的资源共享和优势互补增强整体竞争力获得更多收益，以做大蛋糕分得更多的蛋糕，赢得更大的利益。交易关系中交易各方主要试图通过增强与交易对象的竞争能力，从对方身上获得更多的利益。

再次，信息共享方式不同。建立合作关系，需要实现各方之间最大可能的信息共享，一般而言既要共享产品性能和质量信息，也应共享产品生产过程信息；

既要共享产品信息，也应共享资源和能力信息；既要共享近期信息，还应共享中长期发展战略与目标信息。交易关系下的信息共享，追求的是实现价值交换情形下的最小可能信息共享，主要共享产品信息，其他如资源和能力等信息不仅不会共享，还会相互高度保密。

最后，聚焦的问题及其解决方法不同。合作关系聚焦于如何让对方视自己为优质和必要的专业资源，以建立长期稳定的合作关系。实现这样的目标，需要与合作方的各类人员，既包括支持也涵盖反对建立合作关系的人员进行广泛接触和交流，消除建立合作关系的各种障碍。交易关系下重点关注的是如何既完成价值交换，又能从对方身上获得尽可能多的利益。这种情况下常用的策略是找到对方少数最为关键的人物，在他们身上多下功夫多做工作，保证交易的实现和利益的获得。

6. 创新联合体的分类

实践和已有研究均表明，创新联合体类型多样，从不同的视角可以形成多种不同的分类。

1）按合作驱动力分类

按创新联合体建设的主要驱动力，可以分为两种类型：一类是外部力量和他组织，如在政府政策的强力推动下组建创新联合体，通常这类创新联合体的结构与功能相对简单，自我选择与动态演化能力较弱。另一类是依靠内部力量自发形成，通过系统内部的自组织力量实现。一般而言，一个系统的自组织能力越强，其主动创新和适应能力也越强（赵明霞，2016）。现实中任何创新联合体的建设，往往既有外部力量的拉动，也有内部力量的推动，既有他组织的成分，也有自组织的因素，不同情形下两种力量的相对大小不同，最终的组织状态取决于谁处于更加主导的位置。

2）按合作方式分类

根据股权结构及其构成方式，存在三种典型的创新联合体建设形态：合资企业式创新联合体、股权参与式创新联合体和功能协议式创新联合体（曾忠禄，1999）。

合资企业式创新联合体，是由多个企业合作投资组建全新的实体，完成相关任务。如为解决我国工程机械领域部分高端关键零部件"卡脖子"问题，整机厂家与零部件配套厂家成立合资企业联合攻关，属于此类。

股权参与式创新联合体，是购买合作伙伴的一部分股权，成为合作伙伴的投资方，实现风险共担和利益共享，形成长期稳定和深入的合作关系。需要强调的是，股权参与和直接证券投资持股不同，前者合作各方之间一般会签订战略协议，以利用各方不同的互补性优势，解决共同关注的关键性问题；后者主要关注以其投资获得尽可能高的收益，不会聚焦于解决某个具体问题。

功能协议式创新联合体既不会创建合资企业也不相互持股，而是合作各方基于自治的原则，围绕具体任务通过契约明确合作关系，保障合作期内创新联合体的建设目标实现。这类创新联合体的特点是机动灵活，可以根据外部环境和内部条件的变化及时调整合作内容和方式。但是由于创新合作的高风险性和不确定性，很难设计完备的合作契约，成员之间的信任度往往不高，对创新联合体的责任感不强，易出现"偷懒""搭便车"等道德风险，影响合作的成功率。

3）按合作对象分类

一般而言，按合作对象可以将创新联合体分为三类，分别是横向合作创新联合体、纵向合作创新联合体和多层合作创新联合体。

所谓横向合作创新联合体，是指从事类似活动的组织相互合作，由此组成横向合作的创新联合体，如生产同类产品的多个企业间横向合作协同推进新产品开发、技术分享、技术交叉许可等。

纵向合作创新联合体是从事互补性活动的组织之间的合作创新。这类创新联合体有两种形态：一种是企业与高校和科研院所推进的产学研合作，实施科技成果转化和产业化；另一种是产业链供应链上下游配套企业之间的合作创新，如上下游企业联合开发全新产品或积极改进已有产品。

关于多层合作创新联合体，是指创新联合体中嵌套多层合作关系。结合典型案例分析可以发现，比较典型的多层合作创新联合体有如下类型：一是既有横向的生产同类产品的企业合作，又有纵向的企业与高校和科研院所的合作；二是既有纵向的产业链供应链上下游企业间的纵向合作，也有产业链供应链上的企业与高校和科研院所的纵向合作；三是既有横向的生产同类产品企业之间的合作，也有纵向的产业链供应链上下游企业间的合作；四是既有横向的生产同类产品企业之间的合作，也有纵向的产业链供应链上下游企业的合作，还有企业与高校和科研院所的合作。

7. 产业链供应链上下游企业合作组建企业创新联合体的必要性

创新联合体类型众多，在不同类型的创新联合体中，其中一类特别重要的是以产业链供应链上下游企业合作为核心、以产学研合作为支撑的企业创新联合体。这类创新联合体建设处于特别重要的位置，具有很重要的现实意义。

首先，加强企业创新联合体建设是提升产业链协同创新能力的紧迫需要。著名创新学者克里斯蒂娜·查米纳德等（2019）强调，企业技术创新是多方参与、持续互动、不断迭代改进的过程，上下游企业之间紧密联系和互动合作是增强产业创新能力的必然要求，是产业技术创新的重要特征。从全球看，当前各类产品蕴含的技术越来越复杂和丰富多样，但企业的生产及其核心能力越来越专业化，提升产业整体创新能力，需要整机产品企业与原材料、零部件、生产设备等产业链上下游企业的高度协同和合作创新，需要积极推进产业链上下游企业的合作。

其次，加强企业创新联合体建设是开发世界级产品及突破关键核心技术的必然要求。产业科技创新实践表明，开发生产世界级产品，必须有新产品使用者的使用体验反馈和不断迭代改进，将可靠性不佳、用户体验不优的新产品锻造成为成熟可靠的优质高档产品，突破关键核心技术。中车集团一位首席专家特别强调：关键核心技术"卡脖子"主要卡在用上。解决关键核心技术"卡脖子"问题，关键要解决使用问题。如果新开发的先进技术和优质产品没有人愿意使用，发现不了其中存在的问题，不能持续迭代改进，无法成为成熟可靠的产品，很难突破"卡脖子"关键核心技术，上下游企业之间合作对突破关键核心技术至关重要。

最后，推进企业创新联合体建设是创新型国家企业开发世界级产品及突破关键核心技术的普遍做法。德国、日本、美国等国家的经验表明，实现产业高质量发展，核心是能持续开发生产世界级产品。显然，这既需要创新能力很强的整机企业，也需要众多能够提供优质原材料、零部件和元器件、生产设备等的专精特新和"隐形冠军"配套企业，还需要新产品用户的积极使用和反馈以支持企业不断迭代改进产品。推进企业创新联合体建设，支持产业链上下游企业以及产学研各方合作互动和协同创新，是增强产业创新能力的不二选择，成为创新型国家的普遍做法。2012 年美国推出"国家制造业创新网络"计划，重要目的之一是促进产业链供应链上下游企业及其与高校之间的合作。

8.2　企业创新联合体的建设模式

研究企业创新联合体的建设模式，实际上是要诠释企业开发生产重要新产品尤其是世界级产品和突破关键核心技术，需要与哪些上下游企业开展什么样的合作。为此，首先需要分析企业创新联合的基本建设方式，其次研判企业创新联合体建设模式选择的主要影响因素，最后分析其典型建设模式，明确企业创新联合体的主要建设类型。

1. 企业创新联合体的基本建设方式

将产业链供应链上下游众多层次上的企业联合起来组建企业创新联合体开发新产品，其相互联动和协调是一个极其复杂的问题。一般而言，上下游企业联动和协调有两种可能的方式：一种是构建一体化的企业创新联合体。即将上下游与新产品开发相关的所有企业集成起来，统一组织和协调，建立众多层次上的众多企业参与的创新联合体，以构建一体化的企业创新联合体打造创新链，合作开发新产品。另一种是分层组建企业创新联合体。它是在某一层企业的新产品开发牵引带动上一层配套企业需要联动开发新的原材料、零部件（元器件）和生产设备时，他们之间充分合作组建企业创新联合体；上一层供应商配套开发新的原材料、零部件（元器件）和生产设备时，又带动更上一层供应商的配套开发，他们之间也可以再组建企业创新联合体，合作开发新产品。这样，产业链供应链上下游众多企业合作开发新产品，可以通过分层次组建多个企业创新联合体打造创新链实现，达到合作开发新产品的目的。

由于当今企业生产的产品越来越复杂，需要的原材料、零部件（元器件）和生产设备等的配套越来越多，通过组建一体化的企业创新联合体推进整个产业链供应链上的多个创新主体紧密合作和相互协调打造创新链是极其困难的，由创新链上的不同创新主体分层组建企业创新联合体，通过多个创新联合体的建设完成创新链的整体构建和协调，应该是一种更符合实际的选择。

基于上述分析，研究围绕产业链供应链打造创新链和组建企业创新联合体，不考虑一体化的企业创新联合体建设方式，只针对分层组建企业创新联合体的情形进行研究①。在分层建设企业创新联合体过程中，还可以吸引高校和科研院所参与，推进产学研合作，支持企业创新联合体建设。

2. 企业创新联合体建设模式选择的主要影响因素

企业创新联合体建设是为开发生产重要新产品尤其是世界级产品服务的，研究企业创新联合体的建设模式，首先需要分析服务于新产品开发生产的企业创新联合体建设模式选择的主要影响因素。结合理论研究和典型案例分析可以发现，明确企业创新联合体建设模式选择的主要影响因素，可以通过回答下列问题实现：一是新产品开发生产类型和任务？二是根据产业链供应链状况开发生产新产品需要采购哪些原材料、零部件（元器件）和生产设备（以下简称为零部件配套件），应该采用什么样的采购方式？三是根据采购要求，应该与供应商建立什么样的关系？在回答这一系列问题的基础上，即可以明确是否需要上下游企业组建创新联合体和组建何种模式的创新联合体。分析表明，企业创新联合体建设模式选择主要有三类因素，分别是新产品开发类型、零部件配套件采购方式和企业间关系（图8-1）。

1）新产品开发类型

新产品类型众多，根据本研究的需要，对新产品的分类从两个维度进行：一是按其在产业链供应链中的位置，分为中间产品和终端产品两类。中间产品的用户主要是数量相对较少的企业，终端产品用户往往是面广量大的消费者。二是按创新程度分类，分为改进已有产品和开发全新产品。一般而言，改进已有产品更多地与已有供应商建立关系，开发新产品需要选择更多新的供应商并建立新的关系。

将两个维度的分类相结合，可以将新产品开发分为四种类型，分别是开发全新终端产品、开发全新中间产品、改进现有终端产品和改进现有中间产品。

---

① 以下如无特别说明，讨论的都是分层组建的企业创新联合体，简称为企业创新联合体。

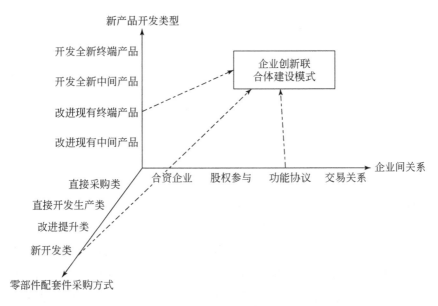

图 8-1　企业创新联合体建设模式选择的主要影响因素

2）零部件配套件采购方式

毫无疑问，零部件配套件的采购方式是由其供应状况决定的，一般而言，可以从两个维度分析其供应状况：一个维度是该类零部件配套件目前的供应状况，或者说是否有供应商直接供应，这可以简单分为两种情况：一种是已有供应商；另一种是缺乏直接的供应商。另一个维度是开发生产相应的零部件配套件的人才、知识和技术、生产能力储备即零部件配套件开发生产能力状况，这也可以分为两种情况：一种是弱小甚至缺乏，简称弱；一种是较强甚至很强，简称强。将这两个维度的分类进行组合（图 8-2），可以形成四种典型的零部件配套件供应状况，也即对应形成了企业的四种零部件配套件采购方式。

一是直接采购类。该类零部件配套件不仅现有供应商已经生产，而且其开发生产能力较强，不管是数量和质量都能满足企业的需要，企业可以直接采购获得。如众多产品生产需要的标准的螺帽、螺栓等通常如此。

二是直接开发生产类。该类零部件配套件虽然目前没有供应商能直接供应，但是潜在供应商的开发生产能力很强，利用现有人才、知识和技术、制造能力等可以直接很快成功开发生产。例如，企业开发生产新产品需要的一些普通专用件

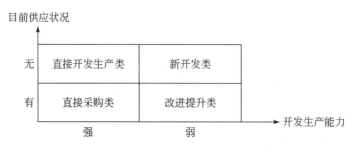

图 8-2 零部件配套件采购方式

如汽车标牌等的采购即是如此。

三是改进提升类。该类零部件配套件目前已有供应商生产，但是其生产的主要是中低档产品，产品性能、质量、可靠性、用户体验等明显不能满足企业开发生产新产品的需要。同时，供应商的开发生产能力较弱，仅依靠供应商自身很难快速满足企业开发生产新产品的需要，需要借助多方的力量才有可能较快解决问题。

四是新开发类。该类零部件配套件目前还没有供应商能够生产，这既可能由于全球缺乏相应的供应商，也可能是国外封锁本国缺乏相应的供应商。同时，潜在供应商的开发生产能力较弱甚至很弱，需要企业组织协调相关力量努力新开发生产才能满足其需要。

3）企业间关系

基于之前的讨论，上下游企业之间有两种典型的关系：一是合作关系，一是交易关系。进一步地，企业间的合作关系又可以分为三种类型，分别是功能协议、股权参与和合资企业。

3. 企业创新联合体建设模式

基于典型案例分析，经验性判断认为，零部件配套件采购方式和新产品开发任务不同，企业与供应商和用户之间的关系应该不同，企业创新联合体的建设模式也应不同。

首先，企业零部件配套件采购方式不同，与供应商和用户之间的关系应该不同。一般而言，对直接采购类的零部件配套件供应商，企业更应该与其建立交易关系。对直接开发生产类的零部件配套件供应商，由于其要形成专门的配套生产能力，更需要企业与供应商之间建立合作而不是交易关系，可以建立功能协议等类型的合作关系。对改进提升类的零部件配套件供应商，企业应该通过建立合作关系帮助其大力提升开发生产能力，可以采用功能协议、股权参与等合作方式。如果面临的是新开发类的供应商，企业的开发任务较重，更需要加强合作，这可以通过建立合资企业解决新产品开发生产需要的零部件配套件的有效供应问题（表 8-2）。

表 8-2　零部件配套件采购方式与企业间关系

采购方式	企业间关系
直接采购类	交易关系
直接开发生产类	功能协议式合作关系
改进提升类	功能协议式合作关系，股权参与式合作关系
新开发类	合资企业式合作关系

注：表中所列对应关系是经验性的，仅供参考。该表格更多地表明，应该根据不同的供应商类型选择建立不同的企业间关系尤其是合作关系。

其次，企业的新产品开发任务不同，与供应商和用户之间的关系也应不同。如果企业开发生产的是洗衣机、电视机等终端产品，用户是面广量大的消费者，企业与广大的消费者之间更多的是交易关系，合作关系构建更多的是上游供应商。如果企业开发生产的是如碳纤维、内燃机等中间产品，其用户主要是企业，既可以与上游供应商、也可以与下游大用户企业建立紧密合作关系。同时，如果企业开发的是全新产品，一般会面临更多的新开发类采购，需要建立更多的合资企业。若企业的新产品开发是已有产品改进，相对而言新开发类采购更少甚至没有，更多的是直接采购类和改进提升类供应商，主要需要建立功能协议式和股权参与式合作关系。

最后，企业与供应商和用户的合作关系不同，建立的企业创新联合体也应该不同。分析表明，企业与供应商和用户之间的关系类型较多，既有交易关系，也有合作关系，合作关系又可以分为功能协议式合作关系、股权参与式合作关系和合资企业式合作关系等不同类型。企业间的合作关系不同对应的企业创新联合体建设模式也应该不同，可以将企业创新联合体分为功能协议式企业创新联合体、股权参与式企业创新联合体和合资企业式企业创新联合体等几种类型。相关企业应该根据与供应商和用户之间的不同合作关系选择不同的企业创新联合体建设模式。

基于上述分析，可以描述企业新产品开发与供应商（表8-3）和用户（表8-4）之间需要建立的关系及可能的企业创新联合体建设模式。

一是如果企业的新产品开发任务是改进现有终端产品，其用户是大量消费者，企业面临的供应商及其主要采购方式涉及直接采购类和改进提升类，可能需要与不同的供应商分别建立交易关系、功能协议式与股权参与式合作关系，由此应该建立功能协议式与股权参与式的企业创新联合体。

表8-3　企业新产品开发与供应商间的关系和应建设的企业创新联合体

新产品开发任务	供应商类型	与供应商的关系	企业创新联合体
改进现有终端产品	直接采购类 改进提升类	交易关系 功能协议式合作关系 股权参与式合作关系	功能协议式企业创新联合体 股权参与式企业创新联合体
改进现有中间产品	直接采购类 改进提升类	交易关系 功能协议式合作关系 股权参与式合作关系	功能协议式企业创新联合体 股权参与式企业创新联合体
开发全新终端产品	直接采购类 直接开发生产类 改进提升类 新开发类	交易关系 功能协议式合作关系 股权参与式合作关系 合资企业式合作关系	功能协议式企业创新联合体 股权参与式企业创新联合体 合资企业式企业创新联合体
开发全新中间产品	直接采购类 直接开发生产类 改进提升类 新开发类	交易关系 功能协议式合作关系 股权参与式合作关系 合资企业式合作关系	功能协议式企业创新联合体 股权参与式企业创新联合体 合资企业式企业创新联合体

表8-4　企业新产品开发与用户间的关系和应建设的企业创新联合体

新产品开发任务	用户类型	与用户的关系	企业创新联合体
改进现有终端产品	消费者	交易关系	
改进现有中间产品	企业	交易关系 功能协议式合作关系 股权参与式合作关系	功能协议式企业创新联合体 股权参与式企业创新联合体
开发全新终端产品	消费者	交易关系	

新产品开发任务	用户类型	与用户的关系	企业创新联合体
开发全新中间产品	企业	交易关系 功能协议式合作关系 股权参与式合作关系 合资企业式合作关系	功能协议式企业创新联合体 股权参与式企业创新联合体 合资企业式企业创新联合体

二是如果企业的新产品开发任务是改进现有中间产品，面临的供应商及其采购方式包含直接采购类和改进提升类，可能需要与不同的供应商分别建立交易关系、功能协议式与股权参与式合作关系，应该建立功能协议式与股权参与式企业创新联合体。同时，企业还要考虑与一般用户建立交易关系，与大用户建立合作关系，如与大用户建立功能协议和股权参与等合作关系，相应地需要建立功能协议式和股权参与式等类型的企业创新联合体。

三是如果企业的新产品开发任务是开发全新终端产品，其用户是大量消费者，面临的供应商及其主要采购方式涉及直接采购类、直接开发生产类、改进提升类和新开发类等各种类型，需要与不同类型的供应商或者建立交易关系，或者建立功能协议、股权参与和合资企业等不同的合作关系，如此应该建立功能协议式、股权参与式和合资企业式等类型的企业创新联合体。

四是如果企业的新产品开发任务是开发全新中间产品，面临的供应商及其主要采购方式涉及直接采购类、直接开发生产类、改进提升类和新开发类等各种类型，需要与不同的供应商或者建立交易关系，或者建立功能协议、股权参与和合资企业等不同的合作关系，由此应该建立功能协议式、股权参与式和合资企业式等类型的企业创新联合体。同时，企业还应考虑与大用户建立合作关系，一般情况下，可以考虑与一般用户建立交易关系，与大用户建立功能协议、股权参与和合资企业等合作关系，相对应应该建立功能协议式、股权参与式与合资企业式等类型的企业创新联合体。

基于上述分析可以发现，产业链供应链上的节点企业考虑与上游供应商和下游用户组建企业创新联合体建立合作关系，需要充分考虑其新产品开发任务以及用户和采购方式，审慎选择合适的模式。同时，建立企业创新联合体过程中还可以邀请相关高校和科研院所参与，推进多方参与的深入合作，更好地集成多方的优势资源和能力，提升企业创新联合体建设水平。

8.3　企业创新联合体的运行机制

推进企业创新联合体建设，不仅要选择合适的建设模式，还要设计有效的运行机制，科学遴选合适的参与方，尤其是牵头企业，重视通过强化各参与方之间的相互合作与信任关系保障持续高水平合作。

1. 企业创新联合体建设参与方应具备的基本条件

建设高水平的企业创新联合体，首先需要选择合适的参与方。借鉴战略联盟的相关研究（尼尔·瑞克曼，1998），应关注如下几个方面选择合适的参与者。

第一，各参与方通过合作能够创造独特而全新的价值。企业创新联合体建设的各参与方之间建立合作关系，不只是为了建立长期的契约关系，不只是为了建立最优惠的供应商关系，而是要实现各方信息的高水平共享，各方资源的优势互补，各方核心能力的有效整合运用，创造传统的交易关系不能达成、独特而全新的价值，实现一加一大于二。因此，选择企业创新联合体建设的参与方，首先需要判断通过相互合作能否创造独特而全新的价值，如果回答是肯定的，可以选择其作为合作伙伴，否则应该放弃。

第二，参与方具有很强的合作共赢理念。各参与方具有很强的合作共赢理念，是建立合作关系的基本条件。众多案例表明，哪怕只有个别参与方缺乏合作共赢意识，也会直接阻碍合作关系的建立。合作共赢理念体现为参与方极其重视实现更大的合作目标，更加重视做大蛋糕，把分蛋糕摆到次要位置。因此，选择企业创新联合体建设的参与方，应把具有合作共赢理念摆到至关重要的位置。如果某个参与方只想从合作关系中赚取私利，或者认为合作关系不过是更好控制供应商和获得更多优惠价格的机会，不能选择其作为合作伙伴。

第三，参与方拥有长远而共同的价值观、发展目标与战略。建立企业创新联合体不应该是一种短期行为，应是为实现长远而共同的价值观、发展目标和战略服务。因此，选择企业创新联合体建设的参与方，应把其重视长远战略谋划，具有共同的价值观、发展目标和战略作为重要条件。不能选择只注重眼前不重视长远利益的企业作为合作伙伴。

第四，参与方之间可以建立长期持续的供应采购关系。上下游企业之间的供应采购关系大致可以分为三种类型：一是长期持续的供应采购关系，如供应商为企业产品生产长期提供零部件、元器件等的配套；二是一次性的供应采购关系，如耐用生产设备的采购，每隔若干年才采购一次；三是定期性的供应采购关系，即客户一定周期、次数较少地向供应商采购，如季节性采购。一般而言，相比一次性和定期性供应采购关系，长期持续的供应采购关系更需要建立合作关系，也更有利于建立合作关系。选择企业创新联合体建设的参与方，应该优先选择需要建立长期持续供应采购关系的企业。

第五，任何一方不存在制约合作关系建立的独特价值观和追求。选择企业创新联合体建设的参与方，不仅要分析合作各方是否有诸多共性的方面，如共同的价值观、发展目标和战略，还要判断其是否有独特和个性化的价值观与追求，并分析其能否被其他参与方接受，是否会阻碍合作关系的建立。因此，选择企业创新联合体建设的参与方，应特别注意不能选择拥有制约合作关系建立的独特价值观和追求的企业。

2. 企业创新联合体牵头和参与企业应具备的创新能力

之前的讨论表明，企业创新联合体建设的参与方应具备诸多基本条件：一方面应优先选择通过合作能创造独特而全新的价值、拥有很强的合作共赢理念、具有长远而共同的发展战略、能形成长期持续的供应采购关系的企业；另一方面尽可能不选择具有独特的价值观和追求、可能阻碍合作关系建立的企业。进一步地，还需要从创新能力角度进一步明确企业创新联合体建设牵头和参与企业应具备的创新能力。

基于各地出台的建设方案，企业创新联合体建设牵头单位一般应是独立法人企业，坚持大力实施创新驱动发展战略，具有强烈的努力开发优质高档新产品乃至世界级产品的不懈追求，具有较强的市场竞争力。同时，具备较强的产业创新和行业发展带动力，能够整合集聚产业链上下游企业乃至高校和科研院所等各方资源推进合作创新。另外，企业有较高的前沿技术敏感性，能够发现并抓住产业变革中的创新机遇，发现新领域新赛道，引领产业发展。

对参与企业，应高度重视实施创新驱动发展战略，努力开发生产优质高档新产品，着力实现创新发展。同时，与牵头企业在技术研发、成果转化、标准制定、国际合作、品牌建设等方面具备合作基础，拥有一定的研发和技术配套能力，能够与其他团队成员优势互补和创造新价值。另外，技术研发、成果转移转化、检验检测、科技咨询、科技金融、科技服务等相关机构作为创新联合体成员单位，应有相应的专业技术服务能力，能够对创新联合体建设起到助力作用。

3. 企业创新联合体建设的合作关系管理

保障企业创新联合体持续稳健高效运行，既要选择合适的合作伙伴，也要加强合作过程中的合作关系管理。企业创新联合体建设过程中的合作关系管理是一个极度复杂的问题。由于科技创新的复杂性、缄默性和高风险性，合作各方很难预先准确评估科技创新成本、成果和收益，很难准确评价合作各方的可能贡献，很难事先通过明确的契约条款完全规定合作各方的权利和义务，有可能出现机会主义行为。因此，企业创新联合体建设过程中强化合作关系管理，很难完全依靠正式契约，也需要运用关系契约，以促进合作各方建立高度的相互信任关系，提升合作的成功率和水平。

关系契约是一种隐性契约，具有这样几个特点：一是非正式的治理机制；二是不完全信息下的博弈，一旦有新的信息，各方将依据新的情况调整契约条款；三是只有符合各方利益的契约和行为才会得到自发执行，如果毁约的损失小于收益，各方都可能违约。

企业创新联合体建设过程中涉及的合作与信任关系，既包括个人层面上的相互信任，也包括组织之间的相互信任。通常，信任是指对其他参与方可靠性的判断，即事前相信合作伙伴是诚实可靠和会遵守诺言的。同时更为重要的是，信任意味着相比不信任体现为彼此能更替对方着想，相信对方会关心自己的利益，不会只为自己的利益以自私自利的方式行事，高度重视彼此能互助互利。一般认为，只要相互信任，总能解决合作过程中出现的问题（曾忠禄，1999）。

企业创新联合体建设各参与方之间的相互信任和持续高效合作不会自然而然产生，需要积极引导与培育，通常可以采取如下举措。

第一，加强相互交流。交流是强化相互信任的重要手段。如果能通过交流让对方更了解自己公平、守信且不会产生机会主义行为，就能增加信任。通过交流，还能减少各方对他方意图的误解，大幅降低错误判断发生的概率，减少因为误解误判阻碍合作关系建立的可能性。

第二，加大专门投资。建立信任关系需要彼此的反复交往沟通，增进相互了解，这需要企业创新联合体建设的各参与方进行软硬件方面的投资。由于每一位合作伙伴都有独特性和个性，有不同的公司文化、竞争战略和资源配置，对他方有不同的需求，针对不同合作伙伴服务于增进相互了解的投资都是专门的，增加专门投资是加强合作关系管理的必然要求。同时，增加专门投资也能提升合作各方彼此的相互依赖性，这也有利于增进相互信任，提升合作水平。

第三，注重公平性。公平分为两类：一是分配公平，即合作结果是公平的；一是程序公平，即管理合作关系的程序是公平的。分配公平涉及利益分配方式，关乎各方如何分配合作收益和分担合作成本。显然，要使合作关系持久，就必须保障分配公平，只要有个别参与者不注重分配公平和更多地考虑自己的利益，会直接影响信任关系的建立。同时，程序公平也很重要，尤其是在一方处理与弱势一方的关系时，程序公平比分配公平更重要，对双方关系的影响更大。强化程序公平，一方面要注意以礼相待，尊重伙伴，建立良好的人际关系，人际关系是大多数合作成功的基础，各方间的关系归根到底是人与人之间的关系；另一方面要让双方尽可能了解彼此的实际情况，充分知情，体谅对方的困难。

第四，保持长期持续的关系。保持长期关系有助于强化信任。日本汽车整车企业与零部件供应商之间盛行长期持续的合作关系，原则上只要没有发生重大意外，彼此间合作关系就没有时间限制可长期持续。而且在零部件供应商面临成本、技术等方面的困难时，整车企业会派人提供技术开发、设备改良等方面的帮助，它们之间建立了高度的信任关系。相反，欧美整车企业与零部件厂商往往是短期交易关系，彼此通过合同维持关系，如果发现了更廉价的供应商，会毫不迟疑放弃原来的供应商，如果经济不景气，首先考虑的是中止与零部件供应商的订货合同，结果导致彼此之间毫无信任可言，相互怀有戒心，很难建立合作关系。

第五，引导各参与方注重以合作增强核心能力。企业创新联合体建设的各参与方是独立的利益主体，虽然事前有参与合作的动力，但一旦合作协议达成后，有强烈的动机希望他方多提供专有知识和技术，自己尽可能少提供，以从合作中获得更多的收益。这样的行为趋向很可能会导致合作的不稳定。因此，加强合作关系管理，既要引导参与者遵守已经达成的合作协议，也要敦促他们积极贡献自己的专有知识和技术。同时，还应重视引导各参与方不要将企业创新联合体建设只是作为获取某种技术和产品的途径，而是作为相互学习和共同提升核心竞争能力的重要机会，这会让他们注重与合作伙伴开展更为长期和深入的合作，会显著减少机会主义行为，提升相互信任程度。

第六，重视灵活性与非正式性。加强合作关系管理以增进相互信任，需要重视合作过程中的灵活性和非正式性。冗长、详细的合同与建立信任关系不具有一致性，反而可能成为其重要障碍。反之，信任能使相互关系充满灵活性和非正式性，各参与方之间只需要最低限度的合同约定，甚至完全没有正式合同，依靠参与方的责任感和共同发展愿望而不是法律力量也能将他们联系起来。信任的灵活性与非正式性使其在环境充满不确定性时具有特别重要的意义。面对高度不确定的环境，不可能将合同制定得很完善和严格，执行过程中需要有一定的灵活性。这时，相互信任能使双方相信对方不会有机会主义行为。另外，在投入和绩效难以度量的情况下，信任对相互关系尤其重要，在相互信任、利益一致的情况下，可以不要求对投入和绩效进行精准测量，降低合作成本和障碍。

第七，强化声誉和惩罚机制的运用。引导合作各方积极合作，建立良好的合作关系，需要运用声誉和惩罚机制。通过建立有效的声誉机制，让违约方在声誉上有较大的损失，会让其因顾忌如果不积极真诚合作，将来会很难获得与他人合作的机会，使长期合作的收益大于短期违约的好处，会显著增强合作的稳定性。同时，设计严厉的惩罚机制，让合作者一旦违约就被剔除出企业创新联合体，意味着违约方以后很难与他人再行合作，导致其处于孤立地位，也会大大减少违约行为的发生，增强合作的持续性。

第八，重视科学签订合作协议。科学和严谨地设计完善、可操作和易监督的合作协议，是保障合作各方成功合作的基础。一般而言，通过设计和签订合作协议，要让合作各方清楚地知道自己在合作中的权利和义务，了解当其违反协议时可能受到的惩罚。典型的合作协议通常包括如下内容：①合作各方合作过程中的责任和义务。②合作各方的合作控制权。例如，协议可能会规定合作参与者是否有权允许新的合作伙伴加入，或者改变协议条款；协议还可能规定合作各方对合作开发的新产品或新工艺拥有什么样的权利。③合作的开始时间及过程。例如，合作协议可能规定所需要投入的资金、知识产权或者其他资产，以及资产投入的时间安排。④协议执行的监管机制。例如，合作协议可能规定合作各方要定期接受检查和汇报；某些合作协议可能要求进行定期审计，审计既可以由合作参与者执行，也可以由第三方完成；还有很多协议包含合作终止条款，常见的如合作使命已经完成，或合作某一方改变了合作目标，或合作各方无法就分歧达成一致等。另外，由于市场环境快速多变，合作协议应具有足够的灵活性以适应这种变化，为不打算继续合作的成员提供一定的退出机制。

总之，企业创新联合体建设必须强化的合作关系与传统的交易关系显著不同。加强合作关系管理，需要综合采用正式契约、关系契约，运用声誉和惩罚机制等多种措施，才会保证合作的长期持续和能达成预期目标。

8.4 我国创新联合体建设历程和成效与挑战

长期以来我国政府相关部门高度重视支持各类社会创新主体推进合作创新，出台了一系列的政策鼓励建立了多类创新联合体。目前我国创新联合体建设取得了很大成效，但是也面临诸多严峻的挑战，需要采用更科学的推进举措。

1. 我国创新联合体建设历程

从创新联合体的核心是推进各类社会创新主体加强合作创新、实现优势互补和利益共享与风险共担的视角看，技术创新战略联盟、协同创新中心、制造业创新中心等均属于创新联合体的范畴。回顾历史发现，我国政府相关部门支持创新联合体建设已经历了较长的发展历程。

1）产业技术创新战略联盟

早在 2008 年，科技部、财政部等六部门联合发布了《关于推动产业技术创新战略联盟构建的指导意见》（以下简称《科技部指导意见》），推进产业技术创新战略联盟建设。《科技部指导意见》明确定义产业技术创新战略联盟，是指由企业、大学、科研机构或其他组织机构，以企业的发展需求和各方的共同利益为基础，以提升产业技术创新能力为目标，以具有法律约束力的契约为保障，形成联合开发、优势互补、利益共享、风险共担的技术创新合作组织。

《科技部指导意见》要求，联盟要以国家重点产业和区域支柱产业的技术创新需求为导向，以形成产业核心竞争力为目标，以企业为主体，围绕产业技术创新链，运用市场机制集聚创新资源，实现企业、大学和科研机构等在战略层面有效结合，共同突破产业发展的技术瓶颈。

指导意见发布之后，科技部从 2010 年到 2012 年分三批遴选建设了 95 个试点产业技术创新战略联盟，各级地方政府科技管理部门也支持建设了一批产业技术创新战略联盟。但是，目前政府层面已经不再推进产业技术创新战略联盟建设工作。

2）协同创新中心

2012 年 5 月，教育部、财政部联合印发《高等学校创新能力提升计划实施方案》（以下简称《教育部实施方案》），启动 2011 协同创新中心建设工作。《教育部实施方案》明确 2011 协同创新中心的重点任务是以国家重大需求为牵引，以机制体制改革为核心，以协同创新中心建设为载体，以创新资源和要素的有效汇聚为保障，转变高校创新方式，提升高校人才、学科、科研三位一体的创新能力。突破高校与其他创新主体间的壁垒，充分释放人才、资本、信息、技术等创新要素的活力，大力推进高校与高校、科研院所、行业企业、地方政府以及国外科研机构的深度合作，探索适应于不同需求的协同创新模式，营造有利于协同创新的环境和氛围。

《教育部实施方案》将协同创新中心分为四种类型，分别是面向科学前沿的协同创新中心、面向文化传承创新的协同创新中心、面向行业产业的协同创新中心和面向区域发展的协同创新中心。

实施方案出台之后，教育部从 2012 年到 2020 年分两批认定了 38 个国家级 2011 协同创新中心，全国各省（市、区）认定的省级协同创新中心总数超过 1000 个。2020 年之后，国家和地方也暂停了协同创新中心建设工作。

3）制造业创新中心

配套于《中国制造 2025》战略的落实，2016 年 8 月工业和信息化部印发《关于完善制造业创新体系，推进制造业创新中心建设的指导意见》（以下简称《工信部指导意见》），启动了制造业创新中心建设工作。《工信部指导意见》强调，制造业创新中心建设要坚持把创新摆在制造业发展全局的核心位置，按照《中国制造 2025》战略部署，围绕制造业创新发展的核心任务，有效发挥市场主导作用和政府引导作用，按照"一案一例一策"方式，统筹推进国家制造业创新中心和省级制造业创新中心建设，汇聚创新资源，建立共享机制，发挥溢出效应，打通技术开发到转移扩散到首次商业化应用的创新链条，进一步完善以企业为主体、市场为导向、产学研相结合的制造业创新体系，形成制造业创新驱动、大中小企业协同发展的新格局，切实提高制造业创新能力，推动我国制造业由大变强。

《工信部指导意见》还明确，国家制造业创新中心应汇聚该领域国内主要创新资源，主要解决面向行业的共性技术，以企业为主体，产学研用相结合，采用企业法人等形式组建，探索并完善运行机制，形成内生发展动力。

截至 2023 年 10 月，围绕 36 个重点领域，工业和信息化部已批准建设 26 家国家制造业创新中心，按照部署到 2025 年将达到 40 家左右。同时，各省（区、市）也建设了 200 多个省级制造业创新中心。从数量上看，制造业创新中心建设已经达到了较大的规模，取得显著进展。

4）创新联合体

2020 年 11 月 3 日发布的《中共中央关于制定国民经济和社会发展第十四个五年规划和二〇三五年远景目标的建议》强调，要"推进产学研深度融合，支持企业牵头组建创新联合体，承担国家重大科技项目"。2021 年 12 月新修订的《中华人民共和国科学技术进步法》也指出要"按照市场机制联合组建创新联合体，协同推进研究开发与科技成果转化"。

目前我国的创新联合体建设取得显著进展，全国超过 20 个省（区、市）科技行政管理部门都开展了创新联合体建设试点工作，组建了一批创新联合体。但是对比可以发现，之前的产业技术创新战略联盟、协同创新中心和制造业创新中心建设，由中央政府有关部门先出台意见或实施方案，国家和地方相关部门协同推进。然而，当前创新联合体建设是地方先行探索和试点建设，还未有中央政府部门出台具体指导意见和实施方案，还未出现国家级的创新联合体。

回顾历史可以发现，不管是产业技术创新战略联盟、协同创新中心和制造业创新中心还是创新联合体建设，本质上都强调各类社会创新主体的优势互补和合作创新，都围绕增强产业创新能力和突破关键核心技术，都重视产学研合作，都注重发挥企业的科技创新主体作用，都关注科技创新资源的集聚与高效利用，其建设目标和宗旨具有高度的一致性。

2. 我国创新联合体建设的主要挑战

通过政府相关部门的积极推动，我国创新联合体（以下讨论的创新联合体涵盖涉及的四种类型）建设数量已经达到了一定规模，取得明显成效。但是，从促进合作创新、支持世界级产品开发和关键核心技术突破的角度看，亮点还不多，成效还不够突出。尤其是政府科技管理部门推动的产业技术创新战略联盟、教育管理部门推进的协同创新中心经过一段时间后已然暂停，未能持续发展，表明创新联合体建设仍然处于探索阶段，未能形成成熟的体制机制，还面临多方面的问题和挑战。

一是政策使然而非内生合作创新需求为主体催生创新联合体，建设动机明显扭曲。长期以来为促进创新联合体建设，政府相关部门往往先出台鼓励与扶持政策，设定一定时间内的建设数量目标，之后通过宣传发动和各方申报，短时间内能遴选建设一批创新联合体，快速推进创新联合体的建设。实践已证明，如此组建创新联合体，许多参与方不是因为有强大的内生合作创新需求，不是为了合作创新，往往或者是为了享受各种优惠政策，或者是响应政府部门的号召，或者为了争取牌子，或者几者兼而有之，严重扭曲和异化了创新联合体的建设动机。这样组建的创新联合体必然会重组建轻运行，重形式轻内容，重享受优惠政策轻长远合作创新发展，往往创建阶段各方紧密合作，创建成功分完政府资助的科研经费等资源后即名存实亡，很难真正实现创新联合体的建设目标。政府相关部门如何科学支持创新联合体建设面临较大的挑战。

二是各参与方之间缺乏长期而共同的合作创新价值观、发展目标与任务，创新联合体建设很难形成长期联系纽带以持续健康发展。大量的理论研究和案例分析均表明，建设高水平的创新联合体，重要基础是各参与方之间拥有长期而共同的合作创新价值观、发展目标和任务，能够形成持续的合作创新需求。然而，目前政府相关部门推动组建创新联合体，往往在申报组建时只提出一些笼统、宏观的创新目标，缺乏刚性、具体的长期合作创新发展任务，各参与方挂牌子和分享了政府的各种优惠政策后还是可以各自为政、互不合作完成规定的各项指标任务，很难真正推进高水平的合作创新。同时，当前创新联合体的建设特别强调实现科技成果转化和产业化，但科技成果转化风险极高成功率较低，有些成果转化一段时间后很快即发现其没有转化价值，这必然使得相关的创新联合体建设很难持续推进甚至很快解体，影响其持续建设发展。

三是合作共赢理念明显不足，创新联合体内较少能建立高水平的合作关系以实现资源共享与集成运用。理论分析表明，推进创新联合体建设，要求所有参与方具有强烈的合作共赢理念，能够实现各方之间高水平的信息共享、资源共用和优势互补，实现一加一大于二，增强整体的竞争力，以做大整体的效益赢得更多的利益。然而，通过观察不难发现，目前我国已经建设的多数创新联合体，各参与方明显缺乏合作共赢理念，其典型反映是产学研合作推进科技成果转化过程中，往往高校和科研院所认为其科研成果价值大，应该分得更多的收益；企业认为其推进的转化工作更重要，应该获得更多的利润。合作共赢理念不足，各方更多想的是怎么分蛋糕而不是如何做大蛋糕，导致科技成果还未能有效转化或转化后刚刚开始有收益，便因为各方达不成共同认可的收益分配办法而停止合作。缺乏合作共赢理念，很难实现创新联合体各参与方之间的信息共享、资源共用和优势互补，很难创造单个企业无法形成的竞争优势，使得创新联合体建设很难取得实质性成效，直接制约其持续建设发展。

四是对创新联合体建设参与单位数量等的要求不尽科学，增加了各方合作创新的难度。已有研究表明，成功建设高水平的创新联合体需要具备众多严苛的条件，如参与方之间能够通过合作创造独特而全新的价值，具有长远而共同的价值观、发展目标和任务与很强的合作共赢理念，任何一方均不能具有可能阻碍合作关系建立的独特价值观和追求，如此等等。显然，创新联合体成功建设的难度很大，曾经受到众多著名跨国公司追捧的产业技术创新战略联盟建设的成功率并不高，往往不超过50%。目前我国部分地区出台的创新联合体建设方案，往往要求其参与单位较多，如《湖北意见》规定其成员一般不少于7个，《海南方案》要求其成员不少于10个。要求如此多的单位参与创新联合体建设，要让大家均具有较强的合作共赢理念以及共同的价值观、发展目标和战略，显然是极其困难的。不尽科学的政策要求一定程度上阻碍创新联合体的高水平建设及运行。

五是牵头单位引领性创新发展能力不足，很难发挥牵引带动作用。建设高水平的创新联合体，特别需要骨干企业具有较强的供应链整合能力、产业链协同创新能力和产业发展引领能力。这样，上下游企业参与创新联合体建设，在牵头单位带动下，不仅能获得更多的订单和较高的利润，还能提升其创新能力、品牌影响力与市场竞争力，增强企业的持续发展能力。参与方能从参与创新联合体建设中获得单个企业很难形成的众多良好收益，相互促进和协同发展，会促使其具有强大的内生动力参加创新联合体建设，有强烈的意愿与牵头企业保持紧密的合作关系，保障创新联合体的高水平建设。然而，目前我国多数创新联合体的牵头建设单位的引领性创新发展能力仍然不足，整合利用各方优势资源的能力明显不强，不能很好发挥牵引带动作用，很大程度上制约创新联合体的高水平建设运行。

六是支持创新联合体建设的工作机制较为单一和要求不当，缺乏普惠性的创新联合体建设支持政策。创新联合体建设应该是一项长期复杂的工作，但是目前政府相关部门的政策支持周期普遍为 2~3 年，而且普遍把科技计划项目适当倾斜作为主要推手，支持手段较为单一，持续性支持明显不足。同时，各地的创新联合体建设支持政策不仅强调需由本地区企业牵头，还规定必须保证区域内有一定数量的企业、高校和科研院所参与，如《湖北意见》规定创新联合体的参与方一般不少于 7 个，其中产业链上下游企业不少于 5 个，高校和科研院所不少于 2 个，成员企业中多数应为湖北省内注册的创新型企业，这导致牵头企业很难整合利用全国创新资源，更不谈积极利用全球科技创新资源，影响创新联合体的高水平建设。

8.5 加强企业创新联合体建设的方式与举措

创新联合体类型多样，未来一段时间应把加强企业创新联合体建设摆到更加突出的位置，并重视采用有效的建设方式和推进举措。

1. 企业创新联合体建设的基本建设方式和要求

一是以积极开发生产新产品尤其是世界级产品为核心任务。推进企业创新联合体建设不仅要重视催生新知识和新技术，产出专利、论文和标准，更应重视开发生产新产品尤其是世界级产品，一方面努力改进现有产品使其成为世界级优质高档产品，一方面率先开发能改变人类生产和生活方式的世界级新产品，将上下游企业长期紧密联系起来，形成共同的追求与价值观和一致的发展目标与战略。

二是以产业链供应链上的关键节点企业分别牵头组建企业创新联合体为基本建设方式。企业创新联合体建设有两种典型方式：一种是将上下游多层次上与新产品开发相关的所有重要企业集成起来构建一体化的企业创新联合体，打造创新链，合作开发新产品；另一种是产业链供应链上下游重要节点企业分别组建企业创新联合体，通过分层次组建多个企业创新联合体打造创新链合作开发新产品。由于第一种建设模式的高水平运行难度极大，可以把支持第二种建设方式摆到更加突出的位置。

三是把企业创新联合体建设各参与方之间能实现资源共享和优势互补创造独特而全新价值作为核心追求。推进企业创新联合体建设，不在于参与方多少，核心是要保障各参与方之间能实现资源共享和优势互补，实现一加一大于二，创造单个企业无法形成的独特而全新的价值。具有优势资源，并且愿意实现各方之间的资源共享，应该成为遴选企业创新联合体建设参与方的基本要求。

四是保障企业创新联合体建设的各参与方具有强烈的合作共赢理念。遴选企业创新联合体建设的参与方，要高度重视其具有强烈的合作共赢理念和大局意识，参与方不是主要关注如何分蛋糕，而是愿意积极贡献于努力做大蛋糕。同时，还要重视遴选的参与方不具有制约合作关系建立的独特价值观和追求，不能因为个别参与方缺乏合作意识和精神阻碍企业创新联合体的高水平建设与运行。

五是积极发挥高校和科研院所在企业创新联合体建设中的重要支撑作用。推进企业创新联合体建设，不仅要积极促进产业链供应链上下游企业之间的合作，还应该吸引高校科研院所参与，为开发新产品提供新知识、新技术等方面的有力支撑，提升企业创新联合体的建设水平。

六是充分考虑实际需要组建不同类型的企业创新联合体。企业创新联合体建设类型多样，既可以与上游企业合作，也可以与下游企业合作，或者两者兼顾。同时，与上下游企业合作，还可以组建功能协议式、股权参与式和合资企业式等不同类型的企业创新联合体。产业链供应链上的关键节点企业牵头组建创新联合体，应充分考虑新产品开发需求以及上下游企业和相关高校和科研院所的创新能力选择合适的建设模式。

七是注重不断强化创新联合体建设各参与方之间的相互信任。各参与方之间长期相互信任是企业创新联合体持续健康发展的必然要求。要高度重视加强信任关系建设，通过促进企业创新联合体各参与方之间的深入交流、注重程序和结果公平、保持长期合作关系、防止机会主义行为、引导各参与方注重以合作增强核心能力、强化声誉和惩罚机制的运用、重视科学签订合作协议等不断增进各方之间的相互信任。

2. 企业创新联合体建设的推进举措

加强企业创新联合体建设不仅要充分发挥企业的主体作用、高校和科研院所的重要支撑作用，也需要积极发挥政府的重要支持作用。当前政府相关部门支持企业创新联合体建设，一方面应围绕目前紧迫的战略需求，采取有效政策举措直接支持部分企业创新联合体建设；另一方面应积极引导相关企业自主推进企业创新联合体建设。

第一，以提升质量为核心改革创新联合体建设支持方式。建议政府相关部门着力改革创新联合体建设支持方式，不要按每年一批或几批在规定的时间推进建设，不要以每批按规定的数量推进建设，而是鼓励企业牵头随时组建随时自愿申报，成熟一个支持一个，不要因为要达到一定的企业创新联合体建设数量而放宽建设条件与准入要求，降低建设质量。同时，运用财政资金支持企业创新联合体建设，尽量运用后补助而非事先直接拨款方式，防止扭曲创新联合体建设动机，杜绝机会主义行为。

第二，优先支持围绕世界级产品开发生产组建的企业创新联合体。增强世界级产品持续开发生产能力，是加速产业创新发展和高质量发展的必然要求。开发生产世界级产品，必然要求产业链供应链上下游企业紧密合作打造创新链，必然要求建设高水平的企业创新联合体。而且如此建设创新联合体，会使得各参与方之间易于形成共同的价值观、发展目标和战略，使得创新联合体建设有良好的基础。建议政府相关部门未来一段时间重点支持相关企业围绕世界级产品开发生产组建企业创新联合体，以科技项目给予他们长周期、大力度的财政科技资金投入等的支持。

第三，以大力弘扬企业家精神和激发企业家的内生创新动力强化企业创新联合体建设。企业是创新主体，企业家是创新灵魂。强化企业创新联合体建设，有效途径之一是激发广大企业家的内生创新激情，积极实施创新驱动发展战略，大力推进企业创新联合体建设。建议政府相关部门采取学习培训、参观考察、表彰奖励等多种举措加强企业家的培养和企业家队伍建设，提升企业家的素质和能力，造就一批具有宽广世界格局、深邃市场眼光、浓厚创新情怀的优秀企业家，以加强企业家队伍建设带动企业创新动力提升和企业创新联合体建设。

第四，大力支持牵头企业在企业创新联合体建设中发挥引领带动作用。现实表明，建设企业创新联合体核心是要充分发挥牵头企业的作用。建议政府相关部门支持企业创新联合体建设，不要对参与企业与高校和科研院所的类型、数量等有太具体的硬性规定，不要对是组建功能协议式、股权参与式还是合资企业式有刚性要求，只要牵头企业积极与其他企业和/或高校科研院所深度合作实现资源共享和优势互补，只要有望能开发生产世界级产品，就对其企业创新联合体建设予以大力支持。

第五，通过加强培训等支持企业创新联合体建设。成功推进企业创新联合体建设，需要具备众多较为苛刻的条件，如各参与方具有共同的价值观、发展目标和战略，均具有较强的合作共赢理念和意识等。实践表明，众多企业创新联合体建设困难重重，很难达到预期效果，重要原因之一是其牵头企业和参与方对创新联合体建设的复杂性和艰巨性缺乏基本的了解，对其建设过程中会面临的问题缺乏必要的认知。建议政府相关部门把加强企业创新联合体建设参与方的学习培训摆到很重要的位置，让各方深入了解企业创新联合体的建设规律，系统知晓企业创新联合体建设的可能挑战和障碍，帮助他们更科学高效推进企业创新联合体建设。

第六，以广泛宣传促进广大企业积极自主建设企业创新联合体。经济全球化使当今的产品生产高度专业化，上下游企业紧密合作是企业持续发展的必然要求，参与企业创新联合体建设是广大企业的普遍需要。按照目前的方式政府相关部门能够直接支持建设的企业创新联合体非常有限，不能完全适应加强企业创新联合体建设的实际需要。建议政府相关部门加强企业创新联合体建设成功经验的总结提炼，并通过各类媒体的广泛传播和举办多种形式的高层论坛等举措，广泛宣传企业创新联合体建设的重要作用，积极推介企业创新联合体建设的有效方式，引导和促进广大企业自主建设各种形态的企业创新联合体，围绕产业链打造创新链，为产业创新发展与高质量发展提供有力支撑。

8.6 本章小结

创新联合体是在骨干企业牵引带动下，在高校和科研院所与政府相关部门等的大力支持下，产业链供应链上下游企业乃至同行企业以信任与合作而不是交易和竞争关系为基础，以具有法律约束力的契约为保障，通过资源共享和优势互补创造新的潜能，协同开发重要新产品和突破关键核心技术，提升供应链整合能力、产业链协同创新能力和产业创新发展引领能力，增强产业链供应链的安全稳定性，加速产业创新发展和高质量发展。

创新联合体建设的核心是把上下游企业间的交易关系、同行企业间的竞争关系转变为合作关系，实现资源共享和优势互补，实现一加一大于二，开辟新的发展机会。参与方之间高水平合作和合作共赢是创新联合体的鲜明特征。

创新联合体类型多样，既有合资企业式、股权参与式和功能协议式创新联合体之分，也有横向合作、纵向合作和多层合作创新联合体之别。加强以产业链供应链上下游企业合作为核心、以产学研合作为支撑的企业创新联合体建设尤其重要，是开发世界级产品和突破关键核心技术的必然要求。

研究企业创新联合体的建设模式，是要诠释企业开发生产重要新产品需要与哪些上下游企业开展什么样的合作。选择合适的企业创新联合体建设模式，需要综合考虑新产品开发类型、零部件配套件采购方式和企业间关系等因素的影响，选择建设功能协议式、股权参与式或合资企业式等不同类型的企业创新联合体。

保障企业创新联合体高水平运行，对参与方有严格的要求。一方面要求各参与方通过合作能够创造独特而全新的价值，具有很强的合作共赢理念，拥有长远而共同的价值观、发展目标与战略。另一方面要求参与方之间可以建立长期持续的供应采购关系，任何一方不存在制约合作关系建立的独特价值观和追求。

我国支持创新联合体建设已有较长历史，取得较好成效，但也面临诸多挑战：一是政策使然而非内生合作创新需求为主体催生创新联合体，建设动机明显扭曲；二是各参与方之间缺乏长期而共同的合作创新价值观、发展目标与任务，创新联合体建设很难形成长期联系纽带以持续健康发展；三是合作共赢理念明显不足，创新联合体内较少能建立高水平的合作关系以实现资源共享与集成运用；四是对创新联合体建设参与单位数量等的要求不尽科学，增加了各方合作创新的难度；五是牵头单位引领性创新发展能力不足，很难发挥牵引带动作用；六是支持创新联合体建设的工作机制较为单一和要求不当，缺乏普惠性的创新联合体建设支持政策。

促进企业创新联合体建设，应优先支持围绕世界级产品开发生产组建的企业创新联合体，并把各参与方之间能实现资源共享和优势互补创造独特而全新价值作为核心追求，保障各参与方具有强烈的合作共赢理念，同时以广泛宣传促进广大企业积极自主建设企业创新联合体。

|第9章| 新产品开发与企业创新友好环境营造

企业是新产品开发及关键核心技术攻关主体，也是产业创新发展和高质量发展主体。实施创新驱动发展战略和科技强国战略，核心是要营造新型的普惠性企业创新友好环境，激发企业科技创新的强大内生动力，促进各行各业的广大企业由主要采用低成本低价格产品发展战略向普遍实施差异化高档化产品发展战略转变，强化企业科技创新主体地位，形成新型的经济高质量发展模式。本章首先讨论我国企业创新发展状况与阶段特征，明确未来企业转型发展创新发展任务与要求。其次分析市场竞争促进企业科技创新的关键性作用，明确建立公平有效竞争市场的制度要求。再次构建企业科技创新政策分析框架，从需求侧、供给侧和环境侧等几个方面分析我国企业科技创新政策状况。在此基础上，明确未来我国这样的后发国家企业科技创新政策重点和总体目标应该是营造普惠性的企业创新友好环境，诠释企业创新友好环境的特征、政策体系范围和典型政策工具，揭示企业友好环境形成的标志和面临的主要挑战。最后，提出加快营造普惠性企业创新友好环境的一系列对策举措。

9.1 企业创新发展状况与转型发展创新发展要求

新中国成立特别是改革开放以来我国企业创新发展取得很大成就，但是绝大多数企业仍然未能进入创新驱动发展阶段，未来企业转型发展创新发展任务相当艰巨。

1. 我国企业创新发展状况和阶段特征

结合各类统计数据和典型案例，借鉴已有研究成果归纳总结发现，我国企业创新发展有如下状况和特征。

一是企业科技创新取得很大成就，模仿创新、渐进性创新、替代性创新、低端市场创新等的成效尤其显著，支持我国建成全球最为齐全的工业体系。新中国成立尤其是改革开放以来，我国企业在积极实施技术引进、承接国际产业转移的同时，着力推进消化吸收再创新，模仿创新、渐进性创新、替代性创新和低端市场创新成效非常显著。首先，广大企业在模仿创新的同时积极运用高新技术、基于工程经验的创新等渐进性创新改进已有产品和生产工艺，提升产品性能、质量和可靠性，降低产品生产成本，支持企业以低价格在国内外市场赢得了极其显著的竞争优势。其次，通过关键核心技术攻坚打破发达国家的关键核心技术和产品垄断，实现替代，构建越来越完整的产业体系，显著降低了我国企业购买国外垄断技术和产品的成本，增强了企业以低价格参与国际市场竞争的能力。最后，低端市场创新能力越来越强。例如，美国苹果公司率先开发的智能手机新产品价格极其昂贵，普通民众缺乏消费能力。我国企业如小米、vivo 等能及时跟进，充分利用我国劳动力、土地等要素价格低的优势，快速开发功能相对简单、价格相对便宜的中低档新产品，满足我国和全球中低端消费者的巨大需求，不仅更好地满足了普通民众的消费愿望，还极大地带动了新兴产业的快速成长壮大。企业科技创新有力支撑我国建成全球门类最为齐全的工业体系。

二是我国企业普遍采用低成本低价格而非差异化高档化产品发展战略，形成了特别强的新产品快速模仿设计和低成本大规模生产能力，能以低价格迅速占领全球中低端市场。经过多年的发展，我国企业形成了很强的大规模生产组织、质量管理和成本控制能力，可以把引进、模仿和改进的产品设计通过引进国外先进技术和生产设备、关键原材料和零部件等迅速转变为大规模产品生产，其试制、投产、量产速度国际领先，形成了很强的低成本发展战略实施能力。在这样的发展模式下，逐渐形成了薄利多销的商业哲学，通过大规模生产、严格管理，结合低要素价格优势能把产品成本降至很低，以低价格产品赢得较大的国际中低端市场，造就了一批较为优秀的制造企业。

三是我国企业具有较强的整机和整车产品生产能力，但是关键原材料、零部件、元器件和生产设备等的自主供给能力严重不足，成为产业发展的痛点之一。经过多年发展，我国在船舶、高铁、汽车、工程机械、工业机器人等众多产业领域形成了较强的整车、整机产品生产能力，不仅能满足国内需要，还可以出口进入国际市场。然而，这些产业的发展往往是 SKD（半散件组装）、CKD（全散件组装）生产模式，虽然能够总装整车和整机产品，但是关键原材料、零部件、元器件和生产设备等高度依赖进口。例如，根据相关企业测算，2022 年我国工程机械产业零部件进口额约占总进口额的 45%，核心零部件 90% 依赖进口。由于外国企业垄断拥有，我国企业购买关键原材料、零部件、元器件和生产设备的价格极高，相关产业发展质量和效益不佳。例如，在工业机器人领域，我国开发生产能力不足的控制器、伺服电机、减速机三大关键零部件的成本约占整机成本的70%，造成在国内组装机器人的成本比直接从国外购买成品的价格还高（契阔资本，2021）。

四是我国企业生产的主要是中低档产品，产品品质欠佳、档次不高、效益不好、品牌不靓等问题突出，世界级优质高档产品生产能力明显缺乏。目前我国绝大多数企业可以用很低成本制造质量过得去、达标的产品，但是很难生产性能优、档次高、品牌靓、附加值大的世界级优质高档产品。例如，在工程机械行业，我国产品与国际上的优质高档产品相比，其可靠性、耐久性等方面存在显著差距，国产工程机械产品平均无故障间隔时间和平均寿命大约是国际领先水平的一半，产品绿色化、宜人化方面也有明显差距，大多数产品的排放和噪声达不到欧美国家高端市场的严格控制标准。再如在纺织业，大部分企业处于价值链低端，以贴牌和来料加工为主，缺少高附加值终端品牌产品，高端面料设计开发、品牌时装设计、品牌营销等相比国际先进水平有较大差距，一线奢侈品牌、高级成衣定制品牌几乎空白。

五是我国企业科技创新主体上仍然处于跟踪模仿阶段，原创性与颠覆性技术创新成果还极少，缺乏世界级新产品的开发生产能力。虽然我国企业科技创新取得很大成绩，但是颠覆性新产品和全新产品开发能力仍然缺乏。目前，我国不少企业发展高度依赖国外的关键核心技术，关键设备、核心原材料和零部件与元器件、检测仪器、工业设计软件等高度依赖进口，关键核心技术"卡脖子"问题突出。反之，我国企业极少拥有他国企业必须依赖、能"卡人"的关键核心技术。

六是企业对基础研究的特点和作用了解不多，重视程度明显不够。基础研究对支撑企业开发新技术和新产品具有极其重要和不可或缺的作用，国际上著名的创新型企业普遍围绕新技术和新产品开发大力推进应用导向的基础研究。然而，目前我国的绝大多数企业对基础研究概念和作用缺乏基本的认知，对基础研究的重视程度明显不够。根据科技统计年鉴，2022 年我国基础研究经费占全社会R&D 经费的比例为 6.57%，与发达国家相比差距较大，2019 年发达经济体的基础研究投入占 R&D 比例平均超过 15%，其中美国为 15.16%、日本为 12.5%、韩国为 14.67%、英国为 18.27%、法国为 22.67%。

七是广大企业科技创新动力不足的问题仍然突出，多数企业未能进入创新发展阶段，成为实施创新驱动发展战略的核心难题。根据科技统计年鉴，2022 年我国规模以上工业企业研发经费投入占主营业务收入比例只有 1.39%，2016 年日本主要产业（不含金融、保险）研发经费占销售额的比例为 3.33%（甄子健，2018），差距较大。这表明我国广大企业创新动力不足与能力不强的问题仍然突出，创新驱动未能成为企业主体发展战略，未能进入创新驱动发展阶段。

2. 我国企业相比创新型国家企业的发展路径差异

我国企业科技创新动力仍然不足，能力仍然不强，多数企业仍然未能进入创新驱动发展阶段，其重要原因之一是我国企业相比美国、德国等创新型国家企业的发展路径明显不同。

第一，美国、德国等创新型国家企业是相关产业的缔造者和培育者，我国企业依靠技术引进和模仿在相对较短的时间内嫁接发展，缺乏产品正向设计能力。美国、德国的众多企业如康宁公司等往往已经历了大几十年、100 多年甚至更长时间的发展，是行业主导设计与产品的率先开发者，推进所在产业从无到有、从小到大发展。他们深入了解行业发展的全过程，形成很强的行业技术和知识积累，具有很强的产品正向设计能力，能根据用户需求有效改进已有产品和设计开发生产全新产品。我国企业一般通过 20 世纪 50 年代引进苏联或 20 世纪 70 年代末改革开放之后引进西方先发国家的技术和生产线嫁接培育形成，更多依靠技术引进和模仿发展，在此基础上通过逆向设计等进行模仿和改进，不能从源头和全过程了解行业发展，缺乏基础的技术、知识和经验积累，既难形成优质高档产品的开发生产能力，又缺乏产品正向设计和全新产品开发能力。

第二，美国、德国等创新型国家企业由于是产业培育者，往往全产业链发展和建立完整的技术创新体系，我国企业只能在产业链的某些环节创新发展。由于美国、德国的众多企业是相关产业培育者，产业发展初期缺乏必要的配套企业，需要自主开发产业发展相关的技术、产品、设备和工艺等各类主要技术，其发展路径决定其往往是全产业链发展和建立完整的技术创新体系。建材行业国际著名的新型企业德国可耐福公司不仅生产主导产品石膏，还提供石膏矿开采、石膏生产和建筑施工等相关的各种设备和生产工艺，围绕石膏产品产业链构建系统完整的技术创新体系和生产体系。我国的绝大多数企业由于依靠技术引进发展，往往只能在产业链的某些环节发展，比较典型的是引进国外的生产设备甚至整条生产线，购买关键原材料和零部件，采用国外的产品质量检测仪器，进行产品加工装配，产品生产和产业发展的诸多环节依赖国外和受制于人。

第三，美国、德国等创新型国家企业主要依靠创新实施差异化高档化产品发展战略，我国企业由于依靠技术引进发展，普遍只能采用低成本低价格产品发展战略。创新型国家的绝大多数企业发展，或者依靠技术创新生产具有垄断性的世界级优质高档产品，或者依靠强大的正向产品设计能力不断推出世界级新产品，以世界级产品的开发生产赢得市场竞争优势。我国绝大多数企业还主要依靠引进技术在产业价值链的中低端发展，这样的发展路径导致很难实施差异化发展战略，只能以低成本低价格产品赢得国内外中低端市场，赚取微薄利润，很难形成良好的利润积累，难以大幅提升企业的创新能力和尽快形成产品正向设计能力，只能持续依靠技术引进模仿不断寻找新的增长点，容易陷入引进落后再引进再落后的恶性循环，很容易引发国内同行企业的恶性价格竞争。

第四，美国、德国等创新型国家企业长期专注于其主导产品并引领产业发展，我国部分企业经常变换主导产品和进入新的产业领域跟随发展。创新型国家的不少企业非常专注于其主导产品，如康宁公司从 1849 年成立 170 多年来，主导产品一直是玻璃和玻璃陶瓷，围绕主导产品长期进行研发和技术创新及其生产销售，形成雄厚的技术积累，引领全球相关产业发展。我国企业一般是通过引进技术和生产线、关键原材料与零部件等快速发展，这样在全球很难引领产业发展，只能采取跟随发展策略，一旦其他行业出现新的能赚钱的机会之后，部分企业可能再次变换发展领域，快速引进国外新的技术和生产线、关键原材料与零部件等转向生产新的产品，无法形成深厚的产业技术积累。

第五，美国、德国等创新型国家企业形成了强大的内生创新动力，我国企业技术创新动力仍然普遍不足。美国康宁公司、德国可耐福公司等创新型国家的企业长期坚持走创新发展之路，取得了很大的成功，带来了很好的效益，再加上其持续创新发展形成了良好的知识和技术积累，使得这些企业依靠创新发展成为自觉和本能的选择，具有强大内生创新动力。我国企业传统上依靠引进技术发展，创新积累相对较少，基础薄弱，要由传统的低成本低价格产品发展战略转变为差异化高档化产品发展战略面临巨大挑战，不少企业面临"不创新等死、创新找死"的窘境，制约其快速大幅提升创新动力。

总之，一系列因素使得我国与先发国家企业的发展路径和模式很不相同，最直接的表现是我国企业主要采用低成本低价格产品发展战略，主要生产的是附加值低的中低档产品，创新型国家企业普遍采用差异化高档化产品发展战略，大量生产的是附加值高的优质高档产品。这成为我国产业全要素生产力和企业利润率明显不高的重要原因。

3. 后发国家企业转型发展创新发展任务

加速产业高质量发展是我国创新发展的核心任务，这迫切需要广大企业加速转型发展，尽快成为科技创新主体。强化企业科技创新主体地位，分析企业转型发展创新发展的任务与路径，既可以基于企业研发经费和研发人员投入、专利产出等指标[1]，也可以从新产品开发视角进行。显然，企业要获得良好的利润与效益，实现创新发展高质量发展，核心是要使其产品具有强大的市场竞争力和高附加值。这需要加强研发经费、研发人员等创新要素投入，需要产出高质量的专利技术。然而，大量案例也表明，并不是较高的研发投入和专利产出就一定能转化为具有市场竞争力的高附加值新产品，很有可能存在创新投入转化成为高附加值新产品的效率和效益不高的问题。为此，分析企业转型发展创新发展的核心任务，明确企业创新发展的可能路径，不应该只从研发投入和专利产出视角，不能陷入研发投入和专利产出增加自然而然就能实现企业和产业创新发展高质量发展的迷思，应主要从开发具有高附加值的新产品视角进行诠释和分析。

从产品视角对比美国、德国等创新型国家的企业发展模式可以发现，当前我国企业和产业发展质量仍然不高，根本原因是绝大多数企业生产的是国际上众多国家的众多企业能够生产、市场竞争高度激烈、附加值低的中低档产品，在产业国际分工中只能处于产业价值链的中低端，产业劳动生产率和企业利润率不佳。促进企业创新发展，核心任务是要激发广大企业强大的科技创新内生动力，积极开发生产自主品牌高档新产品、替代性新产品、颠覆性新产品和全新产品等各类

---

[1] 目前国家、区域和企业创新能力评价，往往将研发投入、专利和论文等科技产出指标摆到很重要的位置，这意味着其评价机理是假设国家、区域和企业研发投入与科技产出指标越高，创新能力越强。从技术创新的含义及其与科技的关系看，这不尽然，创新能力评价更应该关注新产品开发生产情况。

新产品，由主要生产附加值低的中低档产品向大量生产具有垄断性的高附加值优质高档新产品转变，尽快形成世界级产品的持续开发生产能力。关于后发国家企业转型发展创新发展的核心任务，有如下解读。

一是推进企业转型发展创新发展，是要实现从能生产各类产品再到能普遍生产优质高档产品、能出产众多世界级优质高档产品和能持续开发生产世界级新产品的巨大转变。新中国成立特别是改革开放以来，我国产业和企业发展取得巨大成就，在较短的时间内实现了从只能生产很少的工业产品，到能生产世界上的绝大多数工业产品、建成全球最为齐全的工业体系的重大战略转变。后发国家创新发展分析模型表明，未来推进企业转型发展创新发展需要经历多个发展阶段：首先是要支持广大企业能普遍生产优质高档产品；其次是促进众多企业能出产世界级优质高档产品；最后是形成世界级新产品的持续开发生产能力。

二是推进企业转型发展创新发展，需要增强各行各业广大企业的创新发展动力。依靠企业加强新产品开发实现我国经济高质量发展，全面提升产业劳动生产率和全要素生产率，只关注少数产业是不行的，只依靠少数企业也是不够的。只有少数产业和少数企业提升劳动生产率和全要素生产率，并不能大幅提升整体的经济发展质量。因此，推进企业转型发展创新发展，既要重视高技术产业和新兴产业的企业，也必须关注传统行业的企业；既要支持大中型企业，也要帮助小微企业，努力使各行各业的广大企业形成强大的创新发展动力。

三是推进企业转型发展创新发展，需要促进广大企业的发展战略转变。实现企业创新发展，由主要生产中低档产品转变为大量生产优质高档新产品，实际上是要让企业由主要采用低成本低价格产品发展战略转变为积极采用差异化高档化产品发展战略，实现企业发展战略和路径的重大调整与转型。长期以来我国企业主要依靠产品低价格优势参与国内外市场竞争，很熟悉的发展路径是以低价格的中低档产品赢得中低端市场，形成了一定程度上的路径依赖，也出现了一定程度上的"中低档品牌"陷阱。企业由传统的发展路径转变为新的创新发展路径，实际上会面临不确定因素多、风险大、成本高、转型周期长等巨大挑战，非常担心"不创新等死创新找死"，企业转变发展战略和路径面临较大障碍。然而，没有企业发展战略的转型很难有企业的创新发展，推进企业创新发展，首先需要促进企业转型发展。

四是推进企业转型发展创新发展，需要增强企业的原创性引领性科技创新能力。加快企业创新发展，意味着企业要由跟踪模仿开发新产品向能自主开发世界级产品尤其是世界级新产品转变，由跟着热点跑、什么领域和产品赚钱就干什么向专注于自己的主营业务、保持核心业务领域长期不变转变，由跟随模仿型科技创新向原创引领性科技创新、增强行业发展引领力带动力转变。这要求企业能围绕主营业务和主导产品长期加强企业创新体系建设，增强新产品、新工艺和新设备等的集成化创新能力，强化知识、技术和技能积累，为持续开发生产世界级产品奠定必要基础。

五是推进企业转型发展创新发展，需要造就一支优秀的企业家队伍。企业创新发展需要形成较强的世界级产品尤其是世界级新产品的持续开发生产能力。世界级新产品开发具有极高的风险性和不确定性，需要大量投入和很长的周期，一心想赚大钱赚快钱的商人不会愿意冒很高的风险大量投入开发生产世界级新产品，不会形成积极开发生产世界级新产品的强大动力。一个国家要形成世界级产品尤其是世界级新产品的持续开发生产能力，需要打造一支优秀的企业家队伍。他们拥有一般人很难有的情怀和追求，希望以开发生产世界级新产品引领产业发展和造福人类，赚钱往往只是其副产品。他们对未来市场机会有深入的分析，对相关先进技术及其发展趋势有细致的了解，善于发现一般人很难识别的全球市场机会。他们具有一般人很难有的冒险精神，勇于集聚相关资源开发生产世界级产品，充分利用新的市场机会。一个国家没有一支优秀的企业家队伍，开发生产世界级产品就成为无源之水无本之木，推进企业创新发展就会举步维艰困难重重。加强优秀企业家队伍建设是企业创新发展的基础。

六是推进企业转型发展创新发展，需要充分发挥市场机制的作用。推进企业科技创新和开发生产世界级产品尤其是世界级新产品，面临众多的不确定性和极高的风险。首先是"产品的不确定性"，世界级新产品的全新性决定了一个国家未来可能出现什么样的世界级新产品，该产品应该具有什么样的性能、能满足什么样的需求、通过什么路径能成功开发无法预先计划，往往要经过不断的试错和较长的过程才能知晓，具有极高的不确定性；其次是"开发者的不确定性"，很难判断和预测谁能率先开发生产世界级新产品，很难预先遴选世界级新产品的开发者；再次是"竞争的不确定性"，不清楚是否有他人也在开发类似新产品，不知道他人是否会率先成功开发该类新产品，也即不能预计新产品开发会面临什么样的竞争；最后是"市场的不确定性"，即使率先开发出世界级新产品，但是能否被众多的用户和市场接受以形成良好回报，具有高度的不确定性，现实中像空客 A380 这样的看起来特别优秀的产品遭遇市场失败的案例屡见不鲜。由于世界级产品开发的风险太高成功率太低，人类在长期的社会实践中逐步发现，一个国家很难通过计划方式通过重点支持若干家企业科技创新，依靠他们形成的极少数几个开发方案大量开发生产世界级新产品。创新型国家的经验表明，需要充分发挥市场机制的作用，鼓励广大企业各显神通开发生产尽可能多的各具特色的新产品，让各类新产品在公平有效的市场中充分竞争实现优胜劣汰，保障优秀新产品能脱颖而出并赢得很高市场回报，才可能开发生产世界级新产品。同时，由于成功开发世界级新产品能获得良好回报，又会吸引更多的企业家投身世界级新产品开发，形成良性循环，才能不断开发生产世界级新产品，才会形成世界级产品的持续开发生产能力。建立公平有效的市场，是形成世界级产品持续开发生产能力必不可少的基本要求。

总之，推进我国这样的处于中等收入阶段后发国家的企业转型发展创新发展，实际上是要实现经济发展方式的巨大变革，其核心任务是要营造新型的企业和经济发展环境，充分发挥市场机制的作用，促进各行各业的广大企业由主要采用低成本低价格产品发展战略转变为普遍采用差异化高档化产品发展战略，由主要生产附加值低的中低档产品转变为大量生产附加值高的优质高档产品，尽快形成世界级产品的持续开发生产能力，构建新型的经济高质量发展模式。这是一项极其艰巨、高度复杂、需要长期不懈努力才可能完成的任务。

9.2 市场竞争及其政策和制度要求

经济理论表明，促进企业转型发展创新发展，需要充分发挥市场机制的作用。市场竞争是经济发展的助推器，能强有力地促进企业积极创造新知识。通过政策和制度设计建立公平有效的市场，是强化企业科技创新主体地位的必然要求。

1. 市场竞争与知识创造

市场竞争是指市场主体为争夺商品与商品生产，赢得消费者，相互展开的一种较量。市场竞争主要有两种方式，分别是价格竞争和非价格竞争。非价格竞争包括产品竞争、服务竞争及营销竞争等方式。

企业生产产品和提供服务，需要获得资本、劳动力、原材料等资源。企业要赢得市场竞争，不仅需要各种资源，还需要能运用知识将资源高效转化运用，以更新颖更优质更低价的新产品参与市场竞争，赢得竞争优势，获取利润。企业运用知识开发新产品过程中，既面临"横向不确定性"，即不清楚他人正在干什么；也面临"前向不确定性"，即不清楚未来会发生什么，面对高度不确定的市场环境。当市场环境发生变化后，企业过去获得的知识会贬值乃至完全失去价值，需要在收集消化信息的基础上创造新知识，并运用新知识判断新环境下应该开发什么样的有竞争力的新产品。然而，企业决策过程中有可能按自己对过去的认知错误推断，有可能错误预测其行动的后果，还可能会遇见未曾意料到的困难，获取新知识代价高昂，充满风险，只具有有限的知识创造能力。为解决如此高复杂性和高风险性的决策问题，人类在长期的社会实践中逐步发现，发挥市场机制的作用，由企业和消费者竞争性地运用资源和分散决策，各自自主决策开发生产什么新产品和购买何种新产品消费，是已经发现的解决问题的最好方法，最有利于增进社会福利。具体而言，市场竞争可以从多方面促进企业创新和新知识产生，分别是促进知识创造、促进知识扩散和抑制错误发生。

一是促进知识创造。企业在私有产权制度下会积极为其资产寻找有效的用途和良好的回报，由此会在供应者（或竞争性的购买者）中引发竞争。竞争必然会引导他们积极搜寻能用来改善其竞争地位的新知识。竞争使许多人全力以赴进行信息搜寻和知识创造，这代价高昂，充满风险，对当事者而言绝不是一件舒适的事。但这对于保障市场另一方的选择自由和创造国民财富却非常有益。去何处以及以何种方式寻找信息和创造新知识会因人而异，这取决于个人的主观偏好和经验。企业会采用五花八门的方法寻找和创造新知识，这与由少数专家代表大众寻找信息和创造新知识相比，由于知识创造的广泛基础和方法多样性，前者能创造更多更有用的知识。

二是促进知识扩散。市场竞争中成功者会很快名扬天下，能赢利的企业会招来许多模仿者，成功的购买者也常常被亲朋好友竞相仿效。价格信号会将市场另一端需要的商品和竞争对手所能供应的商品等信息迅速传播。价格变化很快被人得知，并触发新技术和新产品开发等财富创造活动。所有这些会将信息迅速传遍各个相互关联的市场，实际上在强力促进知识扩散。

例如，1973 年 10 月第四次中东战争引发石油危机，油价暴涨，没有多少人需要了解其全部原因，如到底是中东战争、迅速增长的需求、油井的枯竭，还是石油输出国组织采取了限产措施。不管出于多么复杂难解的原因，只要油价暴涨，许多汽车司机会立刻减少出行，并开始考虑将高油耗车换为节油车，各行各业都会积极采用节能技术和设备。同时，价格升高信号还会促使数以千计的实验室投入研发节油技术，也会在能源供应商中引发一系列的连锁反应，如扩大钻探新油气井的范围，尝试用新的技术从大陆架和其他困难地区开采石油，研究煤的液化技术。一系列连锁反应会逐步克服石油危机，这要归功于在供求双方中出现的无数创造和运用新知识和新技术的努力。竞争系统以简单而易于理解的价格信号"传播"石油供给不足的消息。这样的信息激励企业等社会各方为自利而行动，渴望打败自己的竞争对手。没有任何其他系统能像竞争市场中的价格机制那样有效而迅速传播和扩散知识，也没有任何其他系统能如此快速和有效地动员出随之而来广泛的知识创造活动。

三是抑制错误发生。当人们在竞争系统中犯错误时，很快会从市场另一方的反应即被用户抛弃和他们的竞争对手对自己的打击中发现。他们会明白，自己没有以最有利于他人利益的方式运用自己的资产，也没有最好地增进他人和自己的利益。在私人产权制度下，他们要为错误和损失负责，有可能迅速纠正错误，并努力寻找有效的补救办法。如果财产由集体持有，相关决策者有可能在亏损后继续挥霍资源，并辩解他们为什么应当如此坚持下去。可见，竞争系统内置了一套自发的自控机制，能及时纠正错误，让犯错控制在有限的程度上，减少资源浪费。

总之，市场竞争是促进企业科技创新和创造新知识的基础制度。利用市场竞争促进企业开发新技术和新产品，需要建设保障市场公平有效竞争的制度。有效的制度设计能保证竞争持续激烈，可以一次又一次地促使企业运用其资产应对竞争挑战，带动新知识的持续创造和扩散。实施垄断、政治特权等规避竞争的制度，常被视为创造和扩散使用新知识的重大障碍。

2. 政策

一般而言，政策是指某一行动者或一组行动者，如政府官员、政府机关、立法机构等在既定的活动领域（如消费者保护、科技创新等）中的行为（詹姆斯·E. 安德森，2009）。政策还可以被看作为政府选择做或选择不做的事。或者说，政策是一个或一组行动者为解决一个问题或相关事务所采取的相对稳定的、有目的的一系列行动。

政策有程序性政策与功能性政策之分，有建立制度和秩序的政策与干预具体活动的政策之分。对一国而言，一定历史发展阶段的政策重点是什么，是一个很值得高度关注的问题。实际上，对此问题很难有统一标准的答案，不同的学者和政策制定者从不同的价值观和判断出发，会有不同的回答。

一般认为（柯武刚和史漫飞，2000），政策制定有两种不同的导向：一种是把保护职能作为政府干预的重点，积极培育有利于公平竞争的市场；另一种是干预具体的经济社会发展活动。相关研究普遍认为，前者优于后者。政府应当专注于运用其强制权力加强制度建设，建立作为公共产品的公平竞争的市场，既保护供应方的供应自由，也保护购买者的选择自由。

遍及整个经济系统的公平竞争应该得到保护，是因为市场竞争能有效促进知识创造和扩散，这是当今复杂经济环境下其他方式方法无法企及的。因此，政策的所有手段都应当"顺从市场"。也就是说，所有的政策手段都不应当削弱竞争的普遍作用。对每一项政策，都应当从其是否影响公平竞争的角度进行评价。核心政策体现在这样几个方面：私人财产保护、缔约自由、个人对其承诺和行动负责、开放的市场（进入和退出的自由）、稳定的货币（无通货膨胀的货币）与经济政策。

让保护市场公平竞争的政策占据统治地位，能让人们凭借创造性和企业家精神运用知识，能使抑制经济权势成为可能。同时，如此的政策还不会助长无节制的放任自流，而会在制度框架中保护个人权利和有效协调，还能约束统治者，使之"对所有人不偏不倚"，不出现歧视。再有，这些政策还应当均衡应用于所有相互依赖的市场。如果劳动力市场中的秩序和制度与产品市场中的秩序和制度不相兼容，就会引发代价高昂的矛盾，如出现扭曲的相对价格。如果产品是自由竞争的市场，劳动力是受管制的市场，可能会使生产无利可图，就业水平会受到严重的负面影响。这迟早会要求或解除对劳动力市场的管制，或压制产品市场中不受约束的竞争。不同领域的秩序和制度相互兼容也非常重要。

如果政策制定者把政策制定与希望获得的结果而不是秩序和制度建设很紧密联系起来，往往会把具体后果放在比维护规则更高的位置上。这样的政策会引发难以预见的副作用，提高协调成本。对过程和结果的重视与干预可以赢得短期的显著成效，但它会极大地削弱人们对规则的重视，从长期来看将摧毁信心。

3. 制度

制度是由人制定的规则，是大家共同遵守的办事规程或行动准则，抑制着人际交往中可能出现的机会主义行为。制度为一个共同体所共有，并总是依靠某种惩罚而得以贯彻。没有惩罚的制度是无用的。只有运用惩罚，才能使个人的行为变得更可预见。带有惩罚的规则能增进秩序，将人类行为导入可合理预期的轨道。制度内容丰富，从不同的视角可以对制度形成不同的分类，常见的制度分类有内在制度与外在制度、正式制度与非正式制度、指令性制度与禁令性制度等不同的分类方法。

制度的关键功能是增进秩序。它具有系统性、非随机性，因此是可理解的。在社会混乱的地方，社会相互交往必然代价高昂，信任和合作也必然变得非常困难，作为创造财富主要源泉的劳动分工则变得很难实现。在经济交往中通过制度建设增进秩序，能鼓励相互信赖和信任，减少合作成本。当一个社会中经济交往很有秩序时，人们就可以预见未来，从而能更好地与他人合作，也能对自己冒险从事创新性活动感到自信。这样，人们在寻找能与之合作的对象时将更易于发现其所需要的信息，更易于预判合作的可能代价和回报，结果是会努力发现和应用更有用的知识。

微观经济学经常需要回答这样一个问题：新的有用的知识是如何被最有效地发现、检验和应用的？是什么激励着这一过程的主体即企业家去动员生产要素，冒险对知识作创新性运用，并去尝试推进结构变革？众多研究强调，在发现有用的知识，调配资本、劳力、技术和原材料并由此创造出不断增长的产出这些活动上，企业家精神是必需的。对企业家精神的产生而言，制度具有极端的重要性，恰当的制度是催生企业家精神和促进经济发展的必要但不充分前提。

总之，推动经济增长的主体是在不断深化的劳动分工中运用知识的企业家。而这只有具备了规范人际交往的恰当"游戏规则"即制度时才有可能。恰当的制度安排能为市场中和组织内的人际合作提供一套框架，使合作具有可预见性和可信赖性。一套协调框架是由如文化习俗、共同的伦理体系、正式的法律规章和管制条例等相关制度共同提供的。

企业家是善于发现并利用市场机会的人，他们对机会高度敏感并积极准备利用机会。企业家总在寻找新知识，并已经准备好在有望获取物质收益时为实现未经验证的生产要素新组合而冒险。

4. 市场机制高效运作的制度要求

市场经济理论表明，市场机制的有效运行需要具备诸多条件（张军扩，2003）。

一是独立的企业制度。具体有三层含义：首先，企业拥有明确和独立的产权并受到法律的有效保护；其次，企业有充分的决策权，能够根据市场信息变化自主决策；最后，企业对自己的决策和行为负民事责任。

二是有效的市场竞争。包含四方面内容：首先，价格必须放开，使价格充分反映市场供求关系；其次，竞争必须公平，各类生产要素都转化为商品并分别形成市场，法律法规以及政府能平等对待不同的市场主体；再次，竞争必须相对充分，企业的数量需要充分，形成供大于求的格局，不存在阻碍企业进入和退出市场的各种行政性和经济性障碍，防止垄断；最后，竞争必须有序，有符合市场的"游戏规则"，并且市场主体严格遵守。

三是规范的政府职能。能够成功促进市场机制有效发挥作用的规范政府行为通常被称为良政治理。良政治理包括以下几个方面的内容：首先是政府的职能通过法律得到明确和恰当的界定，不是替代市场作用，而是制定和执行规则，为市场机制正常发挥作用创造条件。一般而言，政府职能包括：制定并执行规则、宏观经济的总量调控、收入再分配以防止收入差距过大、维持稳定的经济和社会环境、提供公共产品等。其次是形成民主和透明的政府决策程序。再次是让政府权力受到法律的有效约束。最后是有效制止政府官员的腐败。

四是良好的社会信用。在规范的市场经济体制下，诚信对于企业而言意味着更大的竞争优势；政府的诚信更为重要，可以增强其他市场主体的信心。

五是健全的法制基础。现代市场经济是法治经济，一个规范的市场经济体制的关键在于是否真正建立起适应市场经济需要的法制基础。这是因为，市场经济是竞争机制，而竞争离不开规则，离不开法治。没有良好的法治环境，市场主体的独立性、市场竞争的有效性、政府行为的规范性、市场秩序的有序性都将缺乏根本保证。

9.3　企业科技创新政策状况

企业是科技创新主体。我国各级政府长期以来高度重视支持企业科技创新，出台了一系列的政策。现首先建立企业科技创新政策分析框架，然后剖析我国企业科技创新政策状况。

1. 企业科技创新政策分析框架

企业科技创新政策内容非常丰富，工具相当多样，从不同的视角可以将其划分为不同的类型。如从政策的影响范围看，可分为是针对特定对象的政策还是影响所有参与者的政策；从政策的影响途径看，可分为直接影响过程、行为和能力的政策以及通过基础设施建设等间接影响的政策；从政策的支持对象看，可分为需求侧、供应侧和环境侧的政策。需求侧的企业科技创新政策，是指政府部门采取有效举措，促进增加企业科技创新需求，带动企业科技创新。供应侧的政策，是指政府部门通过政策为企业科技创新提供更系统更有效的人才、资金、技术和信息等资源保障，支持企业科技创新活动开展。环境侧的政策，是指政府部门通过构建良好的知识产权保护、公平竞争的市场等环境，鼓励企业科技创新。

由于需求是驱动企业科技创新的核心力量之一，目前国际上的企业科技创新政策分类，非常重视从需求侧、供应侧和环境侧三个维度进行（Edler and Georghiou，2007）。为此，现以此三个维度为基础并进一步细化，形成企业科技创新政策的详细分析框架（表9-1）。

表9-1　企业科技创新政策分析框架

政策类别	政策分类
需求侧	规制
	政府采购
	促进增加市场创新需求
供应侧	科技计划
	财政补贴
	税收优惠
	拓宽融资渠道

政策类别	政策分类
供应侧	风险分担
	支持建设科技创新机构和平台
	支持人才培养和培训及流动
	科技创新服务
	创新创业
	科技成果转移转化
	国际科技合作
环境侧	知识产权保护制度
	公平竞争市场环境
	鼓励创新的经济社会制度
	产业创新园区建设
	产学研合作与军民融合
	国有企业创新考核评价和激励

2. 企业科技创新政策状况与特点

利用表9-1分析框架诠释我国政府相关部门出台的众多企业科技创新政策，可以发现其有众多鲜明特点。

一是政府部门对促进企业科技创新高度重视，不仅出台的相关政策文件数量多，而且涵盖范围广。近年来政府部门高度重视支持企业科技创新，不仅在一些综合性政策文件中强调支持企业科技创新，还出台了多个专门针对企业科技创新的政策文件，如《关于强化企业科技创新主体地位全面提升企业创新能力的意见》（国办发〔2013〕8号）、《科技部关于进一步推动科技型中小企业创新发展的若干意见》（国科发高〔2015〕3号）、《关于新时期支持科技型中小企业加快创新发展的若干政策措施》（国科发区〔2019〕268号）等。同时，政府部门的企业科技创新政策工具涵盖范围较广，涉及到企业科技创新的供应侧、需求侧和环境侧的各个主要方面。从政策工具数量看，供应侧的政策处于主导地位，即不断强化企业科技创新需要的知识和技术、资金、人才、信息、服务等要素的有效供给，需求侧和环境侧的政策工具相对较少。这也与政府部门的行政管理职能相一致。

二是不少企业科技创新政策工具的含义清楚，落实要求明确，针对性和操作性较强。例如，《国务院关于印发实施<中华人民共和国促进科技成果转化法>若干规定的通知》（国发〔2016〕16 号）明确提出：以技术转让或者许可方式转化职务科技成果的，应当从技术转让或者许可所取得的净收入中提取不低于 50% 的比例用于奖励；再如，国家发展改革委、科技部印发的《关于构建市场导向的绿色技术创新体系的指导意见》（发改环资〔2019〕689 号）要求：国家重大科技专项、国家重点研发计划支持的绿色技术研发项目由企业牵头承担的比例不少于 55%。

三是相当一批政策工具的含金量较高，直接支持企业科技创新的作用非常显著。例如，政府部门的众多科技计划、财政补贴等政策直接帮助企业增加研发投入。再如，高新技术企业、科技型中小企业、投资初创科技型企业的创业投资企业的税收优惠政策，企业研发费用税前加计扣除政策，企业研发设备加速折旧政策等，直接提升了企业的科技创新投入能力。还有，政府采购直接增加了企业新产品的用户需求量，为支持企业持续增强科技创新能力发挥了很重要的作用。

四是在现有的各类企业科技创新政策工具中，鼓励性、引导性、方向性的政策仍然占比较高，刚性政策工具相对偏少，这导致看起来企业科技创新政策很多，但企业享受政策优惠的难度较大，政策的作用被打折扣。通过调研了解到，企业普遍反映目前的科技创新政策已经很多，但要完全了解和理解实属不易。还由于一些政策执行弹性较大和缺乏实施细则，企业享受政策优惠的难度较大，成本较高。例如，《关于新时期支持科技型中小企业加快创新发展的若干政策措施》（国科发区〔2019〕268 号）提出："支持有条件的科技型中小企业参与建设国家技术创新中心、企业国家重点实验室""推动出台支持科研人员离岗创业的实施细则，完善科研人员校企、院企共建双聘机制"。这些政策本质上很好，但是由于缺乏具体和操作性的实施办法与要求，很难得到普遍落实，很难较快和真正发挥作用。

五是能惠及广大企业科技创新的普惠性政策工具明显不足。理论研究和创新型国家的经验均表明，各行各业的企业都需要科技创新，促进和支持企业科技创新，应该兼顾到各行各业的广大企业。然而，目前的企业科技创新政策工具，针对高新技术产业、战略性新兴产业的高新技术企业、科技型中小企业的相对较多，含金量较高，能够支持传统产业和广大企业的普惠性政策工具相对较少，真正有机会享受科技创新政策直接支持的企业较为有限。

六是部分很好的政策惠及面相当小，发挥的作用极其有限。例如，《关于科技企业孵化器大学科技园和众创空间税收政策的通知》（财税〔2018〕120号）规定：自2019年1月1日至2021年12月31日，对国家级、省级科技企业孵化器、大学科技园和国家备案众创空间自用以及无偿或通过出租等方式提供给在孵对象使用的房产、土地，免征房产税和城镇土地使用税；对其向在孵对象提供孵化服务取得的收入，免征增值税。但在实际过程中，大部分科创载体无法有效享受免税优惠政策。以南京为例，2019年符合条件的145家科创载体中仅有10家孵化器和8家众创空间享受了免税政策，共减免房产税、城镇土地使用税和增值税847.2万元，仅占总数的12.4%。出现这样的状况，首先是由于绝大多数载体运营机构是通过租赁形式获得载体的运营权，没有房屋产权，享受不到房产税和城镇土地使用税减免，致使这一条优惠政策基本落空。其次是载体运营管理公司能够免征的增值税只是为在孵的小规模纳税人企业开具的普通发票才能享受免税。但在实际操作中，载体中的入孵企业多申报为一般纳税人，要求载体开具增值税专用发票以便抵税。为了留住客户，大多数科创载体只能为在孵对象开具增值税专用发票，放弃了增值税免税政策。可见，看起来很好的政策未能惠及大量的应该优惠的对象。

七是一些政策工具试点运用可以，普遍推广较难。《关于新时期支持科技型中小企业加快创新发展的若干政策措施》（国科发区〔2019〕268号）提出：加强科技金融结合试点工作，加快推进投贷联动、知识产权质押、融资租赁等。目前，知识产权权利人以合法拥有的专利权为质押标的物出质，经评估作价后向银行等融资机构获取资金，在一些地区试点取得了一定的成效。然而，该政策大面积推广面临较大困难。这是因为专利技术等各类技术的价值具有高度的不确定性，运用高技术开发的新产品在市场上失败的案例比比皆是，如协和飞机、空客A380、摩托罗拉铱星系统等均是如此。同时，高技术转化为好产品才可能带来良好的效益，当今新产品开发往往需要运用多种技术，新产品的价值是多种技术组合运用的结果，技术组合之后单一技术在产品价值创造中的作用很难估算，而且同一技术运用于不同产品创造的价值也有很大的差别。所有这些都使得技术价值很难较为准确评估，大范围和大规模运用专利技术等知识产权质押融资面临较大困难。

八是部分政策工具的科学性和有效性受到质疑。《关于深化体制机制改革加快实施创新驱动发展战略的若干意见》（中发〔2015〕8号）提出：按照市场化原则研究设立国家新兴产业创业投资引导基金，带动社会资本支持战略性新兴产

业和高技术产业早中期、初创期创新型企业发展。目前，不少地方政府或者直接
拨款财政资金设立政府直接管控的风险投资基金，或者政府拨款财政资金与社会
资金合资成立包含国有股份的股份制风险投资基金，以解决创新创业需要的风险
投资不足的问题。然而，这些风险投资基金实际运行一段时间后发现，其投资成
功率极高，苏州、南京等地部分著名的风险投资基金多年来投资的项目全部成
功，无一失败，这并不意味着这些基金运作得好，而是投资项目的风险极低，未
能充分发挥风险投资应有的作用。同时，不少风险投资基金投资的项目少，有钱
不敢投，不能完成其规定的投资任务，基金不能得到充分运用。出现这样的问
题，与风险投资的特点和目前相关基金的设立方式有关。顾名思义，风险投资是
具有高风险属性的投资，对国有全资或含有国有股份的风险投资基金投资人而
言，如果投资高风险项目成功，一般认为这是应该的，个人能获得的收益较少；
反之，一旦投资失败，往往总会有人猜疑其投资存在猫腻，个人私下从中获得了
什么利益，会给基金负责人的声誉等带来直接的负面影响。这样，国有全资或含
有国有股份的风险投资基金的投资人投资高风险项目，个人损失总是大于收益，
缺乏投资的动力和积极性，由此要么尽量投资风险低的项目，要么尽量减少投资
以降低投资失败的概率。这说明，风险投资基金的建立和运行必须完全运用市场
机制和社会资本，利用财政资金设立或参与风险投资基金支持企业科技创新不是
一种科学和有效的政策。

九是目前的企业科技创新更偏向于运用科技政策，与经济政策和产业政策等
的联动可以加强。众所周知，企业科技创新本质上是一种以技术为手段、以盈利
为目的的经济活动，企业科技创新不仅与科技相关，还与经济和产业发展环境紧
密相连。目前政府部门的企业科技创新政策高度重视增加科学知识和技术、资
金、人才等创新要素供给，但是与产业和经济等政策的衔接和联动明显不够。

专栏9-1　产业目录与政策对企业创新发展的影响

地处江苏常州的某新材料企业是一家以应用研究为导向，立足于产品自
主研发创新的高新技术企业，专业从事各类光刻胶专用电子化学品的研发、
生产和销售，主要产品为光刻胶专用化学品，包含光刻胶用光引发剂（包括
光增感剂、光致产酸剂等）和光刻胶树脂两大系列。按照应用领域分类，产
品主要有印制电路板（PCB）光刻胶专用化学品（光引发剂和树脂）、液晶

显示器（LCD）光刻胶光引发剂、半导体光刻胶光引发剂及其他用途光引发剂四大类。近年来，该企业的产品为我国突破芯片产业的"卡脖子"关键核心技术——光刻胶提供了有力支撑，部分产品还成为国外企业生产光刻胶必需的原材料，显著提升了我国企业的产业国际地位。

从企业调研了解到，这样一家生产极其重要产品的企业，曾经因为政府相关部门的产业目录和产业政策制定而引发生存危机。从传统产业分类角度看，该企业的产品属于化工产品。由于一段时间内我国多地化工企业安全事故频发，不少地方出台众多政策严格限制化工企业发展，企业发展一度面临很大困难。2017年国家相关部门制定战略性新兴产业目录时，经过该企业与其他同行企业的力争，将光刻胶原料单列为"电子新材料"这一战略性新兴产业，其产品进入国家鼓励的战略性新兴产业，使得企业近几年才得以较快较好发展。

十是保障公平有效市场建设的相关制度供给不足，市场竞争促进企业科技创新的作用未能充分发挥。理论和实践均表明，市场竞争对促进企业科技创新发挥关键性作用，通过制度设计建立公平和有效竞争的市场，是促进企业科技创新的基本要求。然而，目前保障市场公平有效竞争的制度供给仍然不足，地方保护、行业垄断、商业贿赂等行为显著存在，不诚信行为不能得到严厉惩罚，公平有效的市场仍未完全建立。这样，一些企业可以通过商业贿赂、生产假冒伪劣产品、提升垄断地位等不正当竞争行为赢得市场和利润，严重制约广大企业以优质高档产品赢得市场竞争的积极性，严重制约企业推进科技创新和开发生产优质高档新产品的积极性。目前迫切需要通过加强制度建设建立公平有效的市场，以公平有效的市场促进企业科技创新，从源头上增强企业科技创新的内生动力。

9.4 企业创新友好环境营造的目标与挑战

企业科技创新政策是政府相关部门为促进企业科技创新采取的相对稳定、有目的的一系列行动，以干预特定企业的科技创新活动和/或建立能促进广大企业创新发展的良好制度。长期以来众多学者开展科技创新政策问题的研究，形成了丰硕成果。已有研究相对集中于科技创新政策概念、促进国家和区域与产业及企业创新的有效政策工具、政策制定过程等方面，有关科技创新政策目标及其范畴和成效等问题的研究还很少。当前制定企业科技创新政策，特别需要重视回答如下几个基本问题：一是企业科技创新政策的总体目标是什么？二是企业科技创新政策范畴有多大？三是在各类企业科技创新政策工具中当前发展阶段哪些特别重要？四是政策目标达成后应该产生什么样的成效？五是当前阶段政策目标达成面临的主要挑战是什么？现对这些问题逐个分析。

1. 企业科技创新政策的总体目标——营造普惠性企业创新友好环境

一般而言，企业科技创新政策的主要目标既可以是加快建立能促进广大企业科技创新的普惠性制度，也可以是干预特定企业的科技创新活动，还可以两者兼顾。基于我国企业科技创新政策状况及转型发展创新发展要求，前者即建立能促进广大企业科技创新的普惠性制度，营造普惠性企业创新友好环境处于特别重要的位置。通过普惠性企业创新友好环境营造，营造新的经济发展环境，促进广大企业的发展战略和路径转变，构建新型的经济高质量发展模式。

首先，加快经济高质量发展，需要营造普惠性的企业创新友好环境。当前我国经济已转向高质量发展阶段，高质量发展是全面建设社会主义现代化国家的首要任务。实现经济高质量发展，大幅提升产业劳动生产率和全要素生产率，仅依靠少数企业是不行的，需要促进各行各业的广大企业以创新发展推动高质量发展，以广大企业的高质量发展支撑整体经济高质量发展。达成这样的目标，将企业科技创新政策的主要着力点放在少数特定企业上是不够的，需要着力营造普惠性的企业创新友好环境，促进广大企业创新发展高质量发展。

其次，形成世界级产品尤其是世界级新产品的持续开发生产能力，需要营造普惠性的企业创新友好环境。开发生产世界级产品面临"产品的不确定性""开发者的不确定性""竞争的不确定性"和"市场的不确定性"等众多的不确定性因素，这意味着开发生产世界级新产品的风险极高成功率极低。一个国家很难主要采用计划方式通过重点支持若干家企业持续开发生产世界级新产品，需要充分发挥市场机制的作用，需要激发广大企业积极开发新产品的强大内生动力。这样，只运用干预特定企业科技创新活动的政策很难促进广大企业科技创新，只有通过营造普惠性的企业创新友好环境才能实现。

再次，我国企业科技创新政策状况也决定了未来的政策重点应是营造普惠性的企业创新友好环境。长期以来我国各级政府出台了大量的企业科技创新政策，这些政策主要用于支持高新技术企业、科技型中小企业等特定类型企业的创新发展，干预特定企业科技创新活动的政策占绝对多数，能促进广大企业科技创新的普惠性政策相对较少，运用明显不足。为弥补当前政策的不足，未来企业科技创新政策重点也应该是加强促进广大企业科技创新的普惠性制度建设，营造企业创新友好环境。

最后，营造普惠性的企业创新友好环境，是促进广大企业科技创新的有效途径。组织行为学（苏勇和何智美，2007）表明，人及其组织的行为是人和组织与环境相互作用的结果。也就是说，人及其组织的行为取决于人的需求和动机及其所处环境，在需求和动机相同的情况下，环境的不同会导致人及其组织的行为不同。因此，研判人及其组织行为的产生，不仅要分析其需求和动机，还要审视其面临的社会环境。这也说明，人及其组织的行为产生是有规律的，通过营造环境可以引导人及其组织的相关行为发生。可见，营造企业创新友好环境，可以有力促进广大企业科技创新。

综上，未来我国科技创新政策的主要目标应是充分发挥市场在资源配置中的决定性作用，强化普惠性的鼓励广大企业科技创新的制度建设，营造能够促进广大企业科技创新的良好制度环境，即普惠性企业创新友好环境。通过营造普惠性企业创新友好环境，充分激发广大企业科技创新的强大内生动力，使得他们由普遍采用低成本低价格产品发展战略向广泛采用差异化高档化产品发展战略转变，由主要生产附加值低的中低档产品向大量生产具有垄断性和高附加值的优质高档产品转变，尽快形成世界级产品的持续开发生产能力。

2. 企业创新友好环境的特征

组织行为学和计划行为理论（Ajzen，1991）表明，通过营造环境引导有关人员和组织发生相关行为和开展某项活动，首先要促进其产生做该事的行为意向。行为意向受到行为态度、主观规范和行为控制认知三个方面因素的影响（图9-1）。行为态度表示某人和组织喜欢或不喜欢做某事的心理倾向，如果他们认知的某行为结果中正面结果越多，效果越强，对该行为的态度就越积极，就有越强的行为意向，反之则相反。主观规范是某人和组织认知到的做某事或不做某事的社会压力和社会规范要求，如果认为对其重要的人和组织越喜欢其某种行为，且行为结果的正面效果越大，就有越强的行为意向，反之亦相反。行为控制认知是某人和组织认知到其做某事的能力，如果认知其行为能力越强，就有越强的行为意向，反之亦相反。

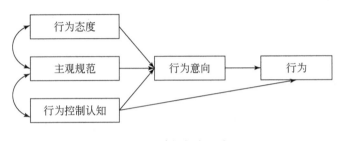

图 9-1　计划行为理论

运用计划行为理论，充分考虑企业科技创新的特点，通过政策营造企业创新友好环境可以从四个方面入手：一是通过优化政策让企业认为科技创新开发新产品能获得良好收益和回报；二是通过法律法规和规章制度、公平竞争市场等的建设让企业具有科技创新的压力和要求；三是通过科技公共服务等的有效供给让企业感到科技创新有良好的资源和服务保障；四是通过政策调整让企业觉得通过科技创新发展具有显著比较优势。

显然，这也意味着企业科技创新友好环境应该同时具备如下特征：一是企业科技创新具有良好的回报，或/和具有显著的压力与要求，有科技创新的强大内生动力；二是企业科技创新具有良好的资源和服务保障，有条件推进科技创新；三是科技创新是企业最具比较优势的发展战略，企业有很强意愿推进科技创新。

营造企业创新友好环境，特别要求让科技创新成为企业最具比较优势的发展战略，是因为相比市场营销、多元化、资本运作等其他发展战略，企业创新发展需要的投入更多、面临的风险更大、投入回报周期更长。如果创新发展战略相比其他发展战略没有显著的比较优势，不能带来更好的效益，广大企业很可能寻找投资风险更小、投资回报更高更快的其他发展战略，而不会大量投入开展科技创新活动。

3. 企业创新友好环境营造的政策体系范畴和典型政策工具

营造普惠性企业创新友好环境，既需要让企业感到科技创新有好处和/或压力，又要让其认为科技创新有资源和条件与比较优势，尤其需要将众多政策协同运用，建立科技创新政策体系，以带来良好的政策成效。

根据计划行为理论，结合典型案例分析和借鉴创新型国家的经验，可以将企业科技创新政策体系用图（9-2）描述（仲伟俊等，2014）。

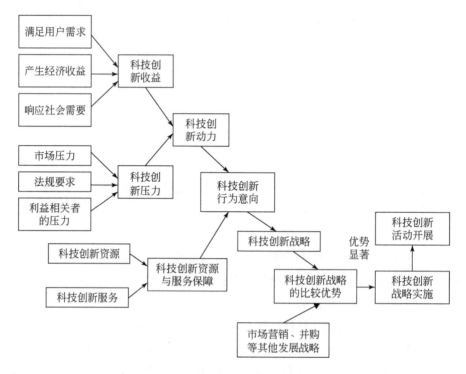

图 9-2　企业科技创新政策体系

首先，营造企业创新友好环境，让企业开发生产的优质高档新产品能赢得广泛的市场和用户，形成良好收益与回报，是企业科技创新政策体系建设最为基础的任务。这涉及众多的政策工具，比较重要和典型的有：建立包括知识产权在内严格的私人财产保护制度；消灭假冒伪劣产品，保障企业开发生产的优质新产品能获得良好市场回报；构建良好的消费者权益保护制度，促进广大消费者形成超前和挑剔的产品需求；运用积极的政府采购政策促进新产品开发；建立用户积极消费和使用新产品的财政补贴、税收优惠等制度。

其次，让企业具有较强的科技创新压力，也是营造企业创新友好环境的重要途径。这方面较为重要的政策工具有：营造公平竞争的市场环境，让企业不能通过寻租、垄断等赢得利润，只能通过开发生产优质新产品增强市场竞争力赢得竞争优势；科学制定和严格落实环境保护、节能降耗减排、安全、卫生等法律规范和技术标准倒逼企业科技创新；营造鼓励创新的社会文化等。

再次，营造企业创新友好环境，让企业感觉有条件开展科技创新活动，是企业创新友好环境的重要内容。这方面的政策工具，首推要努力通过减税降费减轻广大企业的负担，让其有比较好的利润，只有在广大企业具有了良好的利润积累，也即按企业家的说法有了"闲钱"、形成了较强的抗风险本领和生存发展能力后，才能大量投入开展科技创新活动。其他政策工具还包括：保障广大企业能以低成本便捷有效获得人才、资金、知识和技术、信息等各种科技创新资源，能享受咨询服务、人才培训服务、研发服务、科技金融服务、信息服务、政策服务、中介服务、研发载体和平台服务等众多优质科技创新服务等。

最后，让科技创新成为企业最具比较优势的发展战略，是企业创新友好环境的核心特征。这方面的典型政策工具包含：通过经济政策调整优化均衡高技术产业与金融业、房地产业等不同产业的利润水平，让创新型企业能有更高的利润水平；实行研发经费加计扣除、高新技术企业税收减免等政策；杜绝企业通过不正当竞争和垄断赚取高额利润的机会；杜绝企业利用政策快速获得高额利润的机会；杜绝企业纯粹利用廉价的生产要素发展的机会等。

总体上看，企业科技创新政策范畴极其广泛，既涵盖传统的科技政策，又与经济和社会发展等领域的部分政策密切相关。同时，这几个方面的政策要均衡发力，共同作用，才能营造普惠性企业创新友好环境，才会有力促进广大企业科技创新。

4. 企业创新友好环境形成的标志

创新型国家的经验和理论研究成果均表明，如果一个国家营造形成了普惠性的企业创新友好环境，广大而不只是少数企业会积极开展科技创新活动，这样，社会上最有价值的企业主要是创新型企业；最赚钱的人主要是在从事科技创新活动。

毫无疑问，当今世界美国是企业科技创新环境最好和创新能力最强的国家。根据相关统计分析，2023 年美国市值最高的前 10 名企业（表9-2），一半都是科技创新能力极强、引领全球相关产业发展的国际著名创新型企业，表明其已经形成了良好的企业创新友好环境。反观我国市值最高的前 10 家企业，只有腾讯等极少数科技型企业，其他主要是金融等行业的企业，真正的科技型企业还很少，这从一个侧面反映了我国的企业创新友好环境还没有完全形成，需要进一步着力营造。

表 9-2　中国和美国 2023 年市值最大的 10 家企业（单位：亿美元）

序号	中国				美国		
	企业名称	所属领域	市值	全球排名	企业名称	所属领域	市值
1	腾讯	科技	4620	11	苹果（APPLE INC.）	科技	26090
2	阿里巴巴	非消费必需品	2640	32	微软（MICROSOFT CORP.）	科技	21460
3	中国工商银行	金融	2210	40	谷歌母公司（ALPHABET INC.）	科技	13300
4	中国建设银行	金融	1640	60	亚马逊（AMAZON. COM INC.）	非消费必需品	10580
5	中国农业银行	金融	1560	65	英伟达（NVIDIA CORP.）	科技	6850
6	宁德时代	工业	1440	73	伯克希尔（BERKSHIRE HATHAWAY）	金融	6760
7	中国银行	金融	1360	79	特斯拉（TESLA INC.）	非消费必需品	6590
8	中国招商银行	金融	1260	89	脸书母公司（META PLATFORMS）	科技	5500
9	友邦保险	金融	1220	94	维萨（VISA INC.）	金融	4640
10	中国平安	金融	1190	100	埃克森美孚（EXXON MOBIL CORPORATION）	能源	4460

5. 企业创新友好环境营造的主要挑战

将我国企业的现实创新环境与理想的创新友好环境对比可以发现，目前企业创新友好环境建设任务极其艰巨，存在诸多障碍和挑战。

1）企业科技创新收益不高动力不足的问题仍然突出

一是知识产权保护环境不佳，假冒伪劣产品问题较为突出，企业科技创新和开发新产品很难获得良好回报。毋庸置疑，形成良好的知识产权保护环境，企业通过科技创新能获得良好的回报，是发挥企业科技创新主体作用的基本条件。然而，企业实地调研发现，目前企业的知识产权保护环境明显不佳。例如，江苏某石膏企业研发出先进的生产设备之后请相关企业加工，设备生产厂竟然将设备中的核心技术泄露给该石膏企业的竞争对手，对此还很难维权，之后该企业再请厂家加工生产设备，在关键部分有意添加自己才知道的设计错误，设备到厂后再自行修改，保护自己的核心技术。再如，一些企业申请专利不敢标注各种参数的真实值，有意让其中的部分参数有错，以防竞争对手窃取和模仿专利技术。由于缺乏良好的知识产权保护环境，假冒伪劣产品问题明显，企业科技创新成果保护难度大、维护成本高，大量创新投入很难获得良好回报，直接制约企业创新动力提升。

二是通过强化消费者权益保护培育超前和挑剔的市场与用户需求带动企业科技创新，相关政策仍然缺乏。欧美等国家推进创新型国家建设，把强化消费者权益保护作为最重要的创新政策之一，以此培育超前和挑剔的市场与用户需求，促进企业努力开发生产优质高档新产品。例如，欧洲议会和理事会于 1999 年 5 月颁布的《关于消费商品销售及其相应担保几个问题的指令》规定：供应商应该就所送达商品从送达之日起两年内，对其商品逐渐显露的不一致承担责任；商品在送达后 6 个月内开始显露的任何不一致，将被假定其送达时已经存在；消费者关于缺陷产品损害赔偿的权利期限为 3 年。大量的案例还表明，一旦缺陷产品对消费者造成伤害，生产企业需要付出巨额赔偿，让企业伤筋动骨，乃至破产。严格的消费者权益保护让质量低的产品很难赢得用户和利润，有力支持优质产品可以获得广泛的市场，带来良好效益。可见，强化消费者权益保护是促进企业科技创新特别有效的政策，然而目前我国对这类政策的重视和运用明显不够。

三是商业贿赂等行为明显存在，公平市场竞争促进企业科技创新的作用未能充分发挥。毫无疑问，公平有效的市场是促进企业科技创新的核心力量。然而，当前我国公平、开放、透明的市场环境还没有完全形成，国有企业与民营企业不能平等竞争，行业垄断和地方保护问题明显，商业贿赂行为时有出现，本应倒闭的企业得到保护不予倒闭等情况时有发生，社会上不诚信行为的遏制和打击还不够，市场竞争实现企业优胜劣汰的作用未能得到充分发挥，优秀企业的优质产品不一定能赢得市场竞争优势，制约企业创新动力提升。

专栏9-2　市场竞争与企业科技创新的关系

企业调研过程中企业家普遍强调，政府营造公平和有效竞争的市场，让优质产品能在市场竞争中赢得竞争优势和获得良好回报，相比税收优惠、科技项目计划支持等创新政策更加重要，更加高效，是促进企业科技创新最有效的政策。

企业调研还了解到，目前影响市场公平和有效竞争的因素众多。某企业反映，自己企业生产的产品质量特别好，但不可思议的是卖给国内企业，经办人还要回扣，否则不采购！他们与国外企业合作，从来没有发生这样的事。

显然，卖家愿意给回扣，质量不佳的产品也能卖出去；如果卖家不给回扣，质量很好的产品很可能卖不出去。实际上反映目前的市场竞争很不规范，通过市场竞争淘汰落后企业和产品的优胜劣汰机制没有完全形成，优质创新产品很难获得良好的市场回报。

四是环境保护、节能降耗减排、安全卫生等方面的法律法规与技术标准的严格落实不够，未能使其成为促进企业科技创新的有效政策工具。大量的理论研究和创新型国家的经验表明，科学制定和严格落实相关法律法规与技术标准，必然促进企业开发生产更加环保、更加节能降耗减排、更加安全卫生的产品，运用更加先进的生产工艺和设备，这是促进企业科技创新极其有效的政策工具。然而，我国环境保护、节能降耗减排、安全卫生等方面法律法规与技术规范标准要求不高、落实不严等问题仍然突出，运动式执法现象时有发生，促进企业科技创新的作用未能充分发挥。

专栏9-3　企业迫切需要良好的创新生态环境

位于江苏省张家港市的某企业是国家大型二类化工企业，也是中国化工行业百强企业和张家港市十大重点骨干企业之一。该企业的经营范围涉及化工、机电、建筑等，先后获得国家"五一"劳动奖状、全国化工优秀企业以及国家化工环保先进集体等多种荣誉，所有生产企业均通过 ISO2000 版质量体系认证，出口产品达 30 种。

2022 年 1 月在该企业调研时了解到，2021 年虽然受到新冠疫情影响，但是企业的整体经营状况良好，利润显著增加，其重要原因是近年来各地政府对化工行业的企业进行严格的环保督察，使得过去不严格落实环境保护要求、依靠偷偷排放污染物和降低环保成本、以低价格销售产品争夺市场的企业受到打击，使得一直严格落实环保要求、但环保和生产成本较高的优质企业得到保护，让这些企业得到了更好发展。可见，政府相关部门严格落实环境保护等各种法规、标准和规范，能有力支持创新型企业发展。

企业家特别呼吁，支持企业科技创新，并不一定需要政府众多的财政补贴政策，如企业引进博士等高端人才政府给予财政补贴，最需要的是公平的市场竞争环境。

企业还反映，从全球看，即使在德国、日本、美国等发达国家，化工产业也是国民经济极其重要的基础性产业。同时，目前我国"卡脖子"的众多关键核心技术，如芯片产业发展必需的光刻胶，实际上就是化工产品。由于少数地区个别化工企业出现重大安全事故，各地采取一刀切的方式严格限制化工产业发展，对企业新产品中试、生产等环节的任何创新和改进，都需要消防、安监、环保等多个部门的审批，各个部门每次审批的时间很长，通过率很低，导致企业很难推进新产品开发。企业呼吁，不管在什么行业，都不能不分青红皂白采取一刀切办法严格限制其发展，而是应该限制甚至淘汰差的企业，鼓励和支持优质企业。

2）企业科技创新资源和服务保障明显不足

一是企业利润水平不高，盈利能力不强，很难持续大量投入开展科技创新。位于江苏常州某新材料企业董事长强调，创新是富人干的，企业没有良好的盈利能力和利润积累，不可能大量投入开展科技创新活动。众所周知，目前我国实体经济领域的绝大多数企业税费负担明显偏重，利润水平明显不高，盈利能力明显不强，很难持续大量投入开展科技创新活动，成为企业创新发展的重要障碍。

专栏9-4　药品集中采购与企业科技创新

为保证城镇职工基本医疗保险制度的顺利实施，从源头上治理医药购销中的不正之风，规范医疗机构药品购销工作，减轻社会医药费用负担，2019国家相关部门正式开始药品集中采购和使用试点工作。集中采购大大降低了药品的采购价格，为患者带来了明显的实惠。但是，在企业调研时药品生产企业普遍反映，集中采购以低价中标，一些药品的销售价格下降超过60%，药品生产企业的利润空间极大压缩，新药研发投入能力受到较大影响，长远看极其不利于药品生产企业开展新药研发，实际上患者的利益也会受到伤害。

二是技术人员诚实守信、爱岗敬业和精益求精精神仍然不够，人才供给不足问题仍然存在。毫无疑问，人才是企业科技创新的第一要素。德国、日本等国家的企业创新发展经验表明，企业开发生产优质高档新产品，需要积累利用大量的技术经验和诀窍。由于经验和诀窍只能依靠技术人员在同一技术岗位上长期工作持续积累才能形成，特别需要工程师与高技能人才具有强烈的诚实守信、爱岗敬业和精益求精精神，长期甚至一辈子乐于在同一企业的同一技术岗位上工作。德国的高技能人才平均在一家企业工作33年，日本企业更是普遍采用终身雇佣制，这是德国、日本能大量催生创新能力处于行业领先地位的"隐形冠军"企业的重要原因。企业实地调研发现，随着我国进入高等教育普及化阶段，目前多数企业吸引一定数量的大学生并不困难，关键是企业的工程师与高技能人才仍然缺乏诚实守信、爱岗敬业和精益求精精神，或者说主要是素质而非数量成为企业科技创新人才不足的核心问题，直接制约企业科技创新动力的提升。

三是信息和资金等要素供给仍然面临诸多障碍。企业能及时、准确、系统地掌握有关市场需求和竞争、技术发展等方面的信息，是抢抓科技创新机遇、规避风险、提升成效的基本保障。信息服务是典型的公共服务，政府部门在信息服务中应该发挥主体作用。然而，目前企业科技创新需要的各类信息资源缺乏的问题仍然存在，公共信息发布不及时、不准确、不完整等问题明显，不适应企业科技创新的需要。同时，在科技金融方面，资金供给规模和品种不足。这一方面由于我国现行的经济和金融制度让民间资金很难进入许多金融领域，开放、多元化、多层次的资本市场仍有待建立；另一方面由于进行资本运作等产生的收益较高，回报较快，投资实体经济与科技创新的回报太低、周期太长，社会资金不愿意真正长期大量投资于科技创新，企业科技创新需要的资金供给不足。

四是行业专家缺乏，企业参与机会少，部分应用导向型科技计划项目实施一定程度上与企业科技创新需求脱节，使得部分科技计划项目未能为企业科技创新提供有效支撑。各级政府设立的应用导向型科技计划对支持企业科技创新发挥了很显著的作用。然而，在企业调研时普遍反映，目前的科技计划项目实施还存在一定的问题，主要由于科技计划指南编制、项目设置和遴选更多地依靠高校和科研院所的专家，企业专家参与较少。高校和科研院所的专家对技术发展比较了解，对企业和产业技术创新需求了解严重不足，也就是说，目前我国极其缺乏既理解行业技术创新需求又知晓技术发展状况的行业专家，这使得部分科技计划指南编制、项目设置和遴选未能切实结合产业和企业的技术创新需求，有些项目的研究与实际脱节，产生的成果没有实际运用价值，不能有效支持企业科技创新。

3）科研评价奖励偏差使高校和科研院所支持企业科技创新明显不够

一是高校和科研院所的科研目标和追求出现偏差。高校和科研院所是基础研究的主力军，原创性引领性新技术开发的关键力量。基础研究的目的是产生新知识，深化人类对自然和社会发展规律的认识；技术开发是服务于人类更好生活和生产的需要，为开发新产品提供有力技术支撑，科研工作中发表论文、获得项目、赢得奖励和荣誉等应该是科研工作的衍生物和副产品而不是主要目的。然而一段时间以来，高校和科研院所的科研工作比较关注尽快提升国际地位和影响力，比较重视科研成果尽快得到欧美发达国家权威学者的关注和承认。这样高校和科研院所的部分科研工作形成了国际上什么热点就研究什么，国际上权威学者干什么就干什么，外国学者评价谁的水平高谁就水平高，使得部分科研人员特别注重在国际学术期刊上发表论文，注重围绕外国人开辟的研究领域和方向开展"修补"和"完善"式的研究，什么研究能在国际顶级刊物上发表就更积极研究什么，以便尽快得到国际权威学者的引用，科研工作"唯论文"尤其是"唯国际学术顶级刊物论文"的问题较为明显。毫无疑问，努力提升科研工作的国际影响力是非常必要的，但其实现路径如果采取跟踪模仿式研究争取尽快得到国际权威学者引用认可，其路径选择出现了偏差，这有可能导致科研工作的本质和初心即产生真正有价值的新知识和新技术被忽视，围绕国际热点跟踪模仿研究，很可能会使得科技创新的国际地位和竞争力不能实现真正提升。

二是高校和科研院所的科研成果评价方式出现偏差。首先，大量案例表明，科研成果评价极其复杂，其价值完全显现往往需要很长的时间，有些长达几十年；需要真正的小同行专家才能评价，其他人很难作出准确判断；与产品生产往往数量越多越好不同，科研成果不是数量越多即价值越大，数量与质量没有必然联系。然而，目前政府部门及高校自身开展的各类科研成果评价，往往高度重视成果数量，简单认为数量越多越好，如学校对教师考核和晋升职称、博士生毕业都有明确的论文数量要求。其次，科研成果刚刚诞生，还未得到时间和各方面的充分检验，即对成果水平进行评价，政府部门的科研成果评奖往往要求是近几年才产生的成果，之前产生的哪怕近年来显现出很大价值的成果也不能再参加。再次，很多评价邀请的是大同行而不是能真正评价成果水平的小同行，往往只看发表论文数量及刊物级别与影响因子、引用量等外在形式，评价的准确性大打折扣。还由于评审专家不承担任何评审责任，少数专家评审不认真，更多考虑照顾熟人和自己人，送人情建关系，科技成果价值很难准确评价。最后，这还导致容易出论文的研究领域集聚的科研人员多，实际很重要但是很难发论文的研究领域研究人员少。如机械工程领域基础工艺技术研究极其重要，但由于研究需要长时间的积累才能产生成果，而且其成果很难以论文发表，这方面的科研人员越来越少。上述一系列的问题引发如此悖论，一方面高校和科研院所的论文、专利数量爆发式增长，快速发展成为全球第一，科技界自认为产生了大批国际领先的科技创新成果，科技发展成就巨大；另一方面社会普遍认为我国的原创性引领性科技创新能力还不强，重大突破性科技创新成果还极少，关键核心技术"卡脖子"问题突出。

三是科研人员激励方式出现严重偏差。为激发科研人员的科技创新积极性，目前政府部门出台了众多政策，比较典型的是设立人才计划评选优秀科研人员授予各种荣誉和"帽子"。目前青年、中年、老年等不同年龄段的科研人员均有不同的"帽子"可以争取，有没有和拥有什么级别的"帽子"不仅成为衡量科研人员水平的核心指标，而且帽子人才数量成为评价一个单位科研实力的核心指标。这样，各高校科研院所一方面动用各种力量支持本单位人才争取各种"帽子"，一方面采取各种手段挖其他单位的"帽子"人才，对获得"帽子"的人给予超常规的待遇和奖励，人才队伍建设很大程度上演变成为"帽子"人才大战。

通常而言，给予杰出科研人员良好的待遇和奖励是必要和应该的。但是，目前科研人员获得"帽子"相对而言含金量太高，受到的宠爱太多，戴和不戴"帽子"的落差太大，迫使广大科研人员把争取各种"帽子"作为其核心追求，什么工作有利于"戴帽子"就干什么，什么工作有利于快戴"帽子"就优先干什么。由于目前设计了众多层级和年龄段的帽子，争取各类"帽子"甚至成为部分科研人员一辈子的追求，使得大批科研人员很难安心静心坐冷板凳长期不懈追求产出真正原创性引领性科技成果，而是尽可能多出成果快出成果，以便尽快能戴"帽子"。同时，由于获得"帽子"带来的收益太高，各种人才计划评审中找关系、托人情、打招呼、个别情况下甚至贿赂等行为屡见不鲜，更有一些人把工作拓展到平时，如经常邀请圈子内"权威"和掌握话语权的专家做学术报告，建立良好关系，以便评选"帽子"时能得到支持。这严重恶化了科研文化和生态，功利性科研色彩浓厚，使得一部分科研工作能力强但攻关能力弱的高水平科研人员很难争取到"帽子"，也使得一部分有追求有情怀的高水平科研人员不屑于争取"帽子"，一些人才计划评选的公正性和公信力大打折扣，结果受到较多质疑。再有，这也导致产生高水平科研成果必须的科研人员之间的相互质疑讨论很难推进，对有话语权和"权威"专家的科研成果只敢说好不敢批判害怕得罪人，以免影响自己和身边人争取"帽子"，还让掌握评审权的少数专家变得炙手可热。最后，即使分析实力很强的高校和科研院所可以发现，能拿到各种"帽子"的人只占很小的比例，绝大多数科研人员与这些没有关系，这样的激励方式不一定能有效激励少数戴"帽子"的人员，但是已经打击了一大批踏实工作未戴"帽子"的科研人员。由于原创性引领性的科技成果能由什么人产出是高度不确定和不可预测的，相当一批科研人员积极性的降低，也显著削弱了原创性引领性科技成果的产出基础。

四是科研工作评价高度指标化定量化引发偏差。科研工作和科技成果评价极其复杂，很难用论文和专利数量、被引用量等定量指标反映。然而，目前众多高校和科研院所对科研工作评价高度指标化定量化，争取了多少项目和经费、拿到了如重点实验室等多少牌子、获得了多少和什么级别的奖项、发表了多少和什么级别的学术论文，每项都折算成得分，并将得分与绩效奖励完全挂钩，尤其是争取到重大项目、高级别奖项、发表高影响刊物论文，可以得到高额重奖。这引导广大科研人员将科研工作异化为就是争取项目、牌子、奖项和发表论文，谁争取到各种资源、牌子和奖项谁就是英雄，占用大量资源是否产生了有价值的新知识和新技术很大程度上被忽视，科研工作中极其重要的投入产出效率问题反而被忽视。这还使得科研人员长期把大量精力花费在争取项目、牌子和奖项上，科研工作精力被高度分散，制约真正原创性突破性的成果产出。

五是现有科研评价方式直接迫使高校和科研院所科研人员缺乏服务企业与产业科技创新的积极性。目前高校和科研院所的科技评奖、人才评选、职称晋升等非常看重申请者承担纵向尤其是国家级科研项目，企业横向项目的作用微乎其微。实际上，科研人员普遍反映，承担企业横向项目产生实际成效的要求更高，难度更大。这些科研评价的指挥棒，迫使高校和科研院所的科研人员更关注政府科技计划项目，忽视企业科技项目；更关注发表论文和申请专利及获奖，忽视直接服务于企业和产业发展；更关注论文、专利申请和授权数量增加，忽视重大原创性成果产出与转化运用。高校和科研院所的大量科研成果既不能产生重要的新知识，也不能有力支撑经济社会发展，科技成果"上不顶天、下不落地""基础研究不够基础、应用研究不够应用"等问题突出，科技与经济"两张皮"的问题不仅没有缓解甚至恶化，科技创新未能实现由量的积累向质的跃升转变。

4) 企业将科技创新作为主体发展战略具有明显劣势

一是企业将科技创新作为主体发展战略，相比资本运作等其他发展战略不仅没有优势，还有明显劣势。目前，我国企业选择科技创新发展战略明显不如资本运作收益高回报快，经济发展"脱实向虚"态势明显。一些创新型企业赚取和积累一定的利润之后不是继续投入研发和创新，而是用于资本运作。由于资本运作收益高回报快，还大量吸引全社会的高素质人才等各类优质资源向其集聚，增加了企业科技创新获取创新资源的难度，成为制约企业科技创新动力和能力提升的核心障碍。

二是军民融合发展战略落实面临较大困难，政府采购促进企业科技创新的作用未能充分发挥。实施军民融合发展战略，建立公共产品技术创新与企业科技创新相互融合的创新体系，通过政府采购让民营企业参与国防军工和重大科技创新工程，提升全社会科技创新资源的共享利用水平，既能提升公共产品技术创新成效，也能有力支持民营企业提升科技创新能力，带动企业生产优质高档新产品。但是，目前我国国防军工等领域的开放程度明显不高，民营企业参与公共产品技术创新难度较大，政策障碍多，政府采购促进企业科技创新的巨大作用未能充分发挥。

三是政策落实指标化，催生了明显的机会主义行为，未能有效支持科技创新成为企业具有比较优势的发展战略。高新技术企业认定和税收优惠是鼓励企业科技创新非常好的政策，其有效落实可以显著提升企业科技创新发展战略的比较优势。同时，高新技术企业数量也在一定程度上反映了区域创新体系的建设水平。各种官方和民间的区域科技创新排行榜都将高新技术企业数作为极其重要的评价指标。在此背景下，不少地方为了政绩，采取各种手段提升高新技术企业数量指标。如对新认定的高新技术企业给予很高的财政补贴，这直接导致部分企业申请高新技术企业认定不是为了更好地科技创新，而是为了获得财政奖补，企业自己的专利创造能力不够就通过中介机构购买他人专利以达到高新技术企业认定要求。同时，一批中介机构想尽各种办法通过"包装"帮助不符合条件的企业通过高新技术企业认定，部分中介机构从中获得大量利益，相当数量的财政科技投入不是用于创新，而是成为中介机构的利润。这使得创新领域滋生出了严重的机会主义行为，并使得运用相关政策支持科技创新成为企业具有比较优势发展战略的目标不能实现。

专栏9-5　过多过高的财政科研奖励补贴扭曲开展研发活动的动机

企业调查了解到，个别企业成立研发机构和聘请科研人员开展研发活动，主要目的不是提升其产品和生产工艺技术水平，而是满足政府部门各种科研评价考核要求，以获得各种类型的科研财政补贴。有地区个别企业一年获得的科研财政补贴超过3000万元，这使得企业反而没有积极性生产产品，而是采取各种办法获取各种科研财政补贴，以此生存和发展。

四是企业家精神严重缺乏，"商人文化"横行，不能以浓厚的创新文化促进企业科技创新。过去一段时间，媒体炒作和社会流传的各类编故事、炒概念、上市圈钱一夜暴富的故事太多，资本运作赚钱太快太容易，使得全社会形成了浓厚的急功近利的"商人文化"，大量的企业不是专心于自己产品的开发和生产，不努力依靠自己的优质产品赢得市场竞争优势，一心想通过资本运作和上市圈钱赚快钱赚大钱，企业家精神严重缺乏。不少企业是哪里有钱赚就到哪里，干什么能赚大钱就干什么，不断扩张，持续变换产业发展领域，不能像德国和日本等国家

的广大企业那样专注于行业细分领域，有长远的发展目标，追求做全球领先的优质高档产品，走创新驱动发展之路，成为细分行业领域的领头羊和"隐形冠军"，只能大量生产中低档产品。全社会创新文化和企业家精神严重缺乏，"商人文化"横行，不能充分"以文化人"和以浓厚的创新文化促进企业科技创新。

9.5　加快营造企业创新友好环境的对策举措

企业是科技创新和关键核心技术攻关的主体，是国家战略科技力量的重要组成部分。一系列证据表明，当前我国企业科技创新动力不足、能力不强的问题依然突出，企业还未成为科技创新主体。建议未来制定企业科技创新政策，应以促进广大企业科技创新的普惠性制度建设为核心，着力营造企业创新友好环境，促进广大企业由主要采用低成本低价格产品发展战略向普遍采用差异化高档化产品发展战略转变，尽快形成世界级产品的持续开发生产能力。

1. 以营造良好环境增强企业科技创新动力

一是强化知识产权保护，坚决打击和尽快杜绝假冒伪劣产品，让优质高档新产品能获得良好市场回报。建议切实加强知识产权保护，既打击企业侵犯他人知识产权行为，又鼓励和引导消费者与企业不采购使用侵犯知识产权的产品，特别要以最大的力度打击假冒伪劣产品，争取尽快杜绝此类行为的发生，让企业优质高档新产品能赢得市场和获得良好回报。

二是坚决打击商业贿赂、地方保护等行为，让优质高档新产品能赢得应有的市场。当前我国公平、开放、透明的市场环境还没有完全形成，企业的优质产品很难赢得市场竞争和获得良好回报。建议加强相关法律法规建设和执行，坚决打击商业贿赂、行业垄断和地方保护等行为，加快建立全国统一的大市场，让企业优质产品能够赢得应有的市场。

三是强化消费者和用户权益保护，培育超前和挑剔的市场需求，倒逼企业开发生产优质高档新产品。建议制定高水平的产品质量标准，对不严格执行标准的生产企业严厉打击。同时，明确产品质量监督机关监管的法律责任，尤其是缺陷产品上市后造成损害的行政罚款和民事赔偿责任。再有，规定如果出现符合产品质量标准的产品上市后造成财产损失或人身伤害，标准制定者要承担法律责任。

还有，一旦缺陷产品对消费者造成伤害，要让产品生产和销售等相关企业付出巨额赔偿，让企业伤筋动骨乃至破产，倒逼企业开发生产优质高档产品。

四是高标准制定和严格落实环境保护、节能降耗减排、安全卫生等方面的法律法规与技术标准，促进企业以开发生产优质高档新产品赢得市场竞争优势。当前我国环境保护、节能降耗减排、安全卫生等方面的法律法规与技术标准要求不高、落实不严等问题仍然突出，运动式执法现象经常存在。建议高标准制定和严格落实环境保护、节能减排降耗、安全卫生等方面的法律法规和技术标准，特别要重视执法的持续化，尽快杜绝运动式执法，消除不良企业钻空子的机会，促进企业以开发生产优质高档新产品赢得市场竞争优势。

五是严厉打击各种不诚信市场行为，以建立公平有效的市场促进企业努力开发生产优质高档新产品。市场经济既是法治经济也是诚信经济，完善市场经济体制的基础性任务是加强法治社会和诚信社会建设。要加强诚信社会建设，坚决有力打击各种不诚信的经济行为，让企业科技创新能有良好的收益预期和保障，积极开发生产优质高档新产品。

2. 以营造良好环境为企业科技创新创造更好条件

一是尽可能降低企业的税费等各种负担，支持企业形成良好的盈利能力。目前我国实体经济领域的绝大多数企业税费负担较重、利润水平不高，盈利能力不强等问题明显存在。建议采取各种可能的举措尽可能降低企业的税费等各种负担，帮助企业增强盈利能力，为企业科技创新提供最为基础的条件。

二是改革应用类科技计划实施方式，将计划实施产出目标由技术转变为新产品。建议紧密结合产业和企业创新发展需要，设立系列化的新产品开发生产专项支持计划，包括自主品牌高档新产品开发生产专项促进计划、颠覆性新产品开发生产专项支持计划、全新产品开发生产专项奖励计划等。新产品开发生产专项支持计划要把开发有市场需求的新产品和有企业需要的新工艺作为核心目标，而不是主要考核评价专利、论文、获奖等指标。

三是支持企业加强工程师和高技能人才队伍建设。目前我国企业尤其是广大民营科技企业的工程师和高技能人才队伍建设面临较大困难，具有诚实守信、爱岗敬业、精益求精精神的人才缺乏，工程师和高技能人才稳定性差和流动过快等问题尤其突出。为此，建议将现有人才吸引政策适当向高级工程师与优秀高技能人才倾斜，并采取有力举措帮助企业打击通过挖人获取竞争对手技术秘密和侵犯他人知识产权等行为，支持企业稳定和留住人才。

四是支持企业家队伍成长壮大。建议设立专项支持计划，为勇于创新和善于创新的优秀企业家提供更多学习、交流和考察机会，帮助企业家提升其素质和能力。同时，大力宣传和表彰勇于创新、善于创新的优秀企业家，让社会各方认识到企业家的重要性和作用，在全社会营造更加浓厚的企业家精神，带动更多的企业创新发展。

五是积极鼓励企业围绕新产品开发加强应用导向的基础研究。建议通过开展培训和发挥科技领军企业的示范作用等举措让广大企业更深入了解应用导向的基础研究在新产品开发中的重要作用。同时，通过设立新技术新产品开发与基础研究相结合的专项科技计划促进企业围绕新技术新产品开发加强基础研究。

六是加快构建能有力支撑企业开展重大科技创新的金融服务体系。企业科技创新尤其是开发原创性新技术和新产品、突破关键核心技术普遍具有投入大、周期长、风险高等特征。当前火热的 ChatGPT 也是 OpenAI 集聚全球顶尖 AI 人才从 2015 年开始投入数十亿美元才研发形成的当今热门产品。可见，支持企业科技创新尤其是突破关键核心技术，需要改变目前金融服务体系更愿意投资周期短、投入小、风险低、见效快的科技创新项目的状况。因此，建议加快金融服务体系改革，引导金融机构尤其是风险投资、种子基金等积极投资周期长、投入大、风险高的科技创新项目，让更多社会力量分担企业重大科技创新风险，支持企业创新发展。

3. 切实改革高校和科研院所的科研评价奖励方式

一是以评价方式改革引导高校和科研院所强化科学的科研工作价值观，将工作重心转变为追求高效运用资源产出真正有价值的重大原创性科研成果。建议改革高校和科研院所科研工作评价方式，由传统的主要关注和评价承担的重大科研项目、建设的高层级科研平台、发表论文和获奖等定量指标转变为对其代表性科研成果产生的新知识和新技术的引领性和突破性及其价值进行评价，引导将科研工作重心转变为追求产出原创性引领性的科研成果。同时，建议将承担的项目及其获得的经费、建设的科研平台及其获得的经费、拥有的"帽子"人才等作为科技创新投入，将投入产出效益作为重要评价指标，引导高校和科研院所不仅要积极争取更要重视高效运用各类科技创新资源，解决少数单位占用大量科技创新资源但极少产出重要科技创新成果的问题。

二是大幅改革科研成果奖励方式，让其价值经过一段时间充分显现后再行评奖。建议改革目前科研成果产生短短几年内即行评奖的做法，大幅延长从成果产生到对其进行评奖的时间。同时，对评选出的各类科研成果奖项，建议只能给予适当而不能过高的奖励，杜绝如获得国家级科研成果奖之后层层给予奖励、获得太大收益的现象，防止有人不择手段争取奖项，为提升科研成果评奖的公平公正性提供支持。再有，强化评审人员的责任，对评出的奖项若干年之后适当后评估，对评价出现明显偏差的要分析原因，并将相关信息适当公开。

三是改革科技人才激励方式，大幅减少政府部门的各种人才计划和戴"帽子"行为。过去一段时间在科技资源相对短缺的情况下实施人才计划，将科研资源向少部分优秀人才倾斜，鼓励多出成果快出成果是必要和有效的。进入新时代，科技创新的主要任务是产出原创性引领性科技创新成果，这类成果产出具有极大的偶然性和不确定性，很难预先看准谁能产出，很难依靠少数科研人员就能持续产出，需要调动广大科研人员的积极性和创造性。为此，建议大幅减少政府部门的各种人才计划和戴"帽子"行为，将科研人员的水平和能力评价及其应该享受的待遇完全交由高校和科研院所自行决定。同时，建议减少各类"帽子"的使用场景，分离各类"帽子"与个人待遇、晋升等的关联性，让学术荣誉真正回归荣誉体系，从根本上制止科研人员将进入各类人才计划和争取"帽子"作为科研工作的最主要追求。

四是通过评价方式改革，鼓励高校和科研院所科研人员积极服务企业和产业创新发展。承担企业横向项目相比承担政府部门的纵向项目，不仅难度大，而且结合实践也可以产出重大原创性科技创新成果，甚至带动重要的基础研究突破。建议切实推进高校和科研院所科研人员职称晋升、绩效考核、评奖和入选人才计划等过程中承担横向科研项目不受待见、很少发挥作用的问题，对承担纵向和横向科研项目一视同仁，平等对待。对应用类高校和科研院所与高水平大学应用性强的专业，建议科研人员晋升职称、入选人才计划等，将承担企业横向项目作为加分项甚至必要条件。

4. 让科技创新尽快成为企业最具比较优势的发展战略

一是通过税收等制度改革提升企业科技创新战略的比较优势。建议加快税收等制度改革，均衡实体经济和高新技术产业与金融业等不同产业之间的利润水平，让科技创新尽快成为企业最具比较优势的发展战略。

二是充分发挥政府采购促进企业科技创新的重要作用。建议明确要求国防军工和政府重大工程项目，必须把一定份额的研发和生产任务交由符合资质的企业尤其是中小企业承担，带动企业创新发展。

三是采用用户补贴政策支持企业优质新产品赢得市场。建议在一些重要的新产品领域，实施新产品率先购买使用者补贴政策，对率先购买使用新产品的用户给予一定的补贴。

四是严禁地方和单位各种不合理的奖励和补贴行为。建议相关政府部门出台意见和实施办法，禁止地方、部门和单位为申报高新技术企业、申请专利、获奖等给予大额补贴和奖励，禁止地方过度追求高新技术企业、专利等指标的数量，防止创新政策运用不当带来的较大负面影响和有限创新资源的浪费。

五是营造战略性顶尖科技创新奇才脱颖而出的良好土壤。不管是历史还是现实均表明，催生原创性引领性重大科技创新成果，最为核心的是能拥有像牛顿、巴斯德、爱因斯坦、波尔、乔布斯、马斯克等这样的战略性顶尖科技创新奇才。这样的奇才不是靠后天培养出来的，而是在良好的文化氛围和土壤下"冒"出来的。为此，建议加快营造宽容失败、鼓励创新、尊重原创的良好创新文化，让各种奇才、怪才能够生存发展和蓬勃成长，为他们提供脱颖而出的机会，造就战略性顶尖科技创新奇才，加快高端创新人才队伍建设。

六是通过让重要成果载入史册的方式激发科技人员追求原创性引领性重大科技成果的内生动力。毫无疑问，激发广大科技人员的积极性和创造性，需要为他们营造良好的生活和工作条件，应对经过时间和实践等多方校验确实做出重要贡献的人才给予必要的金钱、物质和待遇奖励。建议还可以借鉴国际上好的成熟做法，对原创性引领性重大科技成果，一方面可以用发现和发明者的名字命名，让他们得到更多的社会尊重和褒扬，让科技成果的受益者知道是谁的贡献。同时，建议加强学术发展史的研究，让那些经过历史检验的真正做出原创性贡献的科技人员及其科技成果永载史册，以此激励科技人员形成着力研发原创性引领性重大科技创新成果的强大内生动力。

七是着力营造鼓励创新的社会文化。大量研究表明，创新文化可以深入精神世界，在科技创新中激发出"不用扬鞭自奋蹄"的巨大内力，对激发企业科技创新具有不可替代的重要作用。为此，建议各级各类主流媒体把在全社会营造浓厚的创新文化摆到特别重要的位置，多宣传诚实守信、爱岗敬业、精益求精的人，少宣传不宣传好大喜功、好高骛远、不务正业的人；多宣传坚持不懈持续创新的企业家，少宣传不宣传一心只想赚大钱赚快钱的商人；多宣传以优质高档产品求得快速高质量发展的企业，少宣传不宣传通过讲故事上市圈钱一夜暴富的企业。

9.6 本章小结

改革开放以来我国企业模仿创新、渐进性创新、替代性创新、低端市场创新等取得很大成效，形成了很强的新产品快速模仿设计和低成本大规模生产能力，支持我国建成全球最为齐全的工业体系。同时，企业普遍采用低成本低价格而非差异化高档化产品发展战略，主要生产的是中低档产品，产品品质欠佳、档次不高、效益不好、品牌不靓等问题仍然突出，世界级优质高档产品和世界级新产品开发生产能力明显不足，广大企业科技创新动力不足的问题仍然突出，多数企业未能进入创新发展阶段。

推进我国这样的处于中等收入阶段后发国家的企业转型发展创新发展，实际上是要实现经济发展方式的巨大变革，其核心任务是要营造新型的企业和经济发展环境，充分发挥市场机制的作用，促进各行各业的广大企业由主要采用低成本低价格产品发展战略转变为普遍采用差异化高档化产品发展战略，积极开发生产自主品牌高档新产品、替代性新产品、颠覆性新产品和全新产品，由主要生产附加值低的中低档产品转变为大量生产附加值高的优质高档产品，尽快形成世界级产品的持续开发生产能力，构建新型的经济高质量发展模式。

公平有效的市场竞争是促进企业科技创新、加速知识创造和知识扩散以及抑制错误发生的必然要求。保障市场机制有效运行，需要拥有独立的企业制度、有效的市场竞争、规范的政府职能、良好的社会信用和健全的法制基础。

我国政府相关部门高度重视以科技创新政策促进企业转型发展创新发展，已经出台的相关政策数量多，涵盖范围广，部分政策的针对性和操作性较强，含金量较高，对促进企业科技创新发挥了积极作用。但现有的各类政策工具中，能惠及广大企业的普惠性政策工具明显不足，一些政策工具试点运用可以，普遍推广较难，其科学性和有效性受到质疑，尤其是科技创新政策与经济和产业政策的联动明显不够，保障公平有效市场建设的相关制度供给明显不足。

未来我国这样的后发国家企业科技创新政策的核心目标，应是着力营造能促进各行各业广大企业科技创新的普惠性企业创新友好环境。企业创新友好环境有三个显著特点：一是企业科技创新能有良好回报或/和具有显著的压力与要求，有科技创新的强大内生动力；二是企业科技创新具有良好的资源和服务保障，有良好条件推进科技创新；三是科技创新是企业最具比较优势的发展战略，企业有很强意愿推进科技创新。企业创新友好环境形成之后，全社会最有价值的企业主要是创新型企业；最赚钱的人主要在从事科技创新活动。

当前企业创新环境不佳和创新动力不足的问题仍然突出，成为实施创新驱动发展战略的关键障碍。营造企业创新友好环境：一是要通过坚决打击侵犯知识产权、制售假冒伪劣产品和商业贿赂等行为让企业科技创新有更高收益和更强动力；二是要通过降低企业的税费等各种负担、支持企业加强工程师和高技能人才队伍建设等举措提升企业科技创新资源和服务保障能力；三是要通过改革科研成果和科技人才评价奖励方式等举措促进高校科研院所更积极更有力支持企业科技创新；四是通过税收等制度改革让科技创新成为企业最具比较优势的发展战略。

参 考 文 献

阿儒涵，杨可佳，吴丛，等 . 2022. 战略性基础研究的由来及国际实践研究 . 中国科学院院刊，37（3）：326-335.

白惠仁 . 2022. 基础研究与良序科学 . 自然辩证法通讯，44（6）：24-34.

鲍锦涛，郑毅，彭一杰，等 . 2022. 原创性基础研究的内涵分析及对原创探索计划项目的启示 . 中国科学院院刊，37（3）：384-394.

布莱恩·阿瑟 . 2014. 技术的本质 . 曹东溟，王健译 . 杭州：浙江人民出版社 .

布朗温·H. 霍尔，内森·罗森博格 . 2017. 创新经济学手册 . 上海市科学学研究所译 . 上海：上海交通大学出版社 .

蔡瑞林，陈万明，陈圻 . 2014. 低成本创新驱动制造业高端化的路径研究 . 科学学研究，32（3）：384-391，399.

蔡笑天，李哲 . 2023. 企业牵头组建创新联合体的历史、现状与对策 . 中国科技人才，（3）：66-71.

曹纯斌，赵琦 . 2022. 创新联合体组建路径与推进模式探析 . 科技中国，（03）：26-29.

陈红霞，井然 . 2022-02-23. 中国工程机械全域竞跑，国际化布局步入收获期 . https：//baijiahao. baidu. com/s？id=1725549944889113732&wfr=spider&for=pc.

陈柳 . 2018. 建设自主可控现代产业体系 . 群众，（20）：42-43.

陈劲，阳镇，朱子钦 . 2020. "十四五"时期"卡脖子"技术的破解：识别框架、战略转向与突破路径 . 改革，（12）：5-15.

陈劲 . 2013. 科学、技术与创新政策 . 北京：科学出版社 .

陈悦，宋超，刘则渊 . 2020. 技术科学究竟是什么？科学学研究，38（1）：3-9.

程强，武笛 . 2015. 科技创新驱动传统产业高质量发展研究 . 科学管理研究，33（4）：58-61.

戴建军，田杰棠，熊鸿儒 . 2022. 组建创新联合体亟需新机制 . 科技中国，（11）：1-4.

稻盛和夫 . 2019. 赌在技术开发上 . 北京：机械工业出版社 .

杜传忠，任俊慧 . 2020. 中国制造业关键技术缺失成因及创新突破路径分析 . 经济研究参考，（22）：10-18.

樊春良 . 2022. 面向科技自立自强的国家创新体系建设 . 当代中国与世界，（3）：74-86.

范瓦内·布什，拉什·D. 霍尔特 . 2021. 科学：无尽的前沿 . 崔传刚译 . 北京：中信出版社 .

纺织导报官微 . 2018-06-19. 漫谈碳纤维百年发展历史 . https：//www. texleader. com. cn/article-detail. asp？id=29454.

菲利普·阿吉翁，赛利娜·安托南，西蒙·比内尔 . 2021. 创造性破坏的力量：经济剧变与国民财富 . 余江，赵建航译 . 北京：中信出版集团 .

菲利普·科特勒，凯文·莱恩·凯勒，洪瑞云，等 . 2020. 营销管理（亚洲版·第 6 版）. 王永贵，金夏芳，王帅等译 . 北京：中国人民大学出版社 .

菲利浦·科特勒 . 2003. 营销管理 . 梅清豪译 . 上海：上海人民出版社 .

费洪平 . 2017. 当前我国产业高质量发展的方向及路径 . 宏观经济研究，（2）：3-8.

冯登国，张阳，张玉清 . 2004. 信息安全风险评估综述 . 通信学报，25（7）：10-18.

傅家骥 . 2000. 技术创新经济学 . 北京：清华大学出版社 .

高启明 . 2017. 创新驱动我国通用航空制造业高质量发展的实现路径 . 经济纵横，（2）：73-78.

高旭东 . 2023. 加速实现高水平科技自立自强的意义、挑战和对策 . 中国发展观察，（2）：58-61.

格雷厄姆 M B G，舒尔丁纳 A T. 2014. 康宁公司和创新的技能———一个企业的世代创新史 . 施尔畏编译 . 北京：科学出版社 .

郭飞 . 2008. 知识本体论视角下的科学与技术 . 前沿，（5）：3-5.

郭菊娥，王梦迪，冷奥琳 . 2022. 企业布局搭建创新联合体重塑创新生态的机理与路径研究 . 西安交通大学学报（社会科学版），42（1）：76-84.

韩凤芹，史卫，陈亚平 . 2021. 以大战略观统领关键核心技术攻关 . 宏观经济管理，（3）：111-119.

胡查平，汪涛 . 2016. 制造业服务化战略高质量发展：演进路径的理论模型———基于 3 家本土制造企业的案例研究 . 科研管理，37（11）：119-126.

胡迟 . 2019. 中国制造业发展 70 年：历史成就、现实差距与路径选择 . 经济研究参考，（17）：5-21.

胡天杨，何亮 . 2015. 美国国防采购支持中小企业发展的现状与启示 . 现代经济信息，（9）：26-27，30.

胡旭博，原长弘 . 2022. 关键核心技术：概念、特征与突破因素 . 科学学研究，40（1）：4-11.

胡哲一 . 1992. 技术创新的概念与定义 . 科学学与科学技术管理，13（5）：47-50.

黄晶，柯兵，周海林 . 2020. 绿色创新经济理论与方法 . 北京：社会科学文献出版社 .

黄群慧，盛方富 . 2024-07-16. 以科技创新和产业创新深度融合助力发展新质生产力 . 光明日报，第 11 版 .

加里·阿姆斯特朗，菲利普·科特勒 . 2017. 市场营销学（中国版）. 王永贵译 . 北京：中国人民大学出版社 .

姜大源 . 2016. 技术与技能辨 . 高等工程教育研究，（4）：71-82.

姜红，陆晓芳．2010．基于产业技术创新视角的产业分类与选择模型研究．中国工业经济，
　　（9）：47-56．

蒋文强．2023．价格战背后的逻辑及其深远影响．今日工程机械，（1）：36-40．

杰克·查罗纳．2014．改变世界的1001项发明．张芳芳，曲雯雯译．北京：中央编译出版社．

柯武刚，史漫飞．2000．制度经济学：社会秩序与公共政策．北京：商务印书馆．

克里斯·弥勒．2023．芯片战争——世界最关键技术的争夺战．蔡树军译．杭州：浙江人民出
　　版社．

克里斯蒂娜·查米纳德，本特–艾克·伦德瓦尔，莎古芙塔·哈尼夫．2019．上海市科学学研
　　究所译．国家创新体系概论．上海：上海交通大学出版社．

孔令夷，楼旭明，苏锦旗，等．2014．价值链视角下中国通信制造业高质量发展研究．西安邮
　　电大学学报，19（1）：94-102．

李俊江，孟勐．2017．技术前沿、技术追赶与经济赶超——从美国、日本两种典型后发增长模
　　式谈起．华东经济管理，31（1）：5-12．

李万．2018-10-17．正视科技"双刃剑"的叠加效应．https：//www.sohu.com/a/260085000_
　　465915．

李元伟，鲍明晓，任海，等．2003．关于进一步完善我国竞技体育举国体制的研究．中国体育
　　科技，39（8）：1-5．

理查德·纳尔逊．2022．经济增长源泉．汤光华，张建琦，黄静波译．上海：东方出版社．

梁林海，孙俊华．2011．知识管理．北京：北京大学出版社．

林刚．2023．国产碳纤维何以突围——2022全球碳纤维复合材料市场报告．纺织科学研究，
　　（5）：16-35．

刘戴娟．2023．2022中国工程机械行业十大新闻揭晓．今日工程机械，（1）：42-45．

刘国跃．2005．物理学与人类科技进步—2005国际物理年．宜宾学院学报，（12）：39-41．

刘会政，朱光．2018．中国装备制造业国际分工地位及提升路径研究．国际商务—对外经济贸
　　易大学学报，（5）：13-24．

刘瑞刚，徐坚．2018．国产高性能聚丙烯腈基碳纤维制备技术研究进展．科技导报，36（19）：
　　32-42．

刘亚俊，李茂青，万仁全，等．2014．科学研究从工程问题中汲取养分——跟蒸汽机相关的科
　　学研究．物理与工程，24（5）：54-58．

刘志彪，安同良．2009．现代产业经济分析．南京：南京大学出版社．

柳卸林，杨培培，常馨之．2023．问题导向的基础研究与产业突破性创新．科学学研究，41
　　（11）：2062-2072．

陆芳．2021．江苏先进制造业企业自主创新路径研究．今日财富（中国知识产权），（12）：
　　20-25．

罗伯特·伯格曼，莫德斯托·麦迪奎，史蒂文·惠尔赖特.2004.技术与创新的战略管理.陈劲译.北京：机械工业出版社.

罗伯托·维甘提.2014.第三种创新：设计驱动式创新如何缔造新的竞争法则.北京：中国人民大学出版社.

玛格丽特·怀特，加里·布鲁顿.2008.技术与创新的管理：战略视角.北京：电子工业出版社.

迈克尔·波兰尼.2021.个人知识：朝向后批判哲学（重译本）.徐陶，许泽民译.上海：上海人民出版社.

迈克尔·波特.2002.国家竞争优势.李明轩，邱如美译.北京：华夏出版社.

孟东晖，李显君，梅亮，等.2018.核心技术解构与突破："清华-绿控"AMT技术2000～2016年纵向案例研究.科研管理，39（6）：78-87.

孟凡生，赵刚.2018.传统制造向智能制造发展影响因素研究.科技进步与对策，35（11）：66-72.

孟醒.2021.徐工液压：厚植核心零部件"智造"根基.中国工业和信息化，（12）：62-68.

苗圩.2016-11-21.中国工信部部长：中国制造处于全球制造第三梯队.http：//news.cctv.com/2016/11/21/ARTI45JeItHSiNfwyvllvFfH161121.shtml.

尼尔·瑞克曼.1998.合作竞争大未来.苏怡仲译.北京：经济管理出版社.

牛媛媛，王天明.2020.ASML企业运营模式案例研究.科技创业，33（5）：95-100.

OECD.1997.以知识为基础的经济.杨宏进，薛澜译.北京：机械工业出版社.

潘龙飞.2021.基础研究定义的社会建构.自然辩证法研究，37（8）：57-62.

潘菽，荆其诚.1991.中国大百科全书：心理学卷.北京：中国大百科全书出版社.

彭慧东.2023.产业创新系统视角下的创新联合体建设——以美国纽约州纳米产业为例.科技和产业，23（6）：71-78.

契阔资本.2021-12-06.中国工业机器人制造商很难赚到钱.

钱学森.1957.论技术科学.科学通报，（3）：97-104.

乔·蒂德，约翰·贝赞特.2012.创新管理：创新变革、市场变革和组织变革的整合（第4版）.陈劲译.北京：中国人民大学出版社.

乔纳森·格鲁伯，西蒙·约翰逊.2021.美国创新简史：科技如何助推经济增长.穆凤良译.北京：中信出版集团.

沈珠江.2006.论科学、技术与工程之间的关系.科学技术与辩证法，23（3）：21-25.

司春林.2005.企业创新空间与技术管理.北京：清华大学出版社.

斯托克斯 D E.1999.基础科学与技术创新：巴斯德象限.周春彦，谷春立译.北京：科学出版社.

宋丹辉，庞弘燊.2021.揭榜挂帅关键问题分析及优化策略探讨.科技促进发展，17（10）：

1891-1900.

苏东水.2000.产业经济学.北京：高等教育出版社.

苏敬勤，洪勇.2009.追赶战略下后发国家制造业的技术能力提升.北京：科学出版社.

苏勇，何智美.2007.现代组织行为学.北京：清华大学出版社.

王刚.2021.荣登榜首：中国起重机不应遗忘的历史时刻.建设机械技术与管理，（6）：34-40.

王国强.2022.新时代中国实现高水平科技自立自强的路径研究.人民论坛·学术前沿，
　　（20）：12-25.

王曙光，王丹莉.2018.科技进步的举国体制及其转型：新中国工业史的启示.经济研究参考，
　　（26）：3-13，41.

王涛，张勘.2012.科技支撑与引领上海公共卫生事业发展的战略思考.中国卫生资源，（3）：
　　258-261.

王炜.2021.科技成果全生命周期管理研究——基于创新联合体的视角.今日科技，（9）：
　　45-47.

温军，张森.2022.科技自立自强：逻辑缘起、内涵解构与实现进路.上海经济研究，（8）：
　　5-14.

吴贵生.2000.技术创新管理.北京：清华大学出版社.

吴昊阳.2020-05-02.中国制造究竟差在哪里？https：//www.sohu.com/a/392630264_751682.

吴昊阳，林雪萍.2016.制造业要素分类与转型升级策略选择.中国工业评论，（9）：12-21.

吴建南，李怀祖.1998.政府在发展基础设施的技术——共性技术和基础技术中的作用.科技
　　导报，（12）：28-31.

熊彼特.1997.经济发展理论.北京：商务印书馆.

徐建伟.2018.我国制造业典型行业高质量发展的经验分析——基于部分代表性企业的案例研
　　究.经济研究参考，（7）：14-22.

徐康宁.2018.构建自主可控、具有国际竞争力的现代产业体系.群众，（15）：10-11.

徐示波，贾敬敦，仲伟俊.2022.国家战略科技力量体系化研究.中国科技论坛，（3）：1-8.

徐示波，仲伟俊.2024.美国实体清单对中国企业创新的影响过程及机理——基于扎根理论的
　　质性研究.科学学研究，42（8）：1735-1747.

徐示波，仲伟俊，黄超.2015.后发国家战略性新兴产业技术创新及其挑战研究.科技管理研
　　究，（20）：16-20.

杨波，刘烨瑶，廖佳伟.2021.载人潜水器——面向深海科考和海洋资源开发利用的"国之重
　　器".中国科学院院刊，（5）：622-631.

杨国庆.2018.国产手机的超"神"之旅.企业管理，（2）：48-50.

姚文斌.2019-04-12.什么样的材料创新才有生命力？http：//mozi.ustc.edu.cn/detail/99.

野中郁次郎，竹内弘高.2006.创造知识的企业：日美企业持续创新的动力.李萌，高飞译.

北京：知识产权出版社．

余维新，熊文明，顾新．2021.关键核心技术领域产学研协同创新障碍及攻关机制．技术与创新管理，42（2）：127-134.

约翰·德斯蒙德·贝尔纳．2015.历史上的科学：科学革命与工业革命．伍况甫，彭家礼译．北京：科学出版社．

曾繁华，杨馥华，侯晓东．2016.创新驱动制造业高质量发展演化路径研究——基于全球价值链治理视角．贵州社会科学，323（11）：113-120.

曾婧婧．2014.1567年以来世界主要科技悬赏奖研究．科研管理，（9）：9-16.

曾婧婧．2013.科技悬赏奖：促进科技创新的利器．科学学研究，（1）：30-35.

曾宪奎．2020.我国构建关键核心技术攻关新型举国体制研究．湖北社会科学，（3）：26-33.

曾婧婧，黄桂花．2021.科技项目揭榜挂帅制度：运行机制与关键症结．科学学研究，39（12）：2191-2200，2252.

曾婧婧，宋娇娇．2015.科技悬赏制的项目"征集-定价"机制．科技管理研究，（20）：181-186.

曾忠禄．1999.公司战略联盟组织与运作．北京：中国发展出版社．

詹·法格博格，戴维·莫利，理查德·纳尔逊．2009.牛津创新手册．柳卸林译．北京：知识产权出版社．

詹姆斯·E.安德森．2009.公共政策制定．谢明等译．北京：中国人民大学出版社．

詹姆斯·阿特拜克．2022.动态创新——技术变革与竞争优势．焦典，峨嵋译．北京：中国广播影视出版社．

张赤东，彭晓艺．2021.创新联合体的概念界定与政策内涵．科技中国，（6）：5-9.

张军扩．2003-07-16.现代市场经济的五大特征．http://finance.sina.com.cn/roll/20030716/0900370800.shtml.

张耀辉．2002.产业创新的理论探索：高新技术产业发展规律研究．北京：中国计划出版社．

张羽飞，原长弘．2022.产学研深度融合突破关键核心技术的演进研究．科学学研究，40（5）：852-862.

张振元．2007.技能分类若干问题新探．职业技术教育，28（28）：5-10.

赵明霞．2016.产业技术创新联盟激励问题研究．北京：科学出版社．

甄子健．2018.日本跨国公司技术创新特点及研发管理案例研究．全球科技经济瞭望，33（1）：24-33.

郑刚，莫康，王颂，等．2023.吸收速度、互补资产链接与关键核心技术突破．科学学研究，41（3）：500-510.

仲伟俊．2008.公共产品创新问题研究．东南大学学报（哲学社会科学版），10（3）：13-19.

仲伟俊．2023a.增强世界级产品持续开发生产能力．群众，（21）：14-15.

仲伟俊. 2023b. 新型举国体制的适用领域与运用方式——以深海载人潜水器的开发过程为例. 人民论坛·学术前沿，（1）：60-69.

仲伟俊，梅姝娥. 2019. 军民融合产业技术创新的特点、方式和作用研究. 科技与经济，32（2）：36-40.

仲伟俊，梅姝娥. 2021. 创新驱动后发国家制造业高质量发展路径研究——基于产品视角. 科技与经济，34（2）：21-25.

仲伟俊，梅姝娥，谢园园. 2009. 产学研合作技术创新模式分析. 中国软科学，（8）：174-181.

仲伟俊，梅姝娥，黄超. 2013. 国家创新体系与科技公共服务. 北京：科学出版社.

仲伟俊，胡钰，梅姝娥. 2014. 自主培育发展新兴产业的路径与政策. 北京：科学出版社.

仲伟俊，梅姝娥，浦正宁. 2022a. 关键核心技术及其攻关策略研究——基于产业链供应链安全稳定视角. 系统管理学报，31（6）：1162-1168.

仲伟俊，梅姝娥，浦正宁. 2022b. 基于战略科技成果视角的国家战略科技力量培育策略研究. 中国科技人才，（4）：1-9.

仲伟俊，梅姝娥，浦正宁. 2023. 中国起重机产业的创新发展历程与特点及对策建议. 安泰行业评论（第二卷）. 上海：上海交通大学出版社.

周宏. 2017a. 美国高性能碳纤维技术早期发展史研究. 合成纤维，46（2）：16-21.

周宏. 2017b. 日本碳纤维技术发展史研究. 合成纤维，46（1）：19-25.

周宏. 2017c. 英国碳纤维技术早期发展史研究. 合成纤维，46（5）：15-21.

朱智贤. 1989. 心理学大词典. 北京：北京师范大学出版社.

Ajzen I. 1991. The theory of planned behavior. Organizational Behavior and Decision Process，50：179-211.

Arrow K J. 1962. Economic welfare and the allocation of resources for invention//Nelson R. The Rate and Direction of Inventive Activity. National Bureau of Economic Research and Princeton University Press，Princeton N J.

Bardi U. 2011. The Limits to Growth Revisited. New York：Springer.

Bergek A，Jacobsson S，Carlsson B，et al. 2008. Analyzing the functional dynamics of technological innovation systems：A scheme of analysis. Research Policy，37：407-429.

Bower J，Christensen C M. 1995. Disruptive technologies：catching the wave. Harvard Business Review，73（1）：43-53.

Bush V. 1945. Science the endless frontier. Washington DC：United States Government Printing Office.

Calvert J，Martin B R. 2001. Changing conceptions of basic research. Background document for the workshop on policy relevance and measurement of basic research Oslo.

Christensen C M. 1997. The Innovator's Dilemma：When New Technologies Cause Great Firms to Fail. Boston：Harvard Business Press.

Christensen C M. 2003. The Innovator's Solution: Creating and Sustaining Successful Gowth. Boston: Harvard Business Press.

Edler J, Georghiou L. 2007. Public procurement and innovation—Resurrecting the demand side. Research Policy, 36: 949-963.

Edquist C. 2004. Systems of innovation: Perspectives and challenges//Fagerberg J, Mowery D C, Nelon R R. The Oxford Handbook of Innovation. Oxford: Oxford University Press.

Edquist C, Hommen L. 2008. Small Country Innovation System: Globalisation, Change and Policy in Asia and Europe. Cheltenham: Edward Elgar Publishing.

Ettlie J. 1999. Managing Innovation. New York: John Wiley & Sons, Inc.

Fitjar R D, Rodríguez-Pose A. 2013. Firm collaboration and modes of innovation in Norway. Research Policy, 42 (1): 128-138.

Freeman C. 1982. The Economics of Industrial Innovation. MA: The MIT Press.

Freeman C. 1987. Technology Policy and Economic Performance: Lessons from Japan. London: Pinter.

Henderson R M, Clarkk B. 1990. Architectural innovation: The reconfiguration of exiting product technologies and the failure of established finds. Administrative Science Quarterly, 35: 9-30.

Hobday M. 1995. East Asian latecomer firms: learning the technology of electronics. World Development, 23 (7): 1171-1193.

Holm J R, Lorenz E, Lundvall B Å, et al. 2010. Organizational learning and systems of labor market regulation in Europe. Industrial and Corporate Change, 19 (4): 1141-1173.

Jensen M B, Johnson B, Lorenz E, et al. 2007. Forms of knowledge and modes of innovation. Research Policy, 36: 680-693.

Kaplinsky R. 2011. Schumacher meets Schumpeter: Appropriate technology below the radar. Research Policy, 40 (2): 193-203.

Leach M J, Rockström P, Raskin I, et al. 2012. Transforming innovation for sustainability. Ecology and Society, 17 (2): 11.

Lee K. 2013. Schumpeterian Analysis of Economic Catch-up: Knowledge, Path-creation, and the Middle-income Trap. Cambridge: Cambridge University Press.

Lee K, Malerba F. 2017. Catch-up cycles and changes in industrial leadership: Windows of opportunity and responses of firms and countries in the evolution of sectoral systems. Research Policy, 46 (2): 338-351.

Lundvall B A. 1992. National Systems of Innovation: Towards A Theory of Innovation and Interactive Learning. London: Pinter.

Malerba F, Nelson R R. 2012. Economic Development as A Learning Process: Variation across Sectoral Systems. Cheltenham: Edward Elgar Publishing.

Martin B R. 2016. Twenty challenges for innovation studies. Science and Public Policy, 43 (3), 432-450.

Mathews J A. 2005. Strategy and the crystal cycle. California Management Review, 47: 6-32.

Mowery D, Nelson R. 1999. The Sources of Industrial Leadership. Cambridge: Cambridge University Press.

Mueser R. 1985. Identifying technical innovations. IEEE Transactions on Engineering Management, (4): 158-176.

Nelson R R. 1959. The simple economics of basic scientific research. Journal of Political Economy, 67 (3): 297-306.

Nelson R R. 1993. National Systems of Innovations: A Comparative Analysis. Oxford: Oxford University Press.

OECD. 1996. Oslo Manual: The measurement of scientific and technological activities.

OECD. 1999. Managing national innovation systems. Paris.

OECD. 2002. Frascati manual. Proposed Standard Practice for Surveys on Research and Experimental Development. Paris.

Perez C, Soete L. 2015. Catching-up in Technology: Entry Barriers and Windows of Opportunity. Campinas: Universidade Estaelualele Campinas.

Radosevic S, Yoruk E. 2018. Technology upgrading of middle income economies: A new approach and results. Technological Forecasting & Social Change, (4): 56-75.

Schot J, Steinmueller W E. 2018. Three frames for innovation policy: R&D, systems of innovation and transformative change. Research Policy, 47: 1554-1567.

Shin J S. 2017. Dynamic catch-up strategy, capability expansion and changing windows of opportunity in the memory industry. Research Policy, 46 (2): 404-416.

Soete L. 2013. From emerging to submerging economies: new policy challenges for research and innovation. STI Policy Review, 4 (1): 1-13.

Steffen W, Richardsonand K, Rockström J. 2015. Planetary boundaries: guiding human development on a changing planet. Science, 347 (6223): 736-746.

Thomä J. 2017. DUI mode learning and barriers to innovation-A case from Germany. Research Policy, 46: 1327-1339.

Tsien H S. 1948. Engineering and engineering sciences. Journal of the Chinese Institute of Engineers, 6: 1-14.

Vértesy D. 2017. Preconditions, windows of opportunity and innovation strategies: Successive leadership changes in the regional jet industry. Research Policy, 46 (2): 388-403.